Critical Studies in Religion/ Religionswissenschaft (CSRRW)

Herausgegeben von
Oliver Freiberger, Bettina Schmidt,
Michael Stausberg

Band 16

Vandenhoeck & Ruprecht

Anne Beutter

Religion, Recht und Zugehörigkeit

Rechtspraktiken einer westafrikanischen Kirche und die Dynamik normativer Ordnungen

Vandenhoeck & Ruprecht

Die Druckvorstufe dieser Publikation wurde vom Schweizerischen Nationalfonds zur Förderung der wissenschaftlichen Forschung unterstützt.

Dissertation verteidigt im Dezember 2020, Doktortitel vergeben von der Kultur- und Sozialwissenschaftlichen Fakultät der Universität Luzern.
Gutachter: Prof. Dr. Martin Baumann (Universität Luzern) und Prof. Dr. Adam Jones (Universität Leipzig).

Bibliografische Information der Deutschen Bibliothek:
Die Deutsche Nationalbibliothek verzeichnet diese Publikation in der Deutschen Nationalbibliografie; detaillierte bibliografische Daten sind im Internet über https://dnb.de abrufbar.

Umschlaggestaltung: SchwabScantechnik, Göttingen
Korrektorat: Patricia Edgar und Ulrike von Düring-Ulmenstein, Köln
Satz: le-tex publishing services GmbH, Leipzig
Druck und Bindung: Hubert & Co. BuchPartner, Göttingen
Printed in the EU

Vandenhoeck & Ruprecht Verlage | www.vandenhoeck-ruprecht-verlage.com

ISSN 2198-1426
ISBN 978-3-525-55463-0

Vorwort und Dank

Wenngleich in diesem Buch die Rechtsthematik im Zentrum der Argumentation steht, so sind das Herzstück des Projekts doch die Quellen. Sie – oder besser gesagt, meine begründete Annahme, dass es schriftliche Zeugnisse von ghanaischen Kirchenmitarbeitern in beachtlicher Zahl gegeben haben muss, dass eine ganze Reihe davon erhalten geblieben sind und v. a., dass dieses Material zu untersuchen in hohem Maß lohnenswert sein wird, war der Ausgangspunkt des Projekts. Lohnenswert sind diese Quellen für alltagsgeschichtliche Fragen, weil sie den praktischen Vollzügen in der Lebenswelt folgen. Lohnenswert sind sie für Ansätze, die lokale Wissensordnungen ‚from the south' erschließen und sichtbar machen wollen, denn sie dokumentieren als selbst verfasstes schriftliches Zeugnis ghanaischer Kirchenangestellter lokale Perspektiven und Relevanzsysteme der Mitarbeitenden und Mitglieder. Und lohnenswert sind sie in diesem Sinne, wie ich zeigen werde, auch für die Weiterentwicklung bestehender wissenschaftlicher Ansätze: Indem ich meiner Frage nach dem Zusammenhang von Religion und Recht in dem von *diesen* Quellen eröffneten Rahmen und ihren Wissensstrukturen nachging, wurde ich zu neuen konzeptionellen Perspektiven für die rechtsbezogene Religionswissenschaft, veranlasst.

Ich sehe dieses Buch daher als Einladung, sich diesen bisher wenig beachteten, aus lokaler Perspektive verfassten Dokumenten afrikanischer Alltags- und Religionsgeschichte zuzuwenden und sich auf sie einzulassen. Denn sie sind unerhört reichhaltig, wenn man sich durch ihr bisweilen bruchstückhaftes Erscheinungsbild und die ihrem alltäglichen Verwendungszweck geschuldete Verdichtung nicht abschrecken lässt und sich die Mühe macht, sie in ihren internen Verweislinien und kontextbezogenen Referenzen zu erschließen. Gerade hierin liegt die vielfältige Anschlussfähigkeit dieser Quellen. Denn je nach dem Kontextwissen und Hintergrund wird man sich für ganz unterschiedliche Aspekte, die dieses Material dokumentiert, interessieren können. Und so verstehe ich meinen Blick auf diese schriftlichen Zeugnisse als eine mögliche Lektürevariante, mein an Organisationsformen und rechtlicher Praxis interessierter, in Diskursen der deutschsprachigen Religionswissenschaft verankerter Zugang als einen unter anderen thematischen und disziplinären Zugängen und diese wissenschaftlichen Perspektiven als eine unter anderen Formen sich auf diese Dokumente zu beziehen.

Dieses Buch ist nun eine der möglichen Geschichten, die sich ausgehend von diesen Quellen schreiben lässt. Sie wurde ermöglicht durch die Menschen, die mir den Zugang zu diesen Dokumenten afrikanischer Alltags- und Religionsgeschichte gegeben haben: Beides, indem sie mir das Vertrauen entgegenbrachten, mich mit den Quellen in ihrer Obhut arbeiten zu lassen, und indem sie mit mir über ihre je eigenen Perspektiven und Interpretationen ins Gespräch gekommen sind. Denn die ‚einsame' Arbeit beim Erschließen und Rekonstruieren von Sachverhalten und Fällen aus den Quellen konnte nur zusammen mit diesen Gesprächen und dem Austausch über unterschiedliche Positionen, Anliegen, Wissensordnungen und Interessensbereiche hinweg zu dem werden, was das Buch jetzt ist.

Mein Dank gilt Abraham Nana Opare Kwakye, der für mich den Zugang zum Archivbestand in Akropong 2016 vermittelt hat und dessen Voten bei verschiedenen Gelegenheiten eine Inspiration waren; er gilt weiter den Mitgliedern und Mitarbeitenden des Akrofi Christaller Institute, der Johannes Zimmermann Library und des Carl Christian Reindorf Archivs in Akropong wie auch den Mitarbeitenden des Basler Missions Archivs in Basel für die vielen bereitgestellten Schachteln voller Dokumente. Und er gilt Akosua und Grace Sintim Adasi für ihre engagierte Gastfreundschaft, die mir vieles erschlossen hat.

Martin Baumann und Adam Jones danke ich für die großartige Mischung aus Freiheit und Präsenz, mit der sie als Doktorväter das Reifen dieses Projekts begleiteten, sowie Jürgen Mohn für seine Unterstützung in der Keimphase und darüber hinaus. Ihnen und den Teilnehmenden und Discussants in den Kolloquien in Luzern sowie den Workshops for African History and Culture in Polenz bin ich dankbar für all die kritischen Rückmeldungen und wertvollen Fährten, die mich Kapitel um Kapitel voranbrachten; und ebenso den beiden Gutachtenden der Reihe CSRRW für deren scharfsinnige Lektüre und anregende Hinweise für den letzten Schliff.

Ich bedanke mich außerdem bei Philip Laryea und Paul Jenkins für die Gespräche über die Quellen und zur Bestandsgeschichte des PCG-Archivs; ebenso bei Rev. Samuel Adom Adjah, der mich 2018 in seiner Gemeinde Apenkwa willkommen hieß. An das Gespräch mit ihm und David Awuku, das zu einem gegenseitigen Teilen von Geschichten wurde, erinnere ich mich mit Freude – sie machten mir Narrative und Dokumente über die Geschichte und Konzepte vor Ort für mein Promotionsprojekt zugänglich, ich übersetzte im Gespräch auf Deutsch verfasste Quellen zu Apenkwa, die ich aus dem Archiv in Basel für ihr Gemeindejubiläum mitgebracht hatte.

Auch die Gespräche über einzelne Begriffe aus den Quellen, die sich mit David Awuku ergaben, seien hier hervorgehoben, ebenso die Diskussion mit Ernest Sewordor zu unserer jeweiligen Lesart von Fällen. Ihm gebührt auch ein besonderer Dank, denn ohne seine Übersetzungen und Nachforschungen wäre ein ganz zentrales Argument dieser Untersuchung nicht möglich gewesen. Ein besonderer Dank geht auch an Markus Vollert, dessen Hinweise zur rechtsanthropologischen Literatur maßgebliche Anregungen für den rechtstheoretischen Zugang gegeben haben und an Judith Nyffeler und Andrea Zimmermann für unsere unzähligen inspirierenden Datensitzungen. Ihnen, wie auch Ramona Jelinek-Menke, Joram

Tarusarira, Vera Kämpfen, Andreas Tunger-Zanetti und Andrea Rhyn gilt großer Dank für Kameradschaft und Unterstützung, für Resonanzraum und inhaltliche Entwirrungsmaßnahmen, für kritische Rückfragen und formale Korrekturen.

Zuletzt waren mein Vater Martin Beutter und die anderen Menschen in meinem ‚Haus' ganz maßgeblich am Gelingen beteiligt, durch ihre Begleitung mit Geduld, Freundschaft und Liebe, mit Essen, Raum und Zeit.

Foreword and acknowledgements

When I started on this project my English was not at the level I would have needed it to be to write this book, therefore it ended up being written in German. But since many of the persons I am indebted to and most of the persons whose relatives, community and church I write about do not read German, I want to give the foreword and especially my words of thanks in both languages. And I want to at least give an English summary of the contents of this book.

Although the discussion of law and religion is at the centre of the argument in this book, the heart and soul of the project are the sources. These sources were its starting point. Or rather the starting point was my hypothesis that written testimonies produced by Ghanaian church employees must have existed in considerable numbers a long time back in the history of the PCG and the Basel Mission and that quite a number of them must have survived until today. And, more importantly, I was convinced that this material would be highly rewarding to study. These sources are relevant to questions of local and everyday history because they follow the practical processes in the lifeworld. They are relevant to approaches that want to open up and make visible epistemologies from the south because they are self-authored written testimonies to local perspectives and the relevance systems of the employees and members of this Ghanaian church. And by this token, they are also relevant to the development of existing scholarly approaches in the German speaking study of religions that this book addresses: by pursuing my question about the relationship between religion and law within the framework opened up by *these* sources, their structures of knowledge and references, I was prompted to develop new perspectives on how to conceptualise the relationship(s) of law and religion in the study of religions.

I see this book as an invitation to engage with these documents of African everyday and religious history, written from a local perspective. For they are incredibly rich if one does not allow oneself to be put off by their sometimes patchy and condensed appearance that stems from their purpose in everyday interactions. The effort to illuminate their many internal and contextual lines of reference is rewarding because this is where the multifaceted connectivity of these sources lies. Depending on where you come from and what your questions and concerns are, one can be interested in quite different aspects of what this material documents. And so I understand my perspective as one of the many possible variants to read these sources. My approach is one interested in the legal practices of religious organisations, anchored in the discourse of the germanophone study of religions (Religionswissenschaft). This is one among other possible thematic and disciplinary approaches. And such scholarly perspectives are one among other relevant forms of relating to these documents.

This book is thus one of the many possible stories that can be written based on these sources. It was made possible by the people who granted me access to these documents of African everyday and religious history: both by their trust to let me work with the sources in their custody and by talking to me about their own perspectives and interpretations. For the 'lonely' work of reconstructing cases from the sources could only produce what it has done in conjunction with all the conversations and the exchanges I was accorded with different positions, concerns, knowledge systems and areas of interest.

I would like to express my sincere gratitude to Abraham Nana Opare Kwakye who facilitated access to the archival holdings in Akropong for me in 2016, and whose statements on various occasions were an inspiration. I am equally indebted to the members and staff of the Akrofi Christaller Institute, the Johannes Zimmermann Library and the Carl Christian Reindorf Archive in Akropong, as well as the staff of the Basel Mission Archive in Basel. And I am grateful to Akosua and to Grace Sintim Adasi for their dedicated hospitality, which opened up so much for me.

My thanks also go to Martin Baumann and Adam Jones for the great mixture of freedom and presence with which they accompanied the growth of this project as my PhD supervisors, as well as to Jürgen Mohn for his support in the initial phase of the project and beyond. Thank you also to all the participants and discussants in the colloquia in Lucerne and the Workshops for African History and Culture in Polenz for all the critical feedback and valuable hints that helped me advance chapter by chapter. And to the reviewers of the series for their thought-provoking reading of the manuscript.

I would also like to thank Philip Laryea and Paul Jenkins for our conversations on the sources and the history of the PCG archive as well as Rev. Samuel Adom Adjah, who welcomed me to his Congregation in Apenkwa in 2018. I remember with joy the first conversation I had with him and David Awuku. In a way, we 'swapped' sources for our respective projects of local hisstories: they showed me local narratives and documents about the history of Apenkwa for my PhD project and I translated the German sources written on Apenkwan that I had brought from the archives in Basel for the anniversary of their congregation.

I also want to express my sincerest appreciation to David Awuku for all the guiding hints I received from him and for the inspiring conversation we had about some of the ideas found in the sources. Equally, I want to give credit to Ernest Sewordor, not only for the great discussions on our respective readings of cases; he also deserves special thanks, because, without his translations and research, a very central argument of this study would not have been possible. Special thanks also go to Markus Vollert, whose directions towards the literature from legal anthropology became significant for my theoretical approach, and they go to Judith Nyffeler and

Andrea Zimmermann for our countless inspiring data sessions. I am indebted to all of you as well as to Ramona Jelinek Menke, Joram Tarusarira, Vera Kämpfen, Andreas Tunger-Zanetti and Andrea Rhyn: Thank you all for your camaraderie and support, for being a forum to bounce ideas and for your interventions to untangle my thoughts and writing, for critical questions and formal corrections.

Lastly, my father, Martin Beutter, and the other members of my 'house' were instrumental in making this journey a success; I am grateful for your company with patience, friendship and love, with food, space and time.

Inhalt

English Summary

This book is about the legal practices of a religious organisation in a context of plural normativities. The organisation it deals with is a Ghanaian Church in the 1950s, the then Presbyterian Church of the Gold Coast (today Presbyterian Church of Ghana). The aim is to understand how the practices that I herein identify and analyse as legal practices worked and what role they played in the functioning of this organisation as a religious organisation.

The body of sources central to my analysis is a collection of session minutes from the local Congregation of Apenkwa from the years 1954–55. Apenkwa was located at the outskirts of Accra and identified as a "Christian town", a purely Presbyterian community. These minutes were written by the catechist in charge of this congregation and document the sessions which the Church elders (Presbyters) held on a weekly basis. Among the things related in these documents, are the legal practices at the grassroots of this Church.

Aim:

In a conceptual vein, this study aims to look at law *within* religion. It, therefore, does not conceptualise the relationship between the two as that of two separated or opposed spheres where the law – especially understood as state law – manages religion. This requires, first of all, the broadening of the concept of law beyond that of state law. For this purpose, I have drawn on considerations from legal anthropology. Secondly, we are not concerned here with legal aspects within religious ideas and practices in the narrower sense, such as commandments or ritual regulations. Rather, it deals with the social forms that belong to the subject area of the study of religions – in this specific case a church as a religious organisation. The main interest here is in what can be described as "law in action", and not so much in the codified forms that also exist within the framework of the PCG. Consideration was also given to the question of whether the categories of law and religion are at all appropriate distinctions with regard to the context under investigation, and in what way these considerations can be transferred into an appropriate heuristic operationalisation of these terms. With the design developed in this vein, this study contributes to further developing the concept of law as an analytical category in the study of religions. (Chap. II)

As far as the choice of sources is concerned, this study aims to make accessible a document type that has so far received little attention in research on mission-initiated churches, partly because they are rarely found in European mission archives. These are sources written by local employees of the mission churches and their successor organisations, which primarily document everyday practice at the church base. I have succeeded in showing that this type of source, at least in the case of the PCG and for the 20th century, has been preserved in considerable numbers. Using the case of Apenkwa, my analysis demonstrates the fruitfulness of this document type when it comes to making the perspective and agency of local staff and members of such churches as well as that of their – also non-Christian – context accessible for research. (Chap. III) This speaks to an important desideratum in current research on the history of missions and World Christianity cross-cutting disciplines from the Study of Religions, African Studies, Anthropology, History and Theology.

Content:

The project was set up as a micro-historical case study with a praxeologically grounded analytical perspective. The session, which the Church Regulations call "the lowest court of the Church", operationalises the religious organisation for such an approach. From the session minutes, I then reconstructed some 40 cases. I used three different definitions of law to select initial cases: a formal definition (looking for elements with legalistic form), a functional one (pointing to activities that prescribe and sanction behaviour) and a discursive one (elements that the discourse under scrutiny addresses as "legal" or with legal vocabulary). By following their referential structures a bundle of cases formed around each of these initial cases. Their analysis developed a dense network of processes and interactions and showed how church juridical practices emerge through the practices of the actors involved.

The research question was: "What do the legal practices under scrutiny do for this religious organisation?" This question was divided up into three lines of enquiry: (1) How do the legal practices work? That is, what do the activities look like and how do they interplay with each other? (2) What function do the legal practices have for the organisation? What problems does the session address with these practices? (3) How do the legal practices relate the normative order of the church to its context? Which formally postulated and practically implemented forms of relationship can be identified between the normative order represented by the session and other normative orders such as the one of the family, of the Church as a supraregional body, of the state or other religions?

Chapter 5 is devoted to the first question, while the second and third questions are dealt with in Chapter 6. Before that, Chapters 1 to 4 situate the project: In Chapter 1 I explain the choice of Apenkwa as the site to be studied. With its status as "Christian town," the data from Apenkwa promised to be particularly dense. In Chapter 2 I develop how I deal with the concept of law. In Chapter 3 I give an account of the context of Apenkwa in the 1950s. I situate it within the history of the PCG, and with regard to the political and ecclesiastical transformations of the 1950s. Further I sketch the plural context of the late colonial dual legal system and the panoply of the diverse religious landscape of Accra populated with traditional and new African, Christian and Muslim practices and actors. In Chapter 4 I then introduce the central source: I characterise the session minutes and detail how I analysed them. Finally, the concluding Chapter 7 summarises the results and links them back to approaches to the history of Christian Missions in Africa on the one hand and to the study of religions research on law and religion on the other.

Results:

Chapters 5 and 6 consist of a series of in-depth case analyses that give a detailed account of the lifeworld in a small community at the outskirts of the growing city of Accra in the middle of the socio-political shifts of decolonization. The cases span topics from land acquisition and domestic issues to the interactions between Christians and Muslims or local religious practitioners and ritual specialists. Each of these case descriptions holds rich data for the local history of everyday life. And at the same time, I developed the descriptions in such a way as to showcase the legal practices that the session applied as well as the session's reasoning about their own activities.

The set of legal practices that emerged from the analysed cases can be grouped into three dimensions: categories, documents and procedures.

In Chapter 5.2 I describe a set of categories that I was able to trace starting from a series of land allocations. Several women and men sought to acquire land in Apenkwa and the session's system of inquiry and pricing that I compiled from these cases showed a system of categories of conformity and of belonging that the session operated with. By combining this with findings from further cases I show that the identified categories address, in a twin series, an 'inside' associated with the rules of Christian order ("Rules", "our Christianity") and a threatening 'outside' associated with the disruption of these rules ("Anomalies", "Evil"). Meanwhile, there are two axes within the categories of belonging, each of which has gradations: one axis refers to membership in the church ("members", "delinquent members") the other axis to the affiliation to the place ("people of Apenkwa", "outside Christians"). These categories seem to address the double contingency that challenges the stereotypical idea of the ideal community from outside and from within (Claviez 2016). But rather than cancelling these contingencies with a rhetoric of belonging or autochthony (Geshiere 2000), the practices examined here seem to name them with corresponding categorising vocabulary.

In Chapter 5.3 I show how these categories are supplemented with or are even created by the use and production of documents. These documents stabilise the categories in a legalistic manner. They are material objects that document belonging – such as the communion card, which is a key to participate in religious communion and in which every member carries a condensed written account of their degree of participation. For the session, these documents are viable tools to assign the categories in concrete cases in that they reduce complexity and ambiguity and increase intersubjectivity – which in turn has very ambivalent effects.

Not only the forms and grades of belonging are documented. What it is, that one belongs to, is addressed too: in the period under scrutiny, the session is concerned with a town map that is to be hung up and an official history that should be compiled in the parish chronicle of Apenkwa. And it is these documentation projects that unveil the competing conceptions of what Apenkwa stands for and – especially – where the authority to decide on such matters is located: in the local community represented by the Presbyters, or in the Church – represented by the catechist and minister. Analysing how these documentation projects are presented in the minutes also allowed me to address the interface between orality, interaction and writing, a product of which the session minutes must be seen as.

Chapter 5.4 then turns to the procedures in which these categories and documents are put to use. They typically follow a standardised sequence of observation, processing and judgement – or in the words of the session minutes: they "question", "deal with" and "decide". However, the thrust behind these procedures seems to be less the idea of punishment of transgressions or the purging of the community than that of reintegration and realignment under the Church's values.

The analysis also demonstrates how elements that we classically regard as *legal* practices, such as "questioning", "policing", "judgement"/"decision", and practices that classically count as *religious*, like prayer, or the 'speaking' required for admission to the communion, intertwine and support each other. Thus the procedures described in this chapter make all the more clear how important it is, to not dissect the practices examined here by applying these distinctions along preconceived lines but to follow their own logic of connections.

After this more descriptive part, Chapter 6 goes on to address the question of what function these practices have for the religious organisation. Here I started out by tracing a line of argument that seemed to recur in the sources: as tools "to speak against evil" and "to checkmate the evil", the discourse documented in the minutes ascribes an effect to these practices that makes them more than tools to uphold earthly law and order but which ultimately makes them relevant to salvation (Chapter 6.1).

Chapter 6.2 further explores this connection between the doings of members and the efficacy and validity of the normative order of the church in an analytical vein. It links this idea to concepts of the interconnection between the efficacy of religious practice and the wellbeing of the individual and community. Step by step the analysis unfolds how exactly activities observed in town and reported to the session – such as a specific form of funeral, singing or prayer – become linked to specific normative orders. Or more precisely, how they come to represent how the actors involved weigh the exigencies of the multiple normative orders relevant to them against each other. The analysis shows this as a process of sensemaking that formulates and re-formulates the ever-shifting relationships between the multiple normative orders at play. It shows the situational, procedural and potentially controversial character of this connection between the activities and what they are understood to stand for. It describes how the session seeks to influence this connection through its legal practices to stabilise and promote its own interpretation as the definitive reading against the background of a multitude of concurring equally possible interpretations.

Chapter 6.3 then delves deeper into the relationships that the session designs between the normative order it represents and other normative orders (state courts, family, other religious orders). The chapter starts out by showing how the "normative order of the session" itself is not monolithic but has to integrate at least two different and at times conflicting logics: that of the local community and congregation as well as that of the overarching structure of the church. Two marriage-related cases in which Christian, as well as local practices, are involved, then go on to provide a picture of how the session is embedded in the legally plural context as a forum and through the legal means it employs. In a very concrete way, the cases also show the role the session's legal practices played in categorising local practices into legal and religious ones. Thus they contributed to inscribing this new distinction of religious and non-religious, of Christian and non-Christian and made such distinctions plausible in everyday interactions. To round up I go on to systematise the different types of relations observed in the chapter. I distinguish between the *complementary* and the *colliding*, as well as between the *formal* and the *practical* forms of relations: the session mobilises certain elements as *complementary* to its own order and rejects other elements as *colliding* and incompatible. It does so not only in the *formally* postulated relationships e. g. postulated by the church regulations but also in the *practically* implemented relationships.

These results and observations can be distilled into two answers to the research question "what role do legal practices play for the functioning of this organisation as a religious organisation?" Firstly, with its legal practices, the session seeks to shape and stabilise the interpretation of action in the sense intended by the organisation. Secondly, with its legal practices, it determines what is considered its religion and what is not.

Abkürzungsverzeichnis

ACI	Akrofi-Christaller Institute of Theology, Mission and Culture, Akropong, Ghana
ACIA	Carl Christian Reindorf Archives and Special Collection Unit der Johannes Zimmerman Library am ACI
AMC	Accra Municipal Council
APC	Presbyterian Church of Ghana, Eternity Congregation, Apenkwa Ghana
BM	Basler Mission
BMA	Archiv der Basler Mission, Basel, Schweiz
CPP	Convention People's Party
GTM	Grounded Theory Methodology
JB	Veröffentlichte Jahresberichte der Basler Mission
PCG	Presbyterian Church of the Gold Coast, Presbyterian Church of Ghana (nach 1957)
PRAAD	Public Records and Archives Administration Department, Accra, Ghana
RPP	Regulations Practice and Procedure (Kirchenordnung)

Abkürzungen von Namen:

A.B.	Anne Beutter
D.A.	David Awuku
N.O.K.	Nana Opare Kwakye
P.L.	Philip Laryea
S. A.A.	Samuel Adom Adjah

Glossar

Aussprache:

ɛ	sprich „ä“
j	sprich „dj“
ŋ	sprich „ng“
ɔ	sprich Englisch „aw“

Begriffe[1]

abusua (Akan)	Akan erweiterte Familie / Lineage. Die *abusua* ist matrilinear.
Accra Municipal Council	Der für administrative und infrastrukturelle Aufgaben verantwortliche und von kolonialer Seite weitgehend kontrollierte Stadtrat *(im Gegensatz zur Ga Native Authority)*, Nachfolger des *Accra Town Council.*
Accra Municipal Court	Vom *Accra Municipal Council* betriebener Gerichtshof, der 1952 den von der *Ga Native Authority* betriebenen Gerichtshof ersetzte.
akutso – Pl. *akutsei* (Ga)	Ga Viertel, Quartier, Stadt- bzw. Siedlungsteil.
asafo – Pl. *asafoi* (Ga, Akan)	Ga: militärischer bzw. zivildienstlicher Verband; Akan: Verband der Patrilinie.
ayɛfare (Akan)	Kompensationszahlung an gehörnten Ehemann.
bayi (Akan)	malevolente Kraft, *„witchcraft“*.
by-laws	Zusätzliche Verordnungen, die lokale Autoritäten im Rahmen der Indirect Rule erlassen konnten.
Central Government	Britische Kolonialregierung, später staatliche Regierung von Ghana (im Gegensatz zu lokalen Autoritäten).
chief	In dieser Darstellungsweise verwendet für eine von der PCG in ihren *Christian towns* eingesetzte lokale Autorität.

1 Die Beschreibungen orientieren sich insbesondere an Parker: Making the town, 2000, Kropp Dakubu: Ga-English dictionary, 2009 und Johannes Zimmermann: *A grammatical sketch of the Akra or Gã-language. And a vocabulary of the same*, Stuttgart: J. F. Steinkopf, 1858. Für die Schreibung der Ga Begriffe orientiere ich mich i. d. R. an der Schreibweise bei Kropp Dakubu.

„Chief“	In dieser Darstellungsweise verwendet für die Bezeichnung für lokale Autoritäten im britischen Kolonialsystem.
day names	Set von Vornamen (je eines für Männer und eines für Frauen), das zum Wochentag gehört, an dem eine Person geboren worden ist.
destoolment	Amtsenthebung.
district pastor	Pfarrer, der für die Gemeinden eines *district* der PCG verantwortlich ist. Im Turnus versieht er in den Gemeinden ohne örtlichen Pfarrer die Abendmahlsgottesdienste, Taufen etc.
elder – Pl. *elders*	1) Älteste in den Räten lokaler Autoritäten. 2) Alternativer Begriff für Presbyter.
Ga Native Authority	Rat der lokalen Autoritäten im Indirect Rule-System in Accra (ab März 1955 *Ga Local Council*).
Hɔmɔwɔ (Ga)	Ga Erntefest, eines der zentralen Jahresfeste in Accra. Es findet im Zeitraum zwischen Mai und August statt.
Housing Loans Board	Stelle des *Accra Municipal Council* und dem *Ministry of Works* unterstellt.
jemawɔŋ – Pl. *jemawɔji* (Ga) (alternativ: *jemawojii*)	Zentrale Ga Stadtgottheiten, werden mit einem Ort (z. B. Lagune) identifiziert.
juju	Abwertende Bezeichnung für lokal-religiöse Praktiken und Objekte. Bezeichnet insbesondere (vermeintlich) malevolente Rituale oder Gegenstände und deren Abwehr.
Katechist	Bezeichnung für die Laienprediger in der Basler Mission.
klamo – Pl. *klamofoi* (Ga)	1) muslimischer Divinator 2) muslimische Divinationspraktiken (siehe auch *mallam*).
klamofoi (Ga)	1) Muslime, Anhänger, Kunden eines *klamo* 2) Mehrzahl von *klamo.*
Kpele (Ga)	Ga lokale Religion.
kpelezoo (Ga)	*Kpele Tanz-Ritual.*
kpelelala (Ga)	*Kpele Gesang.*
kpojiemɔ (Ga) (alternativ: *kpodsiemo*)	Ritual eine Woche nach der Geburt, Aufnahme des Kindes als Teil der Familie, *„outdooring“*.
lineage head	Vorsteher einer Lineage.
mallam	Muslimischer Lehrer/Gelehrter.

maŋ – Pl. *maji* (Ga)	Ga Stadt, Stadtstaat.
maŋbii (Ga)	(Freie) Bevölkerung der *maŋ*.
maŋtsɛ – Pl. *maŋtsɛmɛi* (Ga) (alternativ: *mantsemei*)	Vorsteher einer *maŋ*, Ga „Chief".
Moderator	Leiter der PCG, vergleichbar mit einem Kirchenratspräsidenten.
Naa Koole (Ga)	Eine der *jemawɔji* von Accra, in Koole Lagune lokalisiert.
Native Courts	Gerichte lokaler Autoritäten im Rahmen der Indirect Rule.
Nyɔŋmɔ (Ga)	Höchstes Wesen der Ga Kosmologie. Wird auch als die Ga Übersetzung für den christlichen Gott benutzt.
oblempon	Handelsmagnat.
ohene (Akan)	Lokale Autorität („Chief"). Akan Pendant zu *maŋtsɛ*.
Onyame (Akan)	Höchstes Wesen der Akan Kosmologie. Wird auch als die Twi Übersetzung für den christlichen Gott benutzt.
otofo (Ga)	Ga Übergangsritual für Mädchen, das die Pubertät markiert.
Presbyter	Gewählte Vertreter der Ortsgemeinde in der PCG (siehe *elder*).
Presbytery	Gremium aus Vertretern der Gemeinden eines Distrikts der PCG.
Salem	An bestehende Siedlung angegliederte, von der BM/PCG aufgebautes Christen-Viertel oder christlicher Siedlungsteil (vgl. *Christian town*).
schnapps	Klarer Alkohol, wird für Gießopfer (*libation*) verwendet.
senior presbyter	*Primus inter pares* im Gremium der Presbyter.
Session	Gremium aus Presbyter, Katechist und Pastor, das die Ortsgemeinde leitet.
shia (Ga)	„extended family", Lineage (siehe auch *we*).
shia onukpa – Pl. *shia onukpai* (Ga)	Vorsteher/*elder* einer *shia*.
sisa (Ga)	Ahnenschatten.
sisa tōgbē (Ga)	Rituale zur Trennung einer Witwe von ihrem verstorbenen Ehemann, Kompensation für den Verstorbenen bei der Wiederverheiratung der hinterbliebenen Ehefrau.

stool	1) Bezeichnung für das Amt lokaler Autoritäten, insbesondere der *ohene* 2) Akan: Rituell bearbeitetes hockerförmiges Objekt, das dieses Amt repräsentiert.
sunsum (Akan)	*spirituelle Macht/Geist* (Akan Gottheiten sind *sunsum*, ein Teil der menschlichen Person ist ebenfalls *sunsum*).
Synod	Oberstes Entscheidungsorgan der PCG.
Tigare	Anti-*bayi* Bewegung, in den späten 1940er-Jahren weit verbreitet.
too (Ga)	Schaf, wird typischerweise als Opfertier verwendet.
Town Council	Vorgänger des Accra *Municipal Council* (siehe *Accra Municipal Council*).
tsofatsɛ – Pl. *tsofatsɛmɛi* (Ga)	Heiler, der mit natürlichen Substanzen arbeitet, „herbalist", „medicine man" (vgl. *wɔyoo* & *wɔŋtsɛ*, die als Heiler mit spirituellen Mitteln arbeiten).
we – Pl. *wei* (Ga)	Haus, Lineage, Verwandtschaft, Familie, auch „ancestral house" und „household", „extended family" (siehe auch *shia*).
we onukpa – Pl. *we onukpai* (Ga)	Vorsteher/*elder* einer *we*.
wɔŋ – Pl. *wɔji* (Ga)	Ga Gott/Gottheit.
wɔŋtsɛ – Pl. *wɔŋtsɛmɛi* (Ga)	Männliches Medium einer (z. B. Akan) Gottheit (arbeiten als Heiler mit spirituellen Mitteln, vgl. *tsofatsɛ*).
wɔyoo – Pl. *wɔyei* (Ga)	Weibliches Medium (i. d. R.) einer Ga Gottheit, „priestess" (arbeiten als Heilerinnen mit spirituellen Mitteln, vgl. *tsofatsɛ*).
wulɔmɔ – Pl. *wulɔmɛi* (Ga)	Ga Priester einer Stadt-Gottheit (*jemawɔŋ*).
youngman – Pl. *youngmen*	1) Bezeichnung für junge Personen 2) Bezeichnung für Mitglieder der ‚gewöhnlichen', d. h. nicht ‚adligen' Bevölkerung.

1. Einleitung

In diesem Buch geht es um die rechtlichen Praktiken einer religiösen Organisation und um die Arbeit an der Kategorie Recht als analytische Kategorie in der Religionswissenschaft. Ausserdem geht es um eine „Christian town" im Ghana der 1950er-Jahre, eine kleine Gemeinde der *Presbyterian Church of the Gold Coast* am Rande von Accra, mitten in der Dekolonisierungsphase, nur wenige Jahre vor der Unabhängigkeit des Landes. Und es geht um von afrikanischen Akteuren geschriebene Quellen, deren Existenz und Ergiebigkeit für die Forschung zu beweisen der Ausgangspunkt dieses Projekts war. Mit der Kombination dieser Elemente verbindet diese Studie zwei Forschungsfelder, die bis dato in der Religionswissenschaft wenig miteinander zu tun hatten: religionsgeschichtliche Forschung zu afrikanischem Christentum und systematische Fragen nach Zusammenhängen von Religion und Recht.

Thema der Studie sind die Rechtspraktiken einer religiösen Organisation und die zentrale Forschungsfrage ist, welche Leistung die untersuchten Praktiken für diese Organisation erbringen. Es wird zu zeigen sein, dass diese Rechtspraktiken nicht als ‚weltliches' Nebenprodukt der Organisationsförmigkeit von Religion zu betrachten sind, sondern in direkter Wechselbeziehung zur religiösen Selbstdeutung dieser Organisationen stehen. Außerdem wird deutlich werden, dass und wie das Verhältnis zu anderen normativen Ordnungen die Gestalt und damit die (auch religiöse) Funktion von Recht in einer religiösen Organisation mitprägt.

Gegenstand – d. h. die religiöse Organisation, um deren rechtliche Praxis es hier konkret gehen wird – ist die *Presbyterian Church of the Gold Coast* (PCG),[1] eine ghanaische protestantische Kirche Mitte der 1950er-Jahre. Die PCG ist eine jener Kirchen, die sich selbst heute häufig als „mainline" oder „historic Churches" bezeichnen und die aus den europäischen Missionsgesellschaften des 19. Jahrhunderts hervorgegangen sind. Im Falle der PCG war es die *Basler Mission* (BM), eine protestantisch-pietistische Missionsgesellschaft in süddeutscher und schweizer Trägerschaft mit Sitz in Basel. Die BM war an der damaligen Goldküste ab 1828 aktiv. Im Laufe der zweiten Hälfte des 19. Jahrhunderts verzeichnete sie zunehmend Zulauf in ihren in Stationen und Außenstationen organisierten Gemeinden.

---

1 Die Kirche wechselte den Namen nach der Unabhängigkeit Ghanas in *Presbyterian Church of Ghana*, die Abkürzung PCG bezeichnet in dieser Untersuchung beide Namen, je nach dem Zeitraum, auf den sich die betreffende Stelle bezieht.

Interessant an der PCG ist, dass in dieser für eine Missions-initiierte Kirche[2] vergleichsweise früh afrikanische Mitarbeiter[3] auch in Leitungspositionen kamen; auch wenn es noch dauerte, bis die Kirche komplett in ghanaische Leitung überging: Denn im Zuge des Ersten Weltkriegs waren die deutschen und schweizer Missionare und Missionarinnen von den britischen Kolonialbehörden interniert bzw. des Landes verwiesen worden. Damit unterstand der Betrieb der Kirche, die damals bereits rund 560.000 Mitglieder aufwies,[4] für einige Jahre operativ der Leitung durch das afrikanische ordinierte Personal. Offiziell übergab die BM die Mission an die *United Free Church of Scotland*. In den nachfolgenden Jahrzehnten wurde die afrikanische Leitung erweitert und 1951 die Kirche so umstrukturiert, dass diese komplett in ghanaische Leitung überging.[5]

Das zentrale Quellenkorpus der Studie sind die Ältestenratsprotokolle einer ausgewählten örtlichen Kirchgemeinde: Apenkwa. Diese dokumentieren neben anderen Aspekten des Gemeindelebens die Rechtspraxis an der Kirchenbasis der PCG. Sie sind Zeugnisse davon, wie die Interaktion der beteiligten Akteure das kirchliche Recht produzierte und erlauben es im Einzelfall sogar, dies Schritt für Schritt nachzuzeichnen. Hierzu analysiere ich systematisch ausgewählte Fälle aus diesen Protokollen mit einem Verfahren, das methodische und methodologische Ansätze der historischen Quellenkritik, der Dokumentenanalyse und der *Grounded Theory Methodology* verbindet.

Die PCG war in einem Kontext verortet, der in vielerlei Hinsicht als plural zu beschreiben ist und in dem eine Vielzahl normativer Ordnungen dynamisch zusammenwirkten. Rechtlich plural war der Kontext insofern, als er von einem spätkolonialen, dualen Rechtssystem bestimmt war. In diesem System beanspruchte

---

2 Der Begriff wird hier anstelle des Begriffs „Mainline Kirche" benutzt. Er lehnt sich an den Begriff der „African Initiated Churches" an.

3 Wenn sowohl Männer als auch Frauen gemeint sind, verwende ich in den Beschreibungen jeweils entweder geschlechtsneutrale Bezeichnungen (worunter ich auch den Begriff „Akteur" als soziologische Kategorie fasse) oder sowohl männliche als auch weibliche Bezeichnungen (z. B. Mitarbeiter und Mitarbeiterinnen). Sind nur Männer (wie hier) oder nur Frauen gemeint, wird dies aus der Formulierung ersichtlich.

4 Veröffentlichter Jahresbericht der Basler Mission 1917: 135.

5 Zur BM in Ghana und der PCG: Noel Smith: *The Presbyterian Church of Ghana, 1835–1960. A younger church in a changing society*, Accra: Ghana University Press, 1966 und Michael A. Kwamena-Poh: *Vision and achievement. 1828–1978 A hundred and fifty years of the Presbyterian Church of Ghana*, Accra: Waterville publishing house, 2011; Überblick zur Geschichte der BM auf der Goldküste: John K. Agbeti: *West African church history. Christian missions and church foundations 1482–1919*, Leiden: Brill, 1986; zum Übergang zur Schottischen Mission: Samuel Prempeh: „The Basel and Bremen missions and their successors in the Gold Coast and Togoland, 1914–1926. A study in Protestant missions and the First World War", PhD Thesis, University of Aberdeen, Aberdeen 1977; zur Entwicklung nach 1957: Nana O. Kwakye: „The Presbyterian Church of Ghana", in: J. K. Asamoah-Gyadu (Hg.). *Christianity in Ghana. A postcolonial history*, Legon-Accra: Sub-Saharan Publishers, 2018, S. 30–49.

die koloniale Gerichtsbarkeit rechtliche Autorität über die europäische Bevölkerung sowie über die afrikanische Bevölkerung bei allen schwerwiegenden Straftaten und für letztinstanzliche Urteile. Die Gerichtsbarkeit über die afrikanische Bevölkerung bei leichten Vergehen sowie in den meisten privatrechtlichen Fragen hingegen überließ sie den im System der Indirect Rule reorganisierten bzw. eingerichteten *Native Courts*.[6] Neben dieser offiziellen Doppelstruktur operierten inoffiziell, aber dennoch nicht unbeachtet, weitere Gerichtsbarkeiten: Dazu gehörten muslimische Rechtsforen, aber auch jene von lokalen Priestern und anderen lokalen Autoritäten,[7] die im Kolonialsystem ihrer vormals auch rechtlichen Kompetenzen offiziell enthoben worden waren.[8]

Religiös plural war der Kontext in Accra zum untersuchten Zeitpunkt durch eine Fülle religiöser Traditionen verschiedener Provenienz. Es gab Ritualspezialistinnen und -spezialisten unterschiedlichster Prägung und eine Bandbreite religiöser Praktiken von neuen religiösen Bewegungen bis hin zu historisch etablierten staatsreligiösen Strukturen. Als Christen bezeichnet sich Mitte des 20. Jahrhunderts weniger als die Hälfte der Bevölkerung.[9] Zum religiösen Spektrum gehörte eine Vielzahl verschiedener lokaler Praktiken: Solche, die aus dem Ga Umfeld stammten; andere, die diverse Akan Gottheiten verehrten und Bewegungen wie *Tigare*, die transregional aktiv waren.[10] Daneben bestanden verschiedene christliche Strömungen: *African Initiated Churches*, Missions-initiierte Kirchen diverser Denominationen und auch neue Bewegungen sogenannter „apostolischer" Prediger aus den USA. Außerdem gab es muslimische Gruppen, die sich im Zuge von Migrationsbewegungen im Großraum Accra angesiedelt hatten.[11]

---

6 Richard Rathbone: *Nkrumah & the chiefs. The politics of chieftaincy in Ghana, 1951–60*, Accra, u. a.: F. Reimmer; u. a., 2000: 9–29, 48–58. Näheres spezifisch zu Accra siehe Kap. 3.

7 Dieser Begriff umfasst die unterschiedlichen Arten von Autoritäten, unter anderen jene, die gemeinhin als „Chief" bezeichnet werden (siehe Kap. 1.3). Mit dem Adjektiv „lokal" bezieht er sich einerseits auf den Unterschied zu den kolonialen, später staatlichen und den kirchlichen Autoritäten, andererseits auf die lokal spezifischen politisch-sozialen Strukturen, aus denen die betreffenden Akteure und Akteursgruppen ihre Autorität beziehen (siehe Kap. 3).

8 Zeitgenössisch zu Accra: Ioné Acquah: *Accra survey*, London: University of London Press, 1958: 101–104.

9 John S. Pobee: „Church and state in Ghana 1949–1966", in: John S. Pobee (Hg.). *Religion in a pluralistic society*, Leiden: Brill, 1976, S. 121–144: 121 f. Näheres siehe Kap. 3.

10 Ga bezeichnet die Sprachgemeinschaft und Kultur der Bevölkerung an der Küste und der Ebene im Hinterland von Accra und der Gegend östlich davon. Diese entspricht grob der heutigen Region Greater Accra. Akan bezeichnet die kulturell und sprachlich (Twi) verbundenen Gesellschaften insbesondere in der Waldregion im südlichen Ghana und der Elfenbeinküste. *Tigare* ist eine religiöse Bewegung, die aus der Savannenregion im Norden und nördlich von Ghana ‚importiert' wurde. Mehr dazu in Kap. 3.

11 Ausführlicher zum religiösen Kontext siehe Kap. 3.4.

Was den Gegenstand betrifft, so verortet sich diese Untersuchung in einem kulturwissenschaftlich gewendeten Forschungsdiskurs zu den christlichen Missionen des 19. und 20. Jahrhunderts sowie zu den lokalen afrikanischen Kirchen und den gesellschaftlichen Prozessen, die mit ihnen in historischer Verbindung stehen. An der Forschung zu Mission als einer Form des Religionskontaktes beteiligt sich, wie es Christoph Bochinger bereits 1997 gefordert hatte, in den vergangenen Jahren vermehrt auch die Religionswissenschaft. Dies sowohl mit Blick auf die europäischen christlichen Missionen im Zeitalter des Imperialismus als auch mit Blick auf gegenwärtige, weltumspannende Missionsbewegungen aus dem globalen Süden.[12] Der hier untersuchte Fall einer Missions-initiierten Kirche, die zum untersuchten Zeitpunkt Mitte des 20. Jahrhunderts in afrikanische Leitung übergegangen war, stellt quasi ein Verbindungsstück in diesen Entwicklungen dar.

Mit meiner Quellenwahl trage ich innerhalb dieses Diskurses explizit zur Erforschung der Perspektive und Akteurschaft lokaler Christinnen und Christen und ihres – auch nicht christlichen – Umfelds bei.[13] Denn die Protokolle („*session minutes*") des wöchentlich tagenden Ältestenrats der Kirchgemeinde Apenkwa machen genau diese Perspektive für die historische Forschung zugänglich. Sie sind schriftliche Spuren davon, wie die ghanaischen Gemeindeleiter die Vorgänge in der Lebenswelt ihrer Gemeinde deuteten, bearbeiteten und repräsentierten. Solche Dokumente zu beforschen setzt für die Organisations-, also die Mesoebene das um, was Kirsten Rüther als „akteurszentrierten" Ansatz für die Erforschung von Missionsgeschichte fordert.[14] Denn im Sinne eines praxeologischen Zugangs das prozessuale *Wie* zugänglich zu machen, ist die Stärke dieser Quellengattung und der Detailanalyse in der hier vorgelegten mikrogeschichtlichen Form.

---

12 Christoph Bochinger: „Mission als Thema vergleichender religionswissenschaftlicher Forschung", in: Hans-Joachim Klimkeit (Hg.). *Vergleichen und Verstehen in der Religionswissenschaft. Vorträge der Jahrestagung der DVRG vom 4. bis 6. Oktober 1995 in Bonn*, Wiesbaden: Harrassowitz, 1997, S. 171–184; 180; Als Auswahl sei hier verwiesen auf: Peter J. Bräunlein: „‚Polyzentrik des Christentums' und das Projekt einer Ethnologie des Christentums. Ein Dialogangebot", in: Ciprian Burlacioiu; Adrian Hermann; Klaus Koschorke (Hg.). *Veränderte Landkarten. Auf dem Weg zu einer polyzentrischen Geschichte des Weltchristentums*, Wiesbaden: Harrassowitz, 2013, S. 243–265; Eva Spies: „Schrift und Charisma. Zur Rolle von Lehrbüchern in der pfingstlich-charismatischen Mission in Subsahara-Afrika", in: *Zeitschrift für Religionswissenschaft* 25 (2), 2017, S. 263–286; sowie die entsprechenden Beiträge in Frieder Ludwig; Afe Adogame; Ulrich Berner u. a. (Hg.). *European traditions in the study of religion in Africa*, Wiesbaden: Harrassowitz, 2004; und in Ulrich Berner; Christoph Bochinger; Klaus Hock (Hg.). *Das Christentum aus der Sicht der Anderen. Religionswissenschaftliche und missionswissenschaftliche Beiträge*, Frankfurt am Main: Lembeck, 2005.

13 Zu diesem Desiderat siehe Kap. 4.1.

14 Kirsten Rüther: „Plädoyer für eine akteurszentrierte Geschichte religiöser Veränderung", in: *Zeitschrift für Missionswissenschaft und Religionswissenschaft* 100, 2016, S. 110–118.

Was den systematisch-theoretischen Zugang angeht, so verortet sich diese Untersuchung in der religionswissenschaftlichen Forschung zum Thema Religion und Recht. Sie tritt mit dem Ziel an, den religionswissenschaftlichen Umgang mit der Analysekategorie ‚Recht' weiterzuentwickeln. Indem ich zeige, welche Funktion die rechtlichen Praktiken der religiösen Organisation in deren Selbstverständnis und für das Erbringen ihrer religiösen Versorgungsleistungen haben, verorte ich ‚Recht' *innerhalb* von ‚Religion'. Damit wird „Recht" hier außerhalb der dominanten Folie gedacht, die Recht auf staatliches Recht engführt. In diesem Sinne geht es mit der *Presbyterian Church of the Gold Coast* und ihrer Gemeinde in Apenkwa darum, einen Fall zu wählen, mit dem sich konzeptionell Recht und Staat auseinanderschieben und gleichzeitig Recht und Religion näher zusammenrücken lassen. Das Ziel dabei ist, Verschränkungen und Interferenzformen zwischen diesen Polen für die Analyse greifbar werden zu lassen, wie es die Rechtsethnologin Fernanda Pirie einerseits und die Religions- und Rechtswissenschaftlerin Winifred Sullivan andererseits als Desiderate formulieren.[15] Die hier gewählte Perspektive ist eine der möglichen Varianten, diese Neukalibrierung der analytischen Kategorien „Recht" und „Religion" praktisch umzusetzen. Indem die Religionswissenschaft explizit unterschiedliche Konstellationen zwischen „Recht" und „Religion" auslotet und systematisiert, kann sie diese beiden ebenso kritischen wie grundlegenden Kategorien für ihr analytisches Verständnis weiterentwickeln. Dies für eine konkrete Konstellation – nämlich für rechtliche Praktiken innerhalb einer religiösen Organisation – zu tun, ist mein Beitrag zu diesem theoretischen Feld.[16]

Und welche Ergebnisse fördert diese Herangehensweise zutage? Zwei zentrale Antworten auf die forschungsleitende Frage nach der Leistung der rechtlichen Praktiken seien hier vorweggenommen. Die Untersuchung wird zeigen, dass die Praktiken, die ich hier als Rechtspraktiken thematisiere, der Kirche dazu dienen, ihre Deutungen der Welt in der Lebenswelt relevant zu machen und zu stabilisieren. Mithilfe dieser Praktiken schreibt die Kirche *ihre* Kriterien und Unterscheidungen – u. a. jene in Recht und Religion – in den pluralen Kontext ein, der ebenso entlang ganz anderer Kriterien und Unterscheidungen operiert. Zweitens werde ich zeigen, wie die hier als Rechtspraktiken beschriebenen Vorgänge dem Ältestenrat dazu dienen, das aus seiner Sicht ‚richtige' Verhältnis zu anderen normativen Ordnungen zu entwerfen. Mit den Rechtspraktiken bewertet und gewichtet er die verschiedenen Handlungserwartungen, unter deren Einfluss das Leben der

---

15 Fernanda Pirie: *The anthropology of law*, Oxford: Oxford University Press, 2013: 62 f.; Winnifred F. Sullivan: „Law", in: Robert A. Segal; Koku von Stuckrad; Robert A. Segal u. a. (Hg.). *Vocabulary for the study of religion*, Leiden: Brill, 2015, S. 323–330: 324.

16 Zum systematischen Programm dieser Untersuchung, seiner Begründung und der Operationalisierung der Begriffe siehe Kap. 2.

Gemeindemitglieder steht. Die Rechtspraktiken machen so die kirchliche Weltdeutung in der konkreten Lebenswelt wirkmächtig und entwerfen in der Praxis das, wofür die Kirche steht.

1.1 Forschungsstand und Forschungsdesiderate

Wie bereits angedeutet, befasst sich die religionswissenschaftliche Forschung zum Themenbereich Religion und Recht derzeit vorwiegend mit Fragen zum Verhältnis von Religionen und staatlichem Recht. Der Fokus liegt auf der Frage, wie Religionsgemeinschaften und individuelle religiöse Praxis in säkularen, kodifizierten, staatlichen Rechtsordnungen be- und verhandelt werden. Andere Konstellationen von Religion und Recht genießen weitaus weniger Prominenz und bleiben so weniger spezifiziert. Mit dem Fokus auf Recht *innerhalb* einer religiösen Organisation setzt dieses Projekt hierzu einen Kontrapunkt. Im Hintergrund geht es damit auch darum, wie ‚Recht' und ‚Religion' als Grundbegriffe oder analytische Kategorien in der Religionswissenschaft auch jenseits einer Deutung im Sinne funktionaler Differenzierung fruchtbar eingesetzt werden können.

Fruchtbar ist hierfür, rechtsgeschichtliche und rechtsethnologische Kenntnisse zu einem differenzierten und kontextsensiblen Umgang mit dem Rechtsbegriff, mit religionswissenschaftlicher Expertise zum Themenbereich und zur Kategorie Religion zu verbinden. Auch was die in der jeweiligen Disziplin untersuchten Kontexte betrifft, ist die Begegnung von Rechtsgeschichte, Rechtsethnologie und Religionswissenschaft ein Gewinn: Während rechtsethnologische Untersuchungen v. a. auf nichtwestliche Kontexte fokussieren,[17] liegt der Fokus in der Rechtsgeschichte auf europäischen und nordamerikanischen Gesellschaften. Letzteres gilt auch für die rechtsbezogene religionswissenschaftliche Forschung, wobei sich diese vornehmlich auf gegenwärtige Gesellschaften bezieht. Vor diesem Hintergrund ergänzt und kontrastiert mein Projekt durch den gewählten Gegenstand die religionswissenschaftlichen Studien durch einen historisch und regional anders gelagerten Fall: Untersucht wird eine afrikanische Kirche in Ghana Mitte des 20. Jahrhunderts und damit in einer Zeit großer Pluralität an Wertorientierungen und massiver soziopolitischer Veränderungen.

Mit den hier untersuchten Ältestenratsprotokollen wird außerdem ein in der Forschung zur Geschichte europäischer Missionen und ihrer Nachfolgerkirchen bisher unterschätzter Quellentyp erschlossen. Mein Projekt stellt sich hier in die

17 Martin Ramstedt: "Anthropological perspectives on law and religion", in: Silvio Ferrari (Hg.). *Routledge handbook of law and religion*, Hoboken: Taylor and Francis, 2015, S. 43–58: 50.

Reihe von Bemühungen, die in den letzten Jahren darauf gerichtet sind, die schriftlichen Zeugnisse lokaler Akteure in den aus europäischen Missionsbestrebungen entstandenen Kirchen für die Forschung sichtbar und fruchtbar zu machen. Dies geschieht durch das Bearbeiten bislang vernachlässigter Bestände, die sich v. a. in Archiven und Privatbeständen außerhalb Europas befinden. Quellen dieser Art zeigen eine andere Perspektive auf die lebensweltlichen Vorgänge und die kulturellen Transformationen in den kolonialzeitlichen Missionen und den daraus entstandenen Kirchen, als dies die Berichte und Publikationen der europäischen Missionare tun. Indem die Forschung ihre Texte stärker berücksichtigt, wird auch die zentrale Rolle und die Agency von lokalen Mitarbeitenden und deren Umfeld in diesen Organisationen sichtbar.[18]

Was die Untersuchung einer Kirche als religiöse Organisation angeht, so haben betreffende religiöse Sozialformen in ihrer Selbstbeschreibung eine Thematisierung als Organisation gerne von sich gewiesen. Und die klassische soziologische Theoriebildung hat dies in gewissem Sinne mitvollzogen. Zusammen mit dem allgemeinen Ausblenden der Mesoebene in der Religionssoziologie dürfte diese Distanznahme verantwortlich zeichnen für die von den Soziologen Martin Petzke und Hartmann Tyrell diagnostizierte relative „Organisationsblindheit" der Religionssoziologie.[19]

Eine solche Organisationsblindheit ergibt auch eine weitere Lesart des vergleichsweise hohen Stellenwerts, den die Verwaltung individueller Religion durch das staatlich verfasste Recht als Gegenstand religionswissenschaftlicher Forschung genießt: Das auf der Makroebene der Gesamtgesellschaft anzusiedelnde staatliche

18 Editionen wie z. B. Klaus Koschorke; Adrian Hermann; Ciprian Burlacioiu u. a. (Hg.). *Discourses of indigenous Christian elites in colonial societies in Asia and Africa around 1900. A documentary sourcebook from selected journals*, Wiesbaden: Harrassowitz, 2016 und weitere Schriften aus diesem Projekt, das sich mit Publikationen lokaler christlicher Akteure in Asien und Afrika befasst. Oder die Edition der Berichte des ghanaischen Pfarrers Theophilus Opoku (1868–1908) an die BM, die Michelle Gilbert und Paul Jenkins in der Reihe *Fontes africanae historiae* (new series) vorbereiten. Zu den Bemühungen gehören auch Erschließungs- und Digitalisierungsprojekte von Kirchenarchiven außerhalb Europas, deren Bestände Akten umfassen, die stärkeren Zugang zu Alltags- und Routinepraktiken in den lokalen Gemeinden der (ehemaligen) Missionskirchen geben. Solch ein Archiv ist z. B. das Archiv der evangelisch-lutherischen Kirche Tansanias in Moshi (Monika Rammelt, Antonia Witt: *Digitized records of the Evangelical Lutheran Church of Tanzania in Moshi*, Leipzig: Institut für Afrikanistik, 2012^{5}). Zuletzt sind hier auch Publikationen zu nennen, die sich maßgeblich auf diese Art von Quellen beziehen und die *agency* lokaler Akteure in den Vordergrund stellen (Vgl. z. B. Norman Etherington, Gareth Griffiths, Jacqueline van Gent, Peggy Brock: *Indigenous evangelists and questions of authority in the British Empire 1750–1940*, Leiden: Brill, 2015; Pule Phoofolo: „Holy weddings, unholy marriages. Christian spouses and domestic discords in early colonial Lesotho, 1870–1900", in: *Journal of Religious History* 31 (4), 2007, S. 363–386: 363 f.; Rüther: Akteurszentrierte Geschichte, 2016); Mehr hierzu siehe Kap. 4.

19 Martin Petzke, Hartmann Tyrell: „Religiöse Organisationen", in: Maja Apelt; Veronika Tacke (Hg.). *Handbuch Organisationstypen*, Wiesbaden: Springer VS, 2012: 502; ebd.: 275 f., 286 f.

Recht und die Mikroebene der Praxis religiöser Individuen kommen in den Blick, während die Mesoebene der Organisation außen vor bleibt. Indem ich hier Religion im Sinne einer religiösen Organisation als kollektive Akteurin thematisiere und damit die Betrachtung auf der Mesoebene ansetze, stoße ich mit meiner Untersuchung auch in dieser Hinsicht in eine Lücke.

Welche Bedeutung Recht auf dieser Mesoebene religiöser Sozialformen (zumal christlichen Zuschnitts) haben kann, zeigt beispielsweise der Umstand, dass es der Umgang mit der Kirchenzucht ist, anhand derer Max Weber die Sozialformen „Kirche" und „Sekte" in seiner in der Religionsforschung noch immer einflussreichen Typologie unterscheidet.[20] Doch auch Literatur zur empirischen Untersuchung von Kirchenzucht – hier im engeren Sinne des protestantischen ‚kirchlichen Strafrechts' – besteht zwar für die frühe Neuzeit, nicht aber für das 19. und 20. Jahrhundert. Dies ist so, obwohl Kirchenzucht gerade im Bereich der Missionierungsaktivitäten in diesem Zeitraum eine wichtige Rolle spielte. Das gilt sowohl für die damaligen missionarischen Diskurse über die Gemeindebildung in den zu christianisierenden „Missionsfeldern" als auch für deren praktische Umsetzung.[21]

Eine rechtliche Dimension ist im Fall der PCG nicht nur religionssoziologisch konzeptionell oder vor diesem missionsgeschichtlichen Hintergrund von Interesse, sie findet sich auch in den zeitgenössischen Selbstzeugnissen. Das wird z. B. in der Wortwahl deutlich, mit der die zum Zeitpunkt der Untersuchung maßgebliche Kirchenordnung die Struktur der Kirche beschreibt. Die *Regulations Practice and Procedure* (RPP) verleiht der dreigliedrigen Hierarchie der kirchlichen Entscheidungsgremien klar eine rechtliche Tönung: „The Government of the Church is exercised through its *Courts* [that is] the Sessions, the Presbyteries and the Synod […] which is the *Supreme Court* of the Church".[22]

Rechtspraktiken in einer religiösen Organisation anhand der Aufzeichnungen von lokalen Vertretern dieser afrikanischen Kirche zu untersuchen, liegt also nahe und verbindet die unterschiedlichen, hier skizzierten Desiderate zu einem konsistenten Projekt.

---

20 Ein inklusiver Umgang in der *Kirche* und ein exklusiver in der *Sekte* (ebd.: 277).

21 Karolin Wetjen: „Gemeinde im Laboratorium. Aushandlungsprozesse des Christentums und Kirchenzucht in der Mission am Beginn des 20. Jahrhundert", in: Karolin Wetjen; Linda Ratschiller (Hg.). *Verflochtene Mission. Perspektiven auf eine neue Missionsgeschichte*, Köln u. a.: Böhlau, 2018, 89–116: 95–100; Karolin Wetjen: *Mission als theologisches Labor. Koloniale Aushandlungen des Religiösen in Ostafrika um 1900*, Stuttgart: Franz Steiner Verlag, 2021: 274–296.

22 Presbyterian Church of the Gold Coast: Regulations Practice and Procedure. Revised Edition 1953, Scottish Mission Book Depot Printing Departement, Accra (im Folgenden RPP 1953): § 6, Hervorhebung A.B.; Visualisierung siehe Abb. 17, Anhang 1.

1.2 Forschungsfrage und methodologische Prämissen

Die zentrale Forschungsfrage lautet also: Was leisten die rechtlichen Praktiken für die untersuchte religiöse Organisation? Um sie beantworten zu können, gehe ich in drei Etappen mit entsprechenden Untersuchungsfragen vor.

Zunächst ist zu beschreiben, wie die in dieser Studie als kirchliche Rechtspraktiken identifizierten Vorgänge aussehen: (1) Wie funktionieren diese Rechtspraktiken? Wie sehen die unterschiedlichen Formen solcher Praktiken aus, wie spielen diese zusammen und worauf beziehen sie sich? Es geht dabei darum, die Formen und die prozedurale Eigenlogik dieser Praktiken zu erschließen und zu klären, auf welche lebensweltlichen Bereiche sich die kirchlichen Rechtspraktiken beziehen.

Diese deskriptiv angelegte Frage zu beantworten, ist die Voraussetzung, um die stärker systematischen Fragen zu klären: (2) Welche Funktionen haben die Rechtspraktiken für diese Organisation als spezifisch religiöse Organisation? D. h. welche Fragen, Aufgaben oder Problemstellungen bearbeiten die Akteure durch diese spezifischen Praktiken?

Zu untersuchen ist schließlich: (3) Wie setzt sich diese religiöse Organisation über ihre rechtlichen Praktiken zum rechtlich wie auch religiös pluralen Kontext ins Verhältnis? D. h. wo und in welcher Form zeigen die untersuchten Vorgänge Abgrenzungen, Auslagerungen und (gegenseitige) Überformungen zwischen dieser und anderen Rechtsordnungen bzw. normativen Ordnungen an? Welche Formen des Verhältnisses zwischen diesen Ordnungen lassen sich beobachten? Welche Hierarchien werden postuliert und praktiziert? Daran schließt sich auch die Frage an, wie die Kirche bzw. die Session über die beschriebenen Praktiken die von ihr vertretene normative Ordnung für die Adressaten (Kirchenmitglieder, Anwesende) relevant und verbindlich zu machen sucht.

Diese Fragen leiteten die Untersuchung und meinen Blick auf das Material an, ließen aber auch Offenheit, die Stoßrichtung und Gewichtungen an den Quellen und meinen Zwischenergebnissen orientiert anzupassen.

Die Untersuchung setzt bei der Perspektive der Organisation an. Das heißt, ich beobachte, wie die Organisation in ihren Praktiken ihr Verhältnis zu ihrem normativen Kontext und ihre Wirksamkeit in der Lebenswelt entwirft. Bildlich gesprochen: Mich interessiert nicht der Blick von außen, unten oder oben selbst, sondern welchen Blick von außen, unten oder oben die Organisation in ihrem Vorgehen antizipiert und wie sie selbst auf dieses Außen, Unten und Oben blickt.

Die Untersuchung geht von der praxeologischen Prämisse aus, dass „Recht" in der Praxis und Interaktion von Akteuren als lebensweltlich wirksames Deutungs- und

Handlungsmuster produziert wird.[23] Im Sinne der drei Untersuchungsfragen gilt es herauszuarbeiten, wie die rechtlichen Praktiken in den Interaktionen der beteiligten Akteure entstehen und welche übergeordneten Problemstellungen durch dieses Deutungs- und Handlungsmuster thematisiert werden. D. h.: Welche Probleme und Fragen werden über die rechtlichen Prozeduren und Verhandlungen, deren strategischen oder routinierten Einsatz bearbeitet?

Um diese kleinteiligen Interaktions- und damit Konstruktionsprozesse, ihr Zusammenspiel und ihre Vielschichtigkeit zu erschließen, erschien es sinnvoll, das zu untersuchende Setting auf einen ganz spezifischen Rahmen einzugrenzen. Die Vorgänge sind so durch ein gemeinsames und wiederkehrendes Set von Akteuren verbunden und können in ihrer Tiefe und Breite analysiert werden. In der Abstraktion des Kleinteiligen einer solchen mikrohistorischen Studie arbeitet die Analyse generellere Punkte heraus, die auch für andere Orte, Zeiten und Zusammenhänge relevant sind oder in ähnlicher Weise funktionieren.[24]

Neben diesen mikrohistorischen Überlegungen für die Fallkonzeption (Kap. 1.3) ist im weiten interdisziplinären Feld praxeologischer Ansätze für meine Untersuchung der aus der soziologischen Ethnomethodologie Garfinkels herkommende praxistheoretische Strang von Bedeutung, dies insbesondere in Form dokumentenanalytischer Überlegungen (siehe Kap. 4.2).[25] Außerdem wird ein in Bourdieu'scher Tradition stehender praxeologischer Blick auf soziale Figurationen in meiner Deutung der zirkulären Wirkung von Tun und Zugehörigkeit für die Analyse in Kapitel 6.2 relevant.[26]

Ich benutze hier und im Folgenden den Begriff „Tun", um den Bedeutungs- und Intentionsunabhängigen Charakter der Vorgänge deutlich zu machen. „Tun" soll Handlungen unabhängig von allfälligen Handlungs*intentionen* und unabhängig

---

23 Baudouin Dupret: „Legal pluralism, plurality of laws, and legal practices. Theories, critiques, and praxeological re-specification", in: *European Journal of Legal Studies* 1 (1), 2007, S. 296–318: 305.

24 Dagmar Freist: „Historische Praxeologie als Mikro-Historie", in: Arndt Brendecke (Hg.). *Praktiken der Frühen Neuzeit. Akteure, Handlungen, Artefakte*, Köln: Böhlau, 2015, S. 62–77: 75 f.

25 In diesem Sinne greife ich jenen Strang der Ethnomethodologie auf, der zu Ungunsten konversationsanalytischer Positionen in den Hintergrund rückte. Dieser hatte mit dem Interesse für das Materiale, das habituell inkorporierte und implizite Wissen zentrale Punkte der praxeologischen Perspektive vorweggenommen.

26 Ihre interdisziplinäre Anschlussfähigkeit macht die praxeologische Perspektive als methodologische Grundhaltung für ein Projekt besonders attraktiv, das sich an einer Schnittstelle von Religionswissenschaft, Rechtsethnologie, Rechtssoziologie sowie Alltags- und Sozialgeschichte bewegt, (vgl. Friederike Elias, Albrecht Franz, Henning Murmann, Ulrich W. Weiser: „Hinführung zum Thema und Zusammenfassung der Beiträge", in: Friederike Elias; Albrecht Franz; Henning Murmann u. a. (Hg.). *Praxeologie. Beiträge zur interdisziplinären Reichweite praxistheoretischer Ansätze in den Geistes- und Sozialwissenschaften*, Berlin: de Gruyter, 2014, S. 3–12: 11; Andreas Reckwitz: „Grundelemente einer Theorie sozialer Praktiken. Eine sozialtheoretische Perspektive", in: *Zeitschrift für Soziologie der Erziehung und Sozialisation* 32 (4), 2003, S. 282–301: 282).

von der (retrospektiven) *Deutung* derselben konnotieren. Damit unterstreiche ich, dass es mir, im Sinne eines praxeologischen Handlungskonzepts nicht um die Analyse allfälliger Intentionen der handelnden Akteure geht, sondern um die Handlungs*form*, die zum Gegenstand nachträglicher Deutung werden kann.[27] Eines der wichtigen Ergebnisse dieser Untersuchung wird sein, die Rolle der rechtlichen Praktiken für ebendiese nachträglichen, umstrittenen und vor allen Dingen fortlaufenden Deutungsprozesse herauszuarbeiten (Kap. 6).

1.3 Fallkonzeption

Im Sinne der mikrohistorischen Studie wähle ich als Rahmen der Untersuchung ein spezifisches Gremium innerhalb der Kirchenstruktur und einen spezifischen Ort im Einzugsgebiet der Kirche. Diese exemplarische Detailanalyse wird sodann durch gezielt gewähltes Material aus anderen Quellentypen und Orten sowie durch Sekundärliteratur verdichtet, kontextualisiert und gewichtet.

Im Falle der PCG fand die Produktion von ‚Recht' in den von der RPP als „courts" bezeichneten kirchlichen Gremien statt: der „Synod", den „Presbyteries" und den „Sessions".[28] Die unterste dieser kirchenhierarchischen Ebenen, die Session, war der „court of the local congregation"[29] und damit die erste kirchliche Instanz, welche die lebensweltlichen Vorgänge ‚rechtlich' behandelte. Aus diesem Grund erscheint diese Ebene für den oben beschriebenen Ansatz besonders spannend.

Die Session bestand erstens aus den Presbytern bzw. *elders*, angesehenen Laienmitgliedern mit vorbildhaftem Lebenswandel, welche von den Gemeindemitgliedern als Vertreter und Vertreterinnen gewählt wurden. Ihre Anzahl variierte je nach Größe der Gemeinde: Auf 50 Mitglieder kamen zwei Presbyter. Bei größeren Gemeinden konnte die Zahl bis auf sieben Presbyter erweitert werden.[30] Zweitens gehörten zur Session der von der Kirche angestellte Katechist, ausgebildete Laienprediger und häufig Lehrer der örtlichen Schule.[31] Drittens

---

27 Zum praxeologischen Handlungskonzept in Abgrenzung zu anderen Handlungsmodellen: Ingo Schulz-Schaeffer: „Praxis. handlungstheoretisch betrachtet", in: *Zeitschrift für Soziologie* 39 (4), 2010, S. 319–336.

28 RPP 1953: § 6.

29 RPP 1953: § 8, Vgl. Visualisierung Abb. 17, Anhang 1.

30 RPP 1953: § 11–§ 15; § 32. Zur rechtlichen Rolle von Kirchenältesten vgl. John Middleton: „One hundred and fifty years of Christianity in a Ghanaian town", in: *Africa* 53 (3), 1983, S. 2–19: 14 f. In den Quellen werden die Begriffe „presbyter" und „elder" gleichbedeutend verwendet. Es sei hier darauf hingewiesen, dass der Begriff *elder* gleichzeitig auch die Ratsmitglieder der lokalen Autoritäten bezeichnet.

31 Der in der BM und der PCG gängige Begriff Katechist bzw. *catechist* bezeichnet die lokalen, nicht ordinierten Mitarbeiter, welche die Lokalgemeinden leiteten, aber nicht zur Spende der Sakramente

gehörte der ordinierte, ebenfalls von der Kirche angestellte Pastor zur Session. Letzterer hatte das Präsidium inne, sofern er vor Ort anwesend war. Ansonsten hatte der Katechist den Vorsitz.[32]

Die Session war verantwortlich für das spirituelle Leben der Gemeinde ebenso wie für die Aufsicht über die Disziplin in der Lebensführung und die sogenannten „worldly matters"[33] der lokalen christlichen Gemeinschaft. Aus diesem Grund weisen die Sitzungsthemen eine gewisse Bandbreite auf: Der Betrieb der örtlichen, von der PCG getragenen Schulen samt Anstellungsfragen, Infrastrukturfragen und Interaktion mit staatlichen Schulbehörden konnte ebenso Thema sein wie die Vergabe von Land für Subsistenzwirtschaft und Bauvorhaben an Mitglieder. Die Session kümmerte sich um die örtlichen erbaulichen Zirkel, die Durchführung und Ausgestaltung religiöser Feierlichkeiten im Jahreslauf und um die Teilnahme an den kirchlichen Organen wie den Versammlungen der *Presbytery* und der *Synod* oder an kirchlichen Kollektenaktionen. Und sie war – hier von besonderer Relevanz – verantwortlich für die Ahndung „unchristlichen" Verhaltens.

Ich verstehe die Session hier als kollektive Akteurin, die dadurch entsteht, dass verschiedene Personen(-gruppen) aufeinander bezugnehmend handeln. Die Organisation entsteht – ebenso wie ihr Recht – daraus, dass diese Interaktionen in ihrer spezifischen Form stattfinden. Mit der Session einer lokalen Kirchgemeinde operationalisiere ich also die ‚religiöse Organisation'. Gleichzeitig bedeutet dies, dass das Erkenntnisinteresse dieser Untersuchung weder individuellen Verfahren gegen einzelne Mitglieder noch dem Rechtssystem der betreffenden Kirche als Ganzes gilt.

Untersuchungsgegenstand bzw. Quellen sind hier die Protokolle und Tagesordnungen, die aus Sicht dieses Gremiums Sachverhalte und Verhandlungen dokumentieren. Aus diesem Material können Fälle rekonstruiert werden. Als Fall gelten hier Verfahren, die in einer oder mehreren Sitzungen von der Session bzw. von deren Protokollant dokumentiert wurden. Die Protokolle als Quellen sind häufig

berechtigt sind (RPP 1953: § 30). I. d. R. hatten Katechisten eine der kircheneigenen Schulen besucht und danach eine weitere theologische Ausbildung in einem der kirchlichen Seminare absolviert (Anne Beutter: „Was auf dem anderen Blatt steht. Die Chronik von Nkoransa (1911–1920) als Dokument lokaler Gemeinde-Praxis der Basler Mission und der Perspektive ihrer afrikanischen Mitarbeiter", in: Geert Castryck; Silke Strickrodt; Katja Werthmann (Hg.). *Sources and methods for African history and culture. Essays in honour of Adam Jones*, Leipzig: Leipziger Universitätsverlag, 2016, S. 221–237: 232–234; Wilhelm Schlatter: *Geschichte der Basler Mission 1815–1915. III. Band Geschichte der Basler Mission in Afrika*, Basel: Verlag der Basler Missionsbuchhandlung, 1916: 44; 184; Peter Hall: *Autobiography of Rev. Peter Hall. First Moderator of the Presbyterian Church of Ghana*, Accra: Waterville publishing house, zuerst erschienen 1965: 19; ACIA 43A: Rules for Catechists & Teachers, Accra, 1944, PCG administrative records.

32 RPP 1953: § 9.

33 RPP 1953: § 11–28.

sehr dicht, teilweise stark indexikalisiert und bruchstückhaft geschrieben und daher aufwendig zu erschließen.[34] Bei einer sorgfältigen intra- und intertextuellen Kontextualisierung erweisen sie sich allerdings als sehr reichhaltig und aufschlussreich für die angestrebte Analyse. Dafür und für die Frage, wie diese Rechtsordnung andere normative Ordnungen thematisiert, ist es nötig, das Beschriebene zu kontextualisieren. Der Fokus auf eine Region verhindert in dieser Hinsicht, die lokalen Spezifika des politischen und soziokulturellen Kontexts zu nivellieren. Zuletzt ist die Fokussierung auf einen Ort auch eine forschungspraktische Frage der Machbarkeit und der überlieferten Quellenbestände.

Das gesamte Quellenmaterial, das für die Untersuchung in Frage kam, umfasst Material insbesondere aus den 1930er- bis 1950er-Jahren. Diese Dokumente stammen aus verschiedenen Regionen des Einzugsgebiets der PCG und aus Gemeinden unterschiedlichen Rangs in der Struktur der Kirche.

Als zentrale Quelle habe ich das Protokollbuch der Jahre 1954–55 der Session von Apenkwa gewählt, einem Ort, der damals an der Peripherie von Accra lag. Mit mindestens einer Sitzung pro Woche über eineinhalb Jahre (7.3.1954–3.7.1955) umfasst dieses Dokument auf fast 400 Seiten Aufzeichnungen zu rund 100 Sitzungen.[35] In diesen Sitzungen werden insgesamt an die 300 Fälle behandelt. Manche Fälle kommen nur einmal zur Sprache, andere werden über einen längeren Zeitraum immer wieder aufgenommen. Wie begründet sich nun diese zeitliche und örtliche Wahl?

Die 1950er-Jahre waren in Ghana ein widersprüchliches Jahrzehnt tiefgreifender politischer und gesellschaftlicher Umwälzungen zur Unabhängigkeit hin . Von den sogenannten „riots" 1948 und den ersten Parlamentswahlen 1951 bis zur Unabhängigkeit 1957 dauerte es zehn Jahre. Der vergleichsweise rasche Weg zur Unabhängigkeit und die zur dominanten Partei gewordene *Convention People's Party* unter Kwame Nkrumah schienen v. a. für Junge, Städterinnen und Städter und die Bevölkerung der Küstenregionen attraktiv. Die alten Eliten hingegen, die lokalen Autoritäten, aber auch die kirchlichen Eliten befürchteten einen Verlust ihrer Position. Das betraf im Fall der PCG wie bei anderen Missions-initiierten Kirchen ihre Stellung als wichtige Bildungs- und Gesundheitsdienstleister im Staat. Es betraf außerdem ihren Zugriff auf die Lebensführung und die religiöse Praxis der Menschen, den sie durch die Wertschätzung und Gleichstellung, welche die neuen politischen Klassen und Kräfte für afrikanische Kultur und Religion propagierten, herausgefordert sahen. Wie die Beziehung zwischen der neuen Regierung und den lokalen Autoritäten samt ihren Rechtsforen aussehen sollte, war unklar und

34 Siehe hierzu Kap. 3.3 und Kap. 4.2.

35 ACIA 73A: Presbyterian Church Apenkwa-Protocol (PCA/8/14) 1954, 1954–1955, PCG administrative records.

dazwischen suchten die inoffiziellen Rechtsforen, wie jene der Kirche, ihre Position. Im Umland von Accra, so auch in Apenkwa, wurde für letzteres der Spielraum besonders deutlich reduziert, als 1953 zusammen mit der Erweiterung des Stadtgebiets die Funktion der lokalen Autoritäten faktisch auf repräsentative Aufgaben reduziert wurden.[36]

Auch auf Seiten der Kirche war die erste Hälfte der 1950er-Jahre eine Zeit der Veränderungen: Das Jahr 1951 markiert den Abschluss des offiziellen Übergangs der Kirche in afrikanische Leitung auch auf oberster Ebene. Die Veränderungen kamen auch direkt im kirchlichen Recht zum Ausdruck, zumal im kodifizierten: 1953 trat die revidierte und dem Stand der Praxis angepasste RPP in Kraft.[37]

> Because of the changing times and development of the Church with the increasing understanding, some of the former rules have been deleted and others have been reworded or shortened. In spite, however, of the changes, the spirit remains the same, – the orderly management of the Church and of the life of members in a manner that will please the Lord.[38]

Das Zitat zeigt es an: Dieser dynamische Zeitraum ist geeignet für die Untersuchung, weil sich vermuten lässt, dass hier Strukturen und Prozeduren besonders deutlich zur Sprache kommen, gerade weil sie zur Disposition stehen und man sich am Neuen abarbeitet, um es handhabbar zu machen. Denn Unklarheit, Veränderung und Brüche können Ordnungen, die sonst implizit bleiben, explizit werden lassen, wenn diese Vorannahmen angesichts ihrer Infragestellung thematisiert werden müssen.

Was die Wahl des Ortes betrifft, so sind Apenkwa und das entsprechende Protokollbuch in zweifacher Hinsicht geeignet: Erstens ist Apenkwa im untersuchten Zeitraum eine der Gemeinden ohne ständig stationierten Pfarrer. Sie ist direkt dem *district pastor* unterstellt, der turnusmäßig anreist, Taufen und Abendmahlsgottesdienste durchführt und bei dieser Gelegenheit auch der Session beiwohnt. In den anderen Sitzungen hat der Katechist die Sitzungsleitung inne und schreibt in allen Sitzungen die Protokolle. Das hat, wie es scheint, zum einen den Effekt, dass die Darstellungen in der Quelle insgesamt weniger geglättet und formalisiert wirken.[39] Zum anderen kommt dadurch die dreigliedrige Hierarchie innerhalb der Session

---

36 Pobee: Church and state, 1976; Birgit Meyer: *Translating the devil. Religion and modernity among the Ewe in Ghana*, Edinburgh: Edinburgh University Press, 1999: 17 f.; Rathbone: Nkrumah & the chiefs, 2000; Acquah: Accra Survey, 1958: 99–101; Kwamena-Poh: Vision, 2011: 289.

37 Ebd.: 273–287.

38 RPP 1953: Foreword, May 29, 1953.

39 Siehe Kap. 4.2.1.

klarer zum Ausdruck. So wird deutlicher, wo die faktische Entscheidungskompetenz bei der Session liegt und wo beim Pfarrer. Ebenso werden die Inkongruenzen zwischen den unterschiedlichen Referenzrahmen, die die verschiedenen Vertreter beim Abwägen von Fällen einbringen, klar sichtbar: Auf der einen Seite steht die lokal auf den Ort Apenkwa bezogene Verankerung der sechs Presbyter, auf der anderen die überregional-kirchliche des Pastors und dazwischen der Katechist. Dieses Zusammenspiel zwischen verantwortlichen, einflussreichen Laien (Presbyter) vor Ort und den von der Kirche eingesetzten Funktionsträgern (Katechist, Pastor) ist für das Funktionieren der Kirche und ihres Rechts auch an anderen Orten relevant.[40]

Zweitens spricht für die Wahl Apenkwas, dass es den Anspruch hat, eine *Christian town* zu sein.[41] Das Prädikat der „*Christian town*" meint nicht nur, dass idealerweise alle Bewohnerinnen und Bewohner des Ortes der Kirchenordnung der PCG entsprechend zu leben haben, sondern dass hier die Kirche den Anspruch auf Erstbesiedlung stellt, das Land besitzt und auch einen *chief*[42] einsetzt. Im untersuchten Fall agiert dieser *chief* gleichzeitig auch als *senior presbyter* in der Session. Mit Blick auf die Gemeinden der PCG gehört Apenkwa damit zu einer der ganz wenigen Ausnahmen. Viel häufiger war in der Geschichte der PCG, dass die Kirche eigene christliche Viertel an bestehende Siedlungen angliederte. Wer in diesen „Salem" oder „Christian quarter" genannten Vierteln wohnte, hatte sich an die kirchlichen Maßgaben zu halten, war aber dennoch den lokalen Autoritäten auch in rechtlichen Dingen Rechenschaft schuldig.[43]

---

40 Vgl. als Beispiel Ntow E. Obeng: „Stewardship of land in the Presbyterian Church of Ghana PCG. A historical and theological reflection and its implications for the PCG", Project Essay, Master of Arts (Theology and Mission), Akrofi-Christaller Institute for Theology Mission and Culture, Akropong-Akuapem, Ghana 2009: 44–46; Feldprot. Feldprotokoll zum 1.8.2018: Dokumente einsehen, Mittagessen, Kapelle, Apenkwa und Achimota: 2.

41 ACIA 73A: Apenkwa Minutes 1954–55: 107.

42 Der gängige, aber unpräzise Begriff „Chief" ist Ergebnis kolonialer Restrukturierung, Nivellierung und Reduktion von Amtsträgern und Monarchen unterschiedlichster Couleur und politischer Machtfülle (Rathbone: Nkrumah & the chiefs, 2000: 9 f.). Im Folgenden benutze ich das Wort *chief* (klein und kursiv geschrieben), wenn ich mich auf das in den Protokollen so bezeichnete Amt in Apenkwa beziehe. Ansonsten verwende ich nach Möglichkeit die konkrete Bezeichnung des Amtes (z. B. *maŋtsɛ*) und als Überbegriff den Ausdruck „lokale Autoritäten". Beziehe ich mich hingegen explizit auf die Kategorie „Chief" im britischen Kolonialsystem, ist das Wort groß und in Anführungszeichen gesetzt.

43 Siehe Kap. 3.3.1. Eine aktuelle historische Studie zu Abokobi, der wichtigsten *Christian town* der PCG legte Ernest Sewordor vor: Ernest S. K. Sewordor: „The Basel Mission and the establishment of a ‚model town' in Ghana. The case of Abokobi, 1854–1926", M.Phil. Dissertation in History, University of Ghana, Legon, Ghana, 2017; siehe zur PCG außerdem: Kwamena-Poh: Vision, 2011: 68, 368–373; David N. A. Kpobi: *Mission and governance. The evolution of practice and procedure in the Presbyterian Church of Ghana*, Accra: Waterville publishing house, 2011: 27–32; Stephan

Die *Christian town* als Ausnahmefall mit ungleich umfassenderem Anspruch auf politische und rechtliche Hoheit der Kirche ist für diese Untersuchung besonders geeignet. Denn unter solchen Bedingungen verspricht der Geltungsanspruch der kirchlichen Rechtspraktiken besonders weitreichend zu sein und die Bedeutung dieser Praktiken für das religiöse Selbstverständnis der Organisation besonders verdichtet thematisiert zu werden. Dies dürfte besonders an einem Ort wie Apenkwa der Fall sein, wo dieser umfassende Anspruch mit der suburbanen Realität ebenso kollidiert wie mit der lokalen Ritualtopografie. Heute ein Teil von Accra, war der Ort in den 1950er-Jahren noch eine eigenständige dörfliche Siedlung am Rande der suburbanen Zone der Stadt, die aber dennoch auf vielfältige Weise mit dem wachsenden Accra verbunden war.

Die hier untersuchten Protokolle zeigen auf nicht ganz 400 Seiten, wie die lebensweltlichen Realitäten im politisch unberechenbaren, religiös pluralen und von Urbanisierungsprozessen geprägten Kontext dieser als Ideal gedachten christlichen Gemeinschaft konkret aussahen. Durch den kurzen Untersuchungszeitraum von eineinhalb Jahren ist dieses Setting trotz der dynamischen Bedingungen konsistent. Durch die Auswahl des Sonderfalls *Christian town* war gleichzeitig eine große Dichte an untersuchungsrelevanten Inhalten zu erwarten. Damit wird das hier gewählte Vorgehen der mikrohistorischen Studie nicht nur der methodologischen Prämisse der Praxeologie und der Fragestellung gerecht, sondern auch den Spezifika des zentralen Quellenmaterials. Das gewählte Setting verspricht dabei besonders reichhaltige und deutliche Antworten auf die zu untersuchenden Fragen.

1.4 Aufbau des Buches

Nach diesem einleitenden Überblick führen die nächsten drei Kapitel von theoretischer, historischer und empirischer Seite an die Untersuchung heran: Kapitel 2 geht vom Thema Recht in der religiösen Organisation, Kapitel 3 vom historischen Kontext und Kapitel 4 von den Quellen aus. Die beiden umfangreichen Kapitel 5 und 6 sind das Zentrum der Analyse, während Kapitel 7 die Ergebnisse zusammenführt und die Anschlüsse der aus dem spezifischen Fall gewonnenen Beobachtungen für die übergeordneten Diskurse aufzeigt.

Miescher: „Becoming a man in Kwawu. Gender, law, personhood, and the construction of masculinities in colonial Ghana, 1875–1957", Diss. phil., Northwestern University, Evanston 1997: 103 f. Zu vergleichbaren Siedlungen: Birgit Meyer: „Christian mind and worldly matters. Religion and materiality in nineteenth-century Gold Coast", in: *Journal of material Culture* 2 (3), 1997, S. 311–337; Elizabeth A. Isichei: *A history of Christianity in Africa. From antiquity to the present*, Grand Rapids, Mich.: Eerdmans, 1995: 167 f.

Kapitel 2 verortet diese Untersuchung mit Blick auf die Konstellationen zwischen Religion und Recht in der religionswissenschaftlichen Perspektive und der aktuellen Forschung. Dazu reflektiert es kritisch den Umgang mit diesen beiden Kategorien als analytisches Vokabular für die Religionswissenschaft und bezieht dabei rechtshistorische und rechtsethnologische Überlegungen ein. Ausgehend von diesen Überlegungen spezifiziert das Kapitel schließlich, welches analytische Arrangement ich in dieser Untersuchung entwerfe und wie ich „Recht" und „Religion" hierfür konkret operationalisiere.

Eine Verortung im historischen Kontext findet in Kapitel 3 statt. Dieses zeichnet ein Bild von Apenkwa im Accra der 1950er-Jahre mit den politischen und kirchenpolitischen Umbrüchen der Zeit. Es situiert Apenkwa als Gemeinde der PCG und skizziert danach ein Bild der rechtlichen Bedingungen und der Religionslandschaft, in denen die kirchliche Rechtspraxis hier zu verorten ist.

Kapitel 4 stellt sodann heraus, was die hier untersuchten Quellen besonders macht. Zunächst schildert es meine Suche nach Dokumenten, die in den europäischen Archiven unsichtbar bleiben: Schriftliche Zeugnisse über die Aktivitäten in der Missionskirche und ihrer Nachfolgeorganisation, die von lokalen afrikanischen Mitarbeitenden und nicht von europäischem Missionspersonal verfasst worden sind. Das Kapitel umfasst auch eine kurze Bestandsgeschichte zum Archiv, aus dem das hier untersuchte Protokollbuch von Apenkwa stammt. Sodann stellt das Kapitel diese *session minutes* quellenkritisch und dokumentenanalytisch vor und präsentiert schließlich das methodische Vorgehen und die Analyseschritte. Dabei kommen erste Ergebnisse zum thematischen Spektrum der untersuchten kirchlichen Rechtspraktiken zur Sprache.

Kapitel 5 und 6 stellen das Kernstück der Untersuchung dar. Kapitel 5 ist dabei an der stärker deskriptiven Frage orientiert, wie die Praktiken aussehen, welche die in Kapitel 2 spezifizierte Heuristik aus den Quellen in den Fokus nimmt (Untersuchungsfrage 1). In Kapitel 5.1 führen einleitende Fallbeschreibungen an die Praxis heran und zeigen verschiedene Arten von Praktiken in ihrem Zusammenwirken auf. Die Unterkapitel 5.2 bis 5.4 gliedern die identifizierten Praktiken sodann in drei Typen: in Kategorien (Kap. 5.2), d. h. Praktiken, die Grade und Arten der Zugehörigkeit benennen; in Dokumente (Kap. 5.3), d. h. Praktiken, die verstetigen, Zugehörigkeit und das, was dazu gehört, dokumentieren und repräsentieren; und in Verfahren (Kap. 5.4), d. h. bewertende Interaktionsverläufe, Beobachtungs- und Bearbeitungsschritte, in denen das Ganze zusammenspielt. Die jeweiligen Unterkapitel zu Kategorien, Dokumenten und Verfahren zeigen die verschiedenen Ausprägungen dieser Praktiken ebenso wie ihr Zusammenspiel auf.

In Kapitel 6 geht es stärker um Funktion und Reichweite der als Rechtspraktiken identifizierten Vorgänge. Den Einstieg bildet ein objektsprachliches Argumentarium zur Wichtigkeit dessen, was ich hier metasprachlich als Rechtspraktiken fasse

(Kap. 6.1).[44] Die darin angelegten Überlegungen bilden den Ausgangspunkt für die weitere Analyse. In Kapitel 6.2 geht es darum, was diese Praktiken für die Organisation leisten (Untersuchungsfrage 2). Ich arbeite heraus, wie die Session über diese Praktiken individuelles Handeln deutet und dabei Zugehörigkeit produziert. Kapitel 6.3 hingegen betrachtet die Reichweite, Einbettung und Grenzarbeit (Untersuchungsfrage 3). D. h. ich betrachte, welche Verhältnissetzungen die Session zwischen ihrer eigenen normativen Ordnung und den normativen Referenzrahmen der pluralen Umwelt entwirft.

Kapitel 7 verdichtet in einem Rückblick die Ergebnisse der beiden analytischen Hauptkapitel und bindet diese an die rechtsbezogene Forschung in der Religionswissenschaft einerseits und in die historisch-kulturwissenschaftliche Forschung zu christlichen Missionen andererseits zurück.

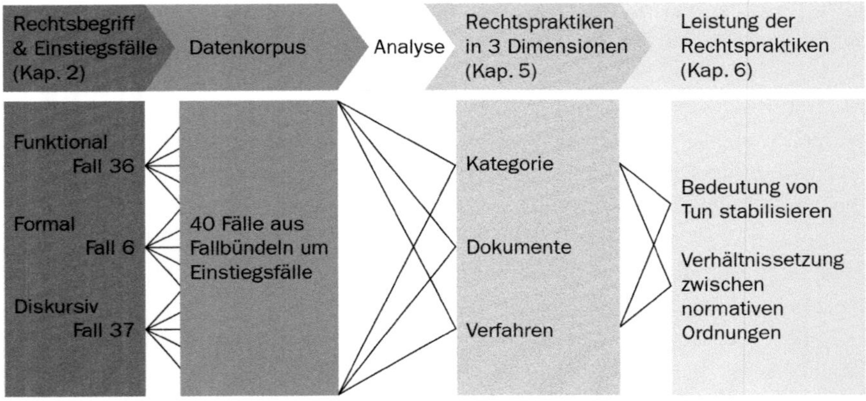

Abb. 1 Übersicht der Untersuchung (Darstellung A.B.).

Im Laufe dieser Untersuchung wird sich so zeigen, dass die religiöse Organisation mit ihren rechtlichen Praktiken Themen wie die Zugehörigkeit zur Kirche als Heilsgemeinschaft, die Bedrohung dieser Gemeinschaft durch ein feindliches Außen und die Wirksamkeit der eigenen normativen Ordnung bearbeitet. Es wird dabei ebenfalls deutlich, wie die Organisation über diese Praktiken ökonomische und personelle Ressourcen erschließt. Abstrakter geht es darum, wie diese Rechtspraktiken Tun mit der Bedeutung verbinden, die diesem Tun im Rahmen normativer

44 Zu meiner Verwendung der Bezeichnung „Objekt- und Metasprache" siehe das gleichnamige Unterkapitel in Kap. 2.3.3.

Ordnungen zugeschrieben wird. Es wird darüber hinaus aufgezeigt, wie die Rechtspraktiken die Deutungen der Kirche in die plurale Ordnung von Unterscheidungen im Kontext einzeichnen und dabei den Inhalt und die Grenze dessen bearbeiten, was ihr als „our Christianity“ gilt.

2. Recht in religiösen Organisationen

Die Thematisierung von Recht und Religion ist so mannigfaltig wie die disziplinäre Verortung der Untersuchungen vielfältig und die Bedeutung der beiden Kategorien schillernd sind. Dieses Kapitel bezweckt daher, das Projekt und seinen Umgang mit den Begriffen „Recht" und „Religion" in den theoretischen, konzeptionellen und definitorischen Diskursen der verschiedenen Disziplinen, zwischen denen es steht, zu verorten. Dabei wird ein religionswissenschaftlicher Blick auf diese Diskurse hervorgehoben.

2.1 Konstellationen von Religion und Recht

Aus religionswissenschaftlicher Perspektive ist eine Reihe von Konstellationen der beiden Analyse- und Vergleichskategorien zu unterscheiden: Modellhaft gesprochen, wäre da zunächst (1) *Recht* und *Religion* als getrennte, sich *gegenüber*- ja entgegenstehende Funktionssysteme, Felder oder anderweitig gedachte Teilbereiche von Gesellschaft oder Kultur. Davon abgesehen ist aber auch (2) *Religion innerhalb* von *Recht* und umgekehrt, (3) *Recht innerhalb* von *Religion* von Interesse. Zuletzt ist auch der Fokus auf (4) *Kongruenzen* zwischen den Bereichen menschlichen Tuns und Denkens, die unter den Kategorien *Recht* und *Religion* gefasst werden, denkbar.[1]

Weiterhin lassen sich alle vier hier unterschiedenen Konstellationen daraufhin präzisieren, welche Aspekte dabei jeweils unter der Kategorie Recht bzw. Religion in den Blick genommen werden (Abb. 2): Stehen (a) religiös konnotierte Inhalte wie in Schriften, Bildern oder Erzählungen vermittelte Glaubensvorstellungen und rituelle Praktiken im Vordergrund? Oder geht es (b) stärker um die Sozialformen, in denen die Trägerschaft solcher Inhalte und Praktiken verfasst sind, wie religiöse Organisationen und Gemeinschaften?[2] Bei dieser Unterscheidung soll es weniger

---

1 Die modellhafte Darstellung täuscht darüber hinweg, dass die Übergänge zwischen den verschiedenen Konstellationen (insbesondere zwischen (1) und (2) und zwischen (3) und (4)) in der Realität fließend sind. Da sie der groben Strukturierung dient, wird diese Komplexitätsreduktion hier in Kauf genommen.

2 Volkhard Krech, Jens Schlamelcher, Markus Hero: „Typen religiöser Sozialformen und ihre Bedeutung für die Analyse religiösen Wandels in Deutschland", in: *Kölner Zeitschrift für Soziologie und Sozialpsychologie* 65 (1), 2013, S. 51–71. Martin Baumann: „Religionsgemeinschaften im Wandel. Strukturen, Identitäten, interreligiöse Beziehungen", in: Christoph Bochinger; Martin Baumann;

darum gehen, diese beiden Aspekte zu separieren, als darum, die eigene methodische Herangehensweise und Quellenwahl zu spezifizieren.[3] Wie die Relevanz des einen Aspekts für den jeweils anderen zum Tragen kommt bzw. wie diese sich verschränken, wird sich in meiner Analyse zeigen, die gerade die Relevanz der ‚profanen' Fragen sozialer Organisation für die untersuchte religiöse Gemeinschaft, ihre Inhalte und Praktiken aufzeigt.

Im Hinblick auf Recht lässt sich unterscheiden, ob Recht dabei im Sinne von „law in books" oder aber im Sinne von „law in action" verstanden wird.[4] D. h., ob es (c) um Rechtssetzung und um Recht im Sinne kodifizierter, meist schriftlich gefasster Gesetzestexte geht, um jene Aspekte von Recht, die Ladeur dem „theoretischen Register" gesellschaftlichen Wissens zuordnet.[5] Oder ob es (d) um die Ebene der praktischen Vollzüge der Rechtsprechung geht, um lebendes Recht und um das, was Ladeur die Materialität und Faktizität des praktischen Registers des Rechts nennt, die dem am theoretischen Register geschulten Blick entgeht.[6] Das praktische Register gilt klassischerweise als Gegenstand anthropologischer Zugänge zum Thema Recht,[7] während der Blick auf religiöse Rechts*texte* Gegenstand der Rechtsvergleichung ist, die sich mit der ‚Rechtsfamilie' religiöser Rechtsordnungen befasst.[8]

Katharina Frank (Hg.). *Religionen, Staat und Gesellschaft. Die Schweiz zwischen Säkularisierung und religiöser Vielfalt*, Zürich: Verlag Neue Zürcher Zeitung, 2012, S. 21–75: 23 f.

3 Zu Religion als aus verschiedenen Aspekten bzw. Elementen zusammengesetzter Gegenstand: Hubert Seiwert: „‚Religiöse Bedeutung' als wissenschaftliche Kategorie", in: *Annual Review for the Social Sciences of Religion* 5, 1981, S. 57–99: 62–65. Zur Kritik an Separierungsversuchen vgl. Menskis und Yelles Kritik im Zusammenhang mit dem „Hindu law" weiter unten.

4 Roscoe Pound: „Law in books and law in action", in: *American Law Review* 44 (1), 1910, S. 12–36: 15.

5 Karl-Heinz Ladeur: *Die Textualität des Rechts. Zur poststrukturalistischen Kritik des Rechts*, Weilerswist: Velbrück Wissenschaft, 2016: 153, 207–212. Als Beispiel siehe René Pahud de Mortanges; Petra Bleisch Bouzar; David Bollag u. a. (Hg.). *Religionsrecht. Eine Einführung in das jüdische, christliche und islamische Recht*, Zürich u. a.: Schulthess, 2018^{2}.

6 Ladeur: Textualität, 2016: 15, 286, 303, 301. John Griffiths: „What is legal pluralism?", in: *Journal of legal pluralism and unofficial law* 18 (24), 1986, S. 1–55: 4; der Begriff „lebendes Recht" geht auf Eugen Ehrlich zurück (Eugen Ehrlich: *Grundlegung der Soziologie des Rechts*, Leipzig: Verlag von Duncker & Humblot, 1913: 402 f.). Als Beispiel siehe Petra Bleisch: *Gelebte und erzählte Scharia in der Schweiz. Empirische Studien zur Aneignung religiöser Normen durch zum Islam konvertierte Frauen*, Zürich: Schulthess, 2016.

7 Pirie kritisiert eine Textvergessenheit der *Rechts*anthropologie (Pirie: Anthropology of law, 2013: 15). Im Gegensatz dazu interessierte sich die frühe (missions-)ethnografische Erforschung lokaler *Religionen* gerade nicht für das praktische Register (vgl. Meyer: Translating the devil, 1999: 62.

8 Bezeichnenderweise haben sich die Experten zu Judentum, Christentum und Islam im betreffenden Band an das Label „Religious law", das gerne mit Schriftlichkeit in nicht westlichen Gesellschaften assoziiert wird, gewöhnt. Die Experten zu China, Indien und Südasien beurteilen es hingegen als problematisch (Andrew Huxley (Hg.). *Religion, law and tradition. Comparative studies in religious law*,

Religionswissenschaft interessiert sich in ihrer gegenwärtigen Ausrichtung explizit sowohl für textuell verfasste wie auch für praktische Formen von religiösen Vorstellungen und Vollzügen. Sie untersucht diese als Religion identifizierten Inhalte explizit als Produkt von Kultur und in ihrer sozialen Bedingtheit. Damit ist die Disziplin geeignet, diese vier Komponenten (a–d) in allen oben genannten Konstellationen (1–4) zu beforschen und zueinander in Beziehung zu setzen. Eine klare konzeptionelle Verortung der jeweiligen Untersuchung scheint angesichts der Interferenzen und Interdependenzen von Recht und Religion[9] allerdings angezeigt.

Konstellationen	(1) Religion gegenüber Recht	(2) Religion in Recht	(3) Recht in Religion	(4) Kongruenz v. Religion & Recht
(a) Religion als Inhalte (Vorst. & Prakt.)				
(b) Religion als Organisation			×	
(c) Recht als „law in books“				
(d) Recht als „law in action“			×	

Abb. 2 Konstellationen von Recht und Religion (Darstellung A.B.).

Die vorliegende Untersuchung befasst sich mit Rechtspraktiken einer Kirche, konkret der *Presbyterian Church of the Gold Coast/Ghana* (PCG). D. h. es geht um Recht innerhalb von Religion (Konstellation 3) und dies mit dem Blick auf die organisationsförmige soziale Struktur dieser religiösen Gemeinschaft (b). Es geht also um jene Komponenten innerreligiöser Aktivitäten, die sich an sozial-lebensweltlich konnotierten Fragen abarbeiten und deren Rückwirkung auf die Organisation als spezifisch religiöse Organisation.[10] Dabei betrachte ich konkret die schriftlichen Zeugnisse des „law in action“ (d), wie es in den Interaktionen an der Kirchenbasis produziert wird (Sternchen in Abb. 2). Diese Praxis setze ich nur in zweiter Linie mit der Kirchenverfassung und Gemeindeordnung, also dem „law in books“ in

London: Routledge Curzon, 2002: 1 f.); Werner Menski: *Hindu law. Beyond tradition and modernity*, New Delhi: Oxford University Press, 2003: 106.

9 Anne Kühler; Felix Hafner; Jürgen Mohn (Hg.). *Interdependenzen von Recht und Religion*, Würzburg: Ergon Verlag, 2014.

10 Zum Begriff der religiösen Organisation siehe Kap. 2.3.3.

Form der *Regulations Practice and Procedure* (RPP)[11] in Verbindung. Indem die hier zu untersuchenden Vorgänge explizit unter die Kategorie Recht gefasst werden, trägt diese Studie dazu bei, gerade die Vielgestaltigkeit der Konstellationen von Recht und Religion, die aus religionswissenschaftlicher Perspektive relevant sind, herauszustellen.[12]

Dabei setzt meine Untersuchung einen Kontrapunkt zu dem, was derzeit im Zentrum religionswissenschaftlicher Forschung zum Themengebiet Recht und Religion steht. Wie im Forschungsdiskurs zu diesem Themenfeld allgemein, hat auch in der Religionswissenschaft das Gegenüber von Recht und Religion (Konstellation 1) sowie die Behandlung von Religion im und durch das Recht (Konstellation 2) eine besonders prominente Stellung.[13] Oder als Frage formuliert: Wie verwaltet das Recht die Religion und was passiert dabei mit derselben?

Die Untersuchungen der Trennungs- und Konfliktnarrative gehen dabei mit einem Rechtsverständnis einher, das die Kategorie Recht zuallererst auf kodifiziertes, staatliches und säkulares Recht bezieht.[14] Das entspricht einem engen Rechtsbegriff, auch „modernes Recht" genannt, mit allen deskriptiven, aber auch normativen Konnotationen, den der Begriff der „Moderne" in diesem Zusammenhang hat.[15]

Dieses „moderne", staatlich verortete Recht tritt mit dem Anspruch auf übergeordnete Souveränität auf. Es bestimmt dabei auch über das Verhältnis zwischen Religionsgemeinschaften untereinander sowie über die Reichweite von allfälligen internen Rechtsordnungen von Religionen,[16] wobei Religionsfreiheit als Menschenrecht eine zentrale Thematik darstellt. Es sind diese Konstellation und dieses Rechtsverständnis, die in der aktuellen Forschung zu Recht und Religion besondere

---

11 RPP 1953.

12 Winnifred F. Sullivan: „Beyond ‚church and state'. Advances in the study of religion and law", in: Peter Antes; Armin W. Geertz; Randi R. Warne (Hg.). *New approaches to the study of religion. Textual, comparative, sociological, and cognitive approaches*, Berlin: de Gruyter, 2004, S. 321–344: 328. Thomas G. Kirsch, Bertram Turner: „Law and religion in permutation of order. An introduction", in: Dies. (Hg.). *Permutations of order. Religion and law as contested sovereignties*. Farnham, Surrey, England: Ashgate, 2009 (Law, justice and power series), S. 1–24: 7.

13 Ebd.: 3, 5, 7; Winnifred F. Sullivan: „Varieties of legal secularism", in: Elizabeth S. Hurd; Linell E. Cady (Hg.). *Comparative secularisms in a global age*, New York: Palgrave Macmillan, 2010, S. 107–120: 107 f.

14 Explizit thematisiert dies der Band von Astrid Reuter; Hans-G. Kippenberg (Hg.). *Religionskonflikte im Verfassungsstaat*, Göttingen: Vandenhoeck & Ruprecht, 2010.

15 Sullivan: Beyond church and state, 2004: 325; Sullivan: Law, 2015: 324; Pirie: Anthropology of law, 2013: 28 f.; Kirsch, Turner: Law and religion, 2009: 4.

16 Eine solche Konstellation wird von Cover mit dem Begriff des „imperial model" beschrieben (Robert M. Cover: „The Supreme Court 1982 Term. Foreword: Nomos and narrative", in: *Harvard Law Review* 97 (1), 1982, S. 4–68: 12–18).

Aufmerksamkeit genießen.[17] Dies gilt auch für aktuelle religionswissenschaftliche Positionen wie jene von Astrid Reuter oder Winifred Sullivan. Astrid Reuter untersucht, wie sich Religionsgemeinschaften unter den Bedingungen allgemeiner Prozesse der Vergrundrechtlichung formieren und verändern.[18] Sie geht damit der Frage nach, wie Religionsgemeinschaften in dieser Rechtsordnung verfasst sind. Winifred Sullivan zeigt auf, wie staatliche Rechtsorgane mit dem Ziel, das individuelle Recht auf Religionsfreiheit zu gewährleisten, ebendieses beschneiden, da sie bestimmen müssen, welche Inhalte und v. a. Praktiken als religiöse gelten können und daher schützenswert sind.[19] Mit ihren Studien leisteten beide Autorinnen einen wichtigen Beitrag zur Frage, wie staatliches, säkulares Recht nicht nur die Anliegen religiöser Subjekte behandelt, sondern diese auch konstituiert, und wie letztere unter diesen Bedingungen agieren. Sie zeigen außerdem, wie darüber Arbeit am Religiösen Feld stattfindet.

---

17 Was Sullivan: Beyond church and state, 2004: 327 und Franz von Benda-Beckmann; Keebet von Benda-Beckmann (Hg.). *Gesellschaftliche Wirkung von Recht. Rechtsethnologische Perspektiven*, Berlin: Reimer, 2007: 128 konstatierten, gilt weiterhin. So befassen sich beispielsweise im *Routledge Handbook of Law and Religion* fast zwei Drittel der Beiträge in unterschiedlicher Form mit diesen beiden Konstellationen (Silvio Ferrari (Hg.). *Routledge handbook of law and religion*, Hoboken: Taylor and Francis, 2015). In den im Stil von Länderinformation, und damit entlang von staatlichen Rechtsordnungen zusammengestellten Informationen der *Encyclopedia of Law and Religion*, machen sie den zentralen Teil der Inhalte aus (Gerhard Robbers; W. C. Durham (Hg.). *Encyclopedia of law and religion online (ELRO)*, Leiden: Brill, 2015–dato). Siehe außerdem Matthias Koenig: „Religion und Recht", in: Detlef Pollack; Volkhard Krech; Olaf Müller u. a. (Hg.). *Handbuch Religionssoziologie*, Wiesbaden: Springer VS, 2018, S. 741–760 und Marie-Claire Foblets; Jean-François Gaudreault-DesBiens; Alison D. Renteln (Hg.). *Cultural diversity and the law. State responses from around the world*, Bruxelles: Bruylant, 2010. Explizit auf das interne Recht von Religionen (Konstellation 3) gehen z. B. ein: Burkhard J. Berkmann: *Internes Recht der Religionen. Einführung in eine vergleichende Disziplin*, Stuttgart: Verlag W. Kohlhammer, 2018 und Norman Doe; Russell Sandberg (Hg.). *Law and religion. Critical concepts in law*, New York: Routledge, 2017 (in zwei von vier Bänden). Die beiden Letztgenannten führen dieses aber wiederum auf das Verhältnis zum staatlichen Recht hin. Beiträge mit einem deutlicher *religionswissenschaftlichen* Profil zeigen etwas mehr Affinität für Uneindeutigkeiten und die Vielgestaltigkeit der Konstellationen. So differenzieren Yelle et al. mit den historischen Zugängen den Blick auf das Säkularisierungsnarrativ in den Konstellationen 1 und 2 (Robert A. Yelle; Winnifred F. Sullivan; Mateo Taussig-Rubbo (Hg.). *After secular law*, Stanford, California: Stanford Law Books, 2011) und Schontal macht auf die Kongruenzen (Konstellation 4) aufmerksam, die in ethnologisch ausgerichteten Zugängen zu Tage treten (Benjamin Schonthal: „Trajectories of religion and law", in: *The Journal of Religion* 94 (4), 2014, S. 529–531: 531) dennoch bleibt auch in diesen Beiträgen Konstellation 1 und 2 zentrale Referenz.

18 Astrid Reuter: *Religion in der verrechtlichten Gesellschaft. Rechtskonflikte und öffentliche Kontroversen um Religion als Grenzkämpfe um das religiöse Feld*, Göttingen: Vandenhoeck & Ruprecht, 2014.

19 Winnifred F. Sullivan: *The impossibility of religious freedom*, Princeton, NJ: Princeton University Press, 2005. Wobei anzumerken ist, dass sie über diesen Fokus hinaus auf die religionswissenschaftliche Relevanz anderer Konstellationen hinweist (so die Beispiele relevanter Untersuchungsgegenstände in Sullivan: Law, 2015).

Passend zum „modernen Recht“ gilt damit die Aufmerksamkeit in besonderem Maße als „modern“ thematisierten Kontexten, d. h. aktuellen, meist europäischen und nordamerikanischen Zusammenhängen.[20] Dabei handelt es sich um Kontexte und Episteme, die historisch von einer Konfliktgeschichte oder zumindest einer Unterscheidung zwischen „Staat“ und „Kirchen“ geprägt sind.[21] Ein Blick in die Geschichte und an andere Orte der Welt macht deutlich, dass es sich bei der Verstaatlichung von Recht um eine kontingente, historisch spezifische Konstellation handelt.[22] Sie steht am Ende historischer Prozesse von Verschränkung und Interferenzen heterogener Bereiche, die letztlich unter den Kategorien Recht und Religion differenziert wurden,[23] und fand mit der kolonialen Expansion europäischer Staaten in dieser Form globale Verbreitung.

Es scheint nun wichtig zu bedenken, dass eines der zentralen Medien, ja eine der ‚Waffen‘, mit denen sich der werdende Nationalstaat als neue, umfassende Autorität gegenüber der Kirche durchsetzte und über die dieser Konflikt ausgefochten wurde, eben diese Idee des kodifizierten, staatlichen und essenziell säkularen Rechts war.[24] „Die Monopolisierung von Recht und Justiz seitens der werdenden Staatsmacht [und damit die Zuspitzung des Bedeutungsgehalts von Recht auf staatlich verfasstes Recht, A.B.] war gewissermaßen ihre conditio sine qua non“.[25]

Damit wäre dieses Rechtskonzept aber nicht ohne Weiteres als analytische Kategorie, sondern zumindest für die Religionswissenschaft *auch* als Begriff der *Objektsprache* zu verstehen, wo er mit einer spezifischen diskursiven Agenda zum Einsatz

20 Während für die obengenannte rechtsanthropologische Forschung zu Religion das Gegenteil gilt (Ramstedt: Anthropological perspectives, 2015: 50).

21 Ein konziser Überblick über die Konfliktgeschichte findet sich in Astrid Reuter: „Religion im Prozess der Ver(grund)rechtlichung der Gesellschaft“, in: Anne Kühler; Felix Hafner; Jürgen Mohn (Hg.). *Interdependenzen von Recht und Religion*, Würzburg: Ergon Verlag, 2014, S. 9–29: 9–17.

22 Pirie: Anthropology of law, 2013: 5; Masaji Chiba: „Other phases of legal pluralism in the contemporary world“, in: *Ratio Juris* 11 (3), 1998, S. 228–245: 231–234; Kirsch, Turner: Law and religion, 2009: 2.

23 Pierre Legendre: *Das politische Begehren Gottes. Studie über die Montagen des Staates und des Rechts*, Wien: Turia + Kant, 2012. Zum Wandel der römischen Rechtskultur in der Christianisierung und der Bedeutung der Spätantike für das neuzeitliche Rechtsverständnis: Karl-Heinz Ladeur: *Der Anfang des westlichen Rechts. Die Christianisierung der römischen Rechtskultur und die Entstehung des universalen Rechts*, Tübingen: Mohr Siebeck, 2018; zur Rolle des kirchlichen Rechts für den zentralistischen päpstlichen Herrschaftsapparat und deren Anstöße für die Herausbildung moderner Staatlichkeit: Harold J. Berman: *Recht und Revolution. Die Bildung der westlichen Rechtstradition*, Frankfurt am Main: Suhrkamp, [1983] 1991².

24 Sullivan: Varieties, 2010: 107 f. Zur zentralen Rolle des Rechts in der Geschichte der Staatsgewalt siehe Wolfgang Reinhard: *Geschichte der Staatsgewalt. Eine vergleichende Verfassungsgeschichte Europas von den Anfängen bis zur Gegenwart*, München: Beck, 2002³: 281–304.

25 Reuter: Religion in der verrechtlichten Gesellschaft, 2014: 59.

kam und kommt.[26] Das formuliert der Historiker Christopher Clark im Zusammenhang mit dem Kulturkampf im Deutschland des 19. Jahrhunderts pointiert:

> Die Idee des Staates [und mit ihm des staatlichen Rechts], der Wissenschaft, der Rationalität verschmolzen zur allgemeinen Idee des selbstbewussten europäischen [protestantisch geprägten und politisch liberalen] Bürgertums, das sich als Antipode zum katholischen Obskurantismus und Verkörperung der Modernität sah. [...] Diese Gleichsetzung von Säkularismus und Moderne gelangte über den brillanten protestantisch national-liberalen Soziologen Max Weber in die Modernisierungstheorie, die wiederum massgebende Studien zur europäischen Geschichte seit den 1960er Jahren beeinflusste. Auf diese Weise hat die Soziologie, wie Manuel Borutta beobachtete, das konfessionalistische Paradigma ‚objektiviert' und in eine wissenschaftliche Prämisse verwandelt. Der „epistemologische Antikatholizismus" des liberalen Konzeptes der Moderne wurde hinter einer „Fassade der Objektivität" versteckt.[27]

Was hier als „epistemologischer Antikatholizismus" firmiert, bedeutete eine generelle Ritualfeindlichkeit und eine abwertende Haltung gegenüber rechtsförmigen Elementen in Religionen: religiöse Gebote, Gesetze und Regularien für Ritualvorgaben. Sie traf nicht nur den Katholizismus, der als ritualistisches Überbleibsel aus dem Mittelalter thematisiert wurde, sondern auch alles andere, was man als „gesetzliches Christentum" identifizierte. Ebenso traf sie das antike und zeitgenössische Judentum und den Islam, die als „Gesetzesreligionen" mit den Mitteln evolutionistischer Klassifikationen abgewertet wurden.[28]

Doch Ritualfeindlichkeit war nicht nur Teil von inner- und interreligiöser Polemik. Vielmehr wirkte sie sich auch auf die zeitgenössische Konzeption von Recht aus[29] sowie auf die weitere Beforschung desselben. Protestantisch-christliche Polemik gegenüber dem jüdischen Ritual übertrug sich beispielsweise in die kolonialrechtliche und rechtsvergleichende Rezeption hinduistischer Schriften und führte zu einer Säkularisierung des „Hindu law":

---

26 Brian Z. Tamanaha: „Understanding legal pluralism. Past to present, local to global", in: *The Sydney law review* 30 (3), 2008, S. 375–411: 396.

27 Christopher Clark: „Kulturkampf und europäische Moderne", in: Astrid Reuter; Hans-G. Kippenberg (Hg.). *Religionskonflikte im Verfassungsstaat*, Göttingen: Vandenhoeck & Ruprecht, 2010, S. 23–65: 40 f., Anmerkungen A.B.

28 Vgl. Arie L. Molendijk: „Religious development. C.P. Tiele's paradigm of science of religion", in: *Numen* 51 (3), 2004, S. 321–351: 341. Von Missionaren der BM gegen lokale Mitarbeiter gerichtet: BMA D-3.7, XI-1: Jahresbericht Kumase pro 1916, Jost, Kumase 20.2.1917: 27.

29 Robert A. Yelle: „Benthham's fictions. Canon and Idolatry in the genealogy of law", in: *Yale Journal of Law & the Humanities* 17, 2005, S. 151–179 arbeitet z. B. die zeitgenössische protestantische Kritik am „katholischen Obskurantismus" als Wurzel von Jeremy Benthams Kanonisierungsimpetus heraus.

> [...] colonial accounts [...] highlighted the manner in which [...] [Hindu law] ostensibly confounded religion with law and, especially, with ritual. Many of these accounts drew upon a prior history of Christian interpretation of Judaism as the ritual tradition par excellence, [...] that had been [...] superseded by the Gospel [...]. Protestant presuppositions influenced supposedly neutral, objective accounts of Hindu law, [...] facilitating the excision of precisely those ritual elements [...].[30]

So führte eine ritualfeindlich motivierte Unterscheidung in rechtliche und religiöse Elemente zu einer spezifisch bruchstückhaften Rezeption der betreffenden Tradition durch die koloniale und auch durch post-koloniale Forschung.[31] Es wäre zu prüfen, ob sich Vergleichbares auch für die Rezeption, Verschriftlichung und Kodifizierung des Akan Rechts[32] zeigen lässt.

Für das Rechtsverständnis bedeutet dieser spezifische Rechtsbegriff des staatlich verfassten Rechts auf der einen Seite die konzeptionelle Engführung von *Recht* und (Staats-)*Macht* (Abb. 3).

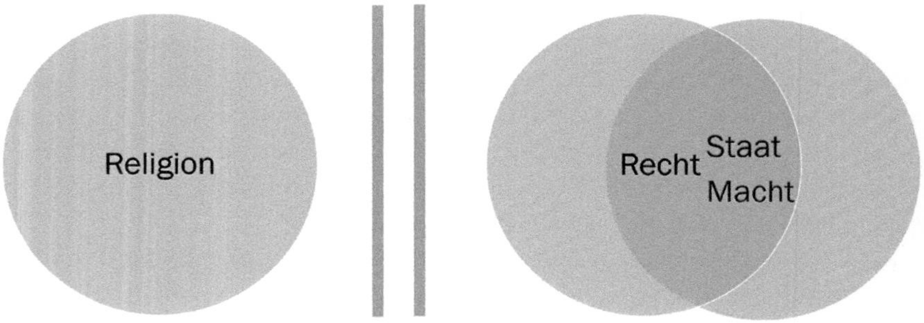

Abb. 3 Trias Recht, Macht, Religion I (Darstellung A.B.).

30 Robert A. Yelle: „The Hindu Moses. Christian polemics against Jewish ritual and the secularization of Hindu law under colonialism", in: *History of Religions* 49 (2), 2009, S. 141–171: 171. Siehe auch Menski: Hindu law, 2003: 110, 121.

31 Ebd.: 86–111; zugespitzt ist das Argument im Aufsatz von Werner Menski: „Hindu law as a ‚religious' system", in: Andrew Huxley (Hg.). *Religion, law and tradition. Comparative studies in religious law*, London: Routledge Curzon, 2002, S. 108–126.

32 Als Klassiker hierzu sei Robert S. Rattray: *Ashanti law and constitution*, Oxford: Clarendon Press, 1929 genannt.

Eine Reduktion, die – wie Pirie anmahnt – die Wechselwirkungen von Recht und Macht für die Analyse undurchsichtig werden lässt[33] und die, so Ladeur, den Blick auf das praktische Register des Rechts verstellt.[34] Gleichzeitig muss auf der anderen Seite jede analytische Nähe von *Recht* und *Religion* getilgt werden. Religion ist unter diesen Voraussetzungen als das ganz ‚Andere' weit wegzuschieben von Recht,[35] welches durch die konzeptionelle und praktische Engführung mit dem Staat ebenfalls an das liberale Konzept der Moderne gekoppelt ist. Im Umkehrschluss erschwert diese Prämisse der Religionswissenschaft sich mit Recht zu befassen: „Re-incorporating law into the study of religion presents particular challenges today, […] in part because the separation of religion and law has been one of the founding myths of modernity and has deeply affected the modern study of religion".[36]

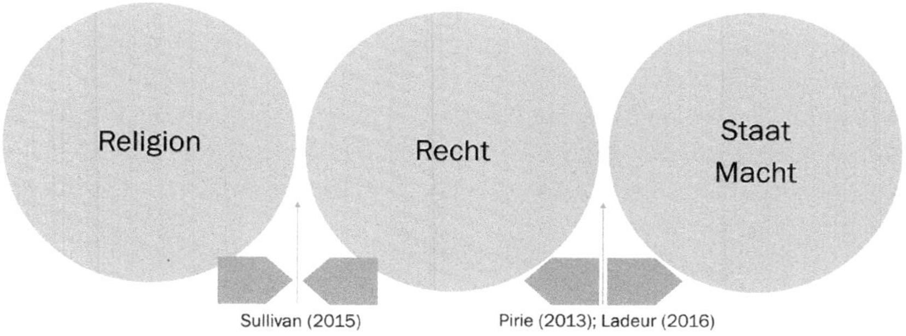

Abb. 4 Trias Recht, Macht, Religion II (Darstellung A.B.).

33 „We should not look for a single account of authority […]. An anthropologist must approach both law and its authority as factual matters, […] in all their variety. What should interest us is the claims to authority that law makes for itself, and the different bases on which people do, in fact, attribute it with authority" (Pirie: Anthropology of law, 2013: 62 f.). Pirie kritisiert hierin Cover, Luhmann und Teubner in ihrer definitorischen Unterstellung der Autorität von Recht als Ausgangspunkt der Analyse. Noch grundlegender: Marilyn Strathern: „Discovering ‚social control'", in: *Journal of Law and Society* 12 (2), 1985, S. 111–134: 115 f.

34 Seine Kritik richtet sich hierbei gegen die Überschätzung der „‚konstituierten', hierarchisch gestifteten Seite des Rechts, insbesondere der Setzung des Gesetzes durch einen Souverän […]" in poststrukturalistischen Analysen des Rechts (Ladeur: Textualität, 2016: 303).

35 Religion erhält dabei implizit den Charakter einer, mit dem beschaulich oder aber bedrohlich wirkenden Kolorit geschlossener Wertsysteme getünchten, aber von der ‚eigenen' Moderne überwundenen und bestenfalls zu verwaltenden, ‚Black Box'.

36 Sullivan: Law, 2015: 324.

Während Pirie in ihrer systematischen Analyse die Aspekte *Recht* und *Macht* auseinanderzieht, um ihre Wechselwirkung beobachtbar zu machen, untersucht das vorliegende Projekt die andere Seite der Triade und rückt die Bereiche *Recht* und *Religion* konzeptionell näher zusammen, um auch hier Wechselwirkungen und Interdependenzen beobachtbar zu machen (Abb. 4). Es geht hier also nicht um die Aufgabe der Trennschärfe zwischen den Kategorien oder darum, den engen Begriff von Recht als staatlich verfasstem Recht per se zu kritisieren, sondern um einen Beitrag zur Arbeit am Rechtsbegriff als einer analytischen und damit auch komparativen Kategorie für die Religionswissenschaft.

2.2 Vom Dilemma analytischer Kategorien

Den objektsprachlichen Begriff unbesehen als analytische Kategorie zu verwenden, leistet wie hier skizziert, dem Vermengen von Objekt- und Metasprache Vorschub[37] und kann den Blick auf die diversen Konstellationen verstellen, in denen Recht und Religion aus religionswissenschaftlicher Perspektive potenziell zu untersuchen sind. Eine explizite oder implizite universalisierende Anwendung ist im Fall der Kategorie Recht überdies genauso und aus den gleichen Gründen problematisch wie im Fall der Kategorie Religion:

> Here, law has come to be firmly associated with the nation state, but we cannot assume that other people must or should organize their lives in similar ways; we must take care not to construe the rest of the world, including our own legal history, in the same terms.[38]

Menski zieht aus diesem Grund die Nützlichkeit der Binarität von Recht und Religion im Konzept des „religiösen Rechts" für die Beschreibung von Systemen in Frage, die – wie der von ihm untersuchte hinduistische Kanon – eine solche Trennung nicht vornehmen.[39]

Damit ist ein grundsätzliches Dilemma angesprochen, das zwei der Disziplinen vereint, zwischen denen sich dieses Projekt bewegt. Sowohl die Religionswissenschaft als auch die Rechtsanthropologie haben das gleiche Problem: Beide sind

---

37 Dupret: Legal pluralism, 2007: 306.

38 Pirie: Anthropology of law, 2013: 5, außerdem ebd.: 42–45; Franz von Benda-Beckmann: „Who's afraid of legal pluralism", in: *Journal of Legal Pluralism* 34 (47), 2002, S. 37–82: 42 f.

39 Menski: Hindu law as a ‚religious', 2002: 121. Sandberg favorisiert ebenfalls die Aufgabe der Kategorie religiöses Recht und schlägt stattdessen HALO (Heterogenous and Autonomous Legal Orders) vor (Russell Sandberg: „The impossible compromise", in: Russell Sandberg (Hg.). *Religion and legal pluralism*, Farnham, Surrey, England: Ashgate, 2015, S. 1–17: 12–14).

Disziplinen, die sich über ein Thema definieren, das mit einer Kategorie aus der europäischen Geistesgeschichte benannt wird – hier Religion, dort Recht. Gleichzeitig speisen sich beide Disziplinen ganz grundsätzlich aus einer klar kulturvergleichenden Logik. Das bringt sie in eine Zwickmühle zwischen Konzepte-Imperialismus und dem Blick über den Tellerrand der eigenen Wissensordnung.[40] Ein Weg aus dieser Zwickmühle könnte sein, dass jeder Wissenschaftsdiskurs sich nur mit Gegenständen befasst, die sich aus den gleichen regionalen Wissensbeständen speisen. Wäre dies ein angemessener Umgang mit der zwangsläufigen Kontextgebundenheit und dem homogenisierenden Charakter analytischer Kategorien? Oder wäre es vielmehr ein Ethnozentrismus – ein Eurozentrismus, Afrozentrismus etc., je nach dem Ort des Sprechens? Wird der Bias der eigenen Konzepte und Ordnungslogiken nicht erst erkennbar, wenn man sie mit anderen Kontexten konfrontiert, die anderen Unterscheidungen und Logiken folgen? Aber wie kann dies geschehen, ohne die hegemonialen Muster, die wir kritisieren, zu reproduzieren? Es fragt sich, ob andere Logiken überhaupt ‚sichtbar' werden, wenn ich nicht ‚übersetze'? – Oder die Gegenfrage: Werden sie überhaupt ‚sichtbar', *wenn* ich ‚übersetze' oder werden sie in der Übersetzung vielmehr verzerrt und in meine Logik transformiert?[41]

Letztlich laufen die Überlegungen auf eine Debatte hinaus, die in der Rechtsanthropologie seit den 1950er-Jahren geführt wird und die in ihrem theoretischen Gehalt in der Rechtsanthropologie nichts an ihrer Brisanz verloren hat – die sogenannte Gluckman-Bohannan-Kontroverse.[42] Vereinfacht gesprochen steht auf der einen Seite die von Gluckman eingebrachte Position, die zeigen wollte, dass afrikanisches Recht – im konkreten Fall Lozi-Rechtspraxis – in seiner Eigenlogik genauso rational ist wie das britische *law*, was in dem kolonialen Denkumfeld, in dem er schrieb, eine kritische Aussage war. Um die Rationalität der Eigenlogik für das britisch-kolonial geprägte Denkumfeld ‚sichtbar' zu machen, benutzte er englische Kategorien, um dieses Recht zu beschreiben.[43] Gegen diesen Ansatz wandte sich Bohannan, der das Anliegen teilte, diesen ‚anderen Epistemen' gerecht zu werden. Aber gerade deswegen kritisierte er Gluckmans Vergleich und Übersetzung. Bohannans Position ist, dass die lokalen Konzepte einzigartig, nur

---

40 Anne Beutter: „On becoming a lucid theoretical dreamer. Reflections on academic work venturing outside its local knowledge system", in: *Bulletin for the Study of Religion* 46 (1), 2017, S. 17–19.

41 In der hier gewählten Metapher des ‚Übersetzens' hängt die Antwort wohl maßgeblich vom gewählten Übersetzungsverständnis ab. Ich beziehe mich in dieser Frage auf die Position von Meyer, die ‚Übersetzung' als kreativen, bedeutungsgenerierenden Prozess verstanden und praktiziert wissen will (Meyer: Translating the devil, 1999: xxv). Zur Übersetzung als weitreichende Transformation siehe auch: Talal Asad: *Secular translations. Nation-State, modern self, and calculative reason*, New York: Columbia University Press, 2018: 55–97.

42 Ramstedt: Anthropological perspectives, 2015: 44 f.

43 Max Gluckman: *The judicial process among the Barotse of Northern Rhodesia*, Manchester: Manchester University Press, [1955] 1973^2.

in ihrer Eigenlogik adäquat zu erschließen, und genau deswegen eben nicht unter den britisch geprägten generischen Begriff *law* zu fassen sind.[44]

Eine Fassung dieser Kontroverse findet sich auch im Subdiskurs des Rechtspluralismus, der sich in einer Schnittstelle von Rechtswissenschaft, Sozial- und Kulturwissenschaft, insbesondere der Ethnologie, seit den 1970er-Jahren als eigenständige Forschungsagenda entwickelt hat.[45] Diese Agenda war mit dem Ziel angetreten, die Beschränkung der Kategorie Recht auf das staatlich verortete Recht westlicher Staaten oder dessen post-koloniale Derivate aufzuheben. Andere normative Ordnungen – „informelle", „traditionelle", „customary", „indigenous" oder „religiöse" Ordnungen – sollten ins Blickfeld der rechtsbezogenen Forschung gebracht werden – unabhängig davon, ob diese von staatlichen Rechtsordnungen, z. B. in Form dualer Rechtssysteme kolonialer und post-kolonialer Staaten offiziell anerkannt sind oder nicht. Die Literatur, die in den darauffolgenden Jahrzehnten unter diesem Label entstand, hatte tatsächlich den Effekt, in der Rechtsanthropologie die Zentralperspektive auf das Recht aufzulösen und Recht als komparative Kategorie weiterzuentwickeln.[46] Der Ansatz erfuhr aber auch tiefgreifende Kritik.[47] Quasi in Bohannan'scher Tradition stehend betrifft die Kritik zum einen den universalisierenden Impetus, der auch in einem ausgeweiteten Rechtsbegriff angelegt sein kann: „The recovery of previously marginalised spheres is welcome; it is the mode of recognition that is problematic – their recovery within the discourse of

---

44 Paul Bohannan: „The ideas in Barotse jurisprudence by Max Gluckman", in: *American Anthropologist, New Series* 69 (6), 1967, S. 758. Der Aufsatz von Ramstedt gibt eine konzise Übersicht über die Kontroverse und ihre weitere Entwicklung in zentralen theoretischen Positionen in der Rechtsanthropologie (Ramstedt: Anthropological perspectives, 2015: 44–49).

45 Als inaugurierend gelten Franz von Benda-Beckmann: *Rechtspluralismus in Malawi. Geschichtliche Entwicklung und heutige Problematik*, München: Weltforum Verlag, 1970 und Griffiths: What is legal pluralism, 1986, der basierend auf S. F. Moores Konzept der Semi Autonomous Social Fields (Sally F. Moore: „Law and social change. The semi-autonomous social field as an appropriate subject of study", in: *Law & Society Review* 7 (4), 1973, S. 719–746) eine Programmatik des *legal pluralism* entwarf, die zum Referenzpunkt insbesondere soziologischer und ethnologischer Ansätze wurden. Bei Letzteren besonders zu erwähnen ist die „Adat Law School", die sich in den Niederlanden rund um Franz und Keebet von Benda-Beckmann entwickelt hat.

46 Sally F. Moore: „Certainties undone. Fifty turbulent years of legal anthropology, 1949–1999", in: *Journal of the Royal Anthropological Institute* 7 (1), 2001, S. 95–116. Gordon R. Woodman: „Ideological combat and social observation. Recent debate about legal pluralism", in: *Journal of legal pluralism and unofficial law* 30 (42), 1998, S. 21–59: 50 f. Benda-Beckmann: Who's afraid, 2002: 43.

47 Zur Kritik: Brian Z. Tamanaha: *A realistic theory of law*, Cambridge: Cambridge University Press, 2017: 43–46. Eine Auseinandersetzung mit Kritikpunkten und Missverständnissen innerhalb des über Disziplinengrenzen hinweg geführten Diskurses: Benda-Beckmann: Who's afraid, 2002.

law".[48] Die Kritik besagt also, dass diese ‚anderen Wissensordnungen' wiederum nur unter den Bedingungen des hegemonialen Diskurses, und transformiert in dessen Begrifflichkeit, Anerkennung finden.

Zum anderen – und diese Kritik scheint prominenter – wird moniert, dass die Ausweitung der Kategorie Recht bisher definitorisch nur unbefriedigend eingeholt worden sei. Denn eine weit gefasste, meist funktional angelegte Definition von Recht droht die Trennschärfe des Rechtsbegriffs aufzugeben, sodass sich dieser im Begriff der sozialen Ordnung auflöst.[49] Das gleiche gilt für dessen Kippen in den Begriff der Religion.[50]

Doch gerade diese *Infragestellung* von Trennschärfe kann für eine religionswissenschaftliche Perspektive, wie sie in dieser Untersuchung angelegt ist, interessant sein. Sie zieht bestehende Engführungen in den Kategorien in Zweifel und rückt, wie oben skizziert, unterschiedliche Verhältnissetzungen und Verschränkungen in den Fokus.

2.3 Konzeptionelle Verortung

Gerade die Irritation eines Common Sense kann dazu führen, dass unbeachtetes und ausgeblendetes Wissen sichtbar wird. Die Infragestellung schafft – wie oben skizziert – Raum für andere Perspektiven. Dies behindert nicht zwingend die differenzierte Analyse,[51] sondern kann gerade nötig sein, um Konstellationen und Dinge erst sichtbar zu machen, die sonst übersehen werden.

Dorsett und McLaren stellen als eines der zentralen Themen für die Rechtsgeschichtsschreibung zum *British Empire* das Ineinandergreifen der verschiedenen Rechtsordnungen heraus, wobei sie auf das Recht der Kolonisatoren oder Siedler einerseits und jenes der Kolonisierten andererseits abstellen.[52] Die religionswis-

48 Simon Roberts: „Against Legal Pluralism. Some Reflections on the Contemporary Enlargement of the Legal Domain", in: *Journal of Legal Pluralism* 30 (42), 1998, S. 95–106: 98, Hervorhebung im Original; sowie die pointierte Replik hierzu in Benda-Beckmann: Who's afraid, 2002: 42 f.

49 Sally E. Merry: „Legal pluralism", in: *Law & Society Review* 22 (5), 1988, S. 869–896: 878 f.; Tamanaha: Understanding, 2008: 392 f., 939. Was diese Positionen hingegen nicht kritisieren, ist die Selbstverständlichkeit mit der Recht als eine (ggf. näher zu spezifizierende) Form der sozialen Ordnung thematisiert wird, wie dies Strathern tut (Strathern: Discovering social control, 1985: 112).

50 Vgl. die zwei klassischen Entwürfe von Clifford Geertz: „Local knowledge. Fact and law in comparative perspective", in: *Local knowledge. Further essays in interpretive anthropology*, New York: Basic Books, 1983, S. 167–234 und Cover: Nomos and narrative, 1982.

51 Wie Merry: Legal pluralism, 1988: 878 oder Tamanaha: Realistic theory, 2017: 43–46 befürchten.

52 Shaunnagh Dorsett, John McLaren: „Laws, engagements and legacies. The legal histories of the British Empire, An introduction", in: Shaunnagh Dorsett; John McLaren (Hg.). *Legal Histories of the British Empire. Laws, engagements and legacies*, New York: Routledge, 2014, S. 1–11: 5.

senschaftliche Untersuchung der Rechtspraktiken in einer Missions-initiierten, afrikanischen Kirche im spätkolonialen Ghana schiebt nun ein drittes Element in eine solche Perspektive: Erstens ist die religiöse Organisation eine dritte normative Instanz, die neben lokal-autochthonen und kolonial-imperialen Ordnungen Gültigkeit beansprucht. Zweitens ist dieses christliche Recht einer ghanaischen Kirche weder zur Gänze der Seite der Kolonisatoren, noch ganz der Seite der Kolonisierten zuzuschreiben.

Dieser dritte Pol, die „Church Courts", mögen im betreffenden Fall nicht den gleichen offiziellen rechtlichen Status gehabt haben, wie die „Colonial-" und die „Native Courts", dennoch entfalteten sie in ihrem Einzugsbereich deutlich gesellschaftliche Wirksamkeit.[53] Der rechtliche Kontext der PCG ist also im schwachen Sinne von Rechtspluralismus zu verstehen (d. h. staatliches Recht erkennt andere Rechtsordnungen in Teilbereichen an). Er ist aber auch im starken Sinne als rechtlich plural zu verstehen. Denn die hier untersuchte innerkirchliche Rechtspraxis besaß zwar keinen staatlich offiziellen Status – noch nicht einmal einen inoffiziellen, wie das muslimische Recht an der Goldküste – übernahm in der Praxis aber durchaus vergleichbare Funktionen.[54]

Das in der Diskussion um das Konzept des Rechtspluralismus prominent thematisierte Problem „Was ist Recht?" – wo fängt es an, wo hört es auf, wie ist, wenn überhaupt, die Grenze zwischen Recht und anderen normativen Ordnungen zu identifizieren? – ist damit bereits im hier untersuchten Material angelegt: nicht nur durch die Konstellation im Kontext, sondern auch durch die in den Protokollen thematisierten Inhalte. Denn weder die in der Session verhandelten Inhalte noch die Form der Verhandlung ziehen eine Grenze zwischen ‚Administrativem', ‚Religiösem/Spirituellem' und ‚Rechtlichem'. Und gleichzeitig ist eine rechtliche Dimension dieser kirchlichen Foren eindeutig vorhanden. Das wird sowohl im Selbstverständnis, das sich in der Wortwahl der Kirchenordnung (RPP) zeigt, als auch in der dokumentierten Praxis deutlich. Diese Unschärfe der offenen ‚Grenzregion' wird hier aber nicht als theoretisches Problem gesehen, sondern als Fokus der Aufmerksamkeit, als Gegenstand. Denn in den Verhandlungen der Session kondensieren sich genau diese Fragen der Einflussnahme, Abgrenzung und Verhältnissetzungen zwischen normativen Referenzrahmen. Sie werden durch die im Folgenden als rechtliche Praktiken identifizierten Vorgänge mit bearbeitet und

---

53 Vgl. Sally F. Moore: *Social facts and fabrications. ‚Customary' law on Kilimanjaro, 1880–1980*, Cambridge: Cambridge University Press, 1986: 302; Anne Kühler: „Recht, Religion und religiöses Recht. Erkenntnispotenziale rechtspluralistischer Perspektiven", in: Anne Kühler; Felix Hafner; Jürgen Mohn (Hg.). *Interdependenzen von Recht und Religion*, Würzburg: Ergon Verlag, 2014, S. 113–139: 121; Benda-Beckmann, Benda-Beckmann: Gesellschaftliche Wirkung, 2007: 227–238.

54 Zur „schwachen" und „starken Definition" von Rechtspluralismus: Dupret: Legal pluralism, 2007: 298. Zum rechtlichen Kontext siehe Kap. 3.3.

stellen damit einen denkbar günstigen Untersuchungsrahmen dar. Um diesen Untersuchungsrahmen aber ‚sichtbar' zu machen, muss zuerst die Kirche als mögliches Rechtsforum ins Blickfeld gebracht werden (vgl. Abb. 4). Aus diesem Grund ist hier explizit von „Recht" in einer religiösen Organisation die Rede und nicht von Regeln, Normen oder Ähnlichem.

Damit ist das, was im Folgenden als ‚rechtliche Praktiken' verstanden werden soll, klar im Rahmen einer spezifischen religiösen Organisation verortet. Moores Forderung, die Provenienz der Regeln und Kontrollformen klarzumachen und die Unterschiedlichkeit von Quellen und Formen sozialer Ordnung in der Analyse zu berücksichtigen, ist somit Rechnung getragen.[55] Diese Praktiken werden anhand einer für die lokale Praxis an der Kirchenbasis typischen Quelle untersucht. Dabei geht es explizit darum, wie diese rechtlichen Praktiken das Verhältnis (oder vielmehr die vielfältigen Verhältnissetzungen) der normativen Ordnung der Kirche zu anderen normativen Ordnungen, die in diesem Kontext Gültigkeit beanspruchen, mit strukturieren.

2.3.1 Normative Ordnung

Ich operiere mit zwei Begriffen als heuristischen Werkzeugen: mit einem absichtlich ‚breit' angelegten Begriff der „normativen Ordnung" und einem ‚engen' Verständnis von „rechtlichen Praktiken". Mit dem Begriff der „normativen Ordnungen" orientiere ich mich an den oben skizzierten Überlegungen zur Auflösung des Rechts im Begriff der sozialen Ordnung und religiösen Weltdeutungen. Dabei ist gerade diese Auflösung der Grenzen das, was einen derartigen, sehr breit gefassten Begriff für meinen Fall nützlich macht. Er erlaubt, Vorgänge auf Augenhöhe zu vergleichen und zwingt nicht dazu, sie kategorisch voneinander zu trennen – eine Deutungsoffenheit, die den empirisch beobachteten Prozessen entspricht. Die Untersuchung wird deutlich machen, dass Grenzen zwischen normativen Ordnungen – wie in einem missionarischen Kontext nicht anders zu erwarten – durchaus eine wichtige Rolle spielen, dass aber solche Grenzen auch ein *Ergebnis* der hier untersuchten Praktiken sind. Gleichzeitig operationalisiere ich meinen empirischen Gegenstand – rechtliche Praktiken, wie sie in den Ältestenratsprotokollen dokumentiert sind – anhand von drei heuristischen Rechtsdefinitionen. Diese Definitionen lenken und spezifizieren meinen Zugriff auf das konkrete, zu analysierende Material.

Der Begriff der normativen Ordnung wird hier also als übergreifende Kategorie verwendet, wie dies (mehr oder weniger explizit) auch in der oben referierten rechtsanthropologischen Literatur geschieht. Der Begriff soll sowohl staatliche, kodifizierte Rechtsordnungen, als auch die anderen (Rechts-)Ordnungen umfassen,

55 Moore: Certainties undone, 2001: 106 f.

für die einen generischen Begriff zu finden sich die Literatur schwer tut[56] und zu denen die hier untersuchten kirchlichen Rechtspraktiken zählen. Dabei greift der Begriff über diese rechtlichen Formen hinaus und verweist auf umfassendere, und damit auch vagere, Referenzrahmen, in die solche kodifizierte Formen eingebettet sind: Er beinhaltet gesetzesförmige Codizes oder tradierte Konfliktlösungsmechanismen und -instanzen ebenso wie soziale Ordnungen mit ihren Rollen, den damit einhergehenden Handlungserwartungen oder habitualisierten moralischen Empfindungen. Letztlich verweist der Begriff der normativen Ordnung auf das, was Cover „Nomos", [57] ein normatives Universum, nennt:

> We inhabit a nomos – a normative universe. We constantly create and maintain a world of right and wrong, of lawful and unlawful of valid and void. […] the professional paraphernalia of social control […] [,] the rules and principles of justice, the formal institution of the law, and the conventions of a social order are […] but a small part of the normative universe […]. No set of legal institutions or prescriptions exists apart from the narratives that locate it and give it meaning.[58]

Cover bezieht sich in seiner Konzeption u. a. auf die normative Implikation der „symbolischen Sinnwelt" bei Berger und Luckmann und trifft sich dabei mit der Art und Weise, in welcher der Begriff der normativen Ordnung auch in der Religionswissenschaft benutzt wird.[59]

In diesem Sinne eingebettet ist Recht Teil jener Instanzen, die uns dazu bringen, die Welt und die Wirklichkeit auf eine bestimmte Art und Weise zu sehen, zu denken und zu leben.[60] Die konzeptionelle Nähe von Recht und „other begetters of meanings and proposers of worlds" wie Religion, Kunst, Ideologie, Wissenschaft, Geschichte, Ethik und Common Sense wird an dieser Stelle von Geertz explizit

---

56 Merry: Legal pluralism, 1988: 875–886.

57 Cover: Nomos and narrative, 1982: 4. Fast zeitgleich wie Cover referiert Geertz diese als „[…] ‚world visions,' […] ‚forms of life,' ‚epistemés' [sic!], ‚Sinnzusammenhange' [sic!], or ‚noetic systems'[…]" (Geertz: Local knowledge, 1983: 180).

58 Cover: Nomos and narrative, 1982: 4. Vgl. die Leistung von Weltbildern bei Seiwert: das Definieren, Relationieren und Bewerten von Elementen der Wirklichkeit (Seiwert: Religiöse Bedeutung, 1981: 69.

59 Jens Schlieter: „Religion, Religionswissenschaft und Normativität", in: Michael Stausberg (Hg.). *Religionswissenschaft*, Berlin: de Gruyter, 2012, S. 227–240: 231 f.; Peter L. Berger, Thomas Luckmann: *Die gesellschaftliche Konstruktion der Wirklichkeit. Eine Theorie der Wissenssoziologie*, Frankfurt am Main: Fischer-Taschenbuch Verlag, [1969] 2018[27]: 103 f. (im 1966 erschienenen Original: „symbolic Universe").

60 Pirie: Anthropology of law, 2013: 52 f.; Geertz: Local knowledge, 1983: 184; Kwame Gyekye: *An essay on African philosophical thought. The Akan conceptual scheme*, Cambridge: Cambridge University Press, 1987: 66.

hervorgehoben.[61] Diese Aufzählung deutet schon an, dass es in einer Gesellschaft eine Vielzahl von Instanzen geben kann, die als Vertreter solcher normativer Ordnungen auftreten, in ihren Praktiken und Rollen konkurrieren und interagieren. Damit wird die Beobachtung der Pluralität normativer Ordnungen hier auf einer Mesoebene angesetzt, anders als dies beispielsweise das Konzept des Frankfurter Exzellenzclusters „normative Orders" entwirft. Dieses verortet Pluralität einerseits auf der Ebene nationaler und transnationaler Erzählungen, andererseits in der individuellen Erfahrung auf Akteursebene.[62] Kirche und lokale Gemeinde, in Dekolonisierung begriffener Staat und lokale Autoritäten, Extended-Family und Kernfamilie, die Reihen lokaler Ritualspezialistinnen und -spezialisten oder muslimischer Gelehrter: All diese Foren artikulieren, praktizieren und propagieren ihre jeweilige Fassung davon, wie die Dinge sind und zu sein haben, schaffen Realitäten, fordern sie ein und legitimieren sie. Sie werben um Bedeutung und sind dabei relational aufeinander verwiesen.

Teile der normativen Ordnungen, die im hier zu untersuchenden Kontext wirksam sind, namentlich kirchliche und staatliche, kennen die Kategorien „Recht" und „Religion" und sind von der in Kapitel 2.1 skizzierten geistesgeschichtlichen Entwicklung mit konstituiert. Andere Teile der genannten normativen Ordnungen operieren entlang ganz anderer epistemischer Unterscheidungen und Kategorien, die ich aus meiner Perspektive und aufgrund meines epistemischen und auch sprachlichen Hintergrunds nur in Teilen erschließen kann. Die Ältestenratsprotokolle, die ich untersuche, sind ein Produkt dieser „Kontaktzone",[63] in der sich verschiedene Episteme überschneiden – afrikanische und europäische, lokale und translokale, koloniale und dekoloniale, missionarische und christliche. Diese Quellen sind in mehrfacher Hinsicht eine Übersetzungsleistung (Kap. 4.2.3) und sie verknüpfen eine Reihe von Epistemen – solche, die mir bekannt sind, und solche, die mir noch nicht so bekannt sind. Bei diesen Verknüpfungen konnte ich ansetzen, um meine Kenntnisse weiterzuentwickeln und Zugang zu Elementen dieser anderen Wissensordnungen zu finden.[64] In diesem Sinne versuche ich hier auch, meinen Begriff bzw. meine Begriffe von Recht als analytische Kategorie und Werkzeug in dieser religionswissenschaftlichen Untersuchung zu entwerfen und einzusetzen.

---

61 Geertz: Local knowledge, 1983: 230.

62 Rainer Forst, Klaus Günther: „Die Herausbildung normativer Ordnungen. Zur Idee eines interdisziplinären Forschungsprogramms", in: *Normative Orders Working Paper* 1, 2010: 11.

63 Mary L. Pratt: „Arts of the contact zone", in: *Profession*, 1991, S. 33–40.

64 In diesem Sinne sind sowohl die Dokumente als auch mein Blick auf sie Teil einer weiteren ‚Kontaktzone'.

2.3.2 Rechtliche Praktiken

Ich benutze hierzu ganz gezielt drei unterschiedliche heuristische Definitionen von Recht, die unterschiedliche Aspekte von dem abdecken, was mich an dieser Kategorie interessiert. Diese Definitionen dienen damit primär einem methodischen Zweck: Sie leiten meinen Zugriff auf das Material an und spezifizieren damit meine Perspektive. In den Ältestenratsprotokollen, die hier die zentralen Quellen darstellen, werden eine ganze Reihe von Themen, Dingen und Fällen verhandelt, die Gegenstand ganz unterschiedlicher thematischer und konzeptioneller Untersuchungen sein könnten. Durch die drei Definitionen habe ich mir ein Hilfsmittel zurechtgelegt, um für meine Analyse Einstiegspunkte in dieses Material zu definieren: Ich identifiziere mit diesen Definitionen gezielt Vorgänge, die ich hier aus den oben genannten Gründen als „rechtliche" verstanden wissen will. Diesen Vorgängen geht meine Untersuchung dann in ihren Verweiszusammenhängen nach. Das Ziel ist dabei nicht primär, ‚das Recht der religiösen Organisation', ‚das Recht der PCG' als abstraktes System zu beschreiben, sondern, den Fragen und Verweiszusammenhängen nachzugehen, die aus der hier entworfenen Perspektive für mich sichtbar werden. Die Analyse folgt unter diesen Vorzeichen, in einem praxeologischen Sinne, der Eigenlogik der Fälle und mit ihnen den Fragen, Themen und Problemen, die über diese Fälle bearbeitet werden.[65]

Die Einstiegspunkte bilden dabei bewusst drei unterschiedliche Definitionstypen: Erstens eine funktionale Definition, was Recht tut, zweitens eine formale, wie Recht aussieht, und drittens eine diskursive, was wird verhandelt, wenn in der Objektsprache von „Recht" die Rede ist?

Funktional

Eine mögliche und weitverbreitete Herangehensweise ist, all jene Vorgänge als Recht zu definieren, in denen es darum geht, Verhalten durch Regeln vorzuschreiben, Übertretungen zu sanktionieren und Konflikte zu bearbeiten.[66] Diese funktionale

---

65 Dupret: Legal pluralism, 2007: 307. Siehe dazu die Ausführungen zur Analysemethode in Kap. 4.3.

66 Einen konzisen Überblick zu dieser Forschungstradition gibt Pirie: Anthropology of law, 2013: 36–38, ausführlich Simon Roberts: *Ordnung und Konflikt. Eine Einführung in die Rechtsethnologie*, Stuttgart: Klett-Cotta, 1981. Als klassische Positionen zu Recht als soziale Ordnung durch Regeln: Hans Kelsen: *Reine Rechtslehre. Einleitung in die rechtswissenschaftliche Problematik*, Leipzig: Franz Deuticke, 1934 und Herbert L. A. Hart: *The concept of law*, New York: Oxford University Press, 1961 in der Rechtswissenschaft; in der Ethnologie Bronislaw Malinowski: *Crime and custom in savage society*, London: Kegan Paul, Trench, Trubner, 1926, Moore: Law and social change, 1973 (auch wenn sie nicht den Begriff Recht verwendet) und aktueller z. B. John Griffiths: „The idea of sociology of law and its relation to law and to sociology", in: Michael D. A. Freeman (Hg.). *Law and sociology*, Oxford: Oxford University Press, 2006, S. 49–68. Zu Recht als Konfliktbearbeitung:

Definition war ein hilfreiches Instrument für eine erste Orientierung im zu untersuchenden Material. Dass funktionale Ansätze die Tendenz haben, zu viel und zu wenig gleichzeitig einzuschließen,[67] zeichnet sich allerdings auch in diesem praktischen Fall ab: Es entstand bei der Bearbeitung des Quellenmaterials aus dieser Perspektive ein ansehnlicher Katalog thematischer Bereiche. Er umfasst u. a. Material zu Ehebruchsfragen, den einen oder anderen Fall von Trunkenheit und Streit in der Öffentlichkeit oder Diebstahl. Das Problem dabei ist, dass manche Themen hierbei aus ihren Verweiszusammenhängen herausgerissen werden, vor deren Hintergrund sie erst richtig zu erschließen sind, so beispielsweise beim Thema Kirchensteuern.

Was der Blick auf Verhaltensvorgabe, Sanktion und Konfliktbearbeitung durchaus aufzeigte, war ein Fallbündel, in dem es um die Verhandlung des richtigen Verhaltens angesichts konkurrierender religiöser Praktiken geht (Fälle 30, 34, 36, 37a, 40 und 40c). Es lässt sich daran beleuchten, dass und warum das Vorschreiben und Einfordern von Verhaltensregeln für die Kirche von Bedeutung ist. Damit bietet dieses Fallbündel einen geeigneten Einstieg in die Analyse der Leistung der Rechtspraktiken für die religiöse Organisation und wird daher die Analyse in Kapitel 6 einleiten (Kap. 6.1).

Formal

Ein zweiter Einstiegspunkt ist eine formale Definition. Hier folge ich der Juristin und Anthropologin Fernanda Pirie, die das Charakteristische von Recht in der spezifischen legalistischen Form des Denkens und Handelns identifiziert: „A legalistic approach to the world describes and prescribes human conduct in terms of rules, categories, and generalizations".[68] Überall dort findet sich also Legalismus – und qua dieser Definition Recht – wo Menschen die Vorgänge in Form von generalisierenden Regeln bearbeiten und in Kategorien abstrahieren, indem sie diesen bestimmte Eigenschaften, Konsequenzen und Relationen zuweisen. Legalismus findet sich dort, wo diese Formen in Regelwerken – mündlichen wie schriftlichen, prospektiv entworfenen wie retrospektiv aus der Praxis destillierten – verdichtet werden, um Vorgänge vergleichbar zu machen und sie der Spezifika des individuellen Falls zu entkleiden.[69]

Klassisch Gluckman: Judicial process, [1955] 1973, John L. Comaroff, Simon Roberts: *Rules and processes. The cultural logic of dispute in an African context*, Chicago: University of Chicago Press, 1981 und Marie-Claire Foblets (Hg.). *Popular justice. Conflict resolution within* communities, special issue in: *Journal of Legal Pluralism* 36, 1996.

67 Tamanaha: Realistic theory, 2017: S. 43–47.

68 Pirie: Anthropology of law, 2013: 131.

69 Ebd.: 131–157; 220–223; 228 f.

Entsprechend des von Pirie identifizierten Doppelcharakters des Legalismus, der in der Praxis durch seine wuchernde Vervielfältigung ebenso wie durch Rigidität und Formalismus zur Geltung kommt,[70] ist im Falle von Schriftlichkeit Legalismus empirisch in einer entsprechenden Art des Dokumentierens zu suchen: Die formalisierte oder reduzierte Dokumentationsform eines Regelkodexes, eines Formulars oder einer Liste mit Beschlüssen kann ebenso als Indiz für Legalismus gedeutet werden, wie die zur Selbstvermehrung neigende Akte, in der sich „[...] das Formenreservoir autoritativer und administrativer Handlungen [...] konkretisiert [...]".[71]

Über diesen Zugang eröffnen sich in meinen Quellen interessante Aspekte auch gängiger rechtsanthropologischer Themen, wie z. B. im Bereich dessen, was als ‚Landrecht' innerhalb der Kirche bezeichnet werden kann. Er bringt außerdem verschiedene Formen von Dokumenten als Teil der Rechtspraktiken zur Geltung, die im Kapitel 5.3 zur Sprache kommen werden.

Diskursiv

Für den dritten Einstiegspunkt orientiere ich mich an Duprets Vorschlag, der Frage nach der Rechtsdefinition nachzugehen, indem man empirisch untersucht, worum es geht, wenn in der Objektsprache in einem konkreten Kontext von „Recht" gesprochen wird.[72] Diesen Ansatz weite ich auf Vokabular aus, das im diskursiven Begriffsfeld von Recht bzw. *law* angesiedelt ist. Im untersuchten Protokollbuch ist z. B. von „suitors", „complainants" und „defendants" die Rede, von „evidence", „witness" und „culprits", von einem „criminal case" und von „our constitution".[73] Ausgehend von solchen Fundstellen ist zu beobachten, was diese Begriffe im Kontext des untersuchten Diskurses konkret bezeichnen und in welchen diskursiven Zusammenhängen sie stehen: Mit welchen anderen Begriffen sind sie verbunden und wie und zu welchen Zwecken werden sie eingesetzt?[74]

Auf diese Weise untersuche ich z. B., wer und was verhandelt wird, wenn in den Ältestenratsprotokollen von „delinquent members" geschrieben wird, und zu welchen Handlungen diese Bezeichnung anleitet. Kapitel 5.2 wird zeigen, wie ich auf diese Weise vom Begriff „delinquent" zu weiteren Kategorien komme, die in

---

70 Ebd.: 157.

71 Cornelia Vismann: *Akten. Medientechnik und Recht*, Frankfurt am Main: Fischer, 2010^2: 9.

72 Dupret: Legal pluralism, 2007: 306–308. Er bezieht sich hier auf Tamanaha und entwickelt dessen Ansatz praxeologisch weiter. Siehe auch Kap. 4.

73 ACIA 73A: Apenkwa Minutes 1954–55: Zu „complainants", „defendants" S. 137–142, „evidence" S. 7 f., „witness" S. 164 f., „bearers and witnesses" S. 326–328, „culprits" S. 150–156, „suitor" S. 78 f., 112, „criminal case" S. 258, „constitution" S. 7 f.

74 Dupret: Legal pluralism, 2007: 307.

der Eigenlogik des Diskurses mit diesem Begriff zusammenhängen und damit Teil der hier untersuchten kirchlichen Rechtspraktiken sind. Das schließt auch Begriffe mit ein, die für mein Vorverständnis nicht als Teil des ‚rechtlichen' Vokabulars identifizierbar gewesen wären. Umgekehrt hat der Begriff „delinquent" durch den Zusammenhang, in dem er hier steht, und durch die Art und Weise, wie er benutzt wird, auch eine Komponente, die sich auf die Erlösungsfähigkeit der so bezeichneten Personen und damit direkt auf religiöse Vorstellungen bezieht.

Diese Komponente fällt einer in einem Diskurs konditionierten Beobachterin, indem Recht per se als ‚säkular' gedacht wird, nicht unbedingt ins Auge. Vergleichbares gilt auch für lokale Begriffe und Kategorien, die auf diesem Weg als Teil des hier heuristisch als Rechtsdiskurs beschriebenen Diskurses sichtbar werden können.

2.3.3 Religiöse Organisation

Wie bereits angedeutet, stellen sich für den Religionsbegriff vergleichbare Fragen wie für den Rechtsbegriff. Die Operationalisierung geschieht hier primär durch die Wahl der PCG als Untersuchungsrahmen. Wie eingangs skizziert, geht es im Folgenden nicht um Religion im Sinne religiöser Vorstellungen und Praktiken, sondern um die soziale Praxis in einer Organisation, die als religiöse Organisation bezeichnet werden kann.[75]

Organisation

Mit einer christlichen Kirche handelt es sich bei der hier zu untersuchenden Organisation, diskurshistorisch und theoriegeschichtlich gesehen, um einen Prototyp dessen, was als religiöse Vergemeinschaftungsform verstanden wurde.[76] Gleichzeitig hat im engeren, organisationstheoretisch betrachteten Sinne das Christentum als Mitgliedschaftsreligion mit dem ekklesiologischen Konzept und damit dem theologischen Stellenwert formaler Mitgliedschaft und Zugehörigkeit in seinen Sozialformen eine vergleichsweise große Affinität zur Organisationsförmigkeit.[77] Kirchen – zumal im Sinne der „congregations and denominations"[78] bzw. einer spe-

75 Vgl. Kap. 2.1.

76 Nicht von ungefähr setzte Durkheim für diesen Teil seiner Religionsdefinition das Wort „église" ein.

77 Petzke, Tyrell: Religiöse Organisationen, 2012: 279.

78 Thomas H. Jeavons: „Identifying characteristics of ‚religious' organizations. An exploratory proposal", in: Nicholas J. Demerath et al. (Hg.). *Sacred companies. Organizational aspects of religion and religious aspects of organizations*, New York: Oxford University Press, 1998, S. 79–95: 5.

zifischen Kirche wie der PCG – bewegen sich im Zentrum dessen, was als religiöse Organisation thematisiert werden kann.[79]

Die PCG weist zentrale Merkmale einer Organisation auf,[80] ebenso wie auch ihre Vorgängerorganisation die Basler Mission (BM), deren organisationssoziologische Erforschung durch Miller zu den Standardwerken zur BM gezählt werden darf.[81] Zunächst ist da die bereits erwähnte *Mitgliedschaft*. Sie wird uns prominent in der Analyse begegnen, ebenso wie die bürokratischen Prozeduren zu deren Verwaltung, Markierung und Beschränkung. Auch eine *Zielorientierung* der Organisation findet sich, wenn der Geist, in dem die Kirchenordnung steht, als „the orderly management of the Church and of the life of the members in a manner that will *please the Lord*“ beschrieben wird.[82] In der aktuellen PCG findet sich überdies mit dem „Mission Statement: […] to bring all of creation to glorify God“, der „Vision“ und den „Core Values“ eine explizite Zweckorientierung prominent im *Selbstentwurf* der Kirche.[83] Dass ein solcher Bestandszweck von der Teilnehmermotivation durchaus getrennt auftreten kann, hat Meyer gezeigt und unterstrichen, dass eine empirische Untersuchung mit dieser Trennung rechnen muss, insbesondere um Konversionsprozesse adäquat zu verstehen.[84] Was die arbeitsteilige Struktur der Organisation mit ihren klar formulierten Entscheidungsabläufen betrifft, so legten die Gemeindeordnung der BM, später die RPP und die *constitution* der PCG die formalen *Regeln* für die hierarchisch organisierte Struktur, die *Erwartungen* an Akteure und ihre Rollen mit unterschiedlichen Kompetenzen seit Beginn der Organisation fest. Dass es sich dabei durchaus um einen *Entscheidungsbetrieb* handelt, macht die Umstellung auf das Presbyterialsystem, das Entscheidungskompetenzen dezentralisierte,[85] deutlich, ebenso die Restrukturierung der Kirche 1951, die

---

79 Petzke, Tyrell: Religiöse Organisationen, 2012: 288; Jeavons: Characteristics, 1998: 5 f.

80 Ich orientiere mich im Folgenden an den von Jens Schlamelcher: „Religiöse Organisation“, in: Detlef Pollack; Volkhard Krech; Olaf Müller u. a. (Hg.). *Handbuch Religionssoziologie*, Wiesbaden: Springer VS, 2018, S. 489–506: 490 f. sowie von Petzke, Tyrell: Religiöse Organisationen, 2012: 289–295 thematisierten Kriterien.

81 Jon Miller: *Missionary zeal and institutional control. Organizational contradictions in the Basel Mission on the Gold Coast, 1828–1917*, London: Routledge Curzon, 2003.

82 RPP 1953: Foreword, May 29 1953, Hervorhebung A.B.

83 Presbyterian Church of Ghana: Our Mission, Vision and Core Values, PCGonline - Official Website of Presbyterian Church of Ghana 2019, <https://pcgonline.org/our-mission/>, Stand: 28.7.2019.

84 Meyer: Translating the devil, 1999: 98 f., 104–109. Damit ist nicht primär die objektsprachlich negativ bewertete Feststellung gemeint, dass Menschen aus durchaus materiellen Gründen konvertieren (vgl. Petzke, Tyrell: Religiöse Organisationen, 2012: 290 f.), sondern dass gerade die unterschiedlichen Wissensordnungen der Beteiligten zu unterschiedlichen Lesarten des Zwecks führen.

85 Während die Basler Mission massiv hierarchisch organisiert war, verteilte das presbyterianische System, das im Zuge der Übernahme durch die Schottische Mission 1918 und später der graduellen Selbstverwaltung der Kirche eingeführt worden war, Entscheidungskompetenzen dezentraler in die

das formale Ende europäischer Entscheidungsbeteiligung markiert. Dies wird im Wortlaut der 1953 revidierten RPP explizit:

> This Church [...] claims that [she] [...] has, under [Christ] [...] as her only Head, independent and exclusive jurisdiction and power of legislating in all matters of doctrine, worship, discipline and government of the Church, *including therein the right from time to time to alter, [...] her constitution* [...]. No *individual is permitted* to introduce foreign practices *not sanctioned by Synod.*[86]

Die PCG konstituiert sich hierin als Entscheidungsbetrieb unter den theologischen und organisationalen Maßgaben der *Synod*.

Ebenfalls seit Beginn charakteristisch sind die verschiedenen Bereiche, über welche die Mission und später die Kirche lebensweltlich präsent war und ist: Die BM richtete vielerorts als erstes Schulen ein, welche die PCG bis heute erfolgreich betreibt. Sie schuf handwerkliche Ausbildungseinrichtungen – später auch theologische – oder sie bediente und beschäftigte Mitglieder und auch Nichtmitglieder in der Missions-Handlungs-Gesellschaft und in Krankenhäusern. Die PCG in Apenkwa vergab in den 1950er-Jahren Konzessionen für den Steinbruch im Ort, heute stellt sie Backsteine her und trinkt das kircheneigen produzierte „Salem Water".[87] Das alles geschieht bewusst, um einen eigenen Kosmos der Kirche zu schaffen, in dem die Mitglieder als christliche Menschen leben.[88] Die konkrete Form dieses Kosmos ist die christliche Sozialutopie des *Salem* oder der *Christian town*,[89] von denen Apenkwa eine ist. Dies ist, was aus der Logik funktionaler Differenzierung als Multireferentialität von Organisationen thematisiert wird.[90] So wie sich jede andere Organisation auch „zwangsläufig auf eine Vielzahl von Systemumwelten einlassen muss, also gleichzeitig an z. B. rechtlichen, wirtschaftlichen, massenmedialen, er-

---

Entscheidungsgremien der lokalen *congregations* und der ihnen übergeordneten *presbytries* (Beutter: Auf dem anderen Blatt, 2016: 231 f.).

86 RPP 1953: § 6 (2), Hervorhebung A.B.

87 APC: Quarry tolls accounts book, Presbyterian Church, Apenkwa, 1951–1955; Feldprot. 1.8.2018: Dokumente u. a., Apenkwa, Achimota: 3; Salem Water Company Ltd, 2010 von der PCG gegründet (Salem Water Company Ltd: About, Facebook, <https://www.facebook.com/pg/salemwater/about/?ref=page_internal>, Stand: 25.1.2020).

88 Meyer: Translating the devil, 1999: 8, 221; Feldprotokoll zum 24.7.2018: Gespräch mit Samuel Adom Adjah und David Awuku, Apenkwa, Büro des district pastor: 3. Presbyterian Church of Ghana: Development & Social Services, PCGonline - Official Website of Presbyterian Church of Ghana 2019, <https://pcgonline.org/development-social-services/>, Stand: 20.1.2019: Nr. 4.

89 Sewordor: Model town, 2017, siehe auch Kap. 1.3 und Kap. 3.3.1.

90 Petzke, Tyrell: Religiöse Organisationen, 2012: 293 f.; Schlamelcher: Religiöse Organisation, 2018: 500–502.

zieherischen, wissenschaftlichen Umwelten partizipier[t]",[91] operiert eine religiöse Organisation nicht nur ‚religiös', sondern auch ‚rechtlich', ‚wirtschaftlich', ‚politisch'. Dies ist selbst dann der Fall, wenn sie dies nicht so ausgeprägt tut wie die PCG und ihre Vorgängerorganisationen und mit einem „‚außerweltlich' orientierten, sakral bestimmten *Selbstverständnis* der religiösen Organisation"[92] kollidieren kann.

Die Analyse wird zeigen, dass diese Operationen nicht als Nebenschauplatz oder Zubringerdienst des ‚Religiösen' zu betrachten sind, sondern als wechselseitig konstitutiv. Auf religionswissenschaftlich analytischer Ebene ist von einer negativen Wertung solcher Befunde – auch implizit durch werturteilsbehaftetes analytisches Vokabular – abzusehen, ebenso wie dies für Diskrepanzen zwischen theoretischem und praktischem Register des Rechts gilt. Eine solche Wertung ist dem Erkenntnisinteresse und der analytischen Präzision abträglich.[93]

Objekt- und Metasprache

Auch was die Verwendung des Wortes „Religion" bzw. „religiös" betrifft, tut eine religionswissenschaftliche Herangehensweise gut daran, deutlich zwischen Objektsprache und Metasprache zu unterscheiden. Objektsprache meint die Diskurse und Begrifflichkeiten, die Gegenstand – also Objekt – der jeweiligen Untersuchung sind. Metasprache bezeichnet hingegen den Diskurs und den Begriffsapparat, den die wissenschaftliche Betrachterin für diese Untersuchung adressiert und benutzt.[94]

An dieser Stelle ist die hierarchisierende Konnotation der Ausdrücke „Objekt-" und „Metasprache" anzusprechen. Unglücklich ist die Konnotation, weil sie das Anliegen, Diskurse zu differenzieren, mit der Assoziation einer hierarchisierenden Bewertung von Diskursgemeinschaften und Wissensordnungen verquickt. Mir geht es hier durchaus darum, Diskurse zu unterscheiden – um die Beobachtungskonstellation zwischen den in den Quellen dokumentierten Diskursen des Ältestenrats und meiner Betrachtung derselben explizit zu machen, um deren unterschiedliche Verwendung des gleichen Begriffs zu thematisieren und um die jeweiligen Eigenlogiken und Agenden deutlich zu machen. Aber ich teile dezidiert *nicht* die

---

91 Petzke, Tyrell: Religiöse Organisationen, 2012: 293.

92 Ebd.: 294.

93 Dass und wie (implizite) Werturteile im analytischen Vokabular die Forschung behindern, macht Olivier de Sardan im Hinblick auf Diskrepanzen zwischen theoretischem und praktischem Register der Governance in afrikanischen Staaten deutlich (Jean-Pierre Olivier de Sardan: „Researching the practical norms of real governance in Africa", in: *APPP Discussion Paper series* 5 (Dec), 2008, S. 1–22: 1). Vergleichbar in Bezug auf die Diskrepanz zwischen theoretischem Register der Theologien im Gegensatz zum praktischen Register der gelebten Religion: Meyer: Translating the devil, 1999: XX f., insbesondere Fußnote 6.

94 Seiwert: Religiöse Bedeutung, 1981: 76–79.

Hierarchisierung und Bewertung, die in der Bezeichnung mitschwingt.[95] Dennoch benutze ich die Dyade mangels einer hinreichend befriedigenden Alternative und weil sie verständlich ist, um prägnant die jeweilige Beobachtungskonstellation zu thematisieren. Um *diese* Konnotation, die sich auf meine Auseinandersetzung mit den Diskursen in den Protokollen bezieht, zu betonen, verwende ich im Verlauf der Analyse anstelle von „Metasprache" auch die Ausdrücke „Analysesprache" und „analytisches Vokabular" – und zwar dort, wo es mir explizit um die Unterscheidung der Diskurse geht.[96] In diesem Sinne nun weiter zu meiner Verwendung des Religionsbegriffs.

Parallel zu meinem Umgang mit dem Rechtsbegriff arbeite ich in meinem metasprachlichen oder eben analytischen Vokabular mit einem ‚weit' und einem ‚eng' angelegten Verständnis des Religionsbegriffs. Im ‚weiten' Sinne löst sich – wie unter Kapitel 2.3.1 gezeigt – nicht nur der Rechtsbegriff, sondern auch der Religionsbegriff im Begriff der normativen Ordnung auf. Diese Überschneidung ist sinnvoll, weil sie mir die Beobachtung von Elementen unabhängig von einer Zuordnung entweder zu Recht oder Religion, entweder zu religiös oder profan erlaubt. Unter dem weiten Begriff der normativen Ordnung auf eine solche Zuordnung zu verzichten, erlaubt Vorgänge ‚zusammen' zu denken und Verbindungen zu ziehen, die dem analytischen Verständnis durch *a priori* Unterscheidungen verstellt sein können.

Nehmen wir beispielshalber den Bezug zu „übermenschlichen Mächten"[97] als gängiges und auch in den Diskursen der PCG berücksichtigtes Unterscheidungskriterium: Bei der Exkommunizierung als Pendant zur Taufe in der religionsrechtlichen Regulierung von Zugehörigkeit mag der Bezug zu einem Bereich übermenschlicher Macht noch direkt einleuchten. Bei der Bewährungsphase der Kirchenzucht als Pendant zu jener des Taufunterrichts hingegen ist der Bezug, je nach Grund für

95 Ebenso wenig geht es um die Unterscheidung von ‚wissenschaftlichen' und ‚nicht wissenschaftlichen' Inhalten. Im Gegenteil, auch wissenschaftliche Diskurse sind objektsprachliche Diskurse, wenn ich diese zum Gegenstand der Untersuchung mache; ganz abgesehen davon, dass Metasprache unweigerlich durch Objektsprache(n) co-konstituiert ist – die Frage ist hier vielmehr, welche Objektsprachen dabei zum Tragen kommen und welche ausgeschlossen sind.

96 Wenngleich „Objekt- und Analysesprache" die hierarchisierende Konnotation nicht brechen, so scheint mir dieses Begriffspaar den anvisierten Sachverhalt immerhin treffender zu beschreiben. Im Sinne der relationalen Konstitution von Wissen gänzlich von einer Unterscheidung der Diskurse abzusehen, erschien mir für die hier vorgelegte Untersuchung hingegen weniger zielführend. Aus den in Kap. 1.2 genannten Gründen würde dadurch meines Erachtens der hegemoniale Einfluss einzelner objektsprachlicher Diskurse in der Analysesprache eher verschleiert und perpetuiert, anstatt diesem entgegenzuwirken.

97 Hier im Sinne von Martin Riesebrodt: „Grundzüge einer verstehenden Religionstheorie: Cultus und Heilsversprechen", in: Martin Baumann; Frank Neubert (Hg.). *Religionspolitik – Öffentlichkeit – Wissenschaft. Studien zur Neuformierung von Religion in der Gegenwart*, Zürich: Pano, 2011, S. 321–341: 332 f. Vgl. auch Jeavons: Characteristics, 1998.

die Kirchenzucht, schon indirekter. Bei der Vergabe von Land ist er noch weniger sichtbar und bei Streitigkeiten in und zwischen Familien nicht mehr erkennbar.[98] Auch die unmittelbare diskursive Rahmung dieser Vorgänge als „religiös" fehlt in der praktischen Bearbeitung der Fälle bzw. ihrer Dokumentation in den *session minutes*. Aber indem das Bearbeiten solcher Vorgänge punktuell im untersuchten Diskurs als „promoting the Course of God" oder „speaking against evil" gefasst,[99] und das Unvermögen der Verantwortlichen dies zu leisten, als Bedrohung der Heilsgemeinschaft beschrieben wird, werden sie mittelbar Teil eines explizit auf übermenschliche Mächte bezogenen Diskurses.[100] Dieser wird allerdings stärker von den Theologen, Pfarrern und Predigern der PCG in Foren wie Predigten, Kirchenzeitschriften und anderen Medien und Anlässen geführt. Er findet damit nicht primär in den von mir untersuchten Diskursen der Presbyter und des Katechisten in der Session statt.[101]

Nun sind es aber gerade auch die augenscheinlich ‚profanen' Vorgänge, die dazu beitragen, gewisse Teile der lebensweltlichen Wirklichkeit als mit der eigenen normativen Ordnung in Konflikt stehend und andere als ergänzend zu markieren. Die Kirche setzt sich in Opposition zu einem Bereich, an den sie befürchtet ihre Mitglieder durch „change of religion"[102] zu verlieren – wobei „change of religion" ebenso deren Übertritt oder Rückkehr zu anderen christlichen Kirchen wie zum Islam und zu verschiedenen als „heathenish custom"[103] markierten lokalen Praktiken meinen kann. Dieser Bereich wird von der Kirche wiederum unterschieden von jenen Praktiken und Akteuren des Umfelds, mit denen sie nicht in Konflikt steht. Sie ordnet diese also einem anderen Bereich zu, einem Bereich, der in wissenschaftlichen Debatten ebenso wie in aktuellen Diskursen der PCG als „Kultur", „Recht" etc. klassifiziert wird.[104] Als Unterscheidungskriterium, welchem Bereich sie Praktiken zuordnet, dient der Kirche der von ihr diagnostizierte Bezug zu übermenschlichen Mächten. Was in ihrer Lesart keinen solchen aufweist, fällt in den zweiten Bereich

98 Ganz abgesehen von der Frage, wer oder was aus Sicht der verschiedenen beteiligten Akteure als übermenschliche Macht gilt und was nicht. Siehe dazu die Analyse in Kap. 6.3.4.

99 ACIA 73A: Apenkwa Minutes 1954–55ACIA Apenkwa Minutes 1954–55: 154; 141. Siehe Kap. 6.1 und Kap. 6.3.3.

100 Siehe Kap. 5.2.3, Kap. 6.1 und Kap. 6.2.

101 Siehe Kap. 4.2.

102 ACIA 73A: Apenkwa Minutes 1954–55: 180.

103 ACIA 73A: Apenkwa Minutes 1954–55: 112, 276.

104 Siehe Kap. 7.2.1. U. a. die Afrikanistik macht die Effekte solcher klassifizierender Diskurse unter dem Stichwort „Kulturalisierung" zum Gegenstand aktueller Forschung und überwindet so die frühere Frage nach dem Verhältnis von Religion und Kultur (siehe z. B. Mariam Goshadze: „When the Deities Visit for Hɔmɔwɔ. Translating Religion in the Language of the Secular", in: Journal of the American Academy of Religion 87 (1), 2019, S. 191–224; Marijke Steegstra: *Dipo and the politics of culture in Ghana*, Accra: Woeli Publishing Services, 2005).

und ist „not a bad custom",[105] was einen Transzendenzbezug aufweist, aber einen falschen, fällt in den ersten Bereich der „heathenish customs".

Welche Praktiken in welche Kategorie fallen, muss die Kirche allerdings erst einmal plausibel machen.[106] Und sie tut dies, wie ich zeigen werde, u. a. durch die Anwendung von Rechtspraktiken (Kap. 6 und Kap. 7). Wie im Zusammenhang mit der Kategorie Recht beschrieben, geschieht all dies in einem Kontext, der von verschiedenen Epistemen geprägt ist, die bei der Beschreibung der Welt durchaus andere Unterscheidungen und Kategorien voraussetzen. Diese Unterscheidungen sind für die Mitglieder ebenso relevant – denn sie sind beides, Christen und Ga.

Religiös

Damit ist das Ringen darum, „religiöse" von anderen Praktiken zu unterscheiden, eben gerade Teil jenes Sprachspiels, das zu untersuchen hier das Ziel ist. An diesem Ringen sind auch die kirchlichen Rechtspraktiken beteiligt. Doch um genau diese Vorgänge beobachten zu können, ist das unbemerkte Verschwimmen von objektsprachlichem und analysesprachlichem Umgang mit dem Begriff methodisch möglichst einzudämmen. Mit diesem Ziel setze ich auch hier eine ‚enge' heuristische Definition als Werkzeug ein.

Mit Schlamelcher gelten jene Organisationen als religiöse Organisationen, deren Primärfunktion „religiöse Versorgungsleistungen" sind.[107] Zur definitorischen Einhegung des Prädikats „religiös" in meinem analytischen Vokabular setze ich nun explizit ein anderes Unterscheidungskriterium ein als jenes, das im Diskurs der PCG zum Zug kommt. Ich wähle die Herangehensweise mit der Seiwert „‚religiöse Bedeutung' als wissenschaftliche Kategorie" spezifiziert.[108] Er schlägt vor, eine spezifische Art, wie objektsprachliche Deutungssysteme „ihre eigene Gültigkeit begründen", als das Kriterium zu wählen, nach dem in der Metasprache das Prädikat „religiös" im Unterschied zu anderen möglichen Prädikaten zu verwenden ist.[109]

Ausschlaggebend ist also, auf welcher Grundlage im untersuchten Diskurs die Wahrheit einer Aussage oder die Wirksamkeit einer Praxis in letzter Instanz begründet wird. Metasprachlich als religiös zu bezeichnen sind dabei laut Seiwert jene Begründungen, die sich auf „absolute Autoritäten" als Basis der Begründung berufen.[110] Von Autorität als Basis der Begründung spricht Seiwert dann, „wenn das Wissen, dessen Gültigkeit begründet werden soll, nicht selbst [gewonnen],

105 ACIA 73A: Apenkwa Minutes 1954–55: 237.

106 Siehe dazu Kap. 5.2 und Kap. 5.3.

107 Schlamelcher: Religiöse Organisation, 2018: 500.

108 Seiwert: Religiöse Bedeutung, 1981.

109 Ebd.: 58, 84.

110 Ebd.: 83.

sondern von einer anderen Instanz übernommen wurde".[111] Von absoluter Autorität spricht er, wenn diese Basis der Begründung in der objektsprachlichen Deutung (a) keiner weiteren Begründung bedarf und (b) auch nicht durch andere Begründungsgrundlagen – wie z. B. durch subjektive Erfahrung oder eine andere Autorität – zu widerlegen ist.[112]

Eine derartige letzte Begründungsinstanz für die Wirksamkeit und Wahrheit der angebotenen „Versorgungsleistungen" der Organisation ist im Falle der PCG mit der Bezugnahme auf Gott gegeben: Die Kirchenordnung setzt Gott als oberste Leitungsinstanz – „Him as her only Head"[113] – und als Urheber des relevanten Wissens für Glauben, Praxis, Lebensführung und Erlösung: Die Schriften des Alten und Neuen Testaments gelten als „inspired Word of God, the supreme rule of faith and practice, and as containing all things necessary for salvation".[114] Sie sind die maßgebliche Richtlinie für die Gestaltung des Lebens der Organisation und ihrer Mitglieder „in a manner that will please the Lord".[115]

Auch im Fall der Inhalte, Akteure und Praktiken, die ich im Kapitel 3.4 als Religionslandschaft in und um Apenkwa vorstellen werde, lässt sich das Seiwert'sche Kriterium anwenden. Auch hier kann sich die Begründung von Wahrheit und Wirksamkeit der jeweiligen Deutungen und Praktiken auf Instanzen berufen, die keiner weiteren Begründung bedürfen und nicht durch andere Begründungsgrundlagen zu widerlegen sind. Dies geschieht ebenfalls über ein in schriftlicher Form vermitteltes Wort Gottes bei anderen Kirchen und muslimischen Akteuren. Oder es findet statt über direkte Inspiration bei gewissen anderen christlichen Akteuren und insbesondere bei den lokalen Medien, die mit einer Gottheit kommunizieren bzw. zu deren Sprachrohr werden. Ihre Praktiken sind im Fall der Ga Ritualspezialistinnen und -spezialisten eingebettet in ein umfassendes, teils arkanes Wissen über die Ga Welt, das in Form von Liedern von Gottheiten offenbart und in Tanz und Gesang vollzogen und tradiert wird.

Medien, Priester und auch gewisse politische Akteure, machtvolle Substanzen, Objekte und Gottheiten unterschiedlicher Grade bilden eine in stetiger Veränderung begriffene Hierarchie. Sie alle sind Vermittler, Träger und Quellen von Macht (Akan: *sunsum*), welche die sichtbare wie die unsichtbare, die menschliche wie die außermenschliche Welt durchwirkt:[116]

---

111 Ebd.: 85.

112 Ebd.: 85 f.

113 RPP 1953: § 6 (2).

114 RPP 1953: § 4.

115 RPP 1953: Foreword, May 29 1953, § 1, § 2.

116 Michelle Gilbert: „Sources of power in Akuropon-Akuapem. Ambiguity in classification", in: William E. Arens; Ivan Karp (Hg.). *Creativity of power. Cosmology and action in African societies*, Washington: Smithsonian Institution Press, 1989, S. 60–89. Ich werde im Weiteren die Ausdrücke

> The Akan universe, essentially spiritual, is endowed or charged with varying degrees of force [...]. This force or power is sunsum [...]. In this metaphysic all created things, that is, natural objects, [as well as human beings] have or contain sunsum; every deity (ɔbosom) is a sunsum, [...]. This sunsum derives ultimately from Onyame who, as the Supreme Being, is the Highest [if remote] Spirit or Highest Power.[117]

Die Gottheiten, Ahnenschatten oder der Geist einer lebenden oder verstorbenen Person, mit denen Menschen in Kontakt treten, mögen nicht das höchste Wesen der betreffenden Kosmologie sein. Für den Begründungszusammenhang der auf sie gerichteten Praktiken aber können sie dennoch die im oben genannten Sinne absolute Autorität beanspruchen.

Die verschiedenen Praktiken gehören zu einem dichten Netz von Ritualen, das die, als fundamentale Existenzbedingung vorausgesetzte, harmonische Beziehung innerhalb der Gesellschaft ebenso wie zu den Entitäten der unsichtbaren Welt gewährleistet.[118] Die harmonische Beziehung bringt Prosperität, Glück und Heil, deren Störung Verderben, Unglück und Unheil. Die Rituale bearbeiten damit das, was Vansina, De Craemer und Fox die „fortune-misfortune constellation" nennen und als grundlegendes Motiv vieler afrikanischer Wissensordnungen ausmachen.[119] Diese „fortune-misfortune constellation" ist es, die als begründendes Prinzip viele der kollektiven, v. a. aber auch individuellen Praktiken motiviert.

Welche Instanzen im konkreten Fall als zentrale Begründungsbasis von Wirksamkeit gelten und wie absolut diese dabei gesetzt werden, hängt von den Interpretationen der beteiligten Akteure ab.[120] Es ist außerdem wichtig anzumerken, dass nicht alle hier analysesprachlich als religiös gekennzeichneten Begründungszusammenhänge Wirksamkeit auf die eigenen Versorgungsleistungen beschränken.

„unsichtbare Welt" und „Entitäten der unsichtbaren Welt" benutzten für jene Teile der lokalen Kosmologie, die gemeinhin mit „spiritual world" und „spiritual" oder „superhuman beings" bezeichnet werden. Denn was diesen Bereich primär auszeichnet, ist laut Gyekye, dass diese Teile der lokalen Wirklichkeitskonzeption für den lebenden nicht initiierten Menschen nicht sichtbar – aber ggf. durchaus spürbar – sind (Gyekye: African philosophical thought, 1987: 69).

117 Ebd.: 72 f., Einschübe A.B.

118 Marion Kilson: *Kpele lala. Ga religious songs and symbols*, Cambridge, Massachusetts: Harvard University Press, 1971; E. A. Ammah: „Ghanaian philosophy", in: Marion Kilson (Hg.). *Kings, priests, and kinsmen. Essays on Ga culture and society*, Legon-Accra: Sub-Saharan, 2016, S. 21–70.

119 Jan Vansina, Willy De Craemer, Renee C. Fox: „Religious movements in central Africa. A theoretical Study", in: *Comparative Studies in Society and History* 18 (4), 1976, S. 458–475: 474. In der Religionswissenschaft setzt Riesbrodt bei dieser Funktion von Religion an. Seine Verbindung dieses Komplexes mit dem Bezug zu übermenschlichen Mächten ließ mich von seinem definitorischen Zugang aus den oben genannten Gründen allerdings absehen (Riesebrodt: Grundzüge, 2011: 333).

120 Seiwert: Religiöse Bedeutung, 1981: 66.

Es ist gerade charakteristisch für einige der kosmologischen Entwürfe, die Wirksamkeit „fremder“ und „neuer“ Praktiken als mögliche, teils besonders wirksame Komponenten in das eigene Deutungssystem einzuschließen.

In meiner Untersuchung wird es darum gehen, die hier als Rechtspraktiken thematisierten Vorgänge in dem auf die hier beschriebene Weise als religiöse Organisation spezifizierten Rahmen zu erschließen. Die Analyse wird zeigen, wie diese Praktiken funktionieren (Kap. 5) und was diese Praktiken für die PCG in Apenkwa als religiöse Organisation leisten: Mit ihnen versucht die Kirche die Bezüge zwischen Tun und Bedeutung, Lebensführung und Mitgliedschaft in ihrem eigenen Sinne zu gestalten (Kap. 6.2). Und sie zeichnet mit ihnen die eigenen Unterscheidungen und Kategorien in einem Kontext ein, der auch ganz anderen Unterscheidungen folgt, die kreuz und quer zu den kirchlichen Kategorien liegen (Kap. 6.3).

3. Pluraler Kontext – Apenkwa im Accra der 1950er-Jahre

Wer heute nach Apenkwa kommt, findet sich in einem Stadtteil von Accra, der – aufgegangen im Siedlungsgebiet der Großstadt – wie viele andere nicht auf Anhieb als eigener Ort zu erkennen ist. Markant sind die 2004 in Betrieb genommene Kirche der *PCG Eternity Congregation Apenkwa* mit dem großen grünen Dach und die Schulen der *Presbyterian Church* links und rechts der Brenya Street. Der alte Siedlungskern hinter der Kirche hingegen, in dem die historische Kapelle und das *catechist's house*[1] stehen, scheint sich in die Biegung der Achimota- bzw. Apenkwa-Interchange zu drängen. Was man nicht unbedingt weiß: Dieses Verkehrskreuz mit seiner Tankstelle und seinen Autohändlern liegt teils auf Kirchenland und hat einen Teil der alten Siedlung von Apenkwa verdrängt.[2]

Noch in den 1950er-Jahren sah diese Gegend westlich des Flusses Odaw (früher: Dakubi) anders aus. Die heutige Nsawam Road war zwar schon zu Beginn des 20. Jahrhunderts eine der Ausfallstraßen, Reise- und Handelsrouten zwischen Accra und dem Landesinneren.[3] Und 1959 gilt diese genauso wie die auf Höhe Apenkwa von Osten her einmündende Straße (Abeka-Lapaz Motorway) als ganzjährig für den motorisierten Verkehr erschlossen. Doch die Ost-West-Verbindung (Abeka Motorway Extension, heutige N1) gab es in den 1950er-Jahren noch nicht. Dafür war die Eisenbahnlinie Accra-Kumasi in Betrieb, die seit deren Bau 1909 hier parallel zum Fluss verläuft und mit diesem zusammen die östliche Grenze des Gebiets von Apenkwa markiert.[4]

---

1 Zum Zeitpunkt meiner Feldforschung 2018 war es als *pastor's house* in Benutzung. Ein repräsentativeres Wohnhaus für den Pfarrer war damals im Bau und wurde mittlerweile eingeweiht.

2 Apenkwa, Presbyterian Church of Ghana Eternity Congregation: *140th Anniversary. Anniversary Brochure*, 2008: 18 f.

3 Acquah: Accra Survey, 1958: 33; BMA D-31.1#28: Mohamm. Händler auf der Goldküste, unbekannt, 1907.

4 BMA 96172: Road Map of Ghana. Southern Section, unbekannt, 1959. Siehe auch APC: Accra – Apenkwa, Apenkwa Presbyterian Church Land, I. E.B. Addo, 1.3.1980. Diese Landkarte dürfte im Zusammenhang mit dem Bau der Abeka Motorway Extension entstanden sein und zeigt, dass die geplante – und im Laufe der 1980er-Jahre gebaute – Kreuzung auf Teilen der Siedlung Apenkwa zu liegen kommen sollte (Feldprot. 6.8.2018: Gespräch N.O.K., Legon: 2). Auf der Karte ist auch der für den Bau der Eisenbahnstrecke 1908 von der Regierung der BM abgekaufte Streifen des Landes verzeichnet (vgl. APC: Declaration under the Statutory Declaration Act 1971 the registered trustees of the Presbyterian Church of Ghana, sworn before the Registrar of Lands 18.11.1980, Land Registry No 344/1980: 1); Acquah: Accra Survey, 1958: 26.

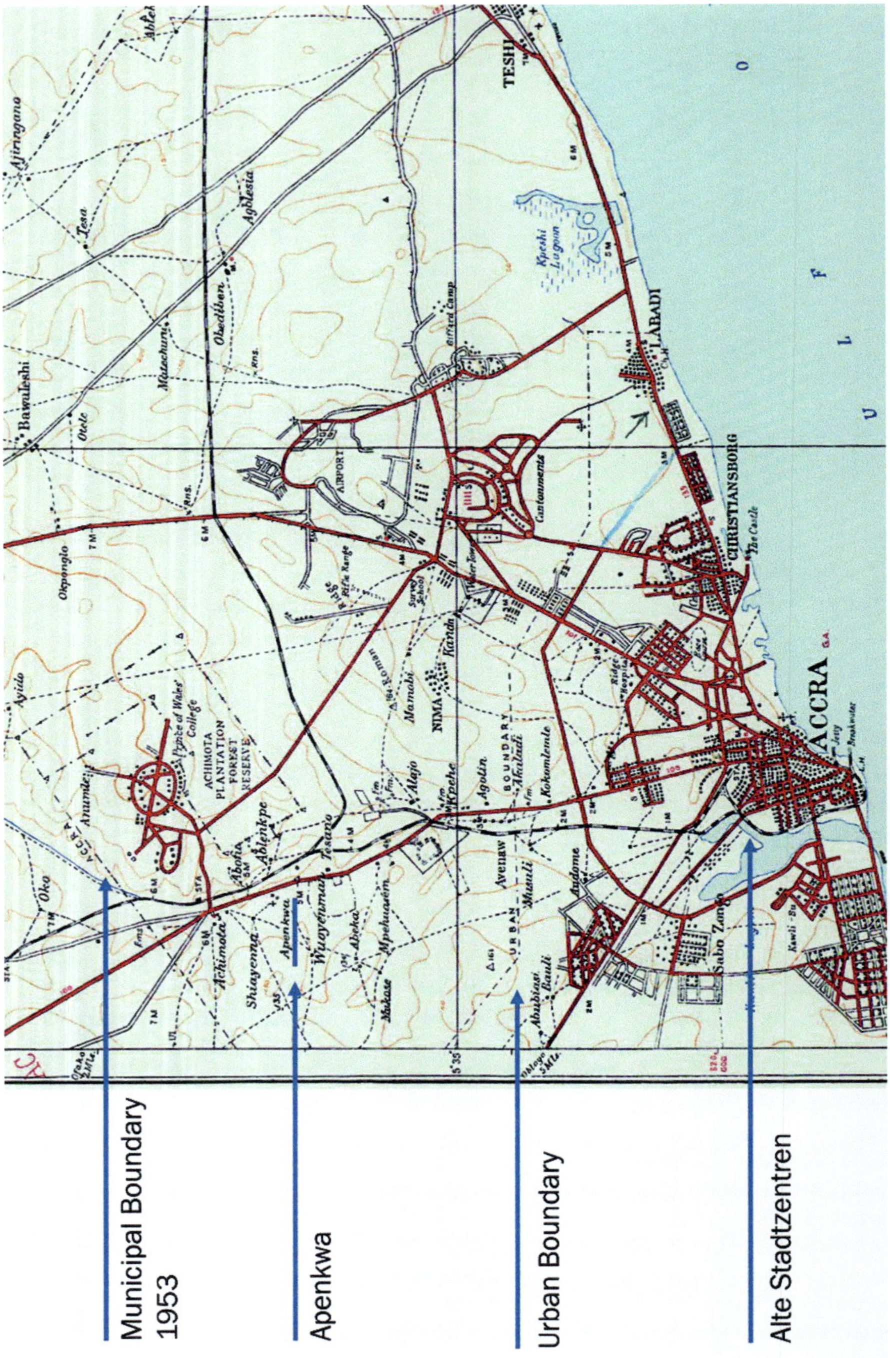

Abb. 5 Apenkwa im Accra der 1950er-Jahre (Ausschnitt aus Karte BMA 98186, Markierungen A.B.)

Die Siedlung Apenkwa selbst war in den frühen 1950er-Jahren ein Dorf und durch unbewohnte, teils bewirtschaftete, teils unbewirtschaftete Vegetation von den Nachbarorten getrennt. Es war eines der vielen „villages", „small villages" und „migrant settlements" in der Peripherie rund um die sich ausbreitende Stadt Accra.[5] Die Bevölkerung von Accra wuchs unaufhaltsam: Allein in den 1950er-Jahren hatte sie sich mehr als verdoppelt, von rund 130.000 Personen im Jahr 1948 auf rund 330.000 im Jahr 1960. Neue Siedlungen entstanden, staatlich geplante *residential areas* ebenso wie spontane Siedlungen von neu Zugezogenen; Land an den Stadträndern wurde rarer und Landpreise schossen in die Höhe.[6]

Bis zur Mitte des Jahrhunderts entstand um die zu einer Stadt zusammengewachsenen alten Zentren (*maji*) eine suburbane Zone mit den Schaustücken britischer Infrastruktur: dem *Korlebu Hospital*, der *Achimota Secondary School*, dem im Bau befindlichen Campus des neuen *University College of the Gold Coast* in Legon und dem Flughafen samt *Airport Residential Area*.[7] Doch davon abgesehen waren viele Siedlungen in diesem als *Accra suburban area* bezeichneten Gebiet immer noch weitgehend ländlich geprägt. Diese Zone wurde mit der deutlichen Erweiterung der *municipal boundary* 1953 auf die *new suburban wards* Nungoa, Teshie, Wu Gon, Nima, Achimota und Kwashiemar Grefi in den Verwaltungsbereich der Stadt Accra eingegliedert. Dadurch befand sich Apenkwa nun zwar noch immer in der Peripherie der Stadt (siehe Abb. 5), neu aber im Hoheitsgebiet des *Accra Municipal Council* (AMC).[8]

---

5 Ebd.: 29, 61, 143.

6 Nate Plageman: „‚Accra is changing, isn't it?'. Urban infrastructure, independence, and nation in the Gold Coast's Daily Graphic, 1954–57", in: *International Journal of African Historical Studies* 43 (1), 2010, S. 137–159: 139. Naaborko Sackeyfio-Lenoch: *The politics of chieftaincy. Authority and property in colonial Ghana 1920–1950*, Rochester: University of Rochester Press, 2014: 10, 36, 61. Naaborko Sackeyfio-Lenoch: „The politics of land and urban space in colonial Accra", in: *History in Africa* 39, 2012, S. 293–329: 320; Bill Freund: *The African city. A history*, Cambridge: Cambridge University Press, 2007: 66. Samuel S. Quarcoopome: „A history of the urban development of Accra. 1877–1957", in: *Research review new series* 9 (1–2), 1993, S. 20–32.

7 John Parker: *Making the town. Ga state and society in early colonial Accra*, Portsmouth, NH: Heinemann, 2000: 195 f., 215; 228; Acquah: Accra Survey, 1958: 27–29, 38, 61, 119; BMA D-11,10: Jahresbericht 1952, Haller, Kumasi April 1953: 2; Plageman: Accra is changing, 2010: 146.

8 Acquah: Accra Survey, 1958: 42, 48, 61 f., 99–101, 143. Dazu unten mehr.

3.1 Ordnung in Bewegung – Politischer und kirchenpolitischer Kontext der frühen 1950er-Jahre

In den späten 1940er-Jahren wurde Accra zum Zentrum antikolonialer Bewegungen: Die sogenannten „riots“, die hier im Februar 1948 durch die Proteste von ausgesteuerten Soldaten aus dem Zweiten Weltkrieg losgetreten worden waren, brachten den Unmut der Bevölkerung über ein breites Spektrum an Missständen zu einem plötzlichen und gewaltsamen Ausdruck.[9] Die 1948er-Unruhen gelten als Katalysator für einen Prozess, der die seit Jahrzehnten formulierten Forderungen nach politischer Unabhängigkeit in nur wenigen Jahren konkret werden ließ:[10]

Bereits 1950 trat eine neue Verfassung in Kraft, die eine vorübergehende Doppelregierung von britischer Kolonialadministration und von der Bevölkerung gewähltem Parlament vorsah. Im Februar 1951 fanden die ersten allgemeinen Wahlen statt, die *Convention People's Party* (CPP) unter Kwame Nkrumah gewann dabei die unbestrittene Mehrheit der Sitze. Diese Regierung verfolgte in den folgenden Jahren erfolgreich ein ambitioniertes Programm in Sachen Infrastruktur, Bildung, Medizin und in sozialen Fragen wie beim Wohnungsbau und der Anhebung von Löhnen. 1954 gewährte London der Goldküste[11] die volle interne Selbstregierung. Die Verfassung wurde entsprechend angepasst und erneut Wahlen abgehalten.[12] Obwohl die CPP dabei in ihrer Rolle als Regierungspartei bestätigt worden war, entspann sich in den folgenden rund drei Jahren ein teilweise gewaltsam geführter Machtkampf zwischen der CPP und den stärker föderalistischen Oppositionsparteien. 1956 fanden erneut Parlamentswahlen statt und im März 1957 wurde Ghana als erstes Land südlich der Sahara unabhängig.[13]

9 D. E. K. Amenumey: *Ghana. A concise history from pre-colonial times to the 20th century*, Accra: Woeli Publishing Services, 2018: 197–213. Dennis Austin: *Politics in Ghana 1946–1960*, London: Oxford University Press, 1964: 11 f. Parker: Making the town, 2000: 195.

10 Das gilt sowohl für die Literatur (z. B. Austin: Politics in Ghana, 1964: 49; Frederick Cooper: *Africa since 1940. The past of the present*, Cambridge: Cambridge University Press, 2006: 49 f.), als auch für zeitgenössische kirchennahe Beobachter (z. B. S. G. Williamson, J. Bardsley: *The Gold Coast. What of the church?* London: Edinburgh House Press, 1953: 8–13).

11 Das britisch kontrollierte Territorium hieß mit vollem Namen *Gold Coast (Colony), Ashanti and Northern Territories.*

12 Der Beginn der hier untersuchten Periode (März 1954) fällt in die Zeit, als man die Erklärung über den Status aus London erwartete (BMA D-11,10: Jahresbericht 1953, Haller, Kumasi, Helgisried Mai 1954:4).

13 Detailliert zu den politischen Entwicklungen dieser Phase: Austin: Politics in Ghana, 1964; konzise Übersicht: Amenumey: Ghana, 2018: 213–222. Cooper: Africa since 1940, 2006: 49–53; Rathbone: Nkrumah & the chiefs, 2000: 28 f.; Kwame A. Ninsin: „The Nkrumah government and its opposition“, in: Kwame Arhin (Hg.). *The life and work of Kwame Nkrumah*, Accra: Sedco Publishing, 1991: 226–230.

So wurde innerhalb nur eines Jahrzehnts unter dem Slogan „Self-Government Now!" aus der nach dem Zweiten Weltkrieg im neuen Kolonialstil der Briten geführten Musterkolonie Goldküste der unabhängige Nationalstaat Ghana.[14] Die hier untersuchten *session minutes* entstanden 1954/55 und folglich mitten in dieser Zeit politischer, sozialer und wirtschaftlicher Umwälzungen.

Die 1950er-Jahre waren in Ghana ein Jahrzehnt massiven politischen Drucks hin zur *self-rule*, großer wirtschaftlicher Dynamik und mächtiger sozialer Gegensätze.[15] Sie waren ein Jahrzehnt der erbitterten Opposition zwischen politischen Parteien, mit gewaltsamen Unruhen in den großen Städten ebenso wie der Hoffnung auf eine umfassende Erneuerung der sozialen Ordnung in einem unabhängigen demokratischen und/oder sozialistischen Staat.[16] Ökonomisch schlug die Zerstörung von Kakao-Plantagen durch Schädlingsbefall in den einen Jahren ebenso zu Buche wie steigende Kakaopreise in den anderen Jahren die Wirtschaft antrieben. In Accra waren die 1950er-Jahre eine Zeit der Investitionen in große Bau- und Infrastrukturprojekte der neuen Regierung, die Arbeitsplätze schufen, eine Zeit der steigenden Löhne von Regierungsangestellten ebenso wie der steigenden Preise, z. B. im Transportwesen.[17] Freizeitaktivitäten wie Kino, Tanz-Clubs und Pferderennen, insbesondere frequentiert von einer urbanen afrikanischen Mittelschicht, gehörten ebenso dazu wie die landesweite Mobilisierung von Gewerkschaften und die Streiks von Minenarbeitern bis zu Postangestellten.[18]

Für die *Presbyterian Church of the Gold Coast (PCG)* waren die 1950er ein Jahrzehnt, in dem ihr gesicherter Status als Partnerin des Staates im Bereich Bildung und Gesundheit der Unsicherheit darüber wich, wie der im Entstehen begriffene neue

---

14 Georges Balandier: „La situation coloniale. Approche théorique", in: *Cahiers internationaux de sociologie* 11, 1951, S. 44–79; Austin: Politics in Ghana, 1964: 3.

15 Die Wechselhaftigkeit der Entwicklungen und die Widersprüchlichkeit kommen lebhaft in den Zeitdiagnosen zum Ausdruck, die die Missionare der BM in Kumasi in ihren Jahresberichten nach Basel skizzieren. Die *synod minutes* der PCG 1948–1956 hingegen enthalten fast keine explizite Thematisierung der politischen Lage (Ausnahme PCG Synod Minutes 1950: 30 und PCG Synod Minutes 1954: 24). BMA D-11,10: Jahresbericht 1952, Haller: 2; Austin S. 27, 31.

16 Ninsin: Nkrumah Government and Opposition, 1991; Rathbone: Nkrumah & the chiefs, 2000; 77–99; BMA D-11,10: Jahresbericht 1953, Haller: 4; Austin: Politics in Ghana, 1964: 250–316.

17 BMA D-11,10: Jahresbericht 1952, Haller: 1 f.; BMA D-11,10: Jahresbericht 1953, Haller: 1; Plageman: Accra is changing, 2010: 146–152. S. Asamoa-Darko: „The development and patterns of manufacturing industries in Ghana 1951–1965", in: Kwame Arhin (Hg.). *The life and work of Kwame Nkrumah*, Accra: Sedco Publishing, 1991, S. 295–314: 301; Amenumey: Ghana, 2018: 216–218.

18 Acquah: Accra Survey, 1958: 153–163. Nate Plageman: *Highlife Saturday night. Popular music and social change in urban Ghana*, Bloomington: Indiana University Press, 2013: 100–146; BMA D-11,13: Rundbrief, Haller, Kumasi 12.12.1955: 3.

Staat der ehemaligen Missionskirche begegnen würde: als Vorläuferin afrikanischer *self-rule* oder als imperiale Agentin?[19]

So entwarf der „Christian Messenger", die Kirchenzeitschrift der PCG, in einem Artikel vom März 1947 die Kirche als gesellschaftliches Forum, in dem der Ruf nach *self-rule* zu verwirklichen sei, und das die politische Unabhängigkeit vorwegnehmen solle:

> Die Goldküste bewegt sich – einige sagen zu langsam, andere zu schnell – auf dem Pfad, der zur Selbstregierung von Kirche und Staat führt. Ist es für die Goldküste nicht möglich, darin führend zu werden? Können wir Afrikaner und Europäer nicht ein neues Beispiel von Rassenbeziehung ausarbeiten, das anderen in Afrika und anderswo zur Nachahmung dienen könnte? […] Können wir nicht in kirchlichen Dingen vorwärtsschauen auf eine Zeit, da die Kirchen in allen Arbeitszweigen selbstregierend sein werden, eine Zeit, in der die europäischen Missionare alle Vollmacht in der Administration übergeben haben werden […]? In diesem Punkte sollte die Kirche dem Staate ein Beispiel geben.[20]

Exponenten der PCG forderten einen friedlichen Übergang und *good governance*, die in ihrer Lesart auch Platz für eine christliche Haltung beinhalten sollte. In parteipolitischer Hinsicht gab sich die PCG offiziell neutral, was dem kirchlichen Establishment in der Bevölkerung und unter Teilen der Mitglieder als Zurückhaltung in Bezug auf die Unabhängigkeitsbestrebungen ausgelegt wurde.[21]

Tatsächlich sollte 1951 nicht nur in der nationalen Politik ein Meilenstein in Sachen *self-rule* werden, sondern auch in der Kirchenpolitik der PCG. 1950 trat die neue, grundlegend überarbeitete Kirchenverfassung in Kraft. Im Jahr darauf wurden die schottische und die *Basler Mission auf der Goldküste* in die PCG eingegliedert, sodass deren Mitarbeiter und Mitarbeiterinnen nun den Weisungen der PCG unter ghanaischer Leitung unterstanden. Insgesamt wurden im Laufe der 1950er-Jahre die bisher im *Synod Committee* konzentrierten Kompetenzen und Verantwortungen tendenziell zu den *Presbyteries* verschoben. 1951 markierte den offiziellen Abschluss

---

19 Meyer: Translating the devil, 1999: 17 f.; K. A. Dickson: „Religion and society. A study in church and state relations in the first republic", in: Kwame Arhin (Hg.). *The life and work of Kwame Nkrumah*, Accra: Sedco Publishing, 1991, S. 135–151; Charles Gyang-Duah: „The Scottish Mission factor in the development of the Presbyterian Church of Ghana 1917–1957", Thesis presented to the University of Edinburgh for the degree of Doctor of Philosophy, University of Edinburgh, Edinburgh 1996: 287–289.

20 Deutsche Übersetzung im publizierten Jahresbericht der BM pro 1947 (JB 1947: 24). Der Christian Messenger erschien 1912–1959 als „Kristofo Sɛnkekafo" auf Twi und in einer weniger umfangreichen Fassung als „Christofoi Abofo" auf Ga.

21 BMA D.Sch-1, 28: Christianity and political development, August 1949, Accra; PCG Synod Minutes 1950: 30; Williamson, Bardsley: What of the church?, 1953: 12.

eines langsamen Prozesses, indem die Leitung dieser Kirche in die Hände ihrer lokalen Mitarbeiter überging. Dieser Prozess hatte 1918 mit der Ausweisung der europäischen Missionare abrupt eingesetzt und sollte bis zu seiner vollständigen praktischen Umsetzung noch bis in die 1960er-Jahre hinein reichen.[22]

Während diese Veränderungen v. a. die oberen Etagen der kirchlichen Hierarchie direkt betrafen, dürften sie in Form der 1953 umfassend revidierten Kirchenordnung, *Regulations Practice and Procedure* (RPP), auch auf der Ebene individueller Gemeinden, wie jener von Apenkwa, spürbar geworden sein. In der RPP von 1953 fanden die Veränderungen im Kirchenbetrieb und die Erfahrungen der letzten 20 Jahre ihren reglementarischen Niederschlag.[23]

Politische, soziale, ökonomische und kirchenpolitische Ordnung stand also im Untersuchungszeitraum zur Disposition, und die Veränderungen waren rasant und sprunghaft. Hatte im Jahresbericht für 1947 der in Kumasi stationierte Missionar Büchner zu Aktivitäten der „Liga der verärgerten Afrikaner", welche per Zeitungsannoncen Mitglieder warb, noch weitgehend offen formuliert: „Wann wird diese Unzufriedenheit sich aber Luft schaffen? Und wie wird das geschehen?",[24] so schien für seinen Nachfolger Peyer 1951 klar:

> Die sichere Prognose für die Goldküste ist aber die, dass sie in nicht allzuferner Zeit den Dominion Status erhalten und damit zur Selbstregierung erhoben wird. Die Kolonialregierung geht mit Sicherheit der Liquidation entgegen.[25]

Doch schon im darauffolgenden Jahr sind die missionarischen Beobachter wieder zurückhaltender: „Eine Prognose für die weitere Entwicklung zu geben ist schwer".[26] Aus Sicht des verantwortlichen Katechisten in Apenkwa ist Ende März 1954 die Prognose der nahenden – zunächst internen – Unabhängigkeit hingegen

22 Kpobi: Mission & Governance, 2011: 74, 76; Kwamena-Poh: Vision, 2011: 277–286; Gyang-Duah: Scottish Mission Factor, 1996: 296–311; Smith: Presbyterian Church of Ghana, 1966: 163; BMA D-11,11: Jahresbericht 1951 über das Goldküste Missionsfeld, Peyer, Kumasi April 1952: 2. Im Untersuchungszeitraum waren europäische Missionare und Missionarinnen v. a. noch im höheren Schulbetrieb und den theologischen Ausbildungsstätten der PCG sowie in den von der PCG und der BM betriebenen Krankenhäusern präsent. Außerdem betrieben sie einzelne „Pioniermissionen" in der Peripherie der bisherigen Missionsgebiete der PCG sowie die beiden Book-Depots in Kumasi und Accra. Die „Feldsekretäre" der beiden Missionen hatten bis 1960 Einsitz im *Synod Committee*.

23 Kpobi: Mission & Governance, 2011: 73–76.

24 BMA D-11.9: Jahresbericht 1947, Büchner, Biel, 13.5.1948. Büchner war bis und mit 1947 Präses, d. h. Leiter der BM auf der Goldküste.

25 BMA D-11,11: Jahresbericht 1951, Peyer: 1. Ernst Peyer war 1948–1951 Präses der BM auf der Goldküste.

26 BMA D-11,10: Jahresbericht 1952, Haller: 2. Im Jahr darauf wieder: „Die angebahnte Entwicklung ließ sich nicht aufhalten" (BMA D-11,10: Jahresbericht 1953, Haller: 4).

klar. Sie ist hier ein Argument, an die Anstrengungen der Gemeinde zu appellieren: „As we are on the verge of obtaining self government we should teach our people self help".[27] Es ist also auch hier klar, dass sich die Verhältnisse ändern. Noch nicht klar ist 1954/55 hingegen, wie schnell – oder langsam – der Prozess bis zur Unabhängigkeit tatsächlich dauern würde, ob dieser Prozess ein friedlicher sein würde oder sich die Unruhen, die insbesondere in Ashanti ab Ende 1954 zunehmen, weiter ausbreiten, in welche politische Ordnung er münden würde und wie sich das alles auf die Kirche und die einzelnen Gemeinden auswirken würde.[28]

Angesichts dieser innerkirchlichen wie auch gesamtgesellschaftlichen Wandlungsprozesse, in denen Ordnung in vielerlei Hinsicht grundlegend zur Disposition steht, lohnt sich eine Momentaufnahme eines konkreten, lebensweltlichen Kontextes. Hier geschieht das anhand der Gemeinde Apenkwa von Anfang März 1954 bis Anfang Juli 1955. Eine solche Momentaufnahme erlaubt es zu beobachten, was in den untersuchten Interaktionen konkret als in Veränderung begriffen oder stabil thematisiert wird, wie Strukturen praktisch aufrechterhalten werden, wenn ihre Rahmung aufbricht und wie unter solchen Bedingungen Strukturen neu entstehen.

3.2 Verortung der PCG-Gemeinde Apenkwa

Apenkwa ist in den 1950er-Jahren wie erwähnt ein Ort im Einzugsbereich der wachsenden Metropole Accra. Von Seiten der Gemeinde wird Apenkwa damals wie heute als eine der wenigen *Christian towns* verstanden – als ein Ort also, an dem die Kirche die Rechtshoheit über alle Bewohner und Bewohnerinnen beansprucht. In Apenkwa ist dies der Fall, weil sich die Kirche als Besitzerin des Landes und Erstbesiedlerin versteht und im hier untersuchten Zeitraum (1954–55) auch einen *chief* aus den Reihen ihrer Presbyter stellte.[29] Damit ist sie ein Sonderfall unter

27 ACIA 73A: Apenkwa Minutes 1954–55: 19. Es geht im betreffenden Fall um den Einsatz für die Instandsetzung der von der Kirche betriebenen Schule. Rechtschreibfehler, Korrekturen und Einschübe im Original sind in den aus den Protokollen zitierten Stellen, wo dies keinen inhaltlichen Einfluss hat, für die bessere Lesbarkeit angepasst.

28 BMA D-11,13: Rundbrief, Haller, 1955: 3; PCG Synod Minutes 1954: 24.

29 ACIA 73A: Apenkwa Minutes 1954–55: 307; Feldprot. 7.8.2018: Gespräch D.A., Legon: 3; Feldprot. 24.7.2018: Gespräch S.A.A. und D.A., Apenkwa: 4 f.; Feldprot. 6.8.2018: Gespräch N.O.K., Legon: 1. Der Besitzanspruch der Kirche auf das Land in Apenkwa wurde und wird in historischen wie in aktuellen *land-litigations* immer wieder ausgefochten und, wie in einem 2017 vor dem *High Court of Justice* entschiedenen Fall, durch entsprechende Urteilssprüche konsolidiert (APC: Judgment of the High Court of Justice, Accra, Commercial Division, 25.1.2017 Suit No. F/1190/94).

den Gemeinden der PCG.[30] Der mit diesem Status einhergehende Anspruch ist für zentrale Punkte dieser Untersuchung – für das Thema der Rechtsordnung wie für das der Zugehörigkeit – von weitreichender Bedeutung. Um aber den Hintergrund dieses Selbstverständnisses als *Christian town* zu verstehen, wird es hier zunächst hilfreich sein, einen Blick auf die Narrative zur Gründung und Geschichte der Gemeinde und des Ortes Apenkwa zu werfen.

3.2.1 Gründungsgeschichten

Die Ebene im Hinterland der alten Siedlungskerne von Accra war Grasland oder – wie in der Gegend von Achimota – bewaldet.[31] Im Laufe des 19. Jahrhunderts ließen sich hier Menschen und Menschengruppen nieder, die aus unterschiedlichen Gründen die Nähe zunächst des Handelszentrums, und ab 1877 des britischen Regierungssitzes an der Küste suchten. Es waren muslimische und andere Händler aus verschiedenen Teilen Westafrikas, ebenso Menschen, die im Zuge der sich allmählich im britischen Protektorat durchsetzenden Abschaffung des Sklavenhandels freigekommen oder die aus diesem Grund aus den umliegenden Gebieten ins britisch kontrollierte Territorium geflohen waren. Später kamen Arbeitsmigranten und -migrantinnen aus dem Landesinneren dazu, die im Zuge des Kakao-Booms und beim Bau der neuen Infrastruktur Lohnarbeit zu finden hofften.[32] Aus den Nachfahren dieser heterogenen Bevölkerung und stets weiteren Zugezogenen rekrutierte sich in den 1950er-Jahren die Einwohnerschaft von Apenkwa. Damit ist davon auszugehen, dass die Gemeinde, wie viele andere Gemeinden in und um Accra, auch im Untersuchungszeitraum mehrsprachig war.[33]

---

30 Mir sind mit Abokobi und Adoso nur zwei weitere Gemeinden der PCG bekannt, denen dieser Status als *Christian town* zugeschrieben wird (Paul Jenkins: Vorbereitung Aufenthalt 2018, Gespräch geführt von Anne Beutter, Missionsstrasse, Basel 5.7.2018).

31 Vgl. BMA D-31.1#20: Der Ga Busch, unbekannt, 1874. Ein Foto des nordöstlich von Apenkwa gelegenen Legon-Hügels zeigt diesen um die Jahrhundertwende zum 20. Jh. mit hohem Gras und verstreuten Bäumen bewachsen (BMA QD-32.008.0201: Landscape on the Ga Plains. Legong Hill, Rudolf Fisch, 1885–1911). Einen Eindruck der Landschaft in der Gegend Ende 19. Jh. gibt auch BMA D-30.09.027: „Aburi Temperance Society going to Dodowa." Rudolf Fisch, 1885–1911.

32 BMA D-1.46,84: Protokoll der Stationsconferenz Christiansborg vom 26. Oct. 1887, Stationsconferenz Christiansborg, Christiansborg 7.11.1887: 1; BMA D-1.48, 61: Bericht über die Aussenstation Ablenkpe, Dilger, Christiansborg 30.10.1888: 2, 6; BMA D-1.64,122: Jahresbericht der Station Christiansborg pro 1896, Weiss, Christiansborg Feb. 1897: 9; BMA D-1.78,140: Jahresbericht der Station Christiansborg pro 1903, Schultze, Christiansborg 30.1.1904: 13 f.; Feldprot. 1.8.2018: Dokumente u. a., Apenkwa, Achimota: 2; Parker: Making the town, 2000: 195–201; Acquah: Accra Survey, 1958: 30 f.

33 Smith: Presbyterian Church of Ghana, 1966: 207 f. 2018 fanden die Sonntagsgottesdienste in Apenkwa dreisprachig (Twi, Ga, Englisch) statt.

Die Siedlungen in dieser Ebene zwischen der Küste und der Akwapim-Bergkette bewirtschaftete die Basler Mission (BM) in der zweiten Hälfte des 19. Jahrhunderts insbesondere durch Reisepredigt sowie durch den Aufbau einer Reihe von Außenposten.[34]

Zu Fuß ca. zwei Stunden nordwestlich von Osu liegt Ablenkpe, auf der Ostseite des Flusses Dakubi (heute Odaw oder Odor Stream).[35] Dieses „Dörfchen"[36] war in der zweiten Hälfte des 19. Jahrhunderts einer der regelmäßigen Haltepunkte auf der Route zwischen den Hauptstationen der BM in Christiansborg an der Küste, Abokobi in den Accra-Plains (am Fuße des Akwapem-Bergzugs) und Aburi sowie Akropong auf dem Akwapim-Bergzug.[37] Von Christiansborg nach Norden ging die Route über die Kuku Hills (heute beides Teile von Osu), durch Wuogon und Jorwulu nach Abelmkpe, von dort weiter in den nördlichen Nachbarort Abofufu (heute Abofu) und nach Nord-Westen über den Abole Hill (heute Achimota School) in die Außenstation Legon und weiter in Richtung Abokobi.[38]

In der Sitzung vom 21. Juni 1887 gab die Stationskonferenz Christiansborg dem Vorschlag von Missionar Heinrich Bohner statt, mit Theophil Tete Kwablan aus Legon zunächst provisorisch einen Prediger (Hilfskatechisten) für dieses Gebiet anzustellen. Die Stationskonferenz beschloss außerdem, Tete in Ablenkpe zu stationieren und ihm das kleine Haus lokaler Bauart zur Verfügung zu stellen, das Bohner zu diesem Zweck bereits ohne Absprache mit Basel gekauft hatte.[39]

---

34 Vgl. z. B.: BMA D-1.46,94: Beobachtungen u. Eindrücke bei der Reisepredigt im Gã-Busch. III. Quartalsbericht pro 1887, Schopf, Christiansborg 3.11.1887.

35 Aktuelle Schreibweisen: Abelemkpe, Abelenkpe. Ich halte mich hier zur Vereinfachung an die in den Quellen gängige Schreibweise „Ablenkpe".

36 BMA D-1.48, 61: Bericht über Ablenkpe, Dilger, 1888: 1.

37 BMA D-31.4,2#01: Akwapim bei Abokobi, W. Laible, 1856–1875: Skizziert die Routen von Christiansborg in die Akwapim Ridge, die Nachbarstation von Apenkwa, Legon ist hier bereits verzeichnet – Ablenkpe bzw. Apenkwa nicht, da sie erst nach 1887 als Außenstation verstetigt wird (siehe Abb. 14, Anhang 1). Apenkwa: Anniversary Brochure, 2008: 16; Feldprot. 24.7.2018: Gespräch S.A.A. und D.A., Apenkwa: 3.

38 Apenkwa: Anniversary Brochure, 2008: 16.

39 Zur Anstellung des Katechisten: BMA D-1.46,77: Bitte um Anstellung des T. Tete von Legong als Evangelisten in Kwamlimang, Bohner, Christiansborg 16.4.1887; BMA D-1.46,78: Beilage zu Br. Bohner's Bitte um Anstellung von Teofil Tete von Legong als Evangelisten, Jaeger, Abokobi 19.4.1887; Steiner, 4.5.1887; BMA KP Nr. 58: § 414, 21. Sitzung des Ausschusses, 17.8.1887: 117); Personalzensus II im JB 1888 nennt „Hilfskatechist Theophil Tete, verh[eiratet], Alter unbekannt, seit 1887 in Ablenkpe stationiert". Zur Stationierung in Ablenkpe: BMA D-1.46,79: Bitte Br. Bohner's um diverse Nachverwilligungen Stationsconf. Christiansborg, Christiansborg 22.6.1887. Zum Hauskauf „Br H. Bohner, Ch'borg 17. Juni, bittet nachträglich um Verwillig[un]g mehrerer Ausgaben […] 4) Ablenkpe (Abofu) Erwerb [und] Einrichtung e[ines] Häuschens £ 3.10" (BMA KP Nr. 58: § 438, 22. Sitzung des Ausschusses, 31.8.1887: 121); BMA D-1.48, 61: Bericht über Ablenkpe, Dilger, 1888: 1.

Zwei Jahre später erwarb die Mission von der Onamroko Familie, der die Autorität über große Teile dieses Gebietes im Hinterland von Accra zukam, ein Stück Land gegenüber von Ablenkpe auf der Westseite des Flusses:

> [...] Missionary H. Bohner got into consultation with the church authorities and with the help of the local elders of the church, he negotiated with the native ruler for a piece of land [...] in order to establish a mission station like Abokobi. On the first day of June 1889 a deed was executed at the Ablenkpe station by Ashong Katai and Amah Kodzo both of the Onamroko family of Accra, acknowledging the compensation paid to them by Rev. H. Bohner and making over the piece of land to [...] [the] Basel Mission Evangelical Society. The local elders who were witnesses to this transaction were: - Theophilus Tetteh Kwabla Lay Preacher from Legon [der o.g. Hilfskatechist], Mensa Din, A. G. Yeboa and Isaac Wea.[40]

Dieses Land vergab die Mission als Bau- und Farmland. So wird auf dem „großen Stück Land" in den folgenden zehn Jahren eine „Ansiedlung" entstehen, die in den Missions-Quellen ab den frühen 1890er-Jahren unter dem Namen „Apenkwa" figuriert.[41] Im Gespräch schildert Samuel Adom Adjah (S.A.A.), der 2018 Pfarrer von Apenkwa war:

> S. A.A.: Initially, the converted who came to settle here were given the land. For residence AND for farming – A.B.: Ah, for farming too. – S.A.A.: Yes, people were given not only a place to sleep but also land to cultivate and feed their family. Because the Presbyterian Church it not only teaches the word of God but also the heart and hard work.[42]

Die Siedler waren einzelne Kirchenmitglieder und christliche Familien, die bis dahin in verschiedenen Dörfern, Weilern und Streusiedlungen in der Umgebung

40 Apenkwa: Anniversary Brochure, 2008: 16. Die Darstellung in der Broschüre bezieht sich auf APC: Apenkwa land deed, 1.6.1889. Von diesem Dokument sind nur noch Kopien und Abschriften vorhanden, das Original gilt als verschollen. Eine Kopie habe ich am 1.8.2018 von S. A. A. erhalten. Die statistische Übersicht im Jahresbericht 1889 belegt für Ablenkpe „eine Lehrerwohnung, gegenwärtig bewohnt von Hilfskatechist Theoph. Kwabla ein Stück Land" (BMA D-1.50,93: Beilage zum Jahresbericht der Station Christiansborg pro 1889. Statistische Übersicht, Schopf, Christiansborg 1.3.1890: 3); Feldprotokoll zum 23.7.2018: Gespräch mit David Awuku, Kotobabi: 3.

41 „1. Eigentum der Mission ist ein großes Stück Land, auf dem die Ansiedlung steht" (BMA D-1.72,81: Jahresbericht der Station Christiansborg pro 1900, Zürcher, Christiansborg 16.2.1901: III f.); Feldprot. 23.7.2018: Gespräch D.A., Kotobabi: 3; Feldprot. 24.7.2018: Gespräch S.A.A. und D.A., Apenkwa: 5. Abb. 15 zeigt eine Siedlerfamilie in Apenkwa sowie lokale Bauformen, siehe dazu auch Abb. 16 (beide in Anhang 1).

42 Feldprot. 24.7.2018: Gespräch S.A.A. und D.A., Apenkwa: 3.

gelebt hatten.[43] Einer dieser Orte ist Achimota (nördlicher Nachbarort von Apenkwa und Ablenkpe). Dieser Ort und die an der Mission interessierte Gruppe, die sich dort fand, genießen im heute dominanten Narrativ über die Entstehung von Apenkwa eine prominente Rolle:

> When the missionaries came to the Gold Coast and started moving to the hinterland there started a small assembly in Achimota. [...] Achimota hosted the missionaries in the mid 19th century. There they found a small group that was interested. Each time [the] missionaries came, they gathered. They found a place to gather[44] but the families were hostile to them. The people there were heathen. They were engaging in a lot of heathendom. So they [the missionaries] decided to relocate the new converts so they could live in freedom and peace to worship. [...] That is how the land at Apenkwa was bought.[45]

Es gibt also verschiedene Ansätze, den Beginn von Apenkwa zu verorten. Die offiziellen Gemeinde-Jubiläen 2008 und 2018 beziehen sich auf eine Gruppe von Gläubigen, eine kleine Gemeinde, die seit 1868 in Achimota bestand, von wo aus viele der ersten Siedler auf das Apenkwa-Land kamen.[46] Oder man setzt den Beginn wie Missionar Dilger beim Kauf des „Häuschens" an, mit dem der vormalige Haltepunkt 1887 zur Außenstation Ablenkpe wurde. Dort unterzeichnete man später den Kaufvertrag für das Grundstück, auf dem die Siedlung entstehen sollte, und von dort aus bedienten die Missionare – weiterhin auf der Durchreise – die neue Gemeinde.[47] Dieser Ansatz lässt sich in den Berichten der Station Christiansborg nachzeichnen. Oder der Beginn wird im Landkauf 1889 und der Ansiedlung der ersten Gruppe von Gläubigen auf diesem Land gesehen, eine Ansicht, die in der Gemeinde von Apenkwa heute ebenfalls vertreten wird.[48] Der Beginn von Apenkwa ließe sich auch an dem Punkt verorten, ab welchem die neue Ansiedlung und Gemeinde mit einem eigenständigen Namen versehen und als „Apenkwa" bezeichnet

43 Als Herkunftsorte der ersten Siedler gelten Achimota (5 Personen), Ablenkpe (4 Personen), Abofufu (Abofu), Abokobi, Alogboshie und Alajo (je 1 Person) (Apenkwa: Anniversary Brochure, 2008: 17; Beutter 20180801_085650: Monument in front of the new Chapel Apenkwa, 1.8.2018, das Denkmal wurde anlässlich des Jubiläums 2008 errichtet).

44 Der Ort, der heute von Pastor und Session von Apenkwa als dieser Versammlungsort identifiziert wird, liegt westlich der Nsawam Road, nahe des Achimota Post-office (Feldprot. 1.8.2018: Dokumente u. a., Apenkwa, Achimota: 3 f.).

45 Feldprot. 23.7.2018: Gespräch D.A., Kotobabi: 1 f.

46 Ebd.: 2; Feldprot. 24.7.2018: Gespräch S.A.A. und D.A., Apenkwa: 2 f.

47 BMA D-1.48, 61: Bericht über Ablenkpe, Dilger, 1888: 1; Feldprot. 1.8.2018: Dokumente u. a., Apenkwa, Achimota: 2.

48 Apenkwa: Anniversary Brochure, 2008: 17; Feldprot. 23.7.2018: Gespräch D.A., Kotobabi: 2.

wird.[49] Diese Versionen und die Unterschiedlichkeit der Referenzpunkte – lokaler Ort oder ein Netz von Gemeinden – sind für die Frage relevant, wer oder was Apenkwa ausmacht. Diese Frage wird im weiteren Verlauf der Untersuchung immer wieder zur Sprache kommen.[50]

Allerdings ist hier anzumerken, dass die obige Darstellung außer auf Archiv-Quellen – mit der Darstellung in der *Anniversary Brochure* von 2008 und den Interviews bzw. Gesprächen mit dem Pastor von Apenkwa und einem Mitglied des *Anniversary Committee* 2018 – insbesondere auf ein aktuell von der Kirchenleitung in Apenkwa vertretenes Narrativ zurückgreift. Wie hingegen die geschichtliche Selbstverortung und das Gründungsnarrativ der Kirchenleitung in den frühen 1950er-Jahren aussah, bleibt aufgrund fehlender Quellen im Dunkeln. Klar ist, dass die Gemeinde von Apenkwa 1954–55, d. h. zeitgleich zu den hier im Weiteren untersuchten Quellen, zu ihrer Geschichte recherchiert und eine „History of Apenkwa" kompiliert hat. Diese wurde in der Gemeindechronik niedergeschrieben und am 27.11.1955 in der Session verlesen (siehe mehr dazu in Kap. 5.3.3).[51] Was der Inhalt dieser zeitgenössischen Geschichtsschreibung war und welche Referenzpunkte als relevant erachtet wurden, bleibt jedoch ungewiss, da die entsprechende Chronik verschollen ist.

3.2.2 Verortung in der PCG und ihren Vorgängerorganisationen

Zunächst waren Ablenkpe und später auch Apenkwa noch keine „Filiale", d. h. nicht alle Gottesdienste fanden hier regelmäßig statt.[52] Die Gemeinde um die hier nacheinander stationierten Katechisten wuchs in den ersten Jahren rapide von 15 Mitgliedern (davon waren elf im Jahr 1888 zugezogen) auf 72 im Jahr 1891. Danach ging das Wachstum aus verschiedenen Gründen deutlich zurück und pendelte sich nach der Jahrhundertwende bei etwas über 100 Personen ein.[53] 1909 galt Apenkwa in den Augen von Missionar Zürcher als eine vergleichsweise kleine Gemeinde „mit widerwärtigen Verhältnissen", in der die Arbeit des dortigen Kate-

49 Im publizierten Jahresbericht der BM ist die Außenstation 1891 zum ersten Mal als „Apenkwa" gelistet (JB 1891). Zur Namensgebung siehe Apenkwa: Anniversary Brochure, 2008: 17.

50 Siehe Kap. 6.3.1.

51 ACIA [o. Sign.]: Apenkwa Minutes 1955–56: 34, 52 f., 81, 160.

52 JB 1890: „Gemeindecensus: Goldküste & Kamerun Tabelle III".

53 Siehe statistische Angaben zu den Gemeinden in den publizierten Jahresberichten 1888–1916. Dilgers Quartalsbericht 1888 setzt ein noch rasanteres Wachstum in den ersten Jahren an (BMA D-1.48, 61: Bericht über Ablenkpe, Dilger, 1888: 2).

chisten „nicht voll zur Geltung kommen kann".[54] Ab 1908 wuchs die Mitgliederzahl wieder.[55]

Abb. 6 Kirche in Apenkwa zu Beginn des 20. Jahrhunderts (BMA D-30.04.002: „Kirche in Apenqua bei Christiansborg" Max Otto Schultze, 1900–1904).

Bereits 1891 baute die Gemeinde von Apenkwa eine Kapelle, die immer wieder Ergänzungen und Erweiterungen erfuhr.[56] Ab den späten 1890er-Jahren wurde

54 BMA D-1.93,1: Jahresbericht Christiansborg pro 1909, Zürcher, Christiansborg 15.2.1910: 15. Nach der Jahrhundertwende wird der Ton der missionarischen Berichterstattung über Apenkwa insgesamt weniger positiv.

55 Von 115 (JB 1908) auf 134 (JB 1910) und 160 (JB 1916). Für den untersuchten Zeitraum Mitte der 1950er-Jahre lässt sich die Mitgliederzahl nur schätzen, bei sechs Presbytern ist von mindestens 150 Mitgliedern auszugehen (vgl. RPP 1953: § 13).

56 BMA D-1.52a,118: Quartalsbericht, Furrer, Christiansborg, 16.1.1891: 3. Um 1900 war „Eigentum der Gemeinde: a) Eine Kapelle 50' lang, 24' breit, wird nun oben mit Blech gedeckt. [...]" (BMA D-1.72,81: Jahresbericht Christansborg pro 1900, Zürcher: IIIf); 1909: Neue Bestuhlung und zweite Glocke (BMA D-1.93,1: Jahresbericht Christiansborg pro 1909, Zürcher: 15); 1914: Eternitdach (BMA D-1.102,1: Jahresbericht der Station Christiansborg pro 1914, Zürcher, Christiansborg 12.4.1915: 9). Erweiterung durch ‚Seitenschiff' (Feldprot. 1.8.2018: Dokumente u. a., Apenkwa, Achimota: 3). Außenansichten: BMA D-30.04.002: Kirche in Apenqua bei Christiansborg, Max Otto Schultze, 1900–1904 (Abb. 6); Beutter 20180801_145342: Old Chapel Apenkwa, 1.8.2018.

eine kleine Schule betrieben.[57] Die Schule wurde, ebenso wie die Kapelle, in den 1930er-Jahren wiedereröffnet bzw. wieder aufgebaut.[58] Was zum zwischenzeitlichen Niedergang geführt hatte, ist unklar. Es könnte sein, dass die strukturellen Veränderungen nach der Ausweisung der Basler Missionare 1917/1918 oder aber der Wegzug von Mitgliedern, die in den frühen 1920er-Jahren an der Gründung der neuen Gemeine Adabraka beteiligt waren, einen Einfluss hierauf hatten.[59]

Seit der Gründung unterstand Apenkwa der Station Christiansborg im *Ga-District* und damit der Aufsicht, Pflege und Jurisdiktion der dort stationierten europäischen Missionare und später der afrikanischen Pfarrer.[60] In den 1930er-Jahren wurde Adabraka zu einer Hauptstation im *Ga-District* und hatte ab diesem Zeitpunkt die Aufsicht über Apenkwa und andere Gemeinden in den „‚remote farming villages' spanning the Accra-Nsawam Road".[61]

Auch im Untersuchungszeitraum in den 1950er-Jahren war der in Adabraka stationierte Pfarrer (T.T. Laryea) für Apenkwa zuständig, und umgekehrt hatten Abgeordnete aus Apenkwa an der *Ga-district conference* teilzunehmen.[62] Eine enge Verbindung scheint in dieser Zeit auch zur Nachbarstation Legon bestanden zu haben, so verweist ein Kirchenregister von Apenkwa, das 1954 in Benutzung war, für die Einträge des Folgejahres ohne weitere Erläuterung auf das Taufregister von Legon.[63]

Bis in die 1980er-Jahre gab es in Apenkwa kein stationiertes ordiniertes Personal, sondern die Gemeinde wurde weiterhin von Katechisten, Presbytern bzw. *elders* geleitet. Mit Eric Adama Doku wurde 1987 der erste *resident minister* eingesetzt, nachdem die Gemeinde 1986 den „pastoral status" erhalten hatte. 1990 wurde Apenkwa in den „district-status" erhoben und ist nun einer der „district heads" in der *Ga-West Presbytery*. Für 2018 ist von einer Mitgliederzahl von gut 400 Personen auszugehen.[64]

---

57 BMA D-1.68,177: Jahresbericht der Station Christiansborg pro 1898, Zürcher, Christansborg 10.2.1899: 14. Siehe auch BMA D-1.72,81: Jahresbericht Christansborg pro 1900, Zürcher und BMA D-1.78,140: Jahresbericht Station Christiansborg pro 1903, Schultze: 18 f. Von 1900–1916 hat die Schule rund zwei Duzend Schüler (vgl. die statistischen Angaben in den JB 1900–1916).

58 Apenkwa: Anniversary Brochure, 2008: 41.

59 Adabraka, Presbyterian Church of Ghana Ascension Congregation: „History of the Presbyterian Church of Ghana Ascension Congregation – Adabraka", in: *Exercise Book No. 1*, undatiert.

60 Apenkwa: Anniversary Brochure, 2008: 19, 46.

61 Adabraka: History of Ascension Congregation, undatiert.

62 ACIA 73A: Apenkwa Minutes 1954–55: 162.

63 APC: Register of birth marriage and death 1908, PCG Congregation Apenkwa, 1908–1994: 38. Dieses Register ist insgesamt ein recht ungewöhnliches Dokument. Begonnen 1908 enthält es phasenweise Einträge aus verschiedenen Zeiträumen bis in die 1950er-Jahre und darüber hinaus.

64 Apenkwa: Anniversary Brochure, 2008: 19, 41, 47 f.; Feldprot. 23.7.2018: Gespräch D.A., Kotobabi: 2 f.; Diese Mitgliederzahl errechne ich aus dem Schlüssel von 4 Presbytern pro100 *members*, bei 16

Abb. 7 Blick Richtung alten Siedlungskern von Apenkwa (Aufnahmen A.B. 2018).

3.3 Plurale Bedingungen – Rechtlicher Kontext in und um Accra

Für die politischen und rechtlichen Strukturen im südlichen Ghana markieren die späten 1870er- und frühen 1880er-Jahre einen Wendepunkt. 1877 verlegten die Briten den kolonialen Regierungssitz von Cape Coast nach Accra und konsolidierten zeitgleich ihren rechtlichen Einfluss: Mit der *Supreme Court Ordinance* von 1876 richtete die britische Kolonialmacht einen Rechtsapparat ein, der nach englischem Common Law funktionierte. Als Pendant dazu spezifizierte die *Native Jurisdiction Ordinance* die Rolle von sogenannten „indigenous tribunals" in dieser Doppelstruktur von kolonialer und lokaler rechtlicher Herrschaft. In ihrer Fassung von 1883 anerkannte sie die in diesem Sinne restrukturierten Rechtsprechungs- und Vollzugsorgane lokaler Autoritäten offiziell als Rechtsforum – wenn auch mit deutlich eingeschränkten Kompetenzen.

Presbytern in der Session von Apenkwa 2018 (Feldprot. 1.8.2018: Dokumente u. a., Apenkwa, Achimota: 2). Die Selbstaussage des Pastors von Apenkwa zur Mitgliederzahl liegt höher (Feldprotokoll zum 5.8.2018: Gottesdienst II, Apenkwa, Neue Kirche und alter Ortskern: 2).

Das Prinzip der dualen Rechtsordnung in einem Indirect Rule-System blieb bis zum Ende der Kolonialzeit im Grundsatz bestehen. So operierten die Session und die übergeordneten Organe der PCG bis in die späten 1950er-Jahre an den meisten Orten neben einem von kolonialstaatlicher Seite anerkannten *Native Court* in den Händen einer als „Chief" legitimierten lokalen Autorität.[65]

Das war anders in den Gemeinden in Accra, denn diese duale Rechtsordnung galt nur für das ‚Hinterland'. Für Accra wurde sie hingegen erst ab 1910 eingeführt und galt auch dann nur in eingeschränkter Form. Erstens tat sich die britische Administration schwer mit der Vorstellung, dass mit dem Ga Staat ein afrikanischer Staat im Zentrum kolonialer Macht, nämlich der Vorzeige- und Hauptstadt Accra, weiterhin existierte: „[...] whereas Accra represented the political, cultural, and sacral epicenter of the Ga world, British officials viewed the colonial capital as an essentially European domain [...]".[66] Zweitens schien den Briten hier, durch den direkten Zugang zum kolonialen Rechtsapparat, das Anerkennen lokaler Rechtsforen unnötig. Drittens entsprachen die stärker republikanisch organisierten Ga Stadtstaaten mit ihrer dynamischen Politik so gar nicht dem Bild davon, wie ein afrikanischer Staat in den Augen der Kolonialbeamten auszusehen hatte. Das tat die Stadt Accra mit dem merkantilen, urbanen und kosmopolitischen Charakter einer historischen Handelsmetropole noch viel weniger.[67]

Der vorkoloniale Ga Staat war eine Föderation von mehreren Städten bzw. Stadtstaaten, *maji*, (Einzahl *maŋ*), unter denen die *maji* von Accra eine wichtige Stellung innehatten. Jede *maŋ* umfasste eine Anzahl von Vierteln, *akutsei* (Einzahl *akutso*). Diesen stand jeweils ein *maŋtsɛ* (Mehrzahl *maŋtsɛmɛi*) vor. Dieser wurde von der Gründerfamilie des jeweiligen Siedlungsteils gestellt und von den freien Stadtbewohnern (*maŋbii*) bestätigt. *maŋtsɛ* wird gemeinhin ins Englische als „king" oder „Chief" übersetzt. Das Amt ist in der Patrilinie erblich und es gibt verschiedene hierarchische Grade von *maŋtsɛmɛi*. Doch dieser ‚Adel' war jeweils nur einer von

65 1954/55 wird noch der Begriff „Native Court" verwendet, die Bezeichnung „Local Court" wird erst mit der Umstrukturierung 1958 eingeführt. Rathbone: Nkrumah & the chiefs, 2000: 11–13; Jarle Simensen: „Jurisdiction as politics. The Gold Coast during the colonial period", in: Wolfgang J. Mommsen; Jaap A. de Moor (Hg.). *European expansion and law. The encounter of european and indigenous law in 19th and 20th century Africa and Asia*, Oxford: Berg, 1992, S. 257–277; Roger Gocking: „Competing systems of inheritance before the British courts of the Gold Coast Colony", in: *The International Journal of African Historical Studies* 23 (4), 1990, S. 601–618; Jarle Simensen: „Christian church, ‚native state' & African culture. The Presbyterian Mission in Akim Abuakwa, Ghana", in: Holger B. Hansen; Michael Twaddle (Hg.). *Christian missionaries & the state in the Third World*, Athens, Ohio, Oxford: Ohio University Press; James Currey, 2002, S. 147–156; Michelle Gilbert: „The Christian executioner. Christianity and chieftaincy as rivals", in: *Journal of Religion in Africa* 25 (4), 1995, S. 347–386.

66 Parker: Making the town, 2000: 107.

67 Ebd.: 17, 102–105, 134, 169, 177, 227.

mindestens fünf Machtpolen in der Ga Stadt:[68] Ihnen waren im Prinzip – wenn auch nicht unbedingt in der Praxis – die *wulɔmɛi* (Einzahl *wulɔmɔ*), die Priester der zentralen Gottheiten der Stadt übergeordnet.[69] Einen dritten politischen Pol bildeten die *asafoi* (Einzahl *asafo*), militärische bzw. zivildienstliche Verbände, welche die Rechte und Interessen der Stadtbevölkerung gegenüber den *maŋtsɛmɛi* vertraten.[70] Einen vierten Machtpol stellten reiche Händler, die *oblempon*, dar. Der Wohlstand und Einfluss dieser Handelsmagnaten speiste sich insbesondere aus ihrer großen Zahl an Gefolgsleuten und Sklaven. Sie erwarben von den *maŋtsɛmɛi* – den sakral und öffentlich legitimierten „stool holders", deren Macht sich aus der Verbindung ihrer Ahnen mit dem Land ergab – das Recht, einen eigenen, privaten „stool" einzurichten, der aber kein Recht auf Jurisdiktion beinhaltete.[71]

Zuletzt sind als zentrale politisch-soziale Einheit die *wei* (Einzahl *we*) zu nennen, die ‚Häuser', aus denen jedes der *akutsei* (Viertel) besteht. *we* wird übersetzt als *house, ancestral house, household*, als Lineage, Verwandtschaft oder Familie. *We* bezeichnet eine Gruppe von Personen, die durch ihren Bezug auf einen gemeinsamen Ahnen in der Patrilinie verbunden ist.[72] Die *we* galt und gilt als zentrale soziale Einheit und als Referenzpunkt für die soziale Identität ihrer Mitglieder: Sie war für die Durchführung der Rituale bei Geburt und Tod ebenso bestimmend wie für Eheschließungen, Landerwerb und weitere rechtliche Verhandlungen oder für die Besetzung von politischen Ämtern.[73]

---

68 Die folgende Beschreibung bezieht sich auf das 19. Jh.

69 Auch dieses Amt ist in der Patrilinie erblich.

70 Im Gegensatz zu Akan *asafoi* (die sich an der Patrilinie orientieren) waren die Ga *asafoi* in Friedenszeiten entlang von Altersgruppen organisiert, die sich über die *akutsei* hinweg erstreckten (ebd.: 19; Sackeyfio-Lenoch: Politics of chieftaincy, 2014: 7).

71 Die sogenannten „oblempon stools" oder „palanquin stools" (Parker: Making the town, 2000: 22).

72 Ein weiterer Begriff, der ein ähnliches Bedeutungsspektrum abdeckt, ist *shia*. In der Literatur wie auch im Sprachgebrauch ist die Verwendung der beiden Begriffe nicht eindeutig. Ammah übersetzte in seiner Kritik an Field (1940) „shia" mit „extended family" und „we" mit „household" (E. A. Ammah: „Review of M. J. Field, Social organization of the Ga people", in: Marion Kilson (Hg.). *Kings, priests, and kinsmen. Essays on Ga culture and society*, Legon-Accra: Sub-Saharan, 2016, S. 107–122). Quarcoopome übersetzt umgekehrt „shia" als übergeordneten „household", der sich wiederum in mehrere „wei", „lineages" spaltet (Samuel S. Quarcoopome: „Social impact of urbanisation. The case of Ga Mashie of Accra", in: *Transactions of the Historical Society of Ghana, new series* 2, 1998, S. 133–146: 134 f.). Ich beschränke mich vereinfachend auf die Begriffe „*we*" und „Familie" als Bezeichnung für diese grundlegende soziale Einheit, Verwandtschaftsstruktur und ihre normative Ordnung.

73 Irene Odotei: „External influences on Ga society and culture", in: *Research Review / Institute of African Studies* 7 (1–2), 1991, S. 61–71: 63. Quarcoopome: Social impact of urbanisation, 1998: 135; Genauer zu Ga *kinship* Konzepten: Marion Kilson: *African urban kinsmen. The Ga of Central Accra*, New York: St. Martin's Press, 1974: 16–36.

Rechtsprechung lag in den Händen der *wulɔmɛi*, der *maŋtsɛmɛi* und gewisser Vertreter der *asafoi*. Pro *akutso* gab es ein Gericht des jeweiligen *maŋtsɛ*. Diesen untergeordnet waren jeweils die „family or household Tribunals" der *wei*, ihnen übergeordnet waren zwei Appellationsinstanzen: Die eine – *mojawe* – präsidiert vom *Ga-maŋtsɛ*, die andere – *akwaashɔŋ* – von Vertretern der *asafoi*.[74] Die *wulɔmɛi* hatten zudem die rechtliche Kompetenz über große Teile des Landes und die rituelle Expertise, Fälle zu behandeln, in denen die ‚unsichtbare Welt' beteiligt oder betroffen war.[75]

Dieses Spektrum von lokalen Rechtsinstanzen wurde unter britischer Hoheit reduziert, umstrukturiert und in ihren Kompetenzen eingeschränkt – wenn auch langsam und immer wieder unter massivem Widerstand der Bevölkerung. Die *maŋtsɛmɛi* sollten zunächst administrative Aufgaben übernehmen, während ihnen die rechtlichen Kompetenzen (Betrieb von Gerichten, Polizeieinheiten und Gefängnissen) offiziell entzogen waren. Das bedeutete für diese sowohl den Verlust der Zwangsapparatur zur Durchsetzung administrativer Aufgaben (z. B. Eintreiben von Steuern) als auch das Versiegen der Gerichtsgebühren und Bußen, einer bedeutenden Quelle ihrer Staatskassen. Stattdessen richtete die Kolonialherrschaft für administrative und infrastrukturelle Aufgaben den von ihr weitgehend kontrollierten *Town Council* (später *Accra Municipal Council*) ein. In rechtlichen Dingen sollten in allen Fällen die in Accra angesiedelten britischen Rechtsinstanzen – *Police Court*, *District Commissioners Court* und *Supreme Court* – genutzt werden. Unter diesen Einschränkungen operierten die lokalen Rechtsforen faktisch dennoch weiter.[76]

Als das duale Rechtssystem in den ersten Jahrzehnten des 20. Jahrhunderts doch noch eingeführt wurde, stellte sich die Frage, welche der vorhandenen Autoritäten die koloniale Legitimation erhalten, was als „traditionelle" Rechtsinstanz und als „traditionelles" Recht gelten und welche Formen diese unter den veränderten gesellschaftlichen, wirtschaftlichen und politischen Bedingungen bekommen sollten:[77] „[…] mantsemei, wulomei, lineage elders, private big men – and occasionally

---

74 A. B. Quartey-Papafio: „On native tribunals of the Akras of the Gold Coast", in: *African Affairs* 10 (39), 1911, S. 320–330: 321.

75 Wo nicht anders angegeben, beziehen sich die Ausführungen in diesem und dem vorangehenden Absatz auf Sackeyfio-Lenoch: Politics of chieftaincy, 2014: 25–30 und Parker: Making the town, 2000: 17–25, 174–176. Siehe außerdem das lange Zeit autoritative, in der neueren Forschung aber kritisierte Werk von Margaret J. Field: *Social organization of the Ga people*, London: The Crown Agents for the Colonies, 1940; für eine zeitgenössische Kritik an Field: Ammah: Review of M. J. Field, 2016.

76 Sackeyfio-Lenoch: Politics of chieftaincy, 2014: 30–34; Parker: Making the town, 2000: 169, 177. 181, 199; Acquah: Accra Survey, 1958: 99; Rathbone: Nkrumah & the chiefs, 2000: 11.

77 Parker: Making the town, 2000: 176. Als zeitgenössisches Produkt davon sind auch die Artikel des Anwalts und Journalisten Quartey-Papafio zu lesen: A. B. Quartey-Papafio: „Law of Succession

'big women' – advanced conflicting claims to be the legitimate custodians of Ga custom".[78]

Eine Reihe bestehender *courts* wurden aufgehoben, andere – allen voran jener des *Ga-maŋtsɛ* – als rechtmäßig ausgemacht, angepasst und als „native tribunal" unter den Bedingungen der neuen *Native Jurisdiction Ordinance* von 1910 anerkannt. Den *wulɔmɛi* suchte man – die Kolonialregierung ebenso wie einzelne *maŋtsɛmɛi* – sukzessive ihren 'weltlichen' Einfluss zu entziehen und ihre Funktion auf 'sakrale' Aufgaben zu reduzieren. Das bedeutete auch eine 'Säkularisierung' rechtlicher Verantwortlichkeiten, ähnlich wie dies in Kapitel 2 für die Aktivitäten kolonialer Rechtskompilatoren in Indien zur Sprache kam. Gleichzeitig suchten die neuen lokalen Bildungseliten, Vertreter zugewanderter Gruppen und ab den 1920er-Jahren erste Unabhängigkeitsbewegungen ihren Einfluss geltend zu machen. Die politische Dynamik und Konflikte um rechtmäßige rechtliche und politische Autorität in der Hauptstadt Accra beeinflussten das Funktionieren der neuen „traditionellen" Rechtsapparatur im weiteren Verlauf beträchtlich.[79]

Die nun auch in Accra eingeführte Indirect Rule sollte ab den späten 1920er-Jahren verstärkt durchgesetzt werden.[80] Sie findet ihren Ausdruck zuletzt in der *Native Authority* sowie der *Native Court Ordinance*, beide von 1944. Mit diesen wurde die lokale Rechtsprechung in Accra erneut restrukturiert: Während der *Town-* bzw. *Municipal Council* weiter für Infrastruktur und Administration verantwortlich war, wurden 1945 die lokalen Autoritäten in die Form der *Ga Native Authority* gebracht.[81] Diesem Gremium wurde rechtliche Autorität über „offences which come under native custom" und über leichte Fälle, die unter das koloniale Zivil- und Strafrecht fallen, überantwortet. Die Gerichtsbarkeit der *Ga Native Authority* war auf Personen, die als „African" galten, beschränkt, bezog sich aber auf das Stadtgebiet ebenso wie auf die gesamte Ga Region und damit auch auf Apenkwa.[82] Bis 1952 konnte die *Ga Native Authority* unter Aufsicht der Regierung *by-laws* erlassen und betrieb eine Polizeieinheit, ein Gefängnis sowie einen *Grade B Native Court*.[83] Ein solches Gericht konnte bei „customary offences" wie Verunglimpfung

---

among the Akras or the Gã tribes proper of the Gold Coast", in: *Journal of the Royal African Society* 10 (37), 1910, S. 64–72; Quartey-Papafio: Native Tribunals of the Akras, 1911.

78 Parker: Making the town, 2000: 174.

79 Die von den *asafoi* geführte Appellationsinstanz *akwaashɔŋ* wurde abgeschafft, die Rechtsstruktur auf den *Ga-maŋtsɛ* hin zentralisiert in Anlehnung an das Amt des Omanhene in der Akan Region. Sackeyfio-Lenoch: Politics of land, 2012: 322; Parker: Making the town, 2000:176–177, 206, 213 f., 222, 228.

80 Ebd.: 226–228; Rathbone: Nkrumah & the chiefs, 2000: 16.

81 Bestehend aus dem *Ga-maŋtsɛ* und allen „divisional Chiefs". Ebd.: 17; Acquah: Accra Survey, 1958: 99.

82 Ebd. 98.

83 Der zweithöchste Grad von *Native Courts* gemäß *Native Courts (Colony) Ordinance 1944* (ebd. 99).

eines „Chiefs“ u. a. Bußen bis £ 25 oder maximal drei Monate Haft aussprechen und hatte weitgehend uneingeschränkte Gerichtsbarkeit in Sachen Landrecht, Erbrecht, Sorgerecht und Eherecht.[84]

In dieser und ähnlicher Form waren *Native Courts* Teil der Lebenswelt der Menschen an der Goldküste. Spätestens gegen Ende der Kolonialzeit wurde dieses System aber sowohl von britischer als auch von Seiten der Unabhängigkeitsbewegungen und insbesondere der Regierung unter Kwame Nkrumah als schon lange marodes und dysfunktionales System kritisiert, das Machtmissbrauch und Bereicherung fördert. Doch selbst im Zuge der allgemeinen und massiven Umstrukturierung des Staatsapparats in den frühen 1950er-Jahren kamen Ansätze zur Reform des Systems der *Native Courts* weiterhin nur äußerst langsam voran. Allgemeine Reformen waren 1953 Gegenstand von Diskussionen im Kabinett, aber selbst der *Local Courts Act* von 1958 veränderte die Grundstruktur der *Native Courts* nur bedingt.[85]

Mehr als diese Ansätze zur Reform waren für den rechtlichen Kontext in Apenkwa die Erweiterung der Stadtgrenzen von Accra 1953 und die im Jahr zuvor erfolgte Überführung des *Native Court* von Accra in den *Accra Municipal Court* relevant. Denn der *Accra Municipal Court* unterstand fortan dem *Accra Municipal Council* (AMC) und nicht mehr der *Ga Native Authority*. Mit der Ausweitung der Kompetenzen des AMC und seines durch die Erweiterung der Stadtgrenze 1953 vergrößerten Einzugsgebiets wurden für die eingemeindeten Siedlungen Tatsachen geschaffen, die unmittelbaren Einfluss auf die Lebenswelt hatten – so auch in Apenkwa.

Nicht nur für den städtischen Gerichtshof und die Polizei[86] sollte ab nun der AMC verantwortlich sein. Er war jetzt auch für den Betrieb und die Infrastruktur der Schulen im Stadtgebiet zuständig und die einzige Instanz, der es erlaubt war, Steuern zu erheben.[87] In Apenkwa wurde dies 1954–55 sowohl für die Schulen, die in Zukunft vom AMC instand gehalten werden sollten, als auch für den Steinbruch relevant, für den bis 1955 die Gemeinde von Apenkwa Konzessionen vergab und für den nun der AMC die Bewirtschaftungsrechte beanspruchte. Auch um

---

84 Letzteres wenn die Ehe „under customary law“ geschlossen worden war und bei Vaterschaftsanerkennung, wenn keine christliche Ehe betroffen war (ebd.: 100).

85 Wo nicht anders angegeben, bezieht sich die Darstellung in diesem Abschnitt auf Rathbone: Nkrumah & the chiefs, 2000: 48–58.

86 Die Polizei der *Ga Native Authority* löste sich im September 1953 auf (Acquah: Accra Survey, 1958: 100). Bis 1958 hatte der AMC aber noch keine funktionierende Polizei stellen können (ebd.: 95), sodass es sich bei der in den *session minutes* erwähnten Police nur um die Government Police Force von Accra handeln kann (ACIA 73A: Apenkwa Minutes 1954–55: 303 f.).

87 Zur faktischen Aufhebung der *Ga Native Authority* Acquah: Accra Survey, 1958: 99–101. Zu den Kompetenzen und zur Zusammensetzung des AMC (ebd.: 92–98). Der AMC wurde unmittelbar nach der Unabhängigkeit 1958 ebenfalls aufgehoben (Rathbone: Nkrumah & the chiefs, 2000: 100).

die Registrierung ihres Friedhofs musste sich die Session kümmern, denn in der *municipality* waren Bestattungen auf unregistrierten Friedhöfen verboten.[88]

Offiziell war ab diesem Zeitpunkt die Funktion lokaler Autoritäten in Accra auf zeremonielle Aufgaben beschränkt. Faktisch blieben sie aber auch weiter rechtlich wirksam – wenn auch in beschränktem Maß und wiederum ohne offizielle Anerkennung von staatlicher Seite. Sie fungierten als Schlichtungsforen und ‚erste Instanzen', in denen Fälle aller Art außergerichtlich geregelt wurden.

3.3.1 Rechtliche Autoritäten im muslimischen ‚Zongo' und im ‚Christian quarter'

In ähnlicher Weise hatten bereits zuvor auch sogenannte „leaders of migrant tribes" informelle rechtliche Funktionen in gewissen Siedlungsteilen von Accra übernommen. Diese als „headman" und bisweilen „Chief" bezeichneten Personen vertraten die Anliegen der jeweiligen Gruppe gegenüber den Ga Autoritäten, dem *Town Council* sowie dem *Central Government* und wirkten als von diesen bisweilen förmlich anerkannte Ansprechpersonen.[89] Sie übernahmen Aufgaben sozialer Absicherung und betrieben informelle Rechtsforen. Da es sich dabei in vielen Fällen um muslimisch geprägte Gemeinschaften handelte, kam in diesen Rechtsforen auch islamisches Recht zur Anwendung.[90]

Die weitere Analyse wird zeigen, dass die Gemeinde und die Session von Apenkwa am ehesten mit dieser zuletzt genannten Struktur migrantischer Siedlungen und ihrer mit politischen, religiösen und rechtlichen Funktionen betrauten Führungspersonen und -gremien vergleichbar sind. Im Gegensatz zu diesen stellte hier aber nicht die ethnische Zugehörigkeit oder die Herkunftsregion, sondern die Affiliation mit der Kirche und die Einbindung in die PCG als Sozialstruktur das zentrale verbindende Element dar.[91]

---

88 ACIA [o. Sign.]: Apenkwa Minutes 1955–56: 54 u. a. (bzgl. Steinbruch); ACIA 73A: Apenkwa Minutes 1954–55: 160 f., 183 u. a. (bzgl. Schule) und 183, 185, 191 (bzgl. Friedhof), vgl. Parker: Making the town, 2000: 173.

89 Acquah: Accra Survey, 1958: 101–103.

90 Zur muslimischen Siedlungsgeschichte und der Eigendynamik der muslimischen Viertel in Accra siehe Samuel A. Ntewusu: „One hundred years of muslim community in Accra. A historical study of Tudu from 1900 to 2000", in: Pade Badru; Brigid M. Sackey (Hg.). *Islam in Africa south of the Sahara. Essays in gender relations and political reform*, Plymouth: Scarecrow Press, 2013, S. 67–95: insbes. 68–78; Deborah Pellow: „Cultural differences and urban spatial forms. Elements of boundedness in an Accra community", in: *American Anthropologist* 103 (1), 2001, S. 59–75.

91 Vgl. Benedikt Pontzen: „‚Speaking for Islam' and religious authority in Zongos in Asante, Ghana", in: *Journal of Religion in Africa* 47 (1), 2017, S. 42–71: 42; Middleton: One hundred and fifty years, 1983: 5; Gabriel Klaeger: „Palastbräuche versus Missionarsrechte. Traditionspluralismus und angefochtene

In der Akan-Region und darüber hinaus war es gängige Praxis gewesen, zugewanderte ethnische Gruppen ebenso wie Gruppen, die sich um neue religiöse Experten und Expertinnen bildeten, in eigenen Siedlungen oder Vierteln anzusiedeln. Nach diesem Prinzip entstanden die muslimisch geprägten „Zongo" und andere Siedlungen von sogenannten „strangers".[92]

In Sachen Rechtsprechung ergaben sich für solche ‚Enklaven' nicht selten Konflikte darum, wem diese „strangers" in welchem Grad rechenschaftspflichtig seien: Wie weit galt hier die territorial begründete Rechtshoheit der lokalen Autoritäten des Zuwanderungsortes, und wie weit galt die durch Abstammung und Zugehörigkeit sowie durch Landkauf begründete Rechtshoheit und rechtliche Tradition der jeweiligen Gruppe? Solche Konflikte um Reichweite und Verantwortlichkeit gab es mit als „strangers" behandelte Gruppen allgemein wie auch mit den sich explizit vom Habitus der Umgebungsgesellschaft absetzenden Christensiedlungen.[93]

Während lokale Autoritäten in diesem Rahmen eine Parallele zogen zwischen muslimischen und christlichen Gruppen mit ihrem jeweiligen ‚eigenen' Recht, ihren rechtlichen Autoritäten und Rechtsforen, nahm die britische Lesart eine andere Einordnung vor. Islamisches Recht hatte zwar keinen eigenen Status und wurde weitgehend als Variante von *customary law* behandelt. Muslimisch geprägte Gemeinschaften in Accra waren bis 1954 der Justiz der jeweiligen von britischer Seite anerkannten Ga Autoritäten unterstellt.[94] Aber dennoch war islamisches Recht ein Faktor, mit dem die koloniale Verwaltung rechnete. In offizieller Form kam das in der *Marriage of Mohammedans Ordinance* von 1907 und 1931 zum Tragen, welche die staatliche Registrierung und Lizenzierung von Ehen, die nach muslimischem Recht geschlossen worden waren, einführte. Sie sah auch vor, dass im Fall einer solchen Ehe Erbfälle und Scheidung nicht nach britischem, sondern nach

---

Souveränitäten im Konflikt um das Ohum-Festival in Kyebi (Ghana)", in: *Zeitschrift für Ethnologie* 132 (1), 2007, S. 91–108: 96.

92 Middleton: One hundred and fifty years, 1983: 10; zu „Zongo" in Accra: Deborah Pellow: *Landlords and lodgers. Socio-spatial organization in an Accra community*, Chicago: University of Chicago Press, 2008: 43–71; für Kumasi: Enid Schildkrout: *People of the zongo. The transformation of ethnic identities in Ghana*, Cambridge: Cambridge University Press, 1978: 67–97, 193–220.

93 Simensen: Jurisdiction as Politics, 1992: 263–266; Sara S. Berry: „Property, authority and citizenship. Land claims, politics and the dynamics of social division in West Africa", in: *Development and Change* 40 (1), 2009, S. 23–45. Spezifisch bzgl. Christen/*Salem*: Kwamena-Poh: Vision, 2011: 368–373; Simensen: Christian Church, 2002; Smith: Presbyterian Church of Ghana, 1966: 93, 106; Charles Gyang-Duah: „Church and society with particular reference to the Presbyterian Church in the Berekum Pastoral District in brong Ahafo Region of Ghana", M.Phil, University of Ghana, Department for the study of religions, Legon, Ghana 1988: 216–223; Gilbert: Christian Executioner, 1995; Middleton: One hundred and fifty years, 1983: 5.

94 Mervyn Hiskett: „Commissioner of Police v. Musa Kommanda and aspects of the working of the Gold Coast Marriage of Mohammedans Ordinance", in: *Journal of African Law* 20 (2), 1976, S. 127–146: 130 f.

muslimischem Recht zu behandeln waren. Dass es eine vergleichbare Regelung für Ehen von Christen nicht gab, hatte die Mission erfolglos beim Governeur moniert.[95]

Während also die Kirche muslimische und christliche Ehe schließungen unter der Kategorie Recht gegenüberstellte, gab es diese Parallele für die britische Verwaltung nicht. Das zeigt auch ein Blick in die noch aus der Zeit vor der Unabhängigkeit stammende Struktur der betreffenden Bestände des Nationalarchivs (PRAAD): Darin ist das, was von kirchlicher Seite als christliches Recht eingefordert worden war, nicht wie die Kategorie „mohammedan law" (CSO 21/13) unter den rechtlichen Rubriken der „Native Affairs" (CSO 21) abgelegt. Es findet sich vielmehr in der Rubrik „Education & Religion/Mission" (CSO 18/12).[96]

In der Praxis waren die rechtlichen Funktionen von Ga Autoritäten und muslimischen „headmen" einerseits und jene christlicher „church leaders", ja sogar staatlicher „wellfare officers" andererseits allerdings durchaus vergleichbar. Das zeichnet sich z. B. in Acquahs Beschreibung der rechtlichen Situation nach der Ausweitung der Kompetenzen des AMC 1954 ab.[97]

Im rechtlichen Kontext in und um Accra lässt sich das in Kapitel 2 auf konzeptueller Ebene Angesprochene zeigen. Die Idee einer Trennung von Religion und Staat und die exklusive Verortung von Recht auf staatlicher Seite prägte die koloniale Rechtsapparatur ebenso wie die Umgestaltung lokaler politisch-religiöser Ämter. Sie wirkte sich, wie in der Frage des rechtlichen Status kirchlicher im Gegensatz zu lokalen Eheschließungen, auf die Forschung wie auch auf die Lebenswelt aus, auch wenn die Praxis diesen kategorialen Unterscheidungen weder entsprach noch sich diesen vollumfänglich anpasste.

3.4 Apenkwa in der Religionslandschaft im Accra der 1950er-Jahre

Der Stadtraum und die Zeit waren in Accra auch in der ersten Hälfte des 20. Jahrhunderts durch ein dicht gewirktes Geflecht von Ritualen strukturiert, das mit der Ga Kosmologie ebenso intrinsisch verbunden war wie mit deren sozialer Ordnung.[98]

95 Ebd.: 131–134; Smith: Presbyterian Church of Ghana, 1966: 97.

96 Unter PRAAD CSO.18/12/49: Conflict between Native Customary law and Chrisitan Practices und PRAAD CSO.18/12/74: Legal opinion on Blessing of marriages contracted under Native customary law. Der Inhalt von CSO 21/13 Mohammedan Law galt bei meinem Besuch 2018 als seit geraumer Zeit verschollen.

97 Acquah: Accra Survey, 1958: 101, 104.

98 Parker: Making the town, 2000: 170; Kwabena J. Nketia: „Historical evidence in Ga religious music", in: Jan Vansina; R. Mauny; L. V. Thomas (Hg.). *The historian in tropical Africa*, London [u. a.]: Oxford University Press, 1964, S. 265–283: 267.

> For the majority of Ga townspeople, the ancestors and the civic „gods of the world“ [*jemawɔji*] remained the focus of religious belief and practice. Why was this? [...] The answer must lie in the continuing strength of established institutions, both sacred and secular, in defining the idea of moral community in Accra. The close identification of local communities with the intricate ritual topography of the old urban neighbourhoods created an intimacy with the ancestors and the *jemawojii* that the nineteenth-century missionary churches and later denominations found difficult to interrupt.[99]

Diese „ritual topography“ war verbunden mit der politisch-sozialen Identität der verschiedenen Teile der Ga Gesellschaft.[100] Doch nicht nur der Stadtraum der *akutsei* im engeren Sinne war vom kollektiven und performativen Charakter dieser Praktiken und der Präsenz der Ahnen, der *wɔŋ* und *jemawɔji*, besetzt. Gerade auch die Randzone außerhalb der Stadt an der Grenze des menschlich geordneten Raums galt als Ort potenter, aber auch ambivalenter Mächte der unsichtbaren Welt.[101]

Dabei war der rituelle Raum der Stadt von einer ganzen Reihe unterschiedlicher Ritualspezialistinnen und -spezialisten besetzt. In den 1910er- bis 1930er-Jahren war er umstrittenes Terrain, nicht nur zwischen *maŋtsɛmɛi*, *wulɔmɛi* und den *wɔyei* (weibliche Medien, die auch als private Ritualspezialistinnen agieren[102]), sondern auch zwischen diesen, den afrikanischen, christlichen Eliten und den Kolonialbeamten. Selbst unter dem Druck kolonialer „sanitation policies“ und dem Verbot bestimmter Praktiken veränderte sich diese Topografie nur allmählich.[103]

In den 1950er-Jahren war es ebendiese Ritualtopografie gegen die sich eine modernistische und nationalistische Relektüre der Stadt wandte: In der von Plageman beschriebenen, publizistischen Inszenierung der neuen baulichen Infrastruktur

---

99 Parker: Making the town, 2000: 186.

100 Zu einer Form, wie diese Ritualtopografie die Stadt heute und die damit verbundenen (auch religiösen) Konflikte gestaltet: Marleen de Witte: „Accra's Sounds and Sacred Spaces“, in: *International Journal of Urban and Regional Research* 32 (3), 2008, S. 690–709; Justice A. Arthur: *The politics of religious sound. Conflict and the negotiation of religious diversity in Ghana*, Münster: Lit, 2018; Goshadze: Deities Visit, 2019.

101 Parker: Making the town, 2000: 173.

102 Die Begriffe *wɔyoo* und *wɔŋtsɛ* werden in der Literatur nicht eindeutig benutzt. Ich schließe mich der Lesart von Parker sowie von Sackeyfio-Lenoch und der Übersetzung von Kropp Dakubu an, die *wɔyoo* als weibliche und *wɔŋtsɛ* als männliche Medien einer Gottheit übersetzt (Mary E. Kropp Dakubu: *Ga-English dictionary. With English-Ga index*, Accra: Black Mask Ltd, 2009^2: 223). Medien der *Kpele* Gottheiten sind normalerweise weiblich (Kilson: Kpele lala, 1971: 20; Marion Kilson: „Ambivalence and power. Mediums in Ga Traditional Religion“, in: *Journal of Religion in Africa* 4 (3), 1971–1972, S. 171–177). *Wɔyei* waren von den 1890er-Jahren–1916 in Accra verboten, in den 1930ern hingegen umso präsenter (Parker: Making the town, 2000: 179 f.).

103 Ebd.: 159–193, 222–227; für Vergleichbares in der Ewe Region siehe Meyer: Translating the devil, 1999: 93.

der Metropole Accra verknüpfte eine junge Generation ghanaischer Journalisten den Stadtraum mit einer neuen politisch-sozialen Identität, jener des modernen Bürgers des werdenden Nationalstaats. Sie erschrieben hier Accra mit seinen neuen Bauten und Infrastrukturprojekten als die raumgewordene Identität, als Abbild und Vorbote eines neuen, „modernen" Ghana. Die rituelle, politisch-religiöse Bedeutung der durch Ga Identität, Praktiken und Bewohnerschaft geprägten „alten" Stadtkerne diente ihnen dabei explizit als die zentrale negative Kontrastfolie und als Abbild der zu überwindenden Vergangenheit.[104]

Obwohl sich die PCG mit ihrem 1951 eröffneten, zentral gelegenen neuen Verwaltungsgebäude an dieser Umgestaltung der Stadt beteiligte,[105] stand diesem utopischen Bild der Stadt wiederum die urbanisierungskritische Motivik der Kirchen entgegen. Besorgt, wenn nicht rundheraus kulturpessimistisch, problematisierten kirchliche Kreise, was ihnen als „blatant materialism of the big towns" galt.[106] Weltliche Lebensführung, die prekären Effekte von massenhafter Landflucht und die Auflehnung der jungen politisierten Generation gegen alte Eliten waren dabei zentrale Motive:

> In the large towns the danger of the country's gaining the world and losing its soul is manifest. There is intense preoccupation with trade, political activity, and secular education; while the cinema, radio, dancing, and sport are the recognized „civilized" amusements. „Strangers" away from the discipline of their homes, and unassimilated with the local tribe, make up a large part of the town communities. Housing is grossly inadequate, the cost of living ever rising. Family life fights a losing battle, the marriage bond is submitted to intolerable strains, and children receive insufficient care and control. Prostitution and loose living increase.[107]

Dieses Spannungsfeld zwischen lokaler ritueller Topografie der Ga Stadt, einer modernistischen, urbanen Utopie, der die neuen politischen Klassen nationale Strahlkraft beimaßen, und der Urbanisierungsskepsis der Kirchen gibt eine Idee von den widersprüchlichen Aussichten auf die wachsende Stadt, mit denen sich die lokalen sozio-religiösen Akteure der PCG Gemeinde in Apenkwa und ihre *Christian town* konfrontiert sahen.

---

104 Plageman: Accra is changing, 2010.

105 BMA D-11,11: Jahresbericht 1951, Peyer: 3.

106 BMA Y.4002: The Christian Way, No. 31, Jan–Feb 1947: 61.

107 Williamson, Bardsley: What of the church?, 1953: 14. Siehe auch Ioné Acquah: „Moral welfare", in: S. G. Williamson (Hg.). *The church in the town. Addresses given at a conference in Accra, Gold Coast, May 15th-18th, 1951*, Accra: Christian Council of the Gold Coast, 1951, S. 47–62; und Smith: Presbyterian Church of Ghana, 1966: 208.

3.4.1 Der kollektive und performative Charakter von Kpele ...

Einen wesentlichen Teil der Ritualtopografie der Stadt Accra machen die *Kpele*-Praktiken und -Vorstellungen aus. *Kpele* umfasst systematisches Wissen um kosmologische Vorstellungen, um das Verhältnis der Menschen zu den verschiedenen Entitäten in dieser kosmischen Ordnung sowie Wissen über deren rituellen Vollzug. Ebenso gehören soziologisches und historisches Wissen über die Ga Gesellschaft dazu. Rituelle Ausdrucks- und Vollzugsformen von *Kpele* sind Gießopfer mit Wasser (Libationen), andere Opferrituale, aber auch der Tanz *kpeledzoo* und die *kpelelala*, Gesänge mit distinkter musikalischer Begleitung.[108]

Die *Kpele* Gottheiten (*wɔŋ*) – die übergeordneten Stadtgottheiten *jemawɔji* ebenso wie untergeordnete Gottheiten – sind mit bestimmten Stadtteilen und Familien verbunden und an konkreten Orten lokalisiert. *Naa Koole*, eine der für Accra zentralen Göttinnen, ist beispielsweise mit der Lagune westlich der Stadtzentren verbunden. Zu den wirkmächtigen Entitäten gehören neben den lokalisierten *wɔŋ* aller Hierarchiestufen auch das allumfassende höchste Wesen *Nyɔŋmɔ* und die Ahnen.[109]

Die Ritualtopografie der Stadt umfasst einerseits einen allgemeinen, auf das Kollektiv der Gottheiten und auf die ganze Stadt und Ga Gemeinschaft bezogenen jährlichen Ritualzyklus. Eine der drei zentralen Feierlichkeiten in diesem Zyklus ist das Erntefest *Hɔmɔwɔ*, zu dem die Gottheiten in der Stadt als anwesend gelten, und die Ritualspezialistinnen und -spezialisten ebenso wie die Ga Bevölkerung in Massen aus dem Umland nach Accra anreisen.[110]

---

108 Übersetzt wird *Kpele* als „all comprehensive" (Ammah: Ghanaian philosophy, 2016: 23), oder „all encompassing" (Kilson: Kpele lala, 1971: 18; zum inhaltlichen Spektrum: Nketia: Historical evidence, 1964; Kilson: Kpele lala, 1971: 24 f.; Ammah: Ghanaian philosophy, 2016: 49; zu den Vollzugs- und Ausdrucksformen: E. A. Ammah: „Water in Ga ritual", in: Marion Kilson (Hg.). *Kings, priests, and kinsmen. Essays on Ga culture and society*, Legon-Accra: Sub-Saharan, 2016, S. 370–384: 370–384; Marion Kilson: „Libation in Ga Ritual", in: *Journal of Religion in Africa* 2 (3), 1969, S. 161–178; ausführlich: Kilson: Kpele lala, 1971.

109 Ebd.: 20; vgl. E. A. Ammah: „Ga religion, world view, forms of worship", in: Marion Kilson (Hg.). *Kings, priests, and kinsmen. Essays on Ga culture and society*, Legon-Accra: Sub-Saharan, 2016, S. 262–276: 267–271. Ammahs Aufsätze stellen eine zeitgenössische intellektuelle Ga Perspektive dar. Seine in dem Sammelband kompilierten Texte sind aus den 1930er–1960er-Jahren. Darin kommt einerseits eine andere Strukturierung der Inhalte zum Tragen als z. B. bei Kilson oder Field. Bisweilen wird aber auch das deutlich, was Okot p'Bitek als „intellectual smuggling" kritisierte (Okot p'Bitek: *African Religions in Western Scholarship*, Nairobi: Kenya Literature Bureau, 1971) ebenso wie die von Parker thematisierte Frontstellung der lokalen Autoritäten gegen *wɔyei*. Beides zeichnet sich z. B. in Ammahs hierarchischer Auflistung der „Religious Organisation of the Ga People" ab (Ammah: Water in Ga Ritual, 2016: 374).

110 Marion Kilson: „Homowo. Celebrating community in Ga culture", in: *Dancing with the gods. Essays in Ga ritual*, Lanham: University Press of America, 2013, S. 89–93; klassisch: A. B. Quartey-Papafio:

Andererseits hatte jede Gottheit ihren jeweils mit bestimmten Wochentagen verbundenen eigenen Ritualzyklus:

> The whole year is crowded with private worship and corporate worship. ‚Private‘ worship is on the day of the week of each god or goddess, when the wulɔmɔ [...] with one or two attendants prays; corporate worship [...] is a matter concerning an area as a whole.[111]

Diese beiden Sets von kalendarisch festgelegten Ritualen haben die Aufrechterhaltung der harmonischen Ordnung und Beziehung zwischen den Göttern und den lebenden Menschen und, damit verbunden, die Prosperität der betreffenden Ga Gemeinschaft zum Inhalt. Sie werden jeweils von den *maŋtsɛmɛi* und den *shia* bzw. *we onukpai*, den (männlichen) Vorstehern der mit den jeweiligen Gottheiten assoziierten Stadtteilen und Familien bzw. Häusern versehen, sowie von den *wulɔmɛi*, den Priestern der *jemawɔji*. Auch die (weiblichen) Medien, *wɔyei*, spielen in diesen Ritualen eine Rolle, insbesondere als die zentralen Akteurinnen von *kpelelala* und *kpelezoo*, den Gesängen und Tänzen, die Teil dieser Ritualfolge sind.[112]

Neben diesen kalendarischen Ritualen finden Rituale in Krisenfällen statt. In solchen Fällen gilt die harmonische Beziehung zwischen den lebenden Menschen und den Entitäten der unsichtbaren Welt als gestört oder manipuliert. Die Störung kann einerseits das Kollektiv betreffen, wie z. B. ein unerwarteter Ernteausfall oder die Übertretung bestimmter Verhaltensnormen (Tabus). Zu den Praktiken zur Wiederherstellung der harmonischen Beziehung tragen auch bestimmte Elemente dessen bei, was als lokale Rechtsprechung thematisiert wird.[113]

Die Störung kann aber auch einzelne Individuen oder Familien betreffen, wie z. B. ein unerklärlicher Krankheitsfall oder dauernde ökonomische Misserfolge. Die Ritualspezialistinnen und -spezialisten erörtern durch ihre Kommunikation mit den Gottheiten oder Ahnen den Grund für die Krise und stellen im Idealfall über den Ritualvollzug die Beziehung wieder her.[114]

Während die *we onukpai* in den ‚regulären‘ Übergangsritualen wie *kpojiemɔ*, *otofo* und Bestattungen in ihren Familien wichtig sind, sind im Bereich der individuellen, anlassbezogenen Problembearbeitung die *wɔyei* zentral. Letztere arbeiten als freischaffende Ritualspezialistinnen, als Heilerinnen, die sich auf spirituelle

---

„The Gã Homowo festival“, in: *African Affairs* 19 (75), 1920, S. 227–232; gegenwärtig: z. B.: Arthur: Religious sound, 2018.

111 Ammah: Water in Ga Ritual, 2016: 371.

112 Kilson: Kpele lala, 1971: 21, 26; Ammah: Forms of Worship, 2016: 271–274; Margaret J. Field: *Religion and medicine of the Gã people*, London: Oxford University Press, 1937: 85–91.

113 Vgl. z. B. Middleton: One hundred and fifty years, 1983: 9.

114 Kilson: Kpele lala, 1971: 21–24; Ammah: Forms of Worship, 2016: 274 f.

Ressourcen beziehen, häufig in Zusammenarbeit mit einem *tsofatsɛ*, einem Heiler, der mit pflanzlichen Substanzen arbeitet.[115]

Mit diesen Inhalten beginnt sich die kirchliche Intelligenzija im untersuchten Zeitraum langsam zu befassen und macht erste Schritte, das Verhältnis zwischen lokalen und christlichen Inhalten und Praktiken neu auszuloten.[116] Dies war ein Unterfangen, das noch ein gutes Jahrzehnt zuvor in der PCG bestenfalls auf taube Ohren, anderenfalls auf Repression gestoßen war.[117]

In der breiteren, offiziellen kirchlichen Kommunikation, und so auch in den *session minutes* von Apenkwa, wurde die Realität des pluralen religiösen Kontexts, von *Kpele* und anderen, älteren und neueren lokalen Praktiken, Bewegungen und Inhalten weiter größtenteils als eine ‚Black Box' abgelehnten, ja dämonisierten Inhalts behandelt.[118] Gleichzeitig stellten diese in der Lebenswelt der Gemeindemitglieder ein Panorama präsenter und wirksamer Praktiken dar, zwischen denen nicht unbedingt klare Grenzen gezogen wurden und zu denen man sich im praktischen Vollzug von aktiv teilnehmend über duldend bis zu explizit in Opposition verhielt (vgl. Kap.VI.3.).[119]

---

115 Zu den Übergangsritualen: Kilson: Urban Kinsmen, 1974: 48–69; Marion Kilson: „The Ga naming rite", in: *Anthropos* 63/64, 1968/1969, S. 904–920; vgl. auch Field: Religion and medicine, 1937: 161–206. Zu den Heilerinnen und Heilern, den Medien und zu ihren Patientinnen und Patienten: Parker: Making the town, 2000: 178–185, 373; Kilson: Ambivalence and power, 1971–1972; Kilson: Urban Kinsmen, 1974: 89–95; Field: Religion and medicine, 1937: 100–134; Margaret J. Field: *Search for security. An ethno-psychiatric study of rural Ghana*, London: Faber and Faber, 1960: 105–133.

116 Kwabena Opuni-Frimpong: *Indigenous knowledge and Christian missions. Perspectives of Akan leadership formation on Christian leadership development*, Accra, Ghana: SonLife Press, 2012: 8; BMA D-11,10: Jahresbericht 1952, Haller: 4. Emblematisch dafür ist die Vorlesungsreihe „Christianity and African Culture" des *Christian Council of the Gold Coast* 1955 zu sehen, an der mehrere Exponenten der PCG als Experten sprachen (Christian Council of the Gold Coast: „Christianity and African Culture. A Series of Lectures", Accra, 1955; Gyang-Duah: Scottish Mission Factor, 1996: 311; PCG Synod Minutes 1955: 23). Des Weiteren die Auseinandersetzung der PCG mit dem von Nana Ofori Atta II der *Synod* 1954 vorgelegten Memorandum (PCG Synod Minutes 1954: 24; PCG Synod Minutes 1956: 13).

117 Vgl. die Antwort von Seiten der PCG/Schottischen Mission auf Ammahs Umfrage 1939 (E. A. Ammah: „Christianity and Ga Traditional Religion", in: Marion Kilson (Hg.). *Kings, priests, and kinsmen. Essays on Ga culture and society*, Legon-Accra: Sub-Saharan, 2016, S. 385–423: 397) und 1933 der Ausschluss von Ephraim Amu, weil er u. a. darauf bestand, in lokaler Kleidung zu predigen (Philip Laryea: *Ephraim Amu. Nationalist, poet and theologian (1899–1995)*, Akropong-Akuapem, Ghana: Regnum Africa Publications, 2012: 18–26).

118 Vgl. entsprechende Positionen in den *Synodes* 1952 und 1953 (Gyang-Duah: Scottish Mission Factor, 1996: 309).

119 Middleton: One hundred and fifty years, 1983: 7 f.; ACIA 73A: Apenkwa Minutes 1954–55: 7.

3.4.2 ... und eine Bandbreite neuerer religiöser Technologien

Das Christentum der PCG begegnete in Apenkwa nicht nur der Ga Rituallandschaft und Ga Kosmologie, sondern auch Akan und vielen weiteren Konzepten und Praktiken, welche die Siedler, die sich in Apenkwa seit Ende des 19. Jahrhunderts niederließen, mitgebracht hatten. Im hier untersuchten Umfeld fand sich eine Fülle weiterer, machtvoller Entitäten und Praktiken, insbesondere im Bereich der individuellen Bearbeitung von Problemen und Heilung: „[...] private ritual specialists, imported yam-eating Akan deities, exotic ‚medicines', Islam, and new cults" zählt Parker auf.[120]

Konkret in den untersuchten Protokollen erwähnt sind eine Gruppe von „priestesses" mit Entourage. Sie sind zwar nicht näher spezifiziert, es dürfte sich aber um Ga *wɔyei* handeln, die zu *Hɔmɔwɔ* anreisen. Daneben kommen auch muslimische Praktiker zur Sprache, die sich in Apenkwa niedergelassen haben und hier als *klamo* (Divinatoren) und *mallam* (Lehrer/Gelehrte und Heiler) tätig sind.[121] Im Gegensatz zur christlichen Exklusivitätslogik entwerfen sowohl die Ga als auch die Akan normative Ordnung ein im Grundsatz komplementäres Verhältnis zu solchen alternativen rituellen Angeboten und religiösen Innovationen.[122]

Eine äußerst erfolgreiche religiöse Innovation war *Tigare*. Sie fand in den späten 1940er-Jahren massiven Zulauf und trat in Apenkwa prominent auf. *Tigare* stand in der Tradition der sogenannten „witchfinding cults" oder *anti-bayi*-Bewegungen, die auf den Schutz vor malevolenten Manipulationen im Bereich der unsichtbaren Welt spezialisiert waren. Von diesen Bewegungen hatte es über die ganze Kolonialzeit hinweg immer wieder neue Varianten gegeben.[123] Die PCG und andere Kirchen

---

120 Parker: Making the town, 2000: 185; siehe auch Acquah: Accra Survey, 1958: 123–131, 148.

121 ACIA 73A: Apenkwa Minutes 1954–55: 3, 7 f., 11–14. *Klamo*, auch *kramo*, und *mallam* werden oft gleichbedeutend verwendet (Kropp Dakubu: Ga-English dictionary, 2009: 125). Zur Begriffsverwendung und Praktiken von *mallam* und anderen Kategorien muslimischer Heiler in Accra in den 1950er-Jahren vgl. Acquah: Accra Survey, 1958: 69, 128 f.; in der Gegenwart: Lily N. A. Kpobi, Leslie Swartz: „Muslim traditional healers in Accra, Ghana. Beliefs about and treatment of mental disorders", in: *Journal of Religion and Health* (58), 2019, S. 833–846; Pontzen: Speaking for Islam, 2017.

122 Vgl. z. B. zur Einbindung von muslimischen religiösen Experten am Hof des Asantehene: David Owusu-Ansah: „The Asante nkramo imamate. Conflicting traditions", in: John O. Hunwick; Nancy E. Lawler (Hg.). *The cloth of many colored silks. Papers on history and society, Ghanaian and Islamic in honor of Ivor Wilks*, Evanston: Northwestern University Press, 1996, S. 355–365.

123 John Parker: „Witchcraft, anti-witchcraft and trans-regional ritual innovation in early colonial Ghana. Sakrabundi and Aberewa, 1889–1910", in: *The Journal of African History* 45 (3), 2004, S. 393–420; Max Assimeng: *Religion and social change in West Africa. An introduction to the sociology of religion*, Accra: Woeli Publishing Services, 2010^2: 167–193; Field: Search for security, 1960: 87–104; Meyer: Translating the devil, 1999: 94; Jean M. Allman, John Parker: *Tongnaab. The history of a West African god*, Bloomington: Indiana University Press, 2005: 106–142.

schätzten *Tigare* mit seinen zehn Geboten, an die sich die Anhängerschaft zu halten hatte, um seinen Schutz zu genießen, als ernst zu nehmende Konkurrenz ein.[124] Für die Gemeindeältesten in Apenkwa war die Bewegung auch räumlich gesehen eine direkte Konkurrenz zur Strahlkraft ihrer christlichen Siedlung. Denn der größte der fünf *Tigare*-Schreine in Accra, der 1948 gut 300 Personen pro Woche anzog, befand sich an der Grenze zu Apenkwa und war unter dem Namen „Apenkwa Tigare" bekannt.[125] In der Reaktion führten die Kirchen sowohl publizistische, als auch handfeste praktische und rituelle Maßnahmen ins Feld. Einer der Schauplätze war Apenkwa, wo die PCG unter dem Patronat des *Christian Council of the Gold Coast* einen „mass church service" beim *Tigare*-Schrein organisierte.[126]

Bereits Anfang der 1950er-Jahre verlor *Tigare* wieder an Popularität, insbesondere unter dem christlichen Publikum. Dies geschah zugunsten von *African Initiated Churches* und den von der PCG als „apostolisch" titulierten *prayer groups*. Dieses Bild zeichnet sich auch für Apenkwa ab: Im Untersuchungszeitraum bestand der Schrein weiterhin, laut Acquah mit einer wöchentlichen Besucherzahl von rund 80 Personen. Genannt wird *Tigare* in den Protokollen aber nur einmal im Zusammenhang mit dem Tod eines ehemaligen Mitglieds, das zu *Tigare* übergetreten war. Somit figuriert die Bewegung weit weniger prominent, als man es bei dieser unmittelbaren Vorgeschichte hätte erwarten können.[127]

Als größere Konkurrenz wird im Untersuchungszeitraum vielmehr die Präsenz von Muslimen und Musliminnen thematisiert, unter denen von Seiten der Kirche

124 Christian Council of the Gold Coast: *Tigare. A report issued by the Christian council of the Gold Coast*, Accra: Scottish Mission Book Depot, 1947: 2 f.; BMA D-11,11: Auf einsamen Pfaden. Bericht über eine Predigtreise vom 8.11.–20.11.1948 im Akim-Distrikt, Ott; BMA D-11.9: Jahresbericht 1947, Büchner: 9 (Hans Büchner war bis 1947 Präses in Kumasi, Albert Ott sein Nachfolger).

125 Apenkwa: Anniversary Brochure, 2008: 17. Es mag Ironie der Geschichte sein, dass die einzige Erwähnung Apenkwas, die ich in der Literatur finden konnte, ausgerechnet im Zusammenhang mit *Tigare-Apenkwa* vorkommt (Acquah: Accra Survey, 1958: 143).

126 Das in der Anniversary Brochure von 2008 beschriebene Ereignis wird auf die Amtszeit von C. T. Owuo datiert, der von 1947–1949 *district pastor* war. (Apenkwa: Anniversary Brochure, 2008: 17, 46). Zum Gewicht des Christian Council: Pobee: Church and state, 1976: 130. Zur Publizistik gegen *Tigare*: Das Pamphlet des Christian Council of the Gold Coast: Tigare, 1947, oder die PCG Jugendzeitschrift *The Christian Way/Christian Youth*, wo Ende der 1940er-Jahre *Tigare* als der religiöse Gegenspieler schlechthin figuriert (statt vieler: BMA Y.4002: The Christian Way, No. 31, Jan–Feb 1947: 8 f.).

127 ACIA 73A: Apenkwa Minutes 1954–55: 93 f. Auch die publizistische Abwehr der Kirche ebbt Mitte der 1950er-Jahre offenbar ab: Die Ga Ausgabe des Christian Messenger berichtet 1952 noch vom Niedergang eines *Tigare*-Schreins (BMA D.I.b.25: Kristofoi Abɔfo, No. 21 October 1952: 3, Übersetzung von Ernest Sewordor, siehe Anhang 2b), spätere Ausgaben erwähnen hingegen nirgends für mich sichtbar *Tigare* (ACIA 115B: Christian Messenger (Ga & Twi) 1954–1983, PCG Records on Social Services).

auch aktiv missioniert wird.[128] Außerdem kommt in den Akten eine Sensibilität für Konkurrenz aus dem christlichen Spektrum zum Ausdruck. Diese betrifft Missions-initiierte Kirchen wie die Anglikanische Kirche ebenso wie Laieninitiativen, die sich in den *prayer groups* treffen.[129] Letzteres geschieht vor einem Hintergrund, indem sich sowohl christliche Prediger aus den USA als auch lokale Prophetinnen, die sich auf eine christliche Lesart ihrer Praktiken berufen, durchaus des Interesses von ordinierten und Laienmitgliedern der PCG erfreuen.[130]

Der alleinige Gültigkeitsanspruch der normativen Ordnung der PCG in Apenkwa richtet sich also nicht nur gegen die kollektiven und individuellen *Kpele*-Praktiken und -Vorstellungen, gegen die Heilung und Divination durch *wɔyei*, oder durch muslimische *mallam* und *klamo* sowie gegen Bewegungen wie *Tigare*. Ihr ausschließlicher Gültigkeitsanspruch gilt ebenso gegenüber allen christlichen Kirchen, Denominationen und Bewegungen – zumindest im Prinzip.[131]

---

128 Z. B. mit christlichen Pamphleten in Arabischer Schrift (BMA D.I.b.25: Kristofoi Abɔfo, No. 21 October 1952: 7, Übersetzung von Ernest Sewordor, siehe Anhang 2c).

129 Acquah: Accra Survey, 1958: 143. Zum Verhältnis in der Praxis vgl. ACIA 73A: Minutes book Nsawam 1949–54: 22.8.1953, 5.12. und 12.12.1953; ACIA 73A: Apenkwa Minutes 1954–55: 226, 230; das Bild ist vergleichbar mit Middletons Einschätzung gut 20 Jahre später in Akwapim (Middleton: One hundred and fifty years, 1983: 9).

130 BMA D-11,10: Jahresbericht 1952, Haller: 5 f.

131 Dieser Anspruch gilt bis heute, wie in meinem Gespräch mit David Awuku und dem Pfarrer von Apenkwa Samuel Adom Adjah zum Ausdruck kam: Pfarrer Adjah erklärt: „[…] the whole township of Apenkwa is only PCG". Mir scheint, auf ein Zeichen von David Awuku hin, setzt er hinzu: „Any other church you might happen to find here, they are here illegally. [‚illegally' sagen die beiden zusammen und gedehnt]" (Feldprot. 24.7.2018: Gespräch S.A.A. und D.A., Apenkwa: 3).

4. Session Minutes – Schriftliche Quellen lokaler Akteure

Im Hitzesommer 2011 hatte ich während eines Praktikums im Archiv der Basler Mission (BM) die – angesichts der Außentemperatur und der klimatischen Bedingungen in einem Kulturgüterraum – äußerst angenehme Aufgabe, den Ghana-Bestand des Archivs zu revidieren. Eines Tages begegnete ich dabei einem unscheinbaren Notizbuch. Das Buch lag fast allein in einer Archivschachtel, daneben ein paar lose Manuskriptblätter, andere „Miscellaneous Documents". Die schwarzen, unbeschrifteten Buchdeckel dieses schmalen Bändchens waren abgegriffen, der Buchrücken gebrochen. Ich schlug es auf und las: „Basel Mission Station Nkoransa. Chronicle. All important events regarding the mission work are to be entered into this book". Korrekt – das entsprach den Angaben im Findbuch. Ich prüfte den restlichen Inhalt der Schachtel, legte ihn, wie vorgesehen, in eine neue, säurefreie Archivschachtel, stellte diese zurück ins Regal und wandte mich der nächsten Schachtel zu. Das Büchlein hatte es mir irgendwie angetan, so allein in seiner Kiste. Dass es mich später dazu bringen sollte, nach einem Quellentyp zu suchen, der in den umfangreichen Beständen in Basel quasi unsichtbar ist, wäre mir zu diesem Zeitpunkt aber nicht in den Sinn gekommen.

Es sollte sich herausstellen, dass die Hauptautoren dieses Büchleins die afrikanischen Katechisten waren, die besagte Außenstation Nkoranza in den Jahren 1911 bis 1920 aufbauten. Die genauere Untersuchung dieses Dokuments und der Vergleich mit den entsprechenden Jahres- und Quartalsberichten der europäischen Missionare zeigt, welches Potenzial Material dieser Art für die Forschung hat. Quellen dieser Art dokumentieren einen kirchlichen Tätigkeitsbereich, der außerhalb des direkten oder alltäglichen Zugriffs europäischer Missionare lag, welche die entsprechenden Orte, wenn überhaupt, nur sporadisch alle paar Monate besuchen konnten. Sie sind ein Zeugnis der lebensweltlichen Vorgänge und Interaktionen in der lokalen Alltagswelt von Außenstationen und der verstreut gelegenen Siedlungen, in denen der Großteil der Mitglieder dieser Kirche lebte. In Dokumenten der Kirchenbasis zeigen sich andere Schwerpunkte in Inhalt und Gestaltung der Einträge, die anderen Erfahrungen geschuldet sind und anderen Erfordernissen folgen, als die Berichte nach Europa.[1]

---

1 Das gilt auch für die von Missionaren verfassten Passagen in dieser Chronik. Beutter: Auf dem anderen Blatt, 2016; Anne Beutter: „Church discipline chronicled. A new source for Basel Mission historiography", in: *History in Africa* 42, 2015, S. 109–138; Anne Beutter: „Räumliche Etablierung und Vernetzung der Basler Mission in Nkoransa auf der Basis der Chronik der Außenstation (1911–1920)",

Quellen und Wege zu finden, mit denen diese ‚afrikanischen' wie auch ‚alltäglichen' Bereiche von Missions- und später deren Nachfolgekirchen für die Forschung zugänglich werden, gilt als eines der Desiderate der aktuellen kulturwissenschaftlichen Forschung zur Missionsgeschichte.[2] Auch für Fragestellungen der Afrikastudien oder der Globalgeschichte, die sich für Quellen interessieren, welche lebensweltliche Zusammenhänge aus lokaler Sicht dokumentieren, sind diese schriftlichen Zeugnisse wertvoll.

Zurückgebunden an die rechtstheoretischen Überlegungen aus Kapitel 2 sind Dokumente dieser Art Quellen, um in der Geschichte der *Presbyterian Church of the Gold Coast / Ghana* (PCG) und ihrer Vorgängerkirchen dasjenige zur erschließen, was Griffiths treffend „[…] the ‚law' that is actually effective on the ‚ground floor' of society […]" nannte.[3] Ich gehe in meiner Untersuchung von der methodologischen Prämisse aus, dass das, was hier als *Recht* zu untersuchen ist, in der Interaktion von Akteuren als lebensweltlich wirksames Deutungs- und Handlungsmuster produziert wird. Dabei anzusetzen, dass dasjenige, was als ‚rechtliche Ordnung' im jeweils spezifischen Kontext gilt, letztlich in Interaktionen und Praktiken entsteht, ist eine Herangehensweise, die Dupret als produktiven Weg empfiehlt, sich insbesondere mit rechtlich bzw. normativ pluralen Kontexten zu befassen. Sein praxeologischer Ansatz bezieht sich dabei auf das methodologische Programm der soziologischen Ethnomethodologie im Sinne von Garfinkel und dessen rechtssoziologischer Rezeption.[4]

Abschlussarbeit im Fach Religionswissenschaft zur Erlangung des akademischen Grades Master of Arts, Universität Leipzig, Religionswissenschaftliches Institut, Leipzig 2015.

2 Paul Jenkins: „Opening up transregional analysis in the Basel Mission archive", in: Matthias Middell (Hg.). *The Routledge handbook of transregional studies*, London: Routledge, 2019, S. 555–565: 555 f.; Etherington, Griffiths, van Gent, Brock: Indigenous evangelists, 2015; Linda Ratschiller, Karolin Wetjen: „Verflochtene Mission. Ansätze, Methoden und Fragestellungen einer neuen Missionsgeschichte", in: Karolin Wetjen; Linda Ratschiller (Hg.). *Verflochtene Mission. Perspektiven auf eine neue Missionsgeschichte*, Köln u. a.: Böhlau, 2018, S. 9–24: 16,17, 19, 24; Phoofolo: Holy Weddings, 2007: 363 f.; Rüther: Akteurszentrierte Geschichte, 2016.

3 Griffiths: What is legal pluralism, 1986: 39.

4 Dupret: Legal pluralism, 2007: 304–313. Dupret orientiert sich hierzu an der entsprechenden rechtssoziologischen Programmatik bei Stephen K. Hester, Peter Eglin: *A sociology of crime*, London: Routledge, 1992. Grundlegend zur Ethnomethodologie und ihrer Perspektive: Harold Garfinkel: *Studies in Ethnomethodology*, New Jersey: Prentice-Hall Inc., 1967; Alfred Schütz: „The problem of social reality", Bd. 1, in: *Collected papers*, Den Haag: Nijhoff, 1962. Zum Unterschied von *Ethnomethodology* und *Ethnosience* siehe George Psathas: „Ethnotheorie, Ethnomethodologie und Phänomenologie", in: Arbeitsgruppe Bielefelder Soziologen (Hg.). *Alltagswissen, Interaktion und Gesellschaftliche Wirklichkeit*, Wiesbaden: Springer Fachmedien, 1980, S. 263–284; zur Verortung der Ethnomethodologie im Feld praxistheoretischer Entwürfe: Reckwitz: Grundelemente, 2003: 283, 286–289, 297.

4.1 Die Suche nach Quellen vom ‚ground floor of the Church‘

Die Suche nach schriftlichen Zeugnissen, die diese Art von Vorgängen an der Kirchenbasis für die Geschichte der PCG und ihrer Vorgängerin, der *Basler Mission auf der Goldküste* dokumentiert, war für mich einer der Ausgangspunkte dieses Projekts.

Die Korrespondenzordnung der BM forderte schon Mitte des 19. Jahrhunderts für jede ihrer Stationen das Führen einer Reihe von Akten. Das waren diverse Kirchenregister, „Korrespondenz-“, „Geschichts-“ und „Geschäftsbücher“, darunter Stationschronik, Grundbuch, Personallisten, Finanzakten sowie Protokollbücher, beispielsweise von Stationsvorstands- und Ältestenratssitzungen. Diese schriftlichen Zeugnisse der Missionsarbeit waren in den vor Ort anzulegenden „Stationsarchiven“ abzulegen und aufzubewahren.[5] In der Korrespondenzordnung von 1842–65 ist das Führen der Akten Pflicht der jeweiligen „Brüder“, d. h. der europäischen Missionare.[6]

Allerdings hat die Untersuchung der eingangs genannten Chronik von Nkoranza aus dem frühen 20. Jahrhundert gezeigt, dass spätestens zu diesem Zeitpunkt auch auf Außenstationen, wo kein europäisches Personal anwesend war, derartige Akten geführt wurden. Insbesondere – aber nicht nur – dort gehörten afrikanische Mitarbeitende und Mitglieder der Kirche wie Älteste, Lehrer und später Lehrerinnen, Katechisten, Diakone und Pfarrer maßgeblich zur Autoren- und Urheberschaft dieser Dokumente.

Der Aufbau von Schulen, in denen u. a. Lesen und Schreiben unterrichtet wurde, war zentraler Teil der Basler Missionsstrategie an der Goldküste und in Asante. Der Aufbau einer neuen Station oder Außenstation ging jeweils mit der Einrichtung einer Schule einher.[7] Solche Missionsschulen waren in der Region bis zur Einführung der britischen Regierungsschulen 1916 die einzigen Anbieter von formaler Bildung europäischen Zuschnitts. Lesen und Schreiben wurden unter den Bedingungen der Indirect Rule und des Kakaobooms in der Bevölkerung zunehmend als nützliche Fertigkeiten beurteilt, mit der man sich für die neue, „moderne“ Situation zu rüsten gedachte. Das bewog viele, die es sich leisten konnten, dazu, ihre Kinder in die örtlichen Missionsschulen zu schicken.[8] Zumindest für die *Basler Mission*

---

5 BMA Q-9,11.27: Verordnungen für die Basler Missionsstationen. VII. Korrespondenz-Ordnung: § 1 – § 3.

6 BMA Q-9,11.27: BMA 1842: § 12.

7 Die Bedeutung solcher Schulen als Faktoren räumlicher Etablierung der Mission und die Rolle lokaler Akteure und Akteurinnen bei einem solchen Unterfangen habe ich anhand der oben genannten Chronik in meiner Masterarbeit untersucht (Beutter: Räumliche Etablierung, 2015).

8 Miescher: Becoming a man, 1997: 104;115–118. Emmanuel Akyeampong: „Christianity, modernity and the weight of tradition in the life of Asantehene Agyeman Prempeh I, c. 1888–1931“, in: *Africa*

auf der Goldküste, welche im frühen 20. Jahrhundert an die 300 Stationen und Außenstationen betrieb, müsste es also schriftliche Zeugnisse von afrikanischen Mitarbeitern der Kirche in beachtlichem Umfang gegeben haben.[9] Für die aus ihr hervorgegangene PCG, die das Dokumentationssystem weiter führte, gilt dies mit dem Wachstum der Kirche bei gleichzeitigem Rückgang des europäischen Personals umso mehr.

Aber selbst wenn diese Dokumente – unter Berücksichtigung aller quellenkritischen Einwände über ihre Aussagekraft – ein schriftliches Zeugnis von ‚African Voices' waren, so blieb die pragmatische Frage, ob die Forschung ihrer zum heutigen Zeitpunkt, über einzelne Fundstücke hinaus, überhaupt noch habhaft werden kann. Mit ihrem lokalen Fokus und der Aufbewahrung in den örtlichen Gemeinden, waren sie nicht Teil jenes Materials, das regulär in die Archive der Missionsgesellschaften in Europa überführt wurde. Im Falle der BM in Ghana wurde eine kleine Zahl von „Stationsarchiven" nach dem ersten Weltkrieg in das Archiv in Basel transferiert, darunter das eingangs beschriebene Dokument.[10] Kenntnis dieser Quellen und zwei weiterer „Stationsarchive" im *Public Records and Archives Departement* in Accra (PRAAD),[11] sowie das Wissen um ein *Archival Repository* der PCG und einzelne Kirchenbücher in lokalen Gemeindebüros,[12] waren zunächst meine Indizien dafür, dass es Teile dieser Bestände noch gibt und es sich lohnt, sie zu suchen.

Mit diesem Ziel hatte ich im Juli 2016 die BM und PCG-bezogenen Bestände des PRAAD und des Archivs des *Akrofi-Christaller-Instituts* (ACI), in dem sich das Archiv der PCG derzeit befindet, durchforstet. Vorgabe dabei war, Quellen zu heben, die von lokalen Mitarbeitern und ggf. Mitarbeiterinnen verfasst worden waren oder die den ‚Alltag' an der Kirchenbasis dokumentieren. Die Vermutung, dass sich hier mehr Quellen dieser Art finden, hat sich bestätigt.

69, 1999, S. 279–311: 291–293; Louise Müller: *Religion and chieftaincy in Ghana. An explanation of the persistence of a traditional political institution in West Africa*, Zürich: Lit, 2013: 148.

9 Autorinnen konnte ich in den bisher bearbeiteten Akten keine identifizieren.

10 BMA D-5 Serie. Umfang: 9 Archivschachteln und 20 Bände mit Manuskripten. (Paul Jenkins: *Guide to the Basel Mission's Ghana archive*, Leipzig: Institut für Afrikanistik, 2003: 17).

11 PRAAD EC.1: Basel Mission Correspondence, and Records, Kibi Mission (Akyem Abuakwa); PRAAD EC.5: Basel Mission, Nsaba (Agona) Papers; PRAAD EC.2 Basel Mission Correspondence, and Records, Akropong Mission (Akwapim), das im „Guide to the holdings of the Public Records and Archives Administration Department, Headquarters, Accra, October 2001" noch aufgeführt ist, war im Juli 2016 vermisst und im 2018 konsultierten, aktualisierten Findmittel nicht aufgelistet.

12 Eingesehen anlässlich der Studienreise „From Gold Coast to Ghana: Missions, Maps, Merchandise and the Making of a New West African Nation" des Departements Geschichte der Universität Basel, 10. Februar–3. März 2012.

Das Material, das diese Kriterien erfüllte, umfasst rund 170 Quellenstücke aus einem Zeitraum ab 1853.[13] Der Schwerpunkt liegt auf Kirchenbüchern aller Art, von denen einzelne aus den ersten Jahrzehnten des 20. Jahrhunderts, die meisten aus den 1930er- bis 1960er-Jahren stammen. Dieses Material habe ich in eine Liste aufgenommen und, wo möglich, fotografiert. Auf diesem Weg wurden ca. 5000 Bilder erstellt, d. h. knapp 10.000 handschriftliche Seiten fotografisch erfasst. Das entspricht rund einem Drittel der in meiner Liste erfassten Dokumente. Je eine Kopie der Digitalisate habe ich zusammen mit der Übersichtsliste 2016 bei der Bibliothek des ACI[14] und 2018 beim Archivar hinterlegt. Diese Liste umfasst dabei auch 89 v. a. ältere Bände, die aufgrund ihres schlechten Zustands in gesonderten Schachteln aufbewahrt werden und bis August 2018 nicht in den gedruckten Findmitteln des Archivs erfasst waren. Unter diesen Bänden befindet sich u. a. die Fortsetzung der *session minutes* von Apenkwa 1955–56.

Abgesehen von diesem für mich relevanten Material fallen im Bestand des Archivs neuere Akten, insbesondere aus den 1990er-Jahren, ins Gewicht. Dazwischen finden sich einzelne ‚Raritäten' wie eine Reihe auf Deutsch und in Kurrentschrift geschriebener tabellarischer Lebensläufe von lokalen Kirchenmitarbeitern (Katechisten u. a.) aus dem späten 19. Jahrhundert. Außerdem gibt es einen Bestand an Personalakten der Kirche. Die alten Signaturen auf einer Anzahl von Dokumenten weisen darauf hin, dass im Laufe der bewegten Bestandsgeschichte, sowie durch die derzeit gesonderte Ablage der stark beschädigten Dokumente, die Ordnung der Bestände durcheinandergeraten sein dürfte. Bei vielen der gebundenen Bände sind die Buchrücken gebrochen und bei einigen der von mir bearbeiteten Akten fehlen die Buchdeckel. Damit ist in vielen Fällen auch der Verweis auf die Provenienz des Dokuments verloren.[15] Auch für die zwei Protokollbücher aus Apenkwa, die einzigen Dokumente zu diesem Ort, ist nicht eindeutig festzustellen wann und ggf. in welchem Verbund mit weiteren Dokumenten sie in den Bestand gelangt sind.

---

13 Die Dokumente aus dem Zeitraum vor 1900 sind alles Kirchenregister.

14 Übergabe der Daten an Rosina Anati Budu, Bibliothekarin der *Johannes Zimmermann Library* des ACI, die mit ihrem Team während meines Aufenthalts 2016 den Zugang zu den Archivalien gewährleistete. Ihr sei an dieser Stelle herzlich gedankt.

15 Diese lässt sich ggf. aus der Analyse des Inhalts rekonstruieren. In mindestens einem Fall scheinen Buchdeckel auch vertauscht.

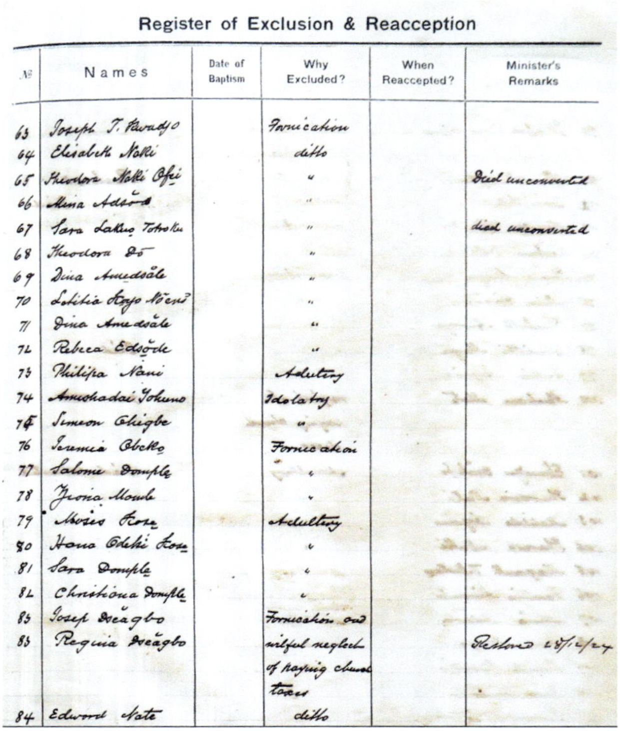

Register of Exclusion & Reacception

№	Names	Date of Baptism	Why Excluded?	When Reaccepted?	Minister's Remarks
63	Joseph T. Kwadjo		Fornication		
64	Elisabeth Nolli		ditto		
65	Theodora Nolli Ofei		"		Died unconverted
66	Mina Adsõ[illegible]		"		
67	Sara Lakuo Totroku		"		died unconverted
68	Theodora Dõ		"		
69	Dina Amedsãle		"		
70	Latitia Kojo Nõenĩ		"		
71	Dina Amedsãle		"		
72	Rebeca Edsõde		"		
73	Philipa Nani		Adultery		
74	Amishadai Tokuno		Idolatry		
75	Simeon Ckiegbe		"		
76	Jeremia Obetto		Fornicatoin		
77	Salome Domple		"		
78	Jeonia Moule		"		
79	Moses Kose		Adultery		
80	Hono Odeki Kose		"		
81	Sara Domple		"		
82	Christiona Domple		"		
83	Josep Dzeãgbo		Fornication and		
83	Regina Dzeãgbo		wilful neglect of paying church taxes		Restored 28/2/24
84	Edward Nate		ditto		

Abb. 8 Verschiedene Arten von Kirchenbüchern im ACIA: Ausschnitt aus „Register of exclusion and reacception“, Odumase 1920.

Um die Provenienz der hier untersuchten Quellen trotz dieses Vorbehalts nachvollziehbar zu machen, soll die fragmentierte, ambivalente und bisher nicht publizierte Bestandsgeschichte dieses Materials soweit dargestellt werden, wie ich sie u. a. durch die Aufenthalte in Ghana 2012, 2016 und 2018 in Erfahrung bringen konnte.

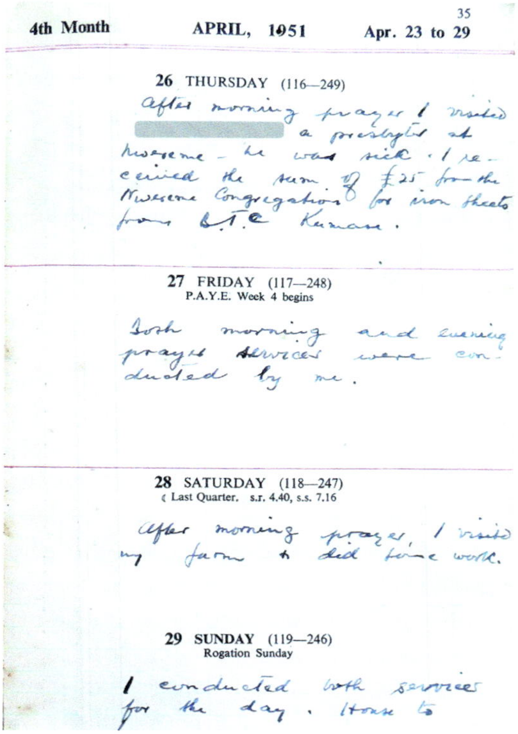

Abb. 9 Verschiedene Arten von Kirchenbüchern im ACIA: Ausschnitt aus „Diary", Nkawkaw 1951 (anonymisiert).

4.1.1 Bestandsgeschichte des ACI-Archivs[16]

1987 gründete die PCG das *Akrofi-Christaller Memorial Centre*; heute *Akrofi-Christaller Institute for Theology Mission and Culture* (ACI), als eine im Sinne kontextueller Theologie angelegte Forschungs- und Bildungseinrichtung. Eines der Gründungsanliegen war die Dokumentation von „published and unpublished material on the history and development of Christianity in Ghana, with particular reference to the Presbyterian Church of Ghana".[17] In diesem Rahmen sollten

16 Carl Christian Reindorf Archives and Special Collection Unit der Johannes Zimmerman Library, Akropong – Akuapem, Ghana.

17 J. O. Y. Mante, D. Aboagye-Danquah: *Synod decisions and the rationale behind the decisions (1975–2000)*, Accra: Adwinsa Publications, 2014: 245. Diese Aufgabe figuriert prominent als erster von drei zentralen geplanten Aufgabenbereichen im Bericht, den die Verantwortlichen im August 1986 der *Synod* zur Annahme vorlegten (ebd.: 73, 245–248).

Nachlässe von Pastoren und wichtigen Persönlichkeiten der Kirche aus dem Familienbesitz eingeholt und ins ACI verbracht werden. Diese Dokumente wurden im Hauptgebäude des ACI deponiert, erfuhren allerdings kaum weitere Aufmerksamkeit.[18] Ebenfalls am gleichen Ort wurden Microfiches von ausgewählten Beständen des Archivs der BM aufbewahrt.[19]

Außerdem war unter der Ägide von Rev. A. L. Kwansa (*Synod Clerk* von 1955–1969)[20] von Seiten der PCG die Einrichtung eines Kirchenarchivs beschlossen worden. 1971–72 war Günther Rusch im Zusammenhang mit seiner Promotion an der Universität Bremen damit beschäftigt, die in den Büros der lokalen Kirchgemeinden und möglicherweise weitere, in Familienbesitz befindliche „Stationsarchive", zu lokalisieren und im damaligen *head office* der PCG in Accra zusammenzutragen. Auf diese Weise entstand das „Presbyterian Church of Ghana Headquarters Archives" mit einem beachtlichen Bestand an Quellen.[21] Gemäß Paul Jenkins sei die Zusammenführung der dezentralen Bestände in einem zentralen Archiv relativ rasch im Auftrag der Kirchenleitung erfolgt. Die Gemeinden hätten keine Mitsprachemöglichkeit erhalten, seien zum Teil nicht bereit gewesen ihre historischen Dokumente preiszugeben und hätten sich diesem Vorgehen widersetzt.[22]

Mit dem Ende der Amtszeit von A. L. Kwansa 1975 und angesichts der ernsten wirtschaftlichen Krise des Landes ab Mitte der 1970er- und in den frühen 1980er-Jahren war das Kirchenarchiv von nachgeordnetem Interesse für die PCG.[23]

Vermutlich in der zweiten Hälfte der 1980er-Jahre nahm sich Rev. Okraku, der Bestände an. Okraku war Pastor der PCG und hatte eine Zeit lang im Nationalarchiv (heute PRAAD) gearbeitete.[24] Möglicherweise stammen die an das System des

18 Philip Laryea: Hintergründe zum ACI-Archiv, Gespräch geführt von Anne Beutter, Akrofi-Christaller Institute, Akropong 28.7.2016.

19 Besichtigung des ACI anlässlich der Studienreise „From Gold Coast to Ghana" 2012. Bei den auf diesem Weg akquirierten Nachlässen dürfte es sich um die 2016 als „Rev. Ephraim Amu's Collection", „Osei's Collection", „Rev. S.K. Aboa Collection", „Rev. Albert L. Kwansa Collection" gelisteten Bestände sowie die Materialien aus dem Besitz der Familie des *Moderator* Odjidja handeln.

20 Kwamena-Poh: Vision, 2011: 284.

21 Jenkins: Guide BM Ghana archive, 2003: 17; Günther Rusch: „Koloniale Kirche. Die Presbyterianische Kirche Ghanas im Spannungsfeld zwischen kolonialer Abhängigkeit und nationaler Emanzipation 1896–1966", Unveröffentlichte Dissertation zur Erlangung des Grades eines Doktors der Philosophie der Universität Bremen, Universität Bremen, Bremen 1977: 637. Leider enthält die Dissertation keine näheren Angaben zu den vom Autor zusammengetragenen und untersuchten Dokumenten. Das *head office* befand sich nahe des Makola Market.

22 Paul Jenkins: Archiv der Presbyterian Church of Ghana, E-Mail an Anne Beutter 16.9.2016.

23 Jenkins: E-Mail an A.B., 16.9.2016.

24 Okraku ist mittlerweile verstorben (Philip Laryea: Gespräch mit A.B., Akrofi-Christaller Institute, Akropong 28.7.2016).

Nationalarchivs angelehnten Signaturen, die auf einer Reihe von Dokumenten auch aktuell noch zu sehen sind, aus dieser Zeit – oder aber sie wurden bereits von Rusch angebracht. Okraku wurde in den frühen 1990er-Jahren auf einen anderen Posten versetzt. Den Archivbestand transferierte man etwa1997 vom PCG *head office* in einen Raum im Haus des *Moderator* auf dem Kuku Hill in Osu, wo die Dokumente etwas besser geschützt gewesen seien.[25]

2012 bestand das *archival repository* aus einem containerartigen Gebäude auf dem Grundstück des Hauses des *Moderator*. Dort wurden die Dokumente in Regalen aufbewahrt, waren allerdings Hitze, Schädlingen und Staub ausgesetzt und der Forschung kaum zugänglich.[26] Etwa 2015 habe die PCG beschlossen, dieses Archiv in die Obhut des ACI zu übergeben, um es in einen Forschungszusammenhang einzubinden und die Zugänglichkeit zu verbessern.[27] Dass das Archiv auf der Ebene der Kirchenleitung angesiedelt war, wird als eines der zentralen Probleme und Grund für die nachfolgenden ungünstigen Entwicklungen beurteilt – aus verschiedenen Gründen: Laut Philip Laryea fehlte dadurch die Anbindung an einen Forschungskontext, der an den historischen Dokumenten interessiert ist. Laut Paul Jenkins ließ man damit die Gemeindeebene aus, auf der von Seiten der Presbyter Interesse an der Bewahrung der eigenen historischen Dokumente durchaus vorhanden gewesen sei.[28]

In der ersten Hälfte des Jahres 2016 transferierte man sowohl die Bestände aus Accra, Osu / Kuku Hill, als auch jene, die sich bereits im ACI befanden, in das seit 2012 neu gebaute Bibliotheks- und Archivgebäude der *Johannes Zimmermann Library* des ACI. Der mit Klimaanlagen versehene Archivraum befindet sich im unteren Geschoss des derzeit zweistöckigen Gebäudes. Die Fenster sind vergittert und der Raum ist durch eine Glaswand von den hier befindlichen Arbeitsplätzen für Forschende abgetrennt. Die Archivalien waren 2016 in vier handschriftlichen Findbüchern sowie in einer digitalen Datenbank aufgelistet und in mit Laufnummern als Signatur versehene neue Archivschachteln verpackt.[29] Die Signaturen und v. a. die Beschreibungen bzw. Titelangaben in den Findmitteln waren allerdings für die Beforschung und das saubere Referenzieren noch nicht befriedigend umgesetzt.

In gesonderten, unnummerierten Schachteln, die im Juli 2016 an der Rückwand des Archivraums aufbewahrt wurden, befanden sich die stark beschädigten, meist ältesten, Dokumente. Man war außerdem dabei, einzelne Dokumente, wie die

---

25 Philip Laryea: Gespräch mit A.B., Akrofi-Christaller Institute, Akropong 28.7.2016; Jenkins: E-Mail an A.B., 16.9.2016.

26 Besichtigung durch A.B. et al. anlässlich der Studienreise „From Gold Coast to Ghana“ 2012.

27 Nana O. Kwakye: ohne Betreff, E-Mail an Anne Beutter 6.5.2016.

28 Philip Laryea: Gespräch mit A.B., Akrofi-Christaller Institute, Akropong 28.7.2016; Jenkins: E-Mail an A.B., 16.9.2016.

29 Die Archivschachteln sind mit dem Logo des PRAAD bedruckt.

Tagebücher von Ephraim Amu,[30] restaurieren zu lassen und es sollte ein „treatment plan“ aufgesetzt werden.[31]

In der Person von Reuben Saah wurde 2017 ein Absolvent des Studiengangs Dokumentationswissenschaft der University of Ghana als Archivar eingestellt. Offiziell verantwortlich für das Archiv ist derzeit Gillian Mary Bediako. Bis Juli 2018 hatte Saah den erschlossenen Bestand thematisch reorganisiert, hierzu neue Findmittel im PDF-Format erstellt und neue Signaturen vergeben.[32]

Das im Archiv des ACI verwahrte Material ist aber wohl nur ein Teil der Akten dieser Art, von denen sich weitere in den lokalen Gemeinden und im Privatbesitz der Familien von Kirchenältesten befinden. Für Apenkwa konnte ich im Büro des Gemeinde- und gleichzeitig *district pastors* drei Register (1887–1908, 1908–1997, 1954–1960), ein Rechnungsbuch (1953–1957) sowie neuere *session minutes* (fast nahtlos von 1969–2013) einsehen.[33] Dort zeigte sich auch unmittelbar, welche praktische Wichtigkeit diese Akten auch in der Gegenwart bekommen können, wenn sie z. B., wie in Apenkwa der Fall, in aktuellen Gerichtsverfahren am *High Court* hinzugezogen werden. Damit ist auch die Brisanz angesprochen, die ein Archiv mit sich bringt und die im Zusammenhang mit den aktuellen Bestrebungen, ein stärkeres Bewusstsein für die Bedeutung kircheneigener Dokumentation zu schaffen, diskutiert werden.[34]

4.2 Die Session Minutes von Apenkwa als Quelle

Ein Quellentyp über den eine praxeologische Perspektive auf der Mesoebene der Organisation möglich wird, sind die Protokollbücher der Session. Bestehend aus den gewählten Presbytern als Laienvertretung der Gemeinde sowie dem Katechisten und dem Pfarrer als Angestellte der Kirche (*agents*)[35] verkörpert dieses Gremium

---

30 Ephraim Amu (1899–1995) war Musikologe und eine wichtige Figur der Unabhängigkeitsbewegung. Bis 1933 war er Katechist und am *Presbyterian Training College* in Akropong tätig. Er geriet in Konflikt mit der Kirchenleitung, weil er begann, lokale Elemente in seinen Predigten aufzunehmen und wurde zuletzt seines Postens in der PCG enthoben (Laryea: Ephraim Amu, 2012: 2, 14).

31 Philip Laryea: Gespräch mit A.B., Akrofi-Christaller Institute, Akropong 28.7.2016.

32 Diesen Signaturen folgt die Darstellung der Quellen in dieser Untersuchung.

33 Auch hierzu konnte ich eine entsprechende Liste erstellen.

34 Diskussion im Anschluss an die Präsentation von Reuben Saah, Archivar des ACI zu den dortigen Archivbeständen und meinen Vortrag „Joining sources, local church chronicles and missionary reports as complementary perspectives on mission history“ im Rahmen der Vortragsreihe „Jubilee Forum“, Accra, 8.8.2018; Feldprot. 1.8.2018: Dokumente u. a., Apenkwa, Achimota: 1 f.

35 In Apenkwa waren es zum Zeitpunkt der Untersuchung nur männliche Vertreter, obwohl die RPP 1953 Presbyter beider Geschlechter vorsieht. Bei der Neuwahl des Gremiums 1955 wurden zwei Frauen als Presbyter gewählt: Christiana Aba Holm und Sarah Korkor Kwaku (Apenkwa: Anniversary

die Organisation vor Ort mitsamt ihrem Autoritätsanspruch über die örtlichen Verhältnisse (vgl. Abb. 17, Anhang 1).

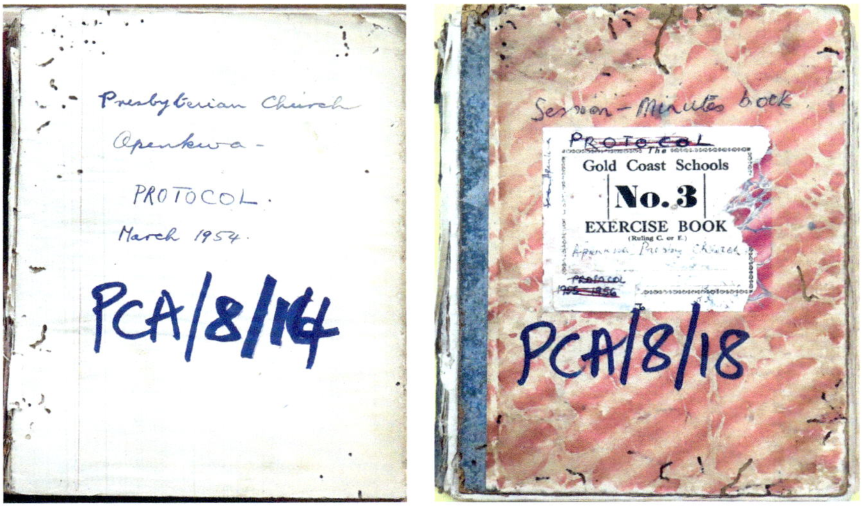

Abb. 10 und 11 Die beiden Protokollbücher von Apenkwa: Deckblatt Band 1954–1955 und Buchdeckel Band 1955–1956.

Die Protokollbücher entstanden aus der und für die Praxis der Session. Sie dokumentieren in ihrer chronologischen Form den prozesshaften Charakter der Verhandlungen, Argumentationen und Entscheidungsfindung und die sessionsinternen Spannungen, Konflikte und Allianzen. Als Akten sind sie ein „[…] selektiver schriftlicher Niederschlag kommunikativer Handlung […]“ und enthalten, wie Vismann weiter schreibt, „[…] in einer phonozentrierten Perspektive all das, was andere Schriftformen nicht mehr preisgeben - das Leben, die Kämpfe, das Ringen um Entscheidungen, die Reden“.[36] Gleichzeitig tragen sie den Nimbus und damit auch die bis zu einem gewissen Grad geglättete Oberfläche, die ihnen als offizielles/offiziöses, autorisiertes und autorisierendes Dokument zukommt. Durch die schriftliche Form der Interaktion von Individuen enthoben,[37] ‚spricht‘ in ihnen

---

Brochure, 2008: 48). Die Frauenordination wurde in der PCG 1976 eingeführt (Kpobi: Mission & Governance, 2011: 152).

36 Vismann: Akten, 2010: 26.

37 „The appearance of meaning as a text, […] in permanent material form, detaches meaning from the lived processes of its transitory construction […]“ (Dorothy E. Smith: „Textually mediated social organization“, in: *International Social Science Journal* 36 (99), 1984, S. 59–75: 60). Vgl. auch Moore: Social facts and fabrications, 1986: 304.

und durch sie ‚die Session' – als kollektive Akteurin, als Verkörperung der Organisation – ihre internen Strukturen und Machtverhältnisse sowohl preisgebend als auch reproduzierend.

4.2.1 Quellenbeschreibung

Beim Protokollbuch der Session von Apenkwa (7.3.1954–3.7.1955),[38] welches die zentrale Quelle dieser Untersuchung darstellt, handelt es sich um ein Buch im Format ca. DIN B4 mit 380 blau vorlinierten und von Hand mit Bleistift in der äußeren oberen Ecke konsistent durchnummerierten Seiten.[39] Der rote Buchrücken ist gebrochen, die schwarzen Buchdeckel und die im Block gebundenen Seiten sind dennoch vollständig erhalten. Allein zwischen den als Seite 358 und 359 nummerierten Seiten ist erkennbar, dass eine Buchseite entfernt worden war, dies aber möglicherweise bereits bevor oder spätestens während des Verfassens der Tagesordnung, die sich nun auf diesen Seiten befindet.[40] Die ersten und letzten ca. 20 Seiten sind leicht wurmstichig, was aber die Lesbarkeit der Schrift in meist blauer, manchmal schwarzer Tinte nicht beeinträchtigt. Die Handschrift ist (abgesehen von einzelnen Wörtern, insbesondere am Ende von Zeilen)[41] insgesamt sehr gut lesbar. Nur auf den ersten ca. zehn Seiten sind Buchstaben am Seitenrand leicht ausgeblichen.

Die überwiegende Zahl der Einträge dokumentiert die Ältestenratssitzungen der Gemeinde von Apenkwa, die ca. wöchentlich, i. d. R. sonntags, stattfanden. Dazwischen gibt es einzelne Sondersitzungen, die sich mit einem bestimmten Fall, meist einem Schlichtungsverfahren, befassen. Überdies gibt es in einzelnen Fällen Nachträge über aktuelle Entwicklungen zu zuvor besprochenen Punkten oder Einträge zu Visitationen durch den *district pastor* und andere Funktionsträger der Kirche. Die Sprache der Aufzeichnungen ist Englisch, teilweise mit radebrechend anmutenden Formulierungen und vereinzelt sind Sätze in der Lokalsprache Ga geschrieben.[42]

In aller Regel handelt es sich bei den Protokolleinträgen um mehrseitige Fließtexte, die durch Absätze, Marginalien und Nummerierungen gegliedert sind. Die

38 ACIA 73A: Apenkwa Minutes 1954–55.

39 Die in diesem Buch gemachten Seitenangaben zur Quelle verweisen auf diese originalen Seitenzahlen.

40 Die Nummerierung der Tagesordnung, ebenso wie die Seitenzahlen, sind durchgängig.

41 Z. B. ACIA: Apenkwa Minutes 1954–55: 123.

42 Dazu mehr in Kap. 4.2.3. Für die Übersetzung dieser Passagen danke ich Philip Laryea und Ernest Sewordor, beide Historiker und Mitglieder der PCG. Mit ihnen wie auch mit David Awuku konnte ich mögliche Deutungen dieser wie weiterer Passagen diskutieren (vgl. Feldprotokoll zum 7.8.2018: Gespräch mit David Awuku, Legon, Campus Universitity of Ghana).

Marginalien befinden sich in der rot vorgedruckten Spalte links vom Text. Sie fassen den verhandelten Vorgang in Form von Schlagworten oder der Namen der betroffenen Personen zusammen. Inhaltlich sind es teils ausführliche, teils eher als Ergebnisprotokoll gehaltene Aufzeichnungen zu den jeweils verhandelten Tagesordnungspunkten.[43] Diese Aufzeichnungen beginnen jeweils mit dem Datum samt Nennung der Sitzung („session", „session was held", „session met"), gefolgt von einer Aufzählung der Anwesenden in hierarchischer Reihenfolge. Wenn anwesend, wird zuerst der Pfarrer genannt, dann stets der Katechist und danach die in wechselnder Zahl anwesenden Presbyter sowie manchmal zusätzliche Personen als Zeugen etc.

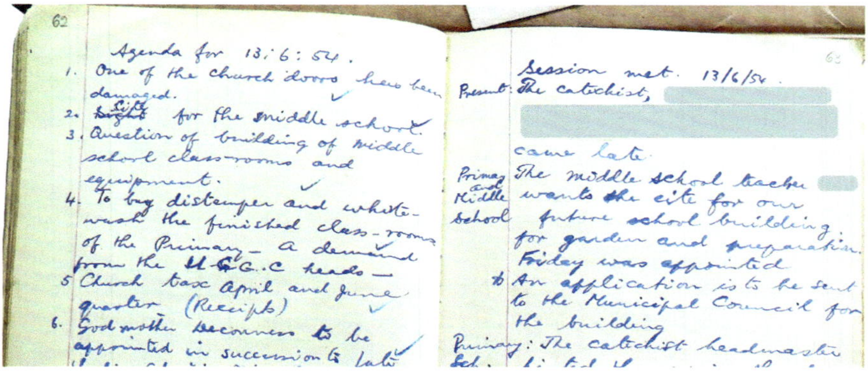
62
Agenda for 13:6:54.
1. One of the church doors have been damaged.
2. Site for the middle school.
3. Question of building of middle school class-rooms and equipment.
4. To buy distemper and white-wash the finished class-rooms of the Primary – a demand from the U.G.C. heads –
5. Church tax April and June quarter (Receipts)
6. God mother becomes to be appointed in succession to late

Session met. 13/6/54.
Present: The catechist, [redacted]
came late.
Primary and Middle School: The middle school teacher [redacted] wants the site for our future school building for garden and preparation. Friday was appointed.
An application is to be sent to the Municipal Council for the building.
Primary Sch.: The catechist headmaster

Abb. 12 Ausschnitt aus Apenkwa Minutes 1954–55 mit Tagesordnung (linke Seite) und Anfang eines Sitzungsprotokolls (rechte Seite, anonymisiert).

Fast immer ist dem eigentlichen Protokoll eine Tagesordnung vorangestellt, auf die in den darauffolgenden Ausführungen teilweise Bezug genommen wird. Selten schließt das Protokoll mit der Angabe „session was closed" oder ähnlich und der Angabe der Uhrzeit.[44]

Bei den Protokollen dürfte es sich wohl um Abschriften handeln, die nachträglich, ausgehend von einer während der Sitzung erstellten ersten Fassung, mit entsprechenden Korrekturen in das Protokollbuch aufgenommen wurden.[45] Alternativ könnten sie auch nach der Sitzung als Gedächtnisprotokoll geschrieben worden

43 Zu den verhandelten Themen siehe unten, Kap. 4.3.1.

44 Z. B. ACIA: Apenkwa Minutes 1954–55: 131.

45 Dies war die gängige Praxis beim Erstellen der Protokolle, bevor sie zunächst mit Schreibmaschine und heute mit Computer angefertigt wurden (Feldprot. 1.8.2018: Dokumente u. a., Apenkwa, Achimota: 1; Feldprotokoll zum 6.8.2018: Gespräch mit Nana Opare Kwakye, Legon, Campus Universitity of Ghana: 2).

sein. Die saubere Schrift und die meist nur wenigen Ergänzungen und Korrekturen können als Indiz für eine dieser Varianten gelten. Als Gegenbeispiel, bei dem es sich – der hastig wirkenden und etwas größeren Schrift nach zu urteilen – um eine direkt im Protokollbuch geschriebene erste Fassung handeln könnte, sei das Protokoll einer Sondersitzung zu einem Streitfall genannt.[46] Deutlichstes Indiz dafür, dass Protokolle erst nachträglich im Protokollbuch ergänzt wurden, ist der Umstand, dass der Zeilenabstand in einigen Fällen gegen Ende des Protokolls immer enger wird. Das spricht dafür, dass der Verfasser diese Passagen noch in den verbleibenden Platz vor der bereits für die nächste Sitzung im Buch befindlichen Tagesordnung gequetscht hat.[47] Vielleicht geschah dies auch erst, nachdem der Entwurf in der darauffolgenden Sitzung verlesen und ggf. von der Session genehmigt worden war. In diesem Protokollbuch von Apenkwa findet sich hierfür aber kein Beleg, im Gegensatz z. B. zu jenem von Nsawam, in dem dies i. d. R. der erste Punkt des Protokolls ist. Nsawam ist eine PCG-Gemeinde mit Pfarrer, der den Vorsitz in den Sitzungen innehatte. Die Protokolle wurden dort von einem *session clerk* verfasst und höchstwahrscheinlich vom Pfarrer abgesegnet. Dieses Protokollbuch dient hier und im Weiteren als Vergleichsdokument für solche Beobachtungen.[48]

Bei den Tagesordnungen im Protokollbuch von Apenkwa ist hingegen davon auszugehen, dass sie direkt im Buch angefertigt wurden. Manchmal mit expliziter Referenz auf die vertagten und offenen Punkte der vorangegangenen Sitzung, hat der Protokollant hier die Diskussionspunkte zusammengetragen und in der Randspalte durchnummeriert. Manchmal wurde diese Liste vor der entsprechenden Sitzung noch durch weitere Punkte ergänzt. Das wird an jenen Stellen deutlich, wo am Ende einer in Tinte geschriebenen Liste weitere Punkte mit Bleistift oder blauem Farbstift notiert sind.[49] Das Gleiche gilt für Stellen, wo in den Zeilenabstand zwischen zwei Punkten ein weiterer in engerer Schrift eingefügt und die Nummerierung angepasst wurde.[50] Die kleinen Häkchen, die sich immer wieder neben Tagesordnungspunkten finden, könnten ein Hinweis sein, dass diese Listen während der Sitzungen in Gebrauch waren und die erledigten Punkte darauf abgehakt wurden.[51]

---

46 ACIA 73A: Apenkwa Minutes 1954–55: 168–173.

47 Z. B. ACIA 73A: Apenkwa Minutes 1954–55: 136, 161, 179, besonders deutlich 294 f.

48 ACIA 73A: Minutes book Nsawam (PCA/8/12) 1949, 1949–1954, PCG administrative records: z. B. Protokoll vom 2.2.1952. Die Seiten dieses Protokollbuchs sind unnummeriert, deswegen verweise ich hier jeweils auf das Sitzungsdatum.

49 ACIA 73A: Apenkwa Minutes 1954–55: 71, 245, 359. Oder umgekehrt: Die Liste auf S. 84 beginnt in blauem Farbstift, der letzte Punkt hingegen in blauer Tinte geschrieben, wie auch das darauffolgende Protokoll. Es könnte sein, dass diese Punkte am Anfang der Sitzungen gesammelt und notiert wurden. Klare Indizien dafür gibt es aber keine.

50 ACIA 73A: Apenkwa Minutes 1954–55: 173 f., 190 f., 312.

51 ACIA 73A: Apenkwa Minutes 1954–55: z. B. 62, 86 f., 334 f. in blauer Tinte oder blauem Farbstift.

Verfasser all dieser Einträge ist, bis auf drei kurze Passagen in diesem Band, der Katechist G. P. Mensah, welcher der Gemeinde Apenkwa von 1950 bis 1956 vorstand.[52] In der kirchlichen Hierarchie ist er den Presbytern über- und dem *district pastor* T.T. Laryea untergeordnet. Mensah ist gleichzeitig „catechist in charge", d. h. verantwortlich für die Gemeinde, und auch „head teacher" der örtlichen Schulen der PCG. Seine Autorenschaft ist durch die allenthalben am Ende von Einträgen gesetzten Signaturen und das konsistente Schriftbild festzustellen.[53] Auch die Darstellung von Sachverhalten in den Protokollen deutet durch eine gewisse Nähe zur Position des Katechisten auf diesen als Autor hin. Das unterscheidet diese Quelle von vielen anderen im ACI Archiv, die vom Pfarrer oder dem *session clerk* geschrieben sind. Es könnte dieser Autorenschaft durch einen Laien zuzurechnen sein, dass die Formulierungen vergleichsweise direkt, illustrativ und weniger formalisiert[54] oder ‚theologisierend' wirken. Zugleich könnte dies auch der Grund dafür sein, dass die Sitzungsprotokolle weniger häufig Praktiken wie das gemeinsame Beten am Beginn und Ende der Sitzung oder Themen wie die Ordnung im Gottesdienst dokumentieren.[55]

Die drei Passagen, die nicht vom Katechisten von Apenkwa stammen, sind erstens der Eintrag, den der *Moderator* E. Max Dodu anlässlich seines Besuchs in Apenkwa im Protokollbuch hinterließ.[56] Zweitens gibt es einen Eintrag des *district pastor* T.T. Laryea,[57] der hier die Segnung einer nach „native custom" geschlossenen Ehe dokumentierte.[58] Interessanterweise finden sich im Protokollbuch, abgesehen von diesen zwei Einträgen, keine expliziten Nachweise dafür, dass die Vorgesetzen die Protokolle zur Kenntnis nahmen. Davon ist allerdings dennoch auszugehen, da im von der BM weitgehend übernommenen kirchlichen Dokumentationsapparat Dokumente dieser Art explizit auch dem Zweck dienten, die Aktivitäten an der Kirchenbasis zu überwachen.[59]

Die meisten Korrekturen und Einschübe scheinen dem Schriftbild nach vielmehr vom Katechisten selbst zu stammen, entweder direkt beim Schreiben bzw. Übertra-

---

52 Apenkwa: Anniversary Brochure, 2008: 47.

53 Verbunden mit der Nennung auf S. 309 (ACIA 73A: Apenkwa Minutes 1954–55), siehe unten.

54 Vgl. Moores Beobachtung, dass die besser ausgebildeten Funktionsträger im von ihr untersuchten Rechtssystem in Tanganyika/Tanzania Akten produzierten, die zwar formal ‚korrekter', dafür aber weniger informativ sind: „[they are] less revealing of the social facts and more routinely descriptive in terms of the statutory categories" (Moore: Social facts and fabrications, 1986: 304).

55 Als Vergleich dient hier wiederum Nsawam (ACIA 73A: Minutes book Nsawam 1949–54).

56 Das Amt des *Moderator* ist vergleichbar mit jenem des Kirchenratspräsidenten.

57 T.T. Laryea war als *district pastor* für Apenkwa verantwortlich von 1953–1957. (Apenkwa: Anniversary Brochure, 2008: 46)

58 Zu Eheformen in der Kirche siehe Kap. 6.3.4.

59 BMA D-10.5,14: Vorbereitungen von Missionar Christaller zur Herstellung von Tagebüchern zur Kontrolle der eingeborenen Arbeiter 1885–6; Beutter: Church discipline, 2015: 115.

gen der Protokolle,[60] oder aber bei einer zweiten Durchsicht: In mehreren Fällen sieht es so aus, als ob die Protokolle nicht in einem Zug im Protokollbuch niedergeschrieben wurden. Nachdem ein erster Teil bereits geschrieben war, ergänzte der Autor später nicht nur den zweiten Teil, sondern fügte auch Korrekturen und Ergänzungen zum bereits vorhandenen Text hinzu.[61] In gleicher Weise, und dort explizit vom Verfasser thematisiert, geschieht dies beim dritten Eintrag, der nicht vom Katechisten G.P. Mensah stammt: Dieses Protokoll beginnt in einer anderen Handschrift. Es geht um eine umfangreiche Verhandlung, die der Katechist an späterer Stelle als „[*chief*/senior presbyter] vs. the People of Apenkwa" bezeichnet.[62] Es geht darin um die Verhaftung mehrere *youngmen* durch die staatliche Polizei. Das Ganze scheint sich in eine *destoolment*-Forderung gegen den *chief* von Apenkwa auszuwachsen.[63] Nach zwei Seiten wechselt die Schrift. Katechist Mensah schreibt „The above was recorded by [Name], a Methodist Presbyter [from] Maase, helping the session – [and] continued later by the catechist Mr. G.P. Mensah as f[ollows]" und führt das Protokoll weiter.[64]

Eine weitere Auffälligkeit sind die Unterstreichungen mit rotem Farbstift, die jeweils da – und nur da – vorkommen, wo es um die Vergabe von Land geht.[65] Es ist indes unklar, durch wen und zu welchem Zeitpunkt sie gemacht wurden. Entweder wurden sie im Zuge der Landvergabepolitik in Apkenwa bereits zeitnah vorgenommen,[66] oder sie sind erst bei einer späteren Nutzung hinzugefügt worden. Angesichts der Tatsache, dass gerade im Zusammenhang mit *land claims* Dokumente dieser Art wichtige Beweisstücke darstellen, ist es durchaus denkbar, dass diese Markierungen nicht aus dem Entstehungszusammenhang der Quelle stammen. Einzelne weitere Ergänzungen können ebenfalls nicht zugeordnet werden.

---

60 Z. B. ACIA 73A: Apenkwa Minutes 1954–55: 253.

61 Besonders deutlich ACIA 73A: Apenkwa Minutes 1954–55: 160–167, da die Tintenfarbe von Schwarz zu Blau wechselt und es im ersten Teil blaue Ergänzungen gibt.

62 Man bemerke die an der Bezeichnung von Fällen im Common Law System orientierte Form. Ich habe zwecks Verständlichkeit hier den Namen durch das Amt ersetzt. Zu meinem Umgang mit Klarnamen und Anonymisierungen siehe Kap. 4.3.

63 Dieser Fall wird in der vorliegenden Untersuchung allerdings nicht vertieft untersucht. Erstens findet sich der Großteil der Aufzeichnungen dazu erst im zweiten Band der Apenkwa *session minutes*. Zweitens stellt die Thematik einen Gegenstand für sich dar und setzt überdies vertiefte Kenntnisse der soziopolitischen Strukturen und Allianzen vor Ort voraus, die eine andere methodische Vorgehensweise verlangen, als in dieser Untersuchung der Fall (Kap. 7.2).

64 ACIA 73A: Apenkwa Minutes 1954–55: 309, Einschübe A.B. Der Eintrag beginnt auf S. 307. Hier geschah die Komplettierung sogar erst nach drei Monaten. Eventuell wurde in diesem Fall gewartet, bis die Verhandlungen vorläufig abgeschlossen waren, was einen Einfluss auf die dargestellten Sachverhalte gehabt haben dürfte. Die Fortsetzung des Falls folgt in ACIA [o. Sign.]: Session-Minutes book Apenkwa (PCA/8/18), 1955, 1955–1956, Bestand 2018 in Bearbeitung.

65 Zum ersten Mal auf S. 42 (ACIA 73A: Apenkwa Minutes 1954–55). Siehe auch Kap. 5.3.2.

66 Siehe Kap. 5.1.

Einen Hinweis darauf, wie das Protokollbuch im Entstehungszusammenhang eingesetzt wurde, geben die vereinzelten intratextuellen Verweise auf Protokolle gegangener Sitzungen. Der Verweis auf eine tatsächlich oder aber vermeintlich im Protokoll festgehaltene Entscheidung könnte dabei eine Form sein, die dem entsprechenden Argument zu mehr Gewicht verhelfen sollte. Dafür sprechen einzelne solche Stellen, die ins Leere laufen.[67]

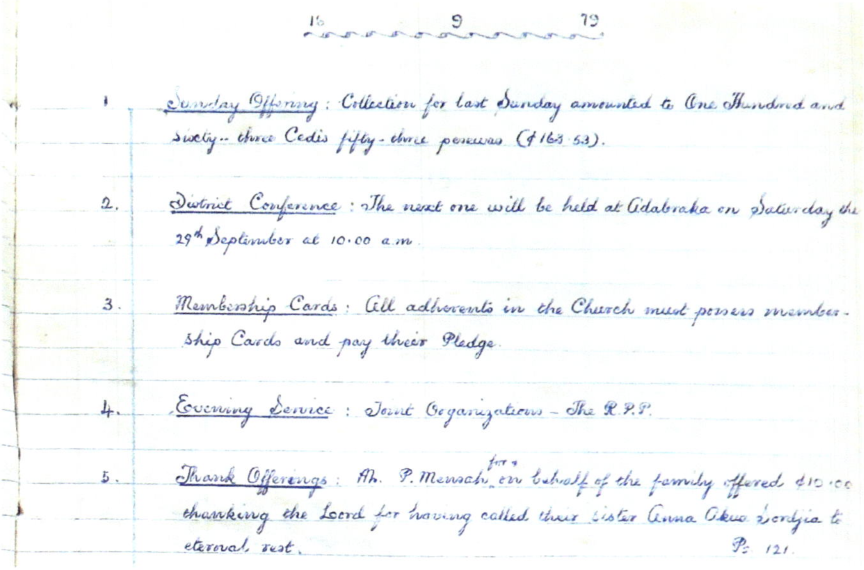

16 9 79

1. Sunday Offering: Collection for last Sunday amounted to One Hundred and sixty-three Cedis fifty-three pesewas (₵163.53).

2. District Conference: The next one will be held at Adabraka on Saturday the 29th September at 10.00 a.m.

3. Membership Cards: All adherents in the Church must possess membership Cards and pay their Pledge.

4. Evening Service: Joint Organizations – The R.P.P.

5. Thank Offerings: Mr. P. Mensah for & on behalf of the family offered ₵10.00 thanking the Lord for having called their sister Anna Okuo Sordjia to eternal rest. Ps: 121.

Abb. 13 Einträge in einem späteren announcement book aus Apenkwa, zum Sonntagsgottesdienst am 16.9.1979.

Von den *session minutes* gibt es auch eine Reihe von expliziten und impliziten intertextuellen Verweisen auf andere Dokumentengattungen. Der Vermerk, dass ein Beschluss der Gemeinde als „announcement“ mitgeteilt werden soll, verweist auf das *announcement book*.[68] Auch auf die Geburten-, Sterbe-, Tauf- und Familienregister sowie auf die *account books* zu Kirchensteuern und Steinbruchkonzessionen

67 Z. B. ACIA 73A: Apenkwa Minutes 1954–55: 252.

68 Z. B. ACIA 73A: Apenkwa Minutes 1954–55: 231. Siehe Kap. 5.4.1. Ein *announcement book* von 1979 war 2018 im Besitz der Gemeinde (APC: Announcement book Apenkwa 26.8.1979–22.9.1985, Abb. 13); eine Reihe von *announcement books* aus dem untersuchten Zeitraum finden sich in ACIA Box 77A, PCG administrative records und unter den beschädigten, noch nicht im Findbuch (aber in meiner 2016 erstellten Liste) erfassten Bänden im ACIA.

sowie auf *building fund* und andere Spendenlisten verweisen die Protokolle implizit und explizit. Für den untersuchten Zeitraum liegen mir allerdings nur das Rechnungsbuch für die Steinbruchkonzessionen und das Taufregister vor.[69]

4.2.2 Quellenkritik

Man muss sich das Protokollbuch also als spezifischen Teil eines größeren „Aufzeichnungsapparats“[70] der PCG vorstellen, in welchem es eine spezifische Funktion erfüllt. Während die Protokolle der Session vertraulich und nur der Session sowie den kirchlichen Vorgesetzten zur Einsichtnahme zugänglich sind, geben die *announcement books* wieder, was hiervon auf formellem Weg der Gemeindeöffentlichkeit zugänglich gemacht wurde. Letztere sind dabei eher auf Kurzzeitigkeit ausgerichtet, die Protokollbücher hingegen implizieren eine längerfristige Nutzung durch Rückbezüge auf frühere Beschlüsse. Die Protokolle dokumentieren auch Vorläufigkeit.[71] Sie rechtfertigen, fixieren und autorisieren Entscheidungen gerade auch dadurch, dass die Entscheidungsgrundlagen und -prozesse mit dokumentiert werden. Damit unterscheiden sie sich einerseits von den Listen und Registern mit ihren des Kontexts entkleideten und *in extremis* formalisierten Informationen. Andererseits unterscheiden sie sich von der auf das punktuelle, aber autoritative Festschreiben, z. B. der offiziellen Geschichte von Apenkwa,[72] ausgelegten Gattung der Chronik.

Gleichzeitig scheint sich in der Sprache der Protokolle der Versuch abzuzeichnen, das Prozessuale seines arbiträren und subjektiven Charakters zu entkleiden und stattdessen das Ergebnis der „kollektiven und anonymen Stimme“ des Gremiums zuzuschreiben. Dessen interne Entscheidungsprozeduren indessen bleiben nach außen unsichtbar. Folgt man Latours Analysen, *müssen* sie nach außen unsichtbar bleiben, um wirksam zu sein. Denn an der Unsichtbarkeit gerade der allzu menschlichen Komponenten der praktischen Prozeduren macht Latour den Nimbus, und damit die Autorität des rechtlichen Gremiums, und damit wiederum die Wirksamkeit von dessen Entscheidungen fest.[73]

Auch der Protokollant tritt nicht als Subjekt auf, sondern in der Rolle, die er im Rahmen der Organisation verkörpert. Das macht er deutlich, indem er von seinen Interventionen in den Sitzungen weitestgehend in der dritten Person Singular als

---

69 Beide 2018 im Besitz der Gemeinde von Apenkwa, (APC: Quarry tolls accounts Apenkwa; APC: Apenkwa-Ablenkpe 1887–1908 [enthält Taufregister 1954–1960]).

70 Vismann: Akten, 2010: 8.

71 ACIA 73A: Apenkwa Minutes 1954–55: 81; 91.

72 Siehe Kap. 5.3.3; ACIA [o. Sign.]: Apenkwa Minutes 1955–56: 52 f.

73 In seinem Fall der französische *Conseil d'État*. Bruno Latour: *Die Rechtsfabrik. Eine Ethnographie des Conseil d'État*, Konstanz: Konstanz University Press, 2016: 9 f.

dem „catechist“ schreibt und seine Signatur überwiegend mit dem Kürzel „c/c“, d. h. „catechist in charge“, versieht. Eine Ausnahme macht diese sonst recht konsistent durchgehaltene Entpersonalisierung seiner Autorenschaft besonders deutlich: An einer Stelle korrigiert der Protokollant zu einem späteren Zeitpunkt den Satz „[...][the] cement remaining on hand, [...][is] to be used for cementing the house office and verandah by my son“ und beendet ihn stattdessen mit „by the son of the catechist“ sowie dessen Name.[74]

Die häufigen Passivformulierungen machen es mitunter schwierig nachzuvollziehen, wer genau während der Sitzungen was einbringt. Formulierungen wie „it was observed“, „it was discussed“, „Topic X was moved“ mögen zum formellen Duktus des Protokolls gehören, zumindest für eine organisationsfremde Leserin haben sie aber ebenso den Effekt, die Akteurschaft unkenntlich zu machen und dem Kollektiv zuzuweisen. Dies könnte in gewissen Fällen auch als gezielte Anonymisierung gegenüber allfälligen Lesern, insbesondere kirchlichen Vorgesetzten, gedient haben.

Die Session als kollektive Akteurin tritt in der Sprache der Protokolle explizit dort auf, wo Entscheidungen getroffen und Urteile gefällt werden: „Session with one voice ruled that [...]“.[75] Die Session als unpersönliche Entscheidungsinstanz steht dabei sprachlich im Gegensatz zu den Gemeindemitgliedern und anderen Akteuren, wenn das Protokoll Aussagen in Anhörungen und Befragungen teils in Anführungszeichen und in erster Person Singular darstellt. Diese als Zitate dargestellten Aussagen gehören auch zu den Stelen, wo die Sprache der Aufzeichnungen unvermittelt vom Englischen ins Ga wechselt. Mögliche Deutungen hierfür wären, dass es hier auf den genauen Wortlaut ankommt und deswegen die Formulierung, z. B. eine Beschimpfung,[76] im Original festgehalten wurde. Oder aber es sind Passagen, die einen Sachverhalt oder einen Bedeutungszusammenhang auf Ga festhalten, die sich im Englischen so nicht ausdrücken lassen. In jedem Fall sind diese Passagen ein deutliches Indiz dafür, dass diese Anhörungen, wenn nicht die Sitzungen insgesamt, in Ga[77] oder jedenfalls nicht ausschließlich auf Englisch stattfanden – wie wohl die meiste Kommunikation in der Gemeinde.[78]

---

74 ACIA 73A: Apenkwa Minutes 1954–55: 162. Die wechselnde Tintenfarbe zeigt, dass die Änderung nicht gleich geschah.

75 ACIA 73A: Apenkwa Minutes 1954–55: 137. Vgl. Mary E. Kropp Dakubu: „Creating unity. The context of speaking prose and poetry in Ga“, in: *Anthropos* 82, 1987, S. 502–527: 514.

76 Z. B. ACIA 73A: Apenkwa Minutes 1954–55: 149.

77 Ggf. auch auf Twi je nach anwesenden Personen, denn in Apenkwa siedelten und siedeln Personen beider Sprachgruppen. Z. B. Gottesdienste finden hier heute dreisprachig (Ga, Twi, Englisch) statt.

78 Darauf weist auch der Umstand hin, dass gerade die im ACI-Archiv erhaltenen *announcement books*, verglichen mit anderen Quellengattungen, besonders häufig in lokalen Sprachen verfasst sind.

Dass der Rest der Aufzeichnungen in gewissen Quellen dennoch auf Englisch erfolgte,[79] ist bedenkenswert. Was könnten die Gründe dafür gewesen sein? Der Vergleich mit anderen Dokumenten aus dem Bestand des ACI Archivs zeigt, dass in zweisprachigen Dokumenten die Sprache manchmal innerhalb eines Bandes in die eine und später wieder in die andere Richtung wechselt. Es ist also keine spezifische zeitlich Zäsur festzustellen.[80]

Ein möglicher Grund für solche Sprachwechsel könnte gewesen sein, dass der Autor nicht die gleiche lokale Sprache sprach wie die betreffende Gemeinde. Oder, dass in anderer Weise Personen unterschiedlicher Sprache an der Verhandlung beteiligt waren und man sich daher des Englischen als Lingua franca bediente. Dies dürfte insbesondere bei Pfarrern und Katechisten so gewesen sein, da es sowohl in der BM als auch später in der PCG gängige Praxis war, das Personal auf Posten außerhalb ihrer Herkunftsregion einzusetzen. Da G.P. Mensah aber offenbar durchaus Ga schrieb, dürfte dies hier eher nicht der Fall gewesen sein.

Die Sprachwahl dürfte vielmehr Hinweise geben auf den intendierten Rezipientenkreis: Es lässt sich erstens annehmen, dass *minutes* ebenso wie Chroniken und *diaries* auch Vorgesetzte aus anderen Landesteilen als Rezipienten bzw. Kontrollinstanz antizipierten und daher auf Englisch geschrieben wurden. Eine weitere Hypothese wäre, dass das Englische als Amtssprache den offiziellen Charakter des Dokuments unterstreichen sollte. Jedenfalls wird deutlich, dass die Sprache der Aufzeichnungen keine direkten Rückschlüsse auf die Sprache der dokumentierten Verhandlungen zulässt.

4.2.3 Protokolle als mehrfache Übersetzungsleistung

Das Verfassen der Protokolle ist damit in mehrfacher Hinsicht eine Übersetzungsleistung, ein Konstruktionsvorgang: Sachverhalte auf Ga werden auf Englisch interpretiert, von der mündlichen Verhandlung ins Medium einer schriftlichen Aufzeichnung umgesetzt[81] und von den lebensweltlichen Sprachspielen und Zielen in die Sprache und Ziele des kirchlichen Rechts transformiert.[82] Diese Um- und Übersetzungskaskade, war Bedingung für das Dokument, das ich bei der Untersuchung

---

79 Von denen, die ich im ACIA gehoben habe, ist es die Mehrzahl.

80 Im Gegensatz zum Fehlen von auf Deutsch geschriebenen Quellen nach 1918.

81 Moore: Social facts and fabrications, 1986: 304. Vismann: Akten, 2010: 17 f.; 23–26; Cornelia Vismann: *Das Recht und seine Mittel. Ausgewählte Schriften*, Frankfurt am Main: Fischer, 2012: 394–411; Jack Goody: *The domestication of the savage mind*, Cambridge: Cambridge University Press, 1977: 146–162.

82 Derek R. Peterson: „Morality plays. Marriage church courts, and colonial agency in central Tanganyika, ca. 1876–1928", in: *American History Review* 111 (4), 2006, S. 983–1010; Pirie: Anthropology of law, 2013: 140.

vorfinde. Sie ist im transformierenden Sinne von Übersetzung zu verstehen, d. h. sie ist gleichzeitig mit Bedeutungsverlust wie mit Bedeutungszuwachs verbunden.[83]

Über das ‚was wirklich geschah' bevor dieses, für mich als Forschende fassbare Dokument zustande kam, gibt die Quelle also nur bedingt Aufschluss. Über die Motivationen von einzelnen Akteuren berichtet sie noch weniger. Vielmehr präsentiert sie die Vorgänge ‚aus Sicht der Session' als unpersönliches, kollektives Organ samt deren durch ihre Organisationsstruktur und Hierarchie mitgestalteten Bewertungen, Gewichtungen, bewussten und unbewussten Auslassungen und Ergänzungen.

Dieser durch die Sprache und Formulierungen mitgetragene Charakter wird dadurch noch unterstrichen, dass es sich aller Wahrscheinlichkeit nach um Abschriften handelt. Damit ist unkenntlich, was aus einer ersten Fassung, die ggf. Dinge unmittelbarer, aber auch selektiver festhält, getilgt wurde. Es bleibt verborgen, was der Autor im Nachhinein aus der Erinnerung ergänzt hat und wo Inhalte durch Autorisierung und Redaktion angepasst wurden:[84] „Minutes are the authorized records of a meeting. This does not mean […] that they are an accurate reflection of that meeting. They often contain ‚integral elements of policy and administration'".[85] Und gerade dieser Charakter macht dieses Dokument umso mehr zum Dokument der Session, zum Dokument der Organisation, deren Rechtspraxis es hier zu untersuchen gilt.

Dennoch verweist das Dargestellte über die dokumentierten Inhalte hinaus auf die Interaktionen seiner Entstehung, durch die dargestellten Interventionen, aber auch durch das Ungeschriebene und die Lücken. Ebenso wie die distanzierenden Passivformulierungen, ist die Bruchstückhaftigkeit oder besser Schlaglichtartigkeit der Darstellungen ein Charakteristikum der Protokolle. Und das ist nicht als Defizit dieser Quellengattung zu verstehen, sondern hat seine ‚guten organisationalen Gründe':[86] Garfinkels Beobachtungen in seiner Analyse systematischer Lücken in Krankenakten lassen sich durchaus auf die hier bearbeiteten Akten übertragen. Erstens ist die Akte – hier das Protokoll – Teil einer Verweis-, Interaktions- und Wissensstruktur, die weit über das *schriftliche* Dokument hinaus verweist, eine

---

83 Meyer: Translating the devil, 1999: xxv; Asad: Secular translations, 2018: 55–97; Gyekye: African philosophical thought, 1987: 53, 163.

84 Da hier der Verfasser die lokal höchste Instanz ist, fällt die Autorisierung des Protokolls durch den Vorsitzenden (d. h. anderenorts den Pfarrer) hier weg bzw. mit den Korrekturen des Autors zusammen.

85 Grace Davie, David Wyatt: „Document analysis", in: Michael Stausberg; Steve Engler (Hg.). *The Routledge handbook of research methods in the study of religion*, London: Routledge, 2012, S. 151–160: 152, sie zitieren in diesem Zitat John C. Scott: *A matter of record. Documentary sources in social research*, Cambridge: Polity Press, 1990: 84.

86 Harold Garfinkel: „‚Good' reasons for ‚bad' clinic records", ders. in: *Studies in Ethnomethodology*, New Jersey: Prentice-Hall Inc., 1967, S. 186–207.

Struktur, die den Adressaten – hier *elders*, Katechist, *district pastor* etc. – nicht aber der Forscherin bekannt und direkt zugänglich ist:

> [...] the competent reader is aware that it is not only that which the folder contains that stands in a relationship of mutually qualifying and determining reference, but parts that are not in it belong to this too. These ineffable parts come to view in the light of known episodes, but then, in turn, the known episodes themselves are also, reciprocally, interpreted in the light of what one must reasonably assume to have gone on while the case progressed without having been made a matter of record.[87]

Die Akte als Werkzeug, das in einem Prozess der Selbstdokumentation in den Interaktionen und für die Interaktionen produziert wird,[88] unterstellt das Wissen über die Zusammenhänge, in denen sie entsteht: „[...] the folder contents much less than revealing an order of interaction, presupposes an understanding of that order for a correct reading".[89] Sie zu verstehen setzt also die Kompetenz und das praktische Verständnis voraus, welche Autor und intendierte Leserschaft in der Umsetzung ihrer gemeinsamen Aufgabe teilen.

Die hierin angedeutete Eigenschaft dieser Dokumente als selektive schriftliche Produkte an der Grenze zur Mündlichkeit und Performanz ist an diesem Punkt in zweierlei Hinsicht in den Forschungsdiskurs einzuordnen: Im Zusammenhang mit dem spätkolonialen, afrikanischen Kontext aus dem die hier untersuchte Quelle stammt, steht diese Beobachtung im Lichte einer Literatur, die von einer grundlegenden Spannung zwischen dem schriftlichen und dem mündlichen Prinzip ausgeht.

Auf Seiten der Forschung zur afrikanischen Rechtsgeschichte stellt Peterson kritisch fest: „Legal history in Africa has too often been conceived as a clash between the textualized, bureaucratic practice of modern governance and the oral, flexible mentalité".[90] Dabei werde eine ‚künstlich oktroyierte Schriftlichkeit kolonialer wie missionarischer Bürokratie' einer ‚wirklichen afrikanischen Erfahrung' gegenübergestellt.[91] „But the identification of African history with orality has made it hard to see how texts could shape Africans' relationships, form their imaginations, and lead them to act".[92] Die Fokussierung auf die African ‚voices' lässt African ‚texts' sowohl in den Analysen als auch als Quellen für die Forschung in den Hintergrund

87 Ebd.: 205.

88 Ebd.: 187.

89 Ebd.: 201.

90 Peterson: Morality Plays, 2006: 984.

91 Ebd.: 984.

92 Ebd.: 985.

treten.[93] In anderen Worten: Die so besetzte Unterscheidung hat zur Folge, dass Quellen wie die hier untersuchten Protokolle aus dem Blick der Forschung geraten.

Gleichsam die andere Seite der gleichen Medaille kritisiert Vismann mit Blick auf den am euro-amerikanischen Kontext orientierten Rechtsdiskurs: Gemäß diesem Diskurs

> […] gehören Geltung und Rechtssicherheit auf die Seite der Schrift; Flüchtigkeit, aber auch Einzelfallgerechtigkeit und größere Nähe zum Geschehen auf die Seite der Oralität. Dazwischen siedelt sich die Geschichte des Rechts als eine Geschichte aufsteigender Rationalisierung und intensivierter Verschriftlichung an.[94]

Auch in dieser Lesart bzw. Bewertungen einer Opposition von Schriftlichkeit und Mündlichkeit im Recht geraten Quellen wie die hier untersuchten aus dem Blick. „Werden Schrift und Recht derart eng geführt, scheidet ein Gegenstand aus der Forschung aus: die Schriftformen, die zwar zum Recht gehören, die jedoch nicht auf Dauer angelegt sind und weder auf Rechtssicherung noch auf Geltung abzielen",[95] die Quellen, die hier wie dort dem „praktischen Register des Rechts" angehören.

In der Konzeption meiner Untersuchung thematisieren Quellen dieser Art also einerseits Schriftlichkeit als aktiven Teil afrikanischer Lebenswelten. Andererseits verweisen sie über die praxeologisch-dokumentenanalytisch informierte Lesart der ‚Lücken' darauf, welche fundamentale Relevanz der Common Sense, das Implizite und Ungeschriebene auch in der Praxis von Rechtsstrukturen hat, die zur schriftlichen Seite der Dyade gerechnet werden. Damit meine ich an diesem Punkt sowohl das missionarisch-europäische Erbe des hier untersuchten kirchlichen Rechts, als auch staatliche Rechtsordnungen euro-amerikanischen Zuschnitts.

4.3 Analyseschritte

Angesichts des vertraulichen Charakters von *session minutes* und des relativ rezenten Datums der hier untersuchten Quelle war es geboten, einen Umgang mit der Maskierung von Personen zu finden. Ich habe mich für folgendes Vorgehen entschieden: Die Personen, die als Amtsträger der Kirche in der Quelle genannt sind (*district pastor* T.T. Laryea und Katechist G.P. Mensah) werden als Person des öffentlichen Lebens behandelt und daher mit Klarnamen genannt, auch weil sie durch ihr Amt ohnehin ohne größere Umstände eindeutig identifizierbar sind. Das

93 Ebd.: 984.

94 Vismann: Akten, 2010: 18.

95 Ebd.

gleiche gilt für den *chief* und *senior presbyter* von Apenkwa W. C. Dormon. Für alle anderen Presbyter und Privatpersonen, die in der Quelle namentlich genannt sind und über die ich in der Untersuchung schreibe, habe ich die Namen geändert. Insgesamt versuche ich, Details so auszulassen und Sachverhalte so zu umschreiben, dass Rückschlüsse auf die Person, wenn auch nicht ausgeschlossen, so doch erschwert sind.

Eine methodische Herausforderung im Umgang mit dieser Art von Quellen ist die Menge und thematische Breite der Daten bei gleichzeitiger Bruchstückhaftigkeit der dokumentierten Inhalte. Diese Beobachtung gilt im Hinblick auf das einzelne Protokollbuch wie auch für den gesamten Archivbestand. Damit hatte ich einen zielführenden Umgang zu finden. Meine im Folgenden beschriebenen Analyseschritte situieren sich zwischen einer Reihe von methodischen Referenzpunkten unterschiedlicher disziplinärer Provenienz, die sich allerdings in ihren Fragen bei den konkreten Bearbeitungsschritten am Material durchaus überlappen. Integriert wird das methodische Vorgehen durch einen Analyseprozess, der sich an die Verfahrensschritte der Grounded Theory Methodology (GTM) anlehnt.

4.3.1 Von den Einträgen zum Fall

Da die Protokolle die behandelten Geschäfte chronologisch wiedergeben, sind die Inhalte der Protokollbücher entlang des Sitzungsverlaufs und nicht nach Fällen strukturiert.[96] Daher habe ich in einem ersten Schritt die Daten so aufbereitet, dass sich die teils über mehrere Sitzungen erstreckenden Fälle und Vorgänge – in der Quelle bisweilen als „cases"; „issues" oder auch „incidences" bezeichnet – über die einzelnen Sitzungen hinweg verfolgen lassen. Beim Identifizieren von Fällen orientierte ich mich an der in den Quellen vorhandenen Strukturierung durch die Bezeichnungen in den Marginalien, an den genannten Namen der Beteiligten und an den beschriebenen Sachverhalten. Auf diese Weise habe ich quasi eine ‚Akte' zu jedem der fast 300 Fälle konstruiert. Dies entspricht dem Schritt des offenen Codierens.[97] Technisch geschah dieser Schritt unter Zuhilfenahme der Analysesoftware *Atlas TI*, in der das abfotografierte Protokollbuch als PDF-Datei bearbeitet werden konnte. Jeder identifizierte „Fall" erhielt einen Code, mit dem ich alle Textstellen, die sich auf diesen Fall beziehen, markierte. So lassen sich, entlang der Codes in *Atlas TI*, die Passagen zu einem Fallverlauf zusammenziehen,

96 Die Struktur ist vergleichbar mit jener der „records books" des *District Magistrate's Court (Accra)*, außer dass diese zusätzlich ein alphabetisches Fallregister beinhalten, das auf die einzelnen Einträge verweist (Z. B. PRAAD SCT 17-4-88: District Court (Accra) records, Civil Record Book Vol. 41, 9th June 1954–2nd May 1956).

97 Anselm Strauss, Juliet Corbin: *Grounded Theory. Grundlagen qualitativer Sozialforschung*, Weinheim: Beltz, 1996: 44.

bleiben aber gleichzeitig in ihrem Kontext im jeweiligen Protokoll erhalten. Dies ermöglicht es, die einzelnen Fälle in ihrem Verlauf zu betrachten und gleichzeitig zu beobachten, wie Fälle untereinander verschränkt sind und sich gegenseitig beeinflussen.

Das anschließende Dimensionalisieren[98] der Fälle ergab folgendes Bild: Zum einen fanden sich organisatorische, auf den allgemeinen Kirchen- und Gemeindebetrieb bezogene Vorgänge und Aufgaben. Zum anderen wurden stärker auf einzelne Personen bezogene Fälle festgehalten, welche die Lebensgestaltung und das Tun von Gemeindemitgliedern oder auch von einzelnen Personen, die der Kirche nicht angehören, betreffen. Außerdem ließen sich diese Fälle einer Reihe von Themenbereichen zuordnen: Bei den personenbezogenen Fällen geht es in einem Großteil der Vorgänge um den Grad der (Nicht-)Mitgliedschaft in der PCG (*baptism, reinstatement, confirmation, death*, Weg-/Zuzug etc.). Damit eng verflochten sind von kirchlicher Seite als legitim bzw. nicht legitim erachtete Beziehungen (*marriage*; *separation*; *adultery*, Polygynie etc.) sowie Kirchensteuern (*church dues/taxes*) und Fälle, in denen Mitglieder Land von der Kirche zu erwerben suchen (*land*).[99] Daneben gibt es eine Reihe von Vorgängen, die grob unter dem Themencluster Verhaltensvorgabe, -beurteilung und -sanktion für in Apenkwa ansässige Personen gefasst werden können. Hier finden sich Auseinandersetzungen mit Vertretern und Vertreterinnen anderer Religionen, die Missachtung des Ruhegebots am Sonntag oder Glücksspiel und Alkoholkonsum.[100] Darüber hinaus kommen auch jene Themen vor, die man – neben den oben genannten ehe- und besitzrechtrechtlichen Fragen – intuitiv wohl am ehesten dem Thema Recht zuordnen würde, wenn auch nicht unbedingt dem kirchlichen: Verleumdung, Diebstahl, Schulden.[101]

4.3.2 Vom Fall zum Fallbündel

An das auf diese Weise bearbeitete Material wurden nun die konzeptionellen Überlegungen aus Kapitel 2 herangetragen: Mit jeder der drei Rechtsdefinitionen – funktional, formal, diskursiv – habe ich jeweils einen Fall als Einstiegspunkt ausgewählt: zur funktionalen Definition Fall 36 („priestesses"), zur formalen Definition Fall 6

98 Ebd.: 50 f.

99 Themen-Codes zu (Nicht-)Mitgliedschaft 70-mal, zu Beziehungen 42-mal, zu Kirchensteuern 12-mal und zu Land 29-mal zugewiesen.

100 Themen-Codes: Andere religiöse Autoritäten und Praktiken; Glücksspiel; Alkohol; *sanitation in the town*; mangelnde Teilnahme am Gottesdienst und Missachtung des Sonntages wurde insgesamt 14-mal zugewiesen.

101 Themen-Codes: Streitfälle/Verleumdung/Beschimpfung von Einzelpersonen neunmal, Diebstahl einmal, Verhandlungen zwischen Schuldnern und Gläubigern viermal zugewiesen.

(Dokument für Housing Loans Board) und zur diskursiven Definition Fall 37 („delinquent members“).[102]

Ausgehend vom jeweiligen Einstiegsfall habe ich das Netz von weiteren Fällen erschlossen, mit denen sich mein Einstiegsfall in seinem Verlauf verknüpft. Beim Verbinden von Fällen zu Fallbündeln orientierte ich mich entweder an direkten Verschränkungen in den Aufzeichnungen oder an intratextuellen Verweisen. Ersteres ist der Fall, wenn z. B. zwei bisher getrennt diskutierte Fälle zusammen diskutiert und entsprechend in einem Eintrag protokolliert wurden, oder aber wenn sich aus einem Fall ein weiterer inhaltlich anders gelagerter Fall entspinnt. Das zweite findet sich, wenn die Protokolle auf Aufzeichnungen, Argumente oder Entscheidungen aus früheren Verhandlungen rekurrieren, oder diese als direkte Voraussetzung oder Folge der im Fall diskutierten Inhalte zu sehen waren. Dabei habe ich sowohl implizite (z. B. Wiederholung von Argumenten) wie auch explizite Verweise (z. B. Hinweis auf einen Präzedenzfall) berücksichtigt.

Indem ich diesen Verweisstrukturen der Einträge folgte, aus denen sich die Fälle zusammensetzen, entstand rund um jeden der drei Einstiegsfälle (Fall 36, Fall 6 und Fall 37) ein Fallbündel. Die drei *Fallbündel* umfassen insgesamt rund 40 Fälle. Sie erstrecken sich über den gesamten in diesem Protokollbuch dokumentierten Zeitraum und beinhalten Einträge aus fast jeder einzelnen Sitzung. Auf diese Weise habe ich gezielt einen Querschnitt durch das Material gelegt, der einerseits klar an der Fragestellung dieser Untersuchung orientiert war, der aber andererseits explizit quelleneigene formale, inhaltliche und argumentative Verweisstrukturen und Unterscheidungen erschließt. Dennoch ist hier auch anzumerken, dass die so getroffene Auswahl auch viele Teile des Materials unberücksichtigt lässt. So ist z. B. der Bereich der *conflict resolution* in diesen Fallbündeln – und damit in meiner Untersuchung – vergleichsweise wenig vertreten.

Alle Fälle der drei Fallbündel habe ich in einem nächsten Schritt transkribiert. Durch die tabellarische Gestaltung der Transkription, die zu jedem Eintrag nicht nur die Seitenzahl, sondern auch das Sitzungsdatum sowie die Fallnummer beinhaltet, konnte auch die Transkription sowohl chronologisch als auch nach den einzelnen Fällen sortiert werden. Diese Transkriptionen mit einem Umfang von insgesamt rund 17.000 Wörtern bildeten die Materialgrundlage für die weiteren Analyseschritte.

Das Generieren von Fallbündeln und die Auswertung der darin verbundenen Fälle korrespondiert mit dem Schritt des axialen Codierens der GTM. In diesem geht es darum, Kategorien aufeinander zu beziehen und mit Blick auf Kontext, Interaktionen, Bedingungen und Konsequenzen zu durchdenken.[103] In meiner

102 Für kurze Fallbeschreibungen siehe Fallregister.

103 Strauss, Corbin: Grounded Theory, 1996: 92 f.

Analyse folgte ich dabei schrittweise den einzelnen Fällen im jeweiligen Fallbündel. Zunächst Zeile für Zeile ging es darum, durch die sequenzielle Analyse der Einträge zu einem Fall – und ggf. seinen Verschränkungen – den behandelten Sachverhalt zu erschließen und festzustellen, in welchen Schritten und mit welchen Mitteln die Session diesen bearbeitete.

Wie oben beschrieben, galt es bei diesen Beobachtungen, die Entstehungsbedingungen und die Art und Weise der Darstellung des Dokuments als wirksame Komponenten mit zu thematisieren. Das bedeutete auch eine sprachliche und sachliche Aufschlüsselung im Sinne der inneren Quellenkritik und die damit einhergehende historische Kontextualisierung.[104] Überdies war auf ‚Lücken', Ungesagtes, Vorausgesetztes ebenso zu achten wie auf die diskursspezifische und daher für Außenstehende zunächst unklare Verwendung von Begriffen.[105]

Für die konkrete Untersuchung galt es also, eine Sensibilität dafür zu entwickeln, wo Inhalte vom Autor stillschweigend vorausgesetzt werden konnten und umgekehrt, was explizit gemacht, erläutert, gerechtfertigt, diskutiert und dokumentiert werden musste. Ganz abgesehen von den oben thematisierten, möglicherweise strategischen Auslassungen geben jene Punkte, bei denen mir als außenstehender Leserin Informationen zum Verständnis der Vorgänge (zunächst oder bis zuletzt) fehlen, *ex negativo* eine Idee davon, welche Informationen der Autor seinen Lesern als geteiltes Wissen, als Selbstverständlichkeit unterstellen konnte. In gleicher Weise war auf indexikalisierte Sprache zu achten – d. h. auf kontextspezifisch aufgeladene, nur für ‚Insider' verständliche, und damit diese als Insider auszeichnende Kategorien und Begriffscluster. Zuletzt war zu fragen, welche ‚Probleme' mit diesen Werkzeugen thematisiert und bearbeitet werden.

Dabei, und generell bei der Analyse von mehr oder weniger ‚dunklen' Passagen, half das systematische Entwickeln von möglichen, auch widersprüchlichen Deutungen zu den entsprechenden Textstellen. Unklarheiten gab es einerseits aufgrund von sprachlichen Eigenheiten wenn z. B. auch auf Frauen nicht selten mit dem englischen Pronomen „he" verwiesen wird oder Schreibfehler den Inhalt unverständlich oder vieldeutig werden lassen. Andererseits sind Formulierungen teils so

104 Diese methodische Forderung gilt in unterschiedlicher disziplinärer Fassung sowohl in der historischen äußeren und inneren Quellenkritik (z. B. Peter Borowsky, Barbara Vogel, Heide Wunder: *Einführung in die Geschichtswissenschaft I. Grundprobleme, Arbeitsorganisation, Hilfsmittel*, Wiesbaden: VS Verlag für Sozialwissenschaften, 1989[5]: 157–176), als auch in der soziologischen Dokumentenanalyse. Zur religionswissenschaftlichen Anwendung der letzteren: Davie, Wyatt: Document Analysis, 2012; für ihre Anwendung zur Untersuchung von Organisationen: Dorothy E. Smith; Susan M. Turner (Hg.). *Incorporating texts into institutional ethnographies*, Toronto: University of Toronto Press, 2014.

105 Auch hierin treffen sich ethnomethodologisch-praxeologische Zugänge zu Dokumenten mit der historischen Quellenkritik.

gestaltet, dass zwar für Anwesende, die beispielsweise der Berichterstattung mehrerer Männer beiwohnten, klar sein musste, auf wen ein „he" in der Beschreibung verweist, nicht aber für die Forscherin, für die die reihenweise Verwendung des gleichen Pronomens keinen eindeutigen Bezug mehr zulässt.

Mein Set von Hypothesen, die ich zu solchen Passagen entwarf, konnten sodann anhand der Informationen im weiteren Verlauf des Falls geprüft, bestätigt oder verworfen werden; oder aber sie mussten als mögliche und widersprüchliche Deutungen nebeneinander stehen bleiben. Dieses an der Sequenzanalyse der objektiven Hermeneutik orientierte Verfahren half, ein eingehenderes Verständnis der Inhalte zu entwickeln und leitete den sorgfältig als solchen ausgewiesenen Umgang mit der Interpretation von möglichen latenten Sinngehalten und impliziten Verweisen an.[106]

Festgehalten habe ich diese Analyseschritte durch entsprechende Markierungen in den Transkripten. Zu den so bearbeiteten Fällen legte ich zudem jeweils Interpretationstexte an. In diesen Memos fasste ich einerseits die Sachverhalte zusammen und kontextualisierte sie, andererseits hielt ich darin meine Überlegungen zu den identifizierten rechtlichen Praktiken fest.[107]

Auf diese Weise gewann ich einen genaueren Eindruck davon, über welche Art von lebensweltlichen Bereichen die Session Einfluss auszuüben beanspruchte bzw. welche Inhalte ihr zugetragen oder aber vorenthalten wurden. Dabei konnte ich in den verschiedenen Fällen nach und nach eine Palette von Praktiken identifizieren, mit denen die Session die ihr zur Kenntnis gebrachten Sachverhalte bearbeitete.[108]

4.3.3 Vom Fallbündel zu den Rechtspraktiken

Nun galt es, die verschiedenen Formen der identifizierten Praktiken, ihre Eigenschaften und Bezüge untereinander fallübergreifend zu betrachten und gezielter auszuarbeiten. Dazu habe ich in einem nächsten Schritt sowohl die Transkripte als auch die Interpretationstexte in ihrer an den Fallverläufen orientierten Chronologie aufgebrochen und neu gruppiert. Dadurch entstanden inhaltliche Cluster, die nicht an den Verläufen einzelner Fallbündel (Schritt 2) oder den inhaltlichen Themen von Fällen (Schritt 1) orientiert waren, sondern an den wiederkehrenden Mechanismen ihrer Bearbeitung – den Rechtspraktiken. In diesem Schritt kommt das Abstraktions- und Integrationsanliegen des selektiven Codierens der GTM zum Tragen.[109]

---

106 Jo Reichertz: „Objektive Hermeneutik", in: Ronald Hitzler; Anne Honer (Hg.). *Sozialwissenschaftliche Hermeneutik. Eine Einführung*, Opladen: Leske & Budrich, 1997, S. 31–56: 41–46.

107 Strauss, Corbin: Grounded Theory, 1996: 169–192.

108 Siehe Kap. 5.

109 Strauss, Corbin: Grounded Theory, 1996: 94 f.

Praktisch nahm ich diese Restrukturierung händisch vor, mithilfe von Zetteln zu den einzelnen Elementen, die ich als Rechtspraktiken identifiziert hatte. Die Zettel enthielten jeweils Querverweise zum Fall (Fallnummer), zum jeweiligen Eintrag in der Quelle (Seitenzahl und Datum) und zu den Memos mit meinen Interpretationen (Laufnummern und Seitenzahlen). Die Zusammenhänge dieser Elemente galt es nun zu verdichten und auszuarbeiten. Zurückbezogen auf meine drei Untersuchungsfragen – Wie funktionieren diese Rechtspraktiken? Was leisten sie für die religiöse Organisation? Wie stehen sie in Beziehung zu anderen normativen Ordnungen? – ergaben sich aus diesen Clustern Bereiche, die es weiter zu integrieren und auszuarbeiten galt. Dazu habe ich jeweils die entsprechenden Teile von Fallverläufen gesondert betrachtet und mit ähnlichen oder kontrastierenden Teilen aus anderen Fallverläufen verglichen und in Beziehung gesetzt. Die Zettel waren dabei ein praktisches Hilfsmittel. Ich konnte damit die verschiedenen Elemente der Rechtspraktiken im Verlauf dieses Analyseschritts entlang verschiedener Dimensionen, Fragen und Überlegungen gruppieren, strukturieren und zusammenstellen.

Bei diesem letzten Untersuchungsschritt ging es darum, die Zusammenhänge und Wirkrichtung der untersuchten rechtlichen Praktiken stärker herauszuarbeiten. Auf diese Weise konnte ich erstens verschiedene Arten und Ausprägungen von Kategorien, Dokumenten und Verfahren aufzeigen und diese als drei Dimensionen von Rechtspraktiken beschreiben. Diese Formen kirchlicher Rechtspraktiken sowie die Effekte ihres Zusammenspiels kommen gleich in Kapitel 5 ausführlich zur Sprache. Zweitens konnte ich anhand der so erschlossenen Praktiken einen Prozess beschreiben, in dem die dargestellten Interaktionen bestimmten Bezügen zwischen Tun und normativer Ordnung zur Geltung zu verhelfen suchen (Kap. 6.2). Drittens führte mich die Frage nach den Grenzbereichen dieser so beschriebenen kirchlichen Rechtspraktiken zur systematischen Ausarbeitung verschiedener Formen von Verhältnissetzungen zum Kontext. Der Vergleich der sich darin abzeichnenden Kollisionen, Kongruenzen und Kooperationen zeigen, wie die Session Elemente normativer Ordnungen ihres Kontexts – seien es Familie, Staat, überregionale Kirche oder konkurrierende religiösen Akteure – situativ als kollidierend, als Konkurrenz oder aber als komplementär, als Ergänzung zu ihrer eigenen normativen Ordnung entwirft (Kap. 6.3).

5. Formen kirchlicher Rechtspraktiken

Wie sahen die Rechtspraktiken in der Praxis der *Presbyterian Church of the Gold Coast* (PCG) konkret aus? Um diese Frage nach den Formen von Recht in der religiösen Organisation wird es im Folgenden gehen. Anhand der untersuchten *session minutes* von Apenkwa wird herausgearbeitet, wie sich die einzelnen Praktiken, die hier als rechtliche Praktiken thematisiert werden, in den konkreten Situationen gestalteten.

Mit den in Kapitel 2.3.2 vorgestellten Rechtsdefinitionen hatte ich in den Protokollen Inhalte mit legalistischem Charakter (formale Definition), Maßnahmen, die ein gewisses Verhalten vorschreiben und sanktionieren (funktionale Definition), sowie rechtliches Vokabular (diskursive Definition) identifiziert. Die Analyse der betreffenden Fälle (siehe Kap. 4.3) arbeitet in den untersuchten Fallverläufen eine Reihe von wiederkehrenden Formen und Praktiken heraus. Diese lassen sich für die Darstellung wie folgt gruppieren:

(1) *Kategorien*, die definieren, benennen und unterscheiden. (2) *Dokumente*, die Vorgänge, Definitionen und Entscheidungen festschreiben, verstetigen und vereinheitlichen. (3) *Verfahren*, die die Praktiken samt der genannten Dokumente und Kategorien in wiederkehrenden Interaktionsabläufen verschränken. Dieses Set von Rechtspraktiken gilt es hier darzustellen und damit die erste der drei Untersuchungsfragen zu beantworten: Wie funktionieren die Rechtspraktiken dieser religiösen Organisation? – Wie sehen sie aus und wie spielen sie zusammen?

5.1 Drei Dimensionen der Rechtspraktiken – Beispielfälle zum Einstieg

Die im Folgenden separat in ihrem jeweiligen Kapitel vorgestellten Kategorien, Dokumente und Verfahren treten im Verlauf der bearbeiteten Fälle verschränkt auf und stützen sich gegenseitig. Das zeigen die Fälle, die hier nun den Einstieg in die Analyse bilden.

Mit dem Bild von Apenkwa als *Christian town* im Spannungsfeld der wachsenden Metropole und der Ritualtopografie von Accra wurde deutlich, dass normative Ordnungen auch physisch-räumliche Ordnungen umfassen. Es ist der Anspruch, eine rein christliche Siedlung nach dem Ideal des *Salem* bzw. der *Christian town* zu sein, auf den sich die Anstrengungen rechtlicher Praxis der Kirche beziehen. Und es ist die Hoheit über das Land – sei es ein bestimmter Teil, sei es wie in Apenkwa die komplette Siedlungsfläche eines Ortes – aus der die Kirche ihren Rechtsanspruch herleitet. Vor diesem Hintergrund ist es nicht überraschend, dass sich anhand von

Fällen zum Thema Landvergabe eine Reihe von Mechanismen der kirchlichen Rechtspraktiken besonders deutlich aufzeigen lassen.

5.1.1 Land – wem gegeben wird (Fall 13) und wem nicht (Fall 12)

Seit Anfang Mai 1954 hatte die Session von Apenkwa in nur sechs Wochen acht Anträge auf Landerwerb behandelt. Sechs Anträgen wurde stattgegeben und keiner der zwei noch offenen Anträge explizit abgelehnt, als am 13. Juni 1954 Herr Bright[1] (Fall 12) auf die Session zukam: Er habe beschlossen, in Apenkwa zu leben und hätte gerne ein Grundstück vor Ort. Zwar würde er damit potenziell das Kriterium der Ansässigkeit erfüllen, er sei aber kein Kirchenmitglied. Daher wurde der Antrag abgewiesen, indem die Session erklärte, dass er nur berechtigt sei, um Land anzufragen, wenn er auch Mitglied der Kirche werde: „He was told that unless he joins us as a church member – as he said he has now come to stay – then he is qualified to ask for a plot“ (S. 46).[2]

Dieser Fall ist einer der 23 Anträge um Land, die in den zehn Monaten zwischen April 1954 und Februar 1955 in den Protokollen festgehalten sind. Mehr als die Hälfte dieser Anfragen fallen allein in die drei Monate zwischen Anfang April und Ende Juni 1954 und wurden überwiegend positiv beschieden.[3] Im weiteren Verlauf des Jahres wird das Thema weiterhin regelmäßig behandelt, wenn auch die Frequenz der Landbegehren zurückgeht. Knapp nach dem Jahreswechsel 1955

1 Name geändert. Ghanaische Vor- und Nachnamen enthalten viel Information über eine Person. Sie geben Hinweise zu ethnischer- und Familien-Zugehörigkeit, so haben die *wei* distinkte Namenssysteme. Im Falle der Akan, aber auch Ga *day names* geben Vornamen an, an welchem Wochentag man geboren ist, was wiederum mit bestimmten Eigenschaften assoziiert wird. Vornamen sind auch Indiz zur Religionszugehörigkeit und enthalten Informationen zur Stellung einer Person in der Familie, wie der Nummer in der Geschwisterreihenfolge, ob man einen Zwilling hat und Ähnliches. Zu Ga Namenssystemen siehe Irene Odotei: „What is in a name? The social and historical significance of Ga names“, in: *Research review new series* 5 (2), 1989, S. 34–51. Mit den geänderten Namen bin ich wie folgt umgegangen: Biblische Vornamen habe ich durch andere biblische Vornamen ersetzt, ebenso bin ich mit den *day names* verfahren. Bei den Nachnamen habe ich Akan, Ga und (wie hier) europäische Nachnamen tendenziell mit anderen Namen der gleichen Provenienz ersetzt. Allerdings habe ich diese ethnische Konnotation nicht konsequent reproduziert und eine ‚Akanisierung' in Kauf genommen, was dafür die Anonymisierung verbessert.

2 Im Sinne des Leseflusses verweise ich in der Analyse in Kap. 5 und Kap. 6 auf die zentrale Quelle, ACIA 73A: Presbyterian Church Apenkwa-Protocol (PCA/8/14) 1954, 1954–1955, PCG administrative records, durch die Angabe der betreffenden Seitenzahl im Fließtext anstelle der Angabe in der Fußnote. Angaben im Format (S. 64) beziehen sich im Folgenden ausschließlich auf diese Quelle.

3 4.4.1954 bis und mit 27.6.1954: 13 Fälle, davon 8 positiv (Fälle 2, 4, 5, 7, 8, 11, 13, 14), 4 offen (Fälle 3, 9, 10, 15) und einer abgelehnt (Fall 12). Siehe Fallregister.

verschwindet das Thema jedoch aus den Sitzungen. Ein einzelner, letzter Antrag wird nach fast einem halben Jahr Pause gestellt, sein Fortgang bleibt offen.[4]

Bei den Anträgen handelt es sich meist um Fälle, in denen Personen – i. d. R. Mitglieder der *Presbyterian Church of the Gold Coast* (PCG) – von der Session in Apenkwa für sich selbst oder für Dritte – häufig verwandte Personen wie die Mutter oder die Nichte – ein Grundstück aus dem Bestand des kirchlichen Landbesitzes erbitten. Als Zweck des Erwerbs nennt das Protokoll meist explizit den Bau eines Hauses. Daraufhin wird geprüft, ob die Bittstellerin oder der Bittsteller die nötigen Bedingungen erfüllt. Oder die Session erklärt, was ggf. noch nachzureichen ist, damit ihnen das Land zugesprochen („granted") werden kann. Anschließend wird von den Antragstellenden ein festgelegter Betrag bezahlt („paid"), die Transaktion von Geld und Land nach dem stets gleichen Schema im Protokoll vermerkt und das Grundstück übergeben bzw. gezeigt („shown").[5]

Auffallend ist, dass mehr Frauen Anträge auf Land stellen als Männer und damit auch deutlich erfolgreicher sind: Von 16 Anwärterinnen erhalten bis auf drei alle Land, wohingegen nur sechs der zwölf männlichen Antragsteller Land zugesprochen bekommen. Die Hälfte dieser begünstigten Männer sind außerdem auswärtige Kirchenangestellte.[6]

Die Möglichkeit für Mitglieder und Mitarbeiter von der Kirche auf diese Weise Land zu erhalten und darauf zu bauen, gab es im untersuchten Zeitraum auch in anderen Gemeinden. Mit der Fläche an Land, über welche die Kirche in Apenkwa im suburbanen Raum der wachsenden Hauptstatt verfügte, dürften die Vergabe an diesem Ort aber sowohl für die Gemeinde als auch für die potenziellen Erwerberinnen und Erwerber besonders attraktiv gewesen sein.[7] Die Landpreise in Accra schossen in die Höhe, und wer die entsprechenden Mittel hatte, zog in neu gebaute Siedlungen, die allenthalben am Rande der Stadt entstanden oder suchte dort Land zu erwerben und zu bauen.[8]

Die verstärkte Nachfrage nach Bauland für koloniale Infrastruktur ebenso wie für europäische und lokale Wirtschaftsinteressen hatte zur Kommodifizierung von Land geführt. Land war im Nachgang zur Verschiebung des britischen Regierungssitzes nach Accra und nördlich davon im Zuge des Kakao-Booms mit dem Ende

4 Der Fall wird in einer der letzten in dieser Quelle dokumentierten Sitzungen (26. Juni 1955) behandelt. Verantwortlich für die Pause bzw. das Abbrechen der Landvergaben dürfte eine Auseinandersetzung zwischen Gemeinde und Kirche sein, die später im Kapitel noch zur Sprache kommt.

5 Näheres siehe Kap. 5.3.2.

6 Der *district pastor* und ein Presbyter aus Adabraka sowie ein weiterer Pfarrer.

7 Zum Landerwerb der Kirche in Apenkwa siehe Kap. 3.2.1.

8 Samuel S. Quarcoopome: „Urbanisation, land alienation and politics in Accra", in: *Research review new series* 8 (1–2), 1992, S. 40–54: 42; Kilson: Urban Kinsmen, 1974: 13.

des 19. Jahrhunderts zunehmend zu einer geldwerten Ressource in der Hand lokaler Akteure geworden. Die Summen, die der koloniale Staat, private europäische Firmen und afrikanische Unternehmer und Unternehmerinnen als Kompensation für Enteignung bzw. für den Kauf oder die Miete von Grundstücken in und um Accra anboten, waren vielfach attraktiv für jene Personen und Gruppen, die als die Besitzer oder Hüter des betreffenden Landes auftraten.[9]

Gleichzeitig war der so entstandene Landmarkt von Anfang an begleitet von kollidierenden Ansprüchen auf den betreffenden Boden.[10] Carola Lentz hebt drei Elemente lokalen Landrechts in West Afrika hervor, die vielschichtige Ansprüche auf Land begünstigen. Erstens sind Zugang und Nutzungsrechte jeweils vielschichtig, es sind „bundle[s] of rights to natural resouces":[11] Unterschiedliche Gruppen und Personen haben gleichzeitig Anspruch auf unterschiedliche Ressourcen, die sich aus dem gleichen Grundstück ergeben. Beispielsweise kann jemand berechtigt sein, auf dem Grundstück Getreide anzubauen, während jemand anderes das Recht hat, die Bäume darauf zu bewirtschaften. Dazu kommt zweitens, dass die Gebiete, über die eine Gruppe – z. B. durch ihren Erstbesiedlungsstatus – Autorität beansprucht, oft wenig eindeutige geografische Grenzen aufweisen und dass diese wiederum von der ebenso interpretationsabhängigen wie historisch veränderlichen sozialen Außengrenze dieser Gruppe abhängen. Drittens steht also bei Transaktionen auch immer im Raum, ob und wenn ja, in welcher Form, die beteiligten Personen zum „bundle of owners", die über das betreffende Land verfügen, gehören.[12] Zuletzt kommt, wie Sara Berry für Asante zeigt, viertens dazu, dass Autorität über Territorien und Autorität über Personen nicht zusammenfallen müssen.[13]

Der Anspruch, über die Nutzung von Land zu bestimmen und von den Erträgen des Landes zu profitieren, lag im vorkolonialen Ga Kontext bei verschiedenen Akteuren und Akteursgruppen: *Wulɔmɛi* galten in Vertretung der *jemawɔji* als die „ultimate custodians" des Landes, *maŋtsɛmɛi* bestimmten über das Land ihres jeweiligen *akutso* und die verschiedenen *wei*, verfügten jeweils über große Gebiete

9 Sackeyfio-Lenoch: Politics of chieftaincy, 2014: 44 f., 49, 58–71; Gareth Austin: „Labour and land in Ghana, 1874–1939. A shifting ratio and an institutional revolution", in: *Australian Economic History Review* 47 (1), 2007, S. 95–120. Quarcoopome: Social impact of urbanisation, 1998: 139; Quarcoopome: Urbanisation, 1992: 41 f., 44 f.

10 Martin Chanock: „The law market. The legal encounter in British East and Central Africa", in: Wolfgang J. Mommsen; Jaap A. de Moor (Hg.). *European expansion and law. The encounter of european and indigenous law in 19th and 20th century Africa and Asia*, Oxford: Berg, 1992, S. 279–305: 290.

11 Carola Lentz: „Land and the politics of belonging in Africa", in: Patrick Chabal; Ulf Engel; Leo de Haan (Hg.). *African Alternatives*, Leiden: Brill, 2007, S. 37–58: 41.

12 Ebd.: 38–43, hier 40.

13 Sara S. Berry: *Chiefs know their boundaries. Essays on property, power, and the past in Asante, 1896–1996*, Portsmouth, N.H.: Heinemann, 2001: 10–15.

außerhalb der ursprünglichen Stadtzentren, sogenanntes „hunter's land". Dieses „hunter's land" besetzten und bewirtschafteten letztere, indem sie dort Sklaven und andere abhängige Personen ansiedelten. Teile dieses Landes konnte eine *we* auch an familienexterne Personen und Gruppen verkaufen. Der Landkauf durch Missionar Bohner, den die kirchliche Geschichtsschreibung in Apenkwa hervorhebt, scheint ein solcher Fall gewesen zu sein (siehe Kap. 3.2.1). Solche individuellen Landkäufe und -verkäufe waren im 19. Jahrhundert nichts Ungewöhnliches.[14] Sie waren nur eine von verschiedenen Transaktionsformen – wie Schenkung und Pfand, um nur zwei zu nennen. All diese hatten angesichts der veränderten Bedingungen bis zur Mitte des 20. Jahrhunderts einen Deutungswandel erfahren und waren um neue Varianten ergänzt worden.[15]

Im konkreten Fall stellten – und stellen – sich vor diesem Hintergrund also jeweils die Fragen (a) wer zum Erwerb unter welchen Konditionen berechtigt ist, (b) welche Grundstücke wie an wen vergeben oder veräußert werden können und wo deren Grenzen liegen, (c) welche Rechte dabei für wie lange übertragen wurden, (d) wer im jeweiligen Fall berechtigt war, über eine Transaktion zu entscheiden und (e) wer von den Erträgen der Transaktion profitieren sollte.[16] Die in Landrechtsstreitfällen kollidierenden Interpretationen ergeben sich also aus den unterschiedlichen Deutungen, mit denen die verschiedenen betroffenen Parteien diese Fragen beantworten. Divergierende Ansprüche gingen einher mit divergierenden Lesarten von Tradition und Geschichte.

Martin Chanock hat gezeigt, dass jeweils jene Interpretationen lokalen Landrechts von Seiten der britischen Administration „gehört" wurden,[17] die sich mit der jeweils aktuellen Agenda des Kolonialregimes in Einklang bringen ließen. Welche der lokalen Akteure ihre Ansprüche in die Relektüre lokalen Landrechts in Form des *‚customary' law* einbringen konnten,[18] hing damit zusammen, ob ihre Ansprüche zu zeitgenössischen britisch-europäischen Vorstellungen von afrikanischen Gesellschaften, von Geschlechterrollen oder von der Trennung politischer und religiöser Ämter passten.[19] Durch die neue Interpretation des Amtes des *maŋtsɛ* verschob

14 Sackeyfio-Lenoch: Politics of chieftaincy, 2014: 35–49, 129–34; Field: Social organization, 1940: 162 f.; Parker: Making the town, 2000: 32, 80–93.

15 Eine Übersicht von Transaktionsvarianten gibt Quarcoopome, er unterscheidet „sale, gift, grant, lease, loan, pawning and legislation" (Quarcoopome: Urbanisation, 1992: 42–45).

16 Lentz: Land, 2007: 50; Sackeyfio-Lenoch: Politics of chieftaincy, 2014: 45, 48, 68.

17 Chanock: Law market, 1992: 290.

18 Die einfachen Anführungszeichen weisen darauf hin, dass das, was als „customary law" kodifiziert wurde, inhaltlich weder mit inoffizieller, lokaler Rechtspraxis noch mit vorkolonialem Recht identisch ist.

19 Martin Chanock: „Paradigms, policies and property. A review of the customary law of land tenure", in: Kristin Mann; Richard Roberts (Hg.). *Law in colonial Africa*, Portsmouth, NH: Heinemann,

sich beispielsweise das Recht, über die Vergabe von Land zu bestimmen und von Abgaben für die Landnutzung zu profitieren, klar zu Ungunsten der *wulɔmɛi*.[20]

Die Frage, wer mit welcher historischen und sozialen Begründung berechtigt ist, Land zu verkaufen oder zu kaufen und wer dabei profitiert, war ab Beginn des 20. Jahrhunderts ein gedeihliches Feld für sogenannte „land litigations". Naaborko Sackeyfio-Lenoch zeigt auf, dass diese Form der rechtlichen Auseinandersetzung um Landansprüche ein Weg war, wie sich verschiedene lokale Akteure an der Aushandlung von rechtlicher, politischer, sozialer und wirtschaftlicher Ordnung zu beteiligen suchten.[21] Das galt gerade für jene Personengruppen – Frauen, Junge und *commoners* –, die sich durch die im Indirect Rule-System portierten Eliten von Teilhabemöglichkeiten abgedrängt sahen.[22]

Die massenhaften Landverkäufe, gepaart mit den rasant steigenden Landpreisen und dem Zustrom neuer Bevölkerungsgruppen, waren in der ersten Hälft des 20. Jahrhunderts Zunder für soziale Spannungen, lokale Identitätsdiskurse, Konflikte über Hierarchien, Kompetenzen und Verantwortung von lokalen Autoritäten ebenso wie Schauplatz für politische Auflehnung. Dies blieben sie auch während der Dekolonisierungsphase. Sie waren im untersuchten Zeitraum zentraler Schauplatz von Auseinandersetzungen zwischen der regierenden Conventions People's Party und den Oppositionsparteien in Accra.[23]

Die hier untersuchten Fälle zeigen, dass sich für die kircheninternen Hierarchien und Landvergabepraktiken ganz ähnliche Möglichkeiten boten und Probleme stellten. Es lässt sich eine Kollision der Ansprüche von Ortsgemeinde und überregionaler Kirche beobachten, die mit den hoch umstrittenen Ansprüchen auf Grundbesitz, Vergabe- und Veräußerungsrechte im Kontext korreliert. Denn auch hier geht es um die Frage, wer profitieren und wo die maßgebliche Entscheidungskompetenz liegen soll – subsidiär vor Ort oder in der übergeordneten Autorität der Kirche (Kap. 5.1.2). Es finden sich vielschichtige und divergierende Deutungen von übertragenen Rechten, und es stellt sich die Frage, wer innerhalb der Kirche genug ‚dazugehört', um zum Erwerb der begehrten Ressource Land zugelassen zu werden (siehe auch Kap. 5.2.1).

Der Fall von Herrn Bright (Fall 12) zeigt, dass das Wissen um die Vergabe von Land durch die Session in Apenkwa auch auf Nichtmitglieder ausstrahlte, und dass zumindest von Seiten dieses Antragstellers und im Hinblick auf dieses Anliegen

---

1991, S. 61–82; Chanock: Law market, 1992. Zur entsprechenden Politik in Accra: Sackeyfio-Lenoch: Politics of chieftaincy, 2014: 35–39, 44, 48, 64.

20 Ebd.: 43. Siehe Kap. 3.3.

21 Sackeyfio-Lenoch: Politics of land, 2012; Sackeyfio-Lenoch: Politics of chieftaincy, 2014.

22 Martin Chanock: „A peculiar sharpness. An essay on property in the history of customary law in colonial Africa", in: *Journal of African History* 32, 1991, S. 65–88: 77–81.

23 Quarcoopome: Urbanisation, 1992: 47–49.

nicht zwischen Kirchgemeinde Apenkwa und Ort Apenkwa unterschieden wurde. Die explizite Ablehnung seines Antrags macht hingegen deutlich, dass von Seiten der Session diese Trennung zwischen Ansässigkeit und Kirchenmitgliedschaft eine eindeutige ist, und dass beides zu erfüllen ist, will man in Apenkwa Land erwerben.[24] Die Mitgliedschaft ist zentrales Kriterium für die Vergabe von Land und wird anhand der Kirchenbücher, der *communion cards* und bei Bedarf der *church tax*-Listen, dokumentiert.[25] So ist sie für die Frage des Landerwerbs hinreichend eindeutig feststellbar. Ein wesentlich uneindeutigeres Kriterium ist die Frage, ob man denn „people and members of Apenkwa" (S. 79) – also ‚von Apenkwa' – sei und an welchen Kriterien dies festzumachen ist. Diese Frage stellt sich bereits in der darauffolgenden Sitzung am 27. Juni 1954, in der die Session nacheinander drei Landbegehren bespricht. Alle drei werden letztlich positiv beurteilt, die ersten beiden noch in der gleichen Sitzung.

Unter ihnen ist Frau Amoah[26] (Fall 13), die für ihre Mutter um ein Stück Land zum Hausbau bittet (S. 78 f.). Dass sie der Session von einem der Presbyter als seine Verwandte vorgestellt wird, wirkt im Protokoll als eine Art Empfehlung und Beschreibung der Person.[27] Ihre Mutter, die das Land bekommen soll, war früher Mitglied der Gemeinde von Apenkwa gewesen, ebenso wie deren Mann. Beide seien aber vor längerer Zeit weggezogen. Der *senior presbyter* – in seiner zusätzlichen Funktion als *chief* von Apenkwa zu Bescheiden über Zugehörigkeit vor Ort wohl besonders geeignet – erklärt jedoch: „they were people and members of Apenkwa but they left for a long time" (S. 79). Die Antragstellerin Amoah, die Tochter, bestätigt dies, ebenso, dass die Ehe ihrer Mutter noch immer gültig sei (S. 78 f.).

An dieser Stelle vermerkt das Protokoll nun den Vorschlag eines dritten Presbyters, Herrn Boakye,[28] der feststellt, die Session bedürfe eines Dokuments, das die „rules and regulations" (S. 79), die Voraussetzungen und Bedingungen für Vergabe und Nutzung von Kirchenland, enthalte, und das den Antragstellenden ausgehändigt werden kann. Der ‚Karriere' dieses Dokumentierungsvorschlags wird hier gleich nachzugehen sein (Kap. 5.1.2).

Doch zunächst vermerkt das Protokollbuch zum Landbegehren von Frau Amoah bzw. ihrer Mutter in einem nachträglich in die Lücke vor dem nächsten Protokollpunkt geschriebenen Passus[29] noch die folgenden Informationen: „They [Ms. Amoah and family] thanked the elders with 10/- [shilling] for maintaining the

---

24 Hierzu mehr in Kap. 5.2.1.

25 Hierzu mehr in Kap. 5.3.

26 Name geändert.

27 Siehe auch Kap. 5.3.2.

28 Name geändert.

29 Darauf weist der halbzeilige Abstand der Passage hin.

church & the town up to date. She paid £1.1/- for school building fund. They paid £2.2/- […] for plot. 100x100 granted" (S. 79). Das heißt, es wird in der für diesen Teil der Abwicklung von Landgeschäften typischen knappen und indexikalisierten Form und Sprache festgehalten, dass die Antragstellerin den gängigen Betrag von 1 Pfund und 1 Shilling in den *school building fund* einzahlt,[30] dass die Begünstigten den ebenfalls gängigen Betrag von 2 Pfund und 2 Shilling für den *plot* zahlen und dass die Session ihnen das Grundstück von 100 x 100 Feet überlässt.[31] Die Notiz hingegen, dass sich die Begünstigten mit einem Betrag von 10 Shilling bei den *elders* für den Unterhalt von Kirche und Ort bedanken, kommt in diesem Protokollbuch sonst nirgends vor. Sie ist möglicherweise in Reaktion auf den von Presbyter Boakye geäußerten Reglementierungsvorschlag zu lesen. Daneben könnte man den Vorgang mit *aseda* in Verbindung bringen, einem kleinen Geschenk, dessen Übergabe an einen *lineage head* die Nutzungserlaubnis von Familienland bezeugte.[32]

Der Vorschlag, ein Dokument mit „rules and regulations" zum kirchlichen Land einzuführen, ist vor dem Hintergrund der in den obigen Fällen verhandelten und in den Entscheidungen vollzogenen Unterscheidungen zu sehen. Es geht hier um die Differenz zwischen „Mitgliedern" und „Nichtmitgliedern" der Gemeinde (Fall 12) sowie zwischen „Leuten von Apenkwa" und „Auswärtigen" (Fall 13).

Aus diesem übergeordneten Problem der Kategorisierung leiten sich praktische Fragen ab, welche die Session in ihren Sitzungen bearbeitet: Welche Bedingungen muss eine Person erfüllen, damit sie (a) Land von der Kirche erhält bzw. die Session ihr Land überlassen darf? Welche Bedingungen muss sie (b) bei der Nutzung des Landes einhalten? Und damit verbunden (c), was sagt die genannte Transaktion von Geld und Land über den Nutzungs- bzw. Eigentumsanspruch auf das betreffende Grundstück aus?[33] Ein Dokument oder Reglement wie das hier beschriebene ist als bürokratische bzw. legalistische Form zu verstehen, mit der die Session diese Fragen bearbeitet.

In Abokobi, der *Christian town* der PCG schlechthin, war seit dem 19. Jahrhundert ein solches Dokument in Gebrauch,[34] worauf in den hier untersuchten Protokollen allerdings keinerlei Bezug genommen wird. Das zeigt, dass es hier nicht um

---

30 Mehr dazu, siehe Kap. 5.3.2.

31 Die Protokolle geben durchgängig keine Maßeinheit an. Im Kontext figurieren aber 100 x 100 Feet als gängige Größe von Grundstücken für den Hausbau (z. B. Sackeyfio-Lenoch: Politics of land, 2012: 316).

32 „Permission to use a portion of stool (or family) land was usaually acknowledged by a small gift, known as aseda, or ‚thanks', presented to the stoolholder or family head in the presence of witnesses […]" (Berry: Chiefs know their boundaries, 2001: 9).

33 Siehe Kap. 6.3.2.

34 Sewordor: Model town, 2017: 47.

ein ungewöhnliches oder neues Problem geht, das angesichts von Urbanisierungsprozessen nach einer neuartigen Lösung verlangt. Im Gegenteil, trotz deutlicher Unterschiede im politischen, administrativen und sozialen Kontext waren diese Fragen ebenso wie die Mittel ihrer Bearbeitung für die Kirche längerfristig von Bedeutung.

Während die erste Frage mit der Deklaration, dass es sich bei der Mutter von Frau Amoah und deren Mann trotz Wegzug um „Apenkwa members" handle, als geklärt gilt, bleiben die anderen Fragen vorerst offen. Diese Kategorisierung des Ehepaars wurde möglicherweise unterstützt durch die Bonitäts-Demonstration, die man als Leserin des Protokolls in der diskussionslosen Bezahlung des *school building fund* und dem ‚Dank an die *elders*'[35] vermuten kann. Die Bonität ist ein Kriterium, das es für die Session interessant macht, Land an Personen, die noch nicht zur örtlichen Gemeinde gehören, zu vergeben. Denn die Vergabe von Land verspricht der Kirche den Zugriff auf das Prestige und das komplette Set der Bourdieu'schen Kapitalien dieser Personen.[36]

5.1.2 Karriere eines Kodifizierungsprojekts (Fälle 6 und 15–17)

Die Idee, ein Dokument zu entwickeln, wird in der Session weiterverfolgt und verbindet sich mit der Bearbeitung des etwas anders gelagerten Falls von Herrn Owusu[37] (Fall 6), in dem es insbesondere um die Definition des Besitzstatus geht. Dies geschieht ebenfalls in Verbindung mit einem Dokument, das es zu diesem Zeitpunkt in Apenkwa nicht gibt.

Herr Owusu, ebenfalls ein Kirchenmitglied, versucht beim staatlichen „Housing Loans Board"[38] Geld für den Bau seines Hauses auf dem Grundstück, das ihm die Session zugesprochen hatte, zu erhalten. Das *Housing Loans Board* verlangt allerdings hartnäckig „some document from the grantors" (S. 94), d. h. ein Dokument über den Landerwerb des Antragstellers.

---

35 Die Demonstration von Bonität scheint mir in diesem Zusammenhang besonders relevant (siehe dazu Kap. 6.2). Ich gehe davon aus, dass eine Interpretation als *aseda* hier weitaus näher liegt, als den Vorgang als Bestechungsversuch zu deuten. Denn dann würde er wohl eher nicht protokollarisch festgehalten (außer der protokollierende Katechist hätte sich, z. B. weil er nichts erhalten hat, bemüßigt gefühlt, die *elders* auf diesem Weg anzuschwärzen).

36 D. h. ihr symbolisches, ökonomisches und soziales Kapital (Pierre Bourdieu: „Ökonomisches Kapital – Kulturelles Kapital – Soziales Kapital", in: Margareta Steinrücke (Hg.). *Die verborgenen Mechanismen der Macht*, Hamburg: VSA Verlag, 1992, S. 49–80). Siehe Kap. 6.2.1 und Kap. 6.3.2.

37 Name geändert.

38 Das *Housing Loans Board* von Accra war eine staatliche Stelle des *Accra Municipal Council*. Es war wie die entsprechenden Stellen in anderen Regionen dem *Ministry of Housing* unter dem *Ministry of Works* unterstellt. (PRAAD RG 6/1/48: Housing Loans Board annual reports and accounts: Nr. 3, Nr. 29, Nr. 31).

Ein solches Dokument gibt es zu diesem Zeitpunkt aber nicht. Über die unerwünschten Implikationen, die ein solches Dokument für die Kirche als Besitzerin des Grundstücks haben könnte, ist sich die Session durchaus im Klaren, denn es könnte als Beweis eingesetzt werden, um die Vergabe als Verkauf zu interpretieren.[39] Da sie aber dem Gemeindemitglied Entgegenkommen signalisieren muss oder möchte und außerdem die Möglichkeiten sieht, die eine derartige Kodifizierung auch für die Session eröffnet, sucht sie nach einem geschickten Umgang mit diesem Interessenskonflikt.

Als Lösungsansatz greift sie hierfür die von Presbyter Boakye Ende Juni 1954 vorgebrachten Überlegungen zur Einführung des Dokuments mit „rules and regulations" auf. Damit verbindet sich die Bearbeitung dieser beiden Anliegen im Verlauf der weiteren Sitzungen.

Das Protokoll der Sitzung vom 1. August 1954, bei der der Fall erneut behandelt wird, schlägt vor, den *district pastor* mit der Vorbereitung einer „declaration to be signed by all [who have been] granted plots" (S. 95) zu beauftragen. Dieses Dokument soll die Bedingungen zur Vergabe bzw. zum Erwerb und zur Nutzung von Kirchenland auflisten und alle, die Land erhalten, sollen dieses unterzeichnen.

Was diese *rules und regulations* aus Sicht der Session beinhalten könnten, kommt in der Sitzung vom 1. August gleich im Anschluss zur Sprache: Denn als nächstes tritt das Ehepaar Wellington[40] (Fall 16) in der Session auf, mit der Frage, was denn die Bedingungen für die Landvergabe seien: „they came to ask for the conditions of granting plot of land" (S. 95). Der Protokollant hält die Bedingungen, die ihnen daraufhin genannt werden, wie folgt fest: Erstens „Apenkwa members doing their membership duties" und zweitens „outside Christians of the Presbyterian Church, with us here doing congregational duties. He [Mr. Wellington] was told the duties of a christian" (S. 95).

Zu der bereits in Fall 12 und 13 entscheidungsrelevanten Frage, nach welchen Kriterien Antragstellende den Kategorien, „Apenkwa member" oder „outside Christian" zuzuordnen sind bzw. worin genau die erwähnten „duties of a Christian" bestehen, wird im Protokoll an dieser Stelle allerdings nichts festgehalten.

Im weiteren Verlauf dieses Falls wird dennoch deutlich, was die Session unter den „congregational duties" für auswärtige Antragsteller und Antragstellerinnen, um die es sich in diesem Fall handelt, versteht: Die Bereitschaft, ehrenamtlich die Leitung von Sonntagsschule, Kindergottesdienst oder Kirchenchor zu übernehmen, zudem

---

39 Vgl. Sackeyfio-Lenoch: Politics of chieftaincy, 2014: 65; Chanock: Law market, 1992: 292. Mehr dazu in Kap. 6.3.2.

40 Name geändert.

am Kirchgang der Gemeinde von Apenkwa teilzunehmen sowie die Kirchensteuern und andere Gaben zu entrichten.[41]

Dass die praktische Interpretation solcher Kategorien bzw. die zu erfüllenden und zu beurteilenden Kriterien im Laufe der Aufzeichnungen zu den Verhandlungen quasi *en passant* Erwähnung finden, zieht sich durch die gesamten landbezogenen Fälle. Dass hingegen Antragstellende die Bedingungen für die Landvergabe so direkt erfragen und das Protokoll deren Inhalt explizit als „conditions" benennt, ist einmalig in dieser Quelle. Die explizite Nennung dürfte nicht von ungefähr zu diesem und nicht zu einem früheren Zeitpunkt geschehen sein: Mit der kleinen Aufzählung „(a) Apenkwa members doing their membership duties". (b) Outside Christians of the Presbyterian Church, with us here doing congregational duties" (S. 95) kondensiert der Protokollant in diesem Eintrag die in den vorangegangenen Fällen implizit diskutierten Grenzen, Eigenschaften und Unterschiede als Kategorien und bringt sie in eine listenartige Form.[42]

Damit dürfte diese Aufzählung Ergebnis der vorangegangenen Deliberationen über die Idee sein, ein Dokument zu erstellen, das die Bedingungen über den Entstehungszusammenhang hinaus festhält und intersubjektiv einsehbar, vergleichbar und auch einforderbar macht. Ob es zu diesem Zeitpunkt bereits einen Entwurf für ein solches Dokument gab, ist eher unerheblich. Wichtig ist hingegen, was der Protokollant nun, da sich die Session zu einer expliziten Nennung aufgefordert sah, als gemeinsamen Nenner festhält, auf den sich die Session in diesem Moment bezieht. Offenbar ist er sich der Angemessenheit der genannten Punkte sicher genug, um diese auch im Protokoll festzuhalten und explizit als gültige Bedingungen zu benennen. Die konkrete Ausdeutung der in der Aufzählung verwendeten Kategorien bleibt dabei dem Alltagswissen anheimgestellt, welches der Verfasser der Quelle seiner intendierten Leserschaft als selbstverständlich unterstellen kann. Damit bleibt auch ausreichend Spielraum für Interpretation im konkreten Fall sowie für die praktische und praktikable Umsetzung.[43]

Tatsächlich, die Idee, ein Dokument mit Bedingungen für die Vergabe und die Nutzung von Land von der Kirche zu entwickeln, stößt auch bei der nächsthöheren kirchlichen Instanz auf Gegenliebe: Eine Woche später, am 8. August, wird vor dem *district pastor* T. T. Laryea, der an diesem Tag in Apenkwa anwesend ist und den Vorsitz der Session übernimmt, beschlossen: „That a document should be prepared giving certain restrictions to all people whom a plot should be given to" (S. 107). Dazu folgt allerdings der Zusatz, dass nicht nur, wie vorgeschlagen,

41 Idealerweise sollten Bittstellende diese Bereitschaft von sich aus zeigen und nicht von der Session darum gebeten werden müssen (vgl. Kap. 6.2.1).

42 Siehe Kap. 2.3.2 formale Definition und Kap. 5.3.1.

43 Siehe Kap. 5.3.2.

die Antragsteller, sondern auch die „grantors/guarantors“ dieses Dokument zu unterschreiben haben: „Trustees and local Session are to sign“ (S. 107).

Mit dieser weiteren Entwicklung des Dokumentierungsprojekts werden die eher neutralen und reziproken Begriffe „rules and regulations“ und „declaration“ zu einschränkenden „restrictions“. Gleichzeitig kommt eine weitere beteiligte Partei ins Spiel: die im Protokoll so bezeichneten „trustees“. Es handelt sich dabei um das mit der Verwaltung des Besitzes der PCG betraute *Synod Committee*. Dieses Gremium ist die vom (kolonial-)staatlichen Rechtsapparat anerkannte Treuhänderin des Landes, das sich im Besitz der Kirche befindet.[44] Die lokale Session hat also nicht beliebigen Spielraum im Umgang mit dem von ihr verwalteten bzw. unter ihrer Aufsicht befindlichen Kirchenland. Dies stellt der Pastor in ebendieser Sitzung im Zusammenhang mit einem der laufenden Landbegehren klar. Denn ganz einverstanden mit der Landvergabepolitik der Session von Apenkwa an „outside Christians of the Presbyterian Church“ (S. 95) ist er nicht.

Ein Presbyter aus einer gut 20 Kilometer entfernten Gemeinde hatte um einen „plot for building“ (S. 80 f.) ersucht (Fall 15). Die Session von Apenkwa steht dem Begehren insgesamt wohlwollend gegenüber.[45] Sie geht mit dieser Anfrage eines Auswärtigen allerdings auf den *district pastor* T. T. Laryea zu und dieser ist von der Sache weniger angetan: „The pastor expressed his *fear in giving away the Apenkwa lands*. […] The local session is to think over it and decide. *Argument* arose between [one of the Apenkwa presbyters] and the pastor *about the ownership of the Apenkwa land*“ (S. 100 f., Hervorhebung A.B.). Daraufhin hält das Protokoll noch die Erklärung des Pastors fest, dass weder Apenkwa noch die *trustees* des *Synod Committee* das Recht haben, etwas mit dem Land zu unternehmen, ohne das jeweils andere Gremium in Kenntnis zu setzen: „Apenkwa has no right to take any action about the land without informing the trustees and vice versa“ (S. 101).

Die zu Protokoll gebrachte Auseinandersetzung zwischen dem Presbyter und dem Pfarrer entzündet sich an kollidierenden Kompetenzansprüchen: An den Vorstellungen bzw. Ansprüchen zu „ownership“ – Besitz bzw. Eigentümerschaft – innerhalb der Kirche sowei an der Frage, wem dieser Status zukommt und zu welchen Handlungen er berechtigt. Konkret geht es hier also um die Frage, ab wann etwas als „action about the land“ gilt, die der gegenseitigen Information von Session

---

44 Dieses Komitee ist auch Treuhänderin für alle anderen Mobilien und Immobilien im Besitz der PCG: „The Synod Committee acts as the Registered Trustees [of the Presbyterian Church of the Gold Coast] and is responsible for the oversight of all [movable and immovable] property belonging to the Church […] in accordance with the conditions contained in the Certificates of Incorporation granted by the Governor“ (RPP 1953: § 97–97b).

45 Indiz dafür ist, neben der Einführung durch einen Presbyter und den Katechisten vor allen Dingen, dass sich die Session letztlich entgegen der Position des Pastors für die Vergabe entscheidet (S. 110, 111 f.).

und *trustees* bedarf. Ist das erst der Fall, wenn eine Vergabe als *Weggabe*, d. h. als Handänderung interpretiert wird? Das zieht wiederum die Frage nach sich, ab wann eine Vergabe als *Weggabe* zu interpretieren ist. Damit arbeitet sich die Session auch hier an den bereits in den Fällen 12 und 13 diskutierten Fragen ab, unter welchen Umständen eine Person als *zugehörig* gilt und wozu sie dabei zugehörig ist.

Die lokale Kirchgemeinde von Apenkwa, in Form der Session, und die überregional agierende PCG, hier vertreten in der Person des Pfarrers, folgen bei diesen Klassifikationen unterschiedlichen Logiken des Ein- und Ausschlusses: Während es für die Kirche insgesamt unerheblich ist, in welcher der Stationen oder Außenstationen der betreffende Presbyter seine „congregational duties" ausübt, verspricht sich die Session von Apenkwa durch die Vergabe von Land Zugriff auf diese zusätzlichen Ressourcen an Zeit, Arbeitskraft, Kirchensteuern etc. zu erschließen. Für die Kirche insgesamt bedeutet letzteres im schlimmsten Fall Probleme durch Konkurrenz zwischen den einzelnen örtlichen Gemeinden um ressourcenträchtige Mitglieder. Auch das würde die eher abwehrende Haltung des Pfarrers begründen.

Der erhoffte Einsatz der Antragstellenden für die Kirchgemeinde von Apenkwa ist es, der die Session nach Abwägung der Vor- und Nachteile diesem und einem weiteren Landbegehren am 22. August 1954 zustimmen lässt: „It was decided that the land will be granted to them [the two applicants] accordingly. Mr. [Frimpong (Fall 17)], being a teacher will give a help. Mr. [Danso (Fall 15)] as a presbyter will also do [the] same" (S. 111 f., Namen geändert A.B.).

Es ist die Handhabung des zweiten Punktes der gegenüber dem Ehepaar Wellington geäußerten Liste – „Outside Christians of the Presbyterian Church, with us here doing congregational duties" –, welcher Anlass zur Kritik gibt. Diese gezielte Ausweitung der Zugehörigkeit, um dadurch Ressourcen für die lokale Gemeinde zu sichern, wird von Dritten als arbiträre Weggabe des Landes von Apenkwa an Auswärtige verstanden. Am 15. Oktober ist der *district pastor* wieder zugegen und sagt, „[...] he heard that the Apenkwa land is being given to people promiscuously. The Apenkwa Session explained that they only give to Apenkwa citizens. Save one [Mr. Danso] from [name of the town] – a presbyter" (S. 128).[46]

An dieser Stelle suchen die höheren kirchlichen Instanzen denn auch ihren Einfluss auf die praktischen Entscheidungen an der Basis zu festigen, wie der Rest dieses Protokolleintrags zeigt. Ergebnis der Diskussion ist nämlich, dass fortan bei Landbegehren von auswärtigen Mitgliedern der PCG das Anliegen in jedem Fall mit dem *district pastor* zu besprechen sei, *bevor* eine Entscheidung getroffen wird (S. 129). Es geht also um den Einfluss der Kirche auf die Entscheidung der lokalen Gemeinde, nicht bloß um die Information über dieselbe.

---

46 Mehr dazu, siehe Kap. 5.2.1.

Ein Instrument hierfür verspricht das oben genannte Dokument mit „rules and regulations" zu werden. Die Verhandlungen dazu haben sich in der Zwischenzeit in eine ähnliche Richtung entwickelt. Mit der Formulierung „[…] delegates were asked to see the pastor and prepare a document [on the mission land] to be signed by [the] guarantors[47] – Trustees and this session – and the suitor" (S. 112) entwirft das Protokoll eine Konstellation in welcher den Antragstellenden („suitors") die beiden gleichberechtigten „grantors/guarantors" begegnen: einerseits die lokale Session und andererseits die *trustees*, d. h. das *Synod Committee*.

Das Kodifizierungs- und Dokumentierungsprojekt wandert derweil weiter durch den kirchlichen Instanzenweg: von der Session zum *district pastor* und über ihn per Schreiben zum *Synod Committee*, dem Exekutivorgan der *Synod*.

Die protokollarischen Aufzeichnungen hierzu sind dabei eine Gelegenheit, den Besitzstatus verbal festzuzurren: Die Formulierung in den diversen Landvergabefällen, wo die betreffenden Grundstücke durchgehend als „land plot for building" adressiert werden,[48] lassen das konkrete Besitzverhältnis offen. Im Gegensatz dazu wird der Besitzstatus nach der Auseinandersetzung „about the ownership of the Apenkwa land" (S. 101) im August sprachlich zunehmend eindeutig auf die Kirche bzw. die Mission hin formuliert – dabei allerdings sowohl die Kirche als überregionales Ganzes, als auch die lokale Gemeinde meinend: Im Protokoll vom 22. August als „Document on the *Mission land*" (S. 112) bezeichnet, wird es in einer erneuten Sitzung in Anwesenheit des Pastors am 10. Oktober zum „Document or agreement on *our* land" (S. 126). Nach einer längeren Pause hinsichtlich dieses Themas figuriert es zuletzt in der Tagesordnung zum 13. März 1955 als Dokument „which will be given to all people who […] build on *our Mission land*" (S. 224).[49] Diese Formulierung, die sich in einem Bericht über das Schreiben findet, mit dem der *district pastor* Laryea dem *Synod Committee* die Notwendigkeit eines solchen Dokuments unterbreitet, kann sowohl die lokale Gemeinde als auch die Mission, d. h. die gesamte PCG, meinen.[50] Das Projekt scheint indes mit dem Transfer zum *Synod Committee* gänzlich außer Reichweite der Kompetenzen der lokalen Gemeinde geraten zu sein.

Was der Karriere dieses Kodifizierungsprojekts bis zu diesem Punkt zuträglich gewesen sein dürfte, ist der dreifache Nutzen, den sich die unterschiedlichen beteiligten Akteure von diesem Dokument versprechen konnten: Es schreibt die mit

47 Hier im Gegensatz zur S. 84 nicht „grantors", sondern „guarantors". Da in den betreffenden Passagen in allen Fällen das Verb „to grant" und nicht „to guarantee" benutzt wird, interpretiere ich diese Variation als Schreibfehler und gehe daher den Konsequenzen, die sich aus einer als „Bürgschaft" interpretierten Rolle ergeben würde, nicht weiter nach.

48 Siehe dazu Kap. 5.3.2.

49 Alle Hervorhebungen in diesem Absatz A.B.

50 Vgl. Kap. 6.3.2.

dem Zugang zum Land verbundenen Einschränkungen und Pflichten fest, auf deren Einhaltung sich die Unterzeichnenden verpflichten. Somit wäre es für die Session ein Instrument, um die betreffenden Gemeindeglieder zur Rechenschaft zu ziehen.[51] Gleichzeitig versprach man sich davon, dass das Dokument das *Housing Loans Board*, und damit das betreffende Gemeindemitglied, zufriedenstellt, bei gleichzeitiger Wahrung des Kircheneigentums.[52] Schließlich könnte es auch den übergeordneten kirchlichen Instanzen als Mittel dienen, die Aktivitäten der örtlichen Session im Auge zu behalten und diese nötigenfalls zu beschränken.[53]

Letzteres geschieht dann auch, aber anders als die Session von Apenkwa es ins Auge gefasst hatte: Ein halbes Jahr später, am 21. September 1955, und damit schon nach Abschluss des hier näher untersuchten Zeitraums, nimmt das Projekt ein abruptes Ende. Das *Synod Committee* kassiert das Vorhaben, untersagt dabei explizit die Vergabe von Land durch die Session und macht klar, dass das Land als Eigentum der PCG insgesamt und nicht der „Apenkwa citizens“ zu verstehen sei.[54]

5.1.3 Drei Dimensionen der Rechtspraktiken – Zusammenfassung

In den beschriebenen Fällen kamen alle drei eingangs angesprochenen Arten von kirchlichen Rechtspraktiken zur Sprache: *Kategorien*, *Dokumente* und *Verfahren*.

Erstens grundierte die Kategorie „Apenkwa members“ mit ihren Eigenschaften und Grenzen gegenüber anderen Klassen von Personen die beschriebenen Vorgänge. Die Tatsache, dass es zentral von der Zuweisung zu dieser Kategorie abhängt, ob jemand Land erhält und damit in Apenkwa bauen und leben kann, zeigt die lebensweltliche Wirksamkeit solcher Kategorien als rechtliche Praktiken. Welche anderen Kategorien als Gegensätze und Abstufungen die Kategorie „Apenkwa members“ konturieren sowie die Grenzbereiche dieser Unterscheidungspraktiken werden in Kapitel 5.2 detaillierter untersucht.

Wir haben zweitens einen an der Kirchenbasis angeregten Versuch gesehen, ein Dokument zu entwickeln, über das die Session unterschiedliche Interessen in der durchaus nicht einhellig operierenden Kirchenstruktur zu bedienen versuchte. Hierbei kamen auch die Protokolle selbst als Dokument zur Sprache. Mit ihrer Wortwahl schreiben sie bestimmte Deutungen von Sachverhalten im doppelten Wortsinn vor und fixieren diese Deutung. Diese Dokumentierungspraktiken, ebenso wie Überlegungen zu spezifischen Dokumentierungsformen legalistischen Charakters, werden im Kapitel 5.3 vertieft und zu weiteren dokumentenförmigen Praktiken, die in den Protokollen angesprochen sind, in Beziehung gesetzt.

---

51 Weiter in Kap. 5.4.

52 Weiter in Kap. 6.3.2.

53 Weiter in Kap. 6.3.1.

54 ACIA [o. Sign.]: Apenkwa Minutes 1955–56: 71 f.

Diese Kategorien und Dokumente kommen drittens in den Verfahren zum Einsatz, den Bewertungspraktiken, mit denen die Session die von ihr behandelten Sachverhalte bearbeitet. In der Art und Weise, wie die Landgesuche regulär abgewickelt werden und in der konzisen Darstellung derselben in den Protokollen, zeichnen sich in kondensierter Form Verfahrensschritte ab, die in Kapitel 5.4 erneut zur Sprache kommen. Das Beobachten (hier das Prüfen der relevanten Bedingungen), das Markieren (hier der Vermerk „paid" und „granted" im Protokoll) und der Vollzug (hier der Vermerk „plot was shown") sind Interaktionsabläufe, die in unterschiedlichen Formen Teil der von der Session eingesetzten Verfahren sind.

5.2 Kategorien

Ein zentraler Punkt für die Rechtsprechung der Kirche als Teil eines rechtlich pluralen Arrangements ist die Frage, in welchem Umfang und in welchem Rahmen sie wo und für wen maßgeblich ist und Gültigkeit beanspruchen kann.[55] Die Kategorie bzw. der Grad der Zugehörigkeit bestimmt dabei, wessen Gerichtsbarkeit jemand unterliegt, welche Pflichten – im Sinne von Arbeits- und Geldleistungen, ritueller Praxis und allgemeiner Lebensführung – man einerseits hat und welche Ressourcen – z. B. Land, aber auch physischer und spiritueller Schutz – einem dadurch zugänglich sind.

Das Verhältnis von Kirche bzw. Gemeinde zu Mitgliedern bzw. Ansässigen ist vergleichbar mit anderen Formen von *patron-client*-Konstellationen im Umfeld.[56] Diese Beobachtung machten die lokalen Autoritäten mit Blick auf die Rechtshoheit in christlichen Siedlungen: „[T]he chiefs realised that as the Christian Salems became well-established there was a tendency for Christians to feel that they had removed themselves from traditional jurisdiction and obligation".[57] Stattdessen bezogen sich diese Christen auf die Rechtsprechung und Pflichten der Kirche, die zum Ausdruck ihrer christlichen Lebensführung wurden. Das brachte zum Verdruss der lokalen Autoritäten durchaus auch den Effekt mit sich, unliebsamen rituellen Verpflichtungen, Arbeitsleistungen oder befürchteten Strafen zu entgehen.[58]

Die einführenden Fälle haben anhand der Landvergabepraxis gezeigt, dass dieses *patron-client* Verhältnis innerhalb der PCG auf zwei Ebenen anzusiedeln ist. Die

---

55 Vgl. Kap. 6.2.5. Christian Lund, Catherine Boone: „Introduction. Land politics in Africa – Constituting authority over territory, property and persons", in: *Africa* 83 (1), 2013, S. 1–13: 4.

56 Vgl. Gareth Austin: *Labour, land, and capital in Ghana. From slavery to free labour in Asante, 1807–1956*, Suffolk: Boydell & Brewer, 2005: 98–127, 171–189, 215–235.

57 Smith: Presbyterian Church of Ghana, 1966: 93.

58 Austin: Labour, land, and capital, 2005: 45, 228; Meyer: Translating the devil, 1999: 95 f. Was in der ersten Hälfte des 20. Jh. für die von den europäischen Missionen initiierten Gemeinden

Mitglieder, die in Apenkwa auf Kirchenland bauen, sind der Session gegenüber verpflichtet. Die Session trachtet dabei danach, das Land in den untersuchten Fällen so einzusetzen, dass sie daraus einen Ertrag in Form von *membership duties* für die lokale Gemeinde ziehen kann. Landvergabe auf diese Weise einzusetzen, korrespondiert dabei mit der Praxis lokaler Autoritäten.[59] Doch das *Synod Commitee* gesteht der lokalen Session wiederum nur den Status von „caretakers" zu. So deklariert der *Moderator* anlässlich der Bearbeitung der Anträge aus Apenkwa im Namen der *trustees*, d. h. des *Synod Committee* „[t]hat the local session is only taking care of the land for the Trustees. But the latter have the last say" und „[t]hat Apenkwa land is not for Apenkwa citizens but for the Presbyterian Church as a whole".[60] Damit beansprucht das *Synod Committee* ausschließliches Vergaberecht und entwirft das Land als Besitz der Kirche.[61]

Hierin findet sich die mit der Zugehörigkeit verknüpfte Idee des gemeinschaftlichen Besitzes, die zentrales Narrativ der Relektüre lokalen Rechts im ‚*customary' law* war.[62] V. a. aber findet sich das Pendant zu den Auseinandersetzungen zwischen über- und untergeordneten lokalen Autoritäten in der politisch-sozialen Ordnung Accras. Hier wie dort wird die Auseinandersetzung über die divergierenden Ansprüche darauf ausgefochten, wer Land vergeben und ggf. verkaufen darf und wem die daraus erzielten Erträge zugutekommen sollten.[63]

5.2.1 Zwei Achsen der Zugehörigkeit

Die Einstiegsfälle haben es bereits angezeigt: Wenn es darum geht zu bestimmen, für welche Personengruppen die Session von Apenkwa Gültigkeit beanspruchen bzw. wer von den kirchlichen Ressourcen profitieren kann, orientiert sie sich an zwei Bezugsgrößen der Zugehörigkeit: Die eine ist die Kirche, die andere der Ort. Bezogen auf die Kirche geht es um Zugehörigkeit im Sinne von Mitgliedschaft in

---

und Siedlungen galt, ist heute mit Blick auf pentekostale Strömungen in der PCG und gewisse Pfingstkirchen ein Thema (vgl. z. B. Gabriel Klaeger: Palastbräuche, 2007; Arthur: Politics of religious sound, 2018).

59 Vgl. Austin: Labour, land, and capital, 2005: 336–339. Berry: Chiefs know their boundaries, 2001: 195 f.; Lentz: Land, 2007: 37.

60 ACIA [o. Sign.]: Apenkwa Minutes 1955–56: 71 f.;

61 Je nach Lesart agiert die Kirche hierbei wiederum als Vertretung einer Gottheit – hier nicht der Ga *jemawoji*, sondern des christlichen Gottes. Einer solchen Interpretation folgt beispielsweise Obeng: Stewardship, 2009.

62 Dieses Narrativ bestimmte Diskurse lokaler Eliten, Kolonialbeamter und ethnologischer wie historischer Forschung gleichermaßen (Chanock: Law market, 1992: 286.)

63 Siehe Kap. 5.1.1. Sackeyfio-Lenoch: Politics of chieftaincy, 2014: 45, 48, 68; Sackeyfio-Lenoch: Politics of land, 2012: 315–325; siehe auch Simensen: Jurisdiction as Politics, 1992: 266–271; Lentz: Land, 2007: 50.

der Heilsgemeinschaft, bezogen auf den Ort geht es um Zugehörigkeit im Sinne von Autochthonie.[64] Gilberts Beobachtung zum Statuserwerb eines Millionärs in Akwapim, der eine „legitimate *religious identity* and a legitimate *home-town (descent) identity*“ zu erwerben suchte,[65] zeigt an, dass diese beiden Achsen der Zugehörigkeit über den Fall Apenkwa hinaus von Relevanz sind.

In Apenkwa anwesend zu sein – „stay with us here“ (S. 207, Fall 25) – ist vom Status der Mitgliedschaft – „member here“ (S. 79, Fall 13) – zu unterscheiden. Wie der Mann im eingangs beschriebenen Fall 12 oder die in Apenkwa ansässigen Muslime kann man zwar in Apenkwa anwesend, aber (noch) kein Kirchenmitglied sein, und umgekehrt können Personen „members of our Church“ (S. 80) in einem anderen Ort sein, aber (noch) nicht in Apenkwa ansässig, wie z. B. der Presbyter einer anderen Gemeinde im eingangs erwähnten Fall 15.

Ganz im Sinne der religiösen Sozialutopie der *Christian town* oder des *Salem* erscheinen allerdings jene Fälle als ‚Normalfall‘, in denen die beiden Achsen der Zugehörigkeit zusammenfallen: Personen – es sind in den konkreten Fällen fast alles Frauen – die in Apenkwa wohnhaft und dort mehr oder weniger aktive Mitglieder der lokalen Kirchgemeinde sind,[66] die ihre Kirchensteuern für das laufende Jahr weitestgehend beglichen haben und die im Idealfall auch weiteren „membership duties“, wie dem regelmäßigen Kirchgang und/oder den Kollekten für den *building fund*, ohne weitere Aufforderung nachkommen. Als Normalfall zeichnen sich diese Fälle nicht etwa durch ihre Häufigkeit aus, sondern durch den Umstand, dass im Gegensatz zu anderen Fällen kaum Beschreibungen der Person oder des Entscheidungshergangs protokolliert wurden.[67]

Wie die Session in der Praxis dieses Zusammenfallen von Mitgliedschaft und An„adherents“ in dreiwesenheit erwirkt, zeigt ihre Aufforderung, Frau Wellington aus dem eingangs angesprochenen Fall 16 möge zuerst ihren Taufunterricht – „instruction“ (S. 146) – in Apenkwa abschließen, bevor ihr und ihrem Mann das Land überlassen werden könne. Das gleiche Anliegen scheint die Frage an ein ehemaliges Mitglied zu motivieren, das ankündigt, nach Apenkwa zurückkehren zu wollen:

> She gave her mind that she wants to return to Apenkwa & therefore wishes for a land to build on. She was asked if she is coming back into the congregation or only to build.

---

64 Ebd.: 43–49; Peter Geschiere: *The perils of belonging. Autochthony, citizenship, and exclusion in Africa and Europe*, Chicago: University of Chicago Press, 2009.

65 Michelle Gilbert: „The sudden death of a millionaire. Conversion and consensus in a Ghanaian kingdom“, in: *Africa* 58 (3), 1988, S. 291–314: hier 308 (Hervorhebung A.B.).

66 Das lässt sich aus der Abwesenheit von anders lautenden Mitgliedschaftsangaben und dem Vermerk über den Stand ihrer Kirchensteuern schließen.

67 Fälle 4, 5, 7, 11, 14, 19, 20. Diese nicht beanstandeten Gesuche sind mit rund einem Viertel der Fälle in der Minderheit.

> She said she wants the land to build on and if completed she will come back. But [in the] meantime she will stay at Adabraka congregation. (S. 353)

Dass Mitgliedschaft und Anwesenheit zusammenfallen werden, stellt die Antragstellerin also in Aussicht, sicher scheint sich die Session aber bei der Sache vorerst noch nicht und vertagt die Entscheidung.

Die Taxonomie in den untersuchten Protokollen scheint bei alledem aber nicht so sehr auf eine Grenze zwischen innen und außen abzuzielen, sie kennt vielmehr graduelle Abstufungen.[68] Das gilt sowohl für die Zugehörigkeit zum Ort als auch für die Mitgliedschaft in der Kirche. Bei letzterer unterscheiden die Protokolle zwischen „join in Church going" als Vorstufe, „non communicant" oder „member" als einfache Mitgliedschaft und „full communicant" als volle Mitgliedschaft mit regelmäßiger Zulassung zum Abendmahl, quasi der innere Kreis der *ecclesiola*. Das nächste Kapitel 5.2.2 wird sich mit Graden der „Noch nicht-", „Nicht ganz-" und „Nicht mehr-Mitgliedschaft" in der Kirche befassen. In diesem Kapitel hingegen geht es nun um die Grade der Zugehörigkeit zum Ort. Auf dieser Zugehörigkeitsachse lassen sich im Vokabular der Protokolle drei Kategorien unterscheiden und zwar anhand der für den Landerwerb verlangten Summen: Denn „people of Apenkwa" und andere Personen „who stay with us here",[69] zahlen 2 Pfund und 2 Shilling, „people/natives of Apenkwa", die auswärts wohnen, zahlen rund 3 Pfund und Personen aus anderen Gemeinden (z. B. „from Adabraka", who „stay in Accra" etc.) zahlen 5 Pfund und mehr. Dass die Session hiermit Ressourcen erschließt, kam als Hintergrund dieser Staffelung bereits zur Sprache. Sie hängt aber auch inhaltlich direkt mit den Kategorien der Zugehörigkeit zusammen.

People of Apenkwa

Die Klassifikation als „People of Apenkwa" ist unabhängig vom aktuellen Aufenthaltsort der Person. „Of Apenkwa" kann man auch sein, wenn man mit Mitgliedern der Gemeinde von Apenkwa verwandt ist,[70] in Apenkwa geboren wurde[71] oder ehemaliges Mitglied der Gemeinde von Apenkwa ist.[72] In diesen Fällen ist man zum Landerwerb zugelassen, bezahlt aber einen erhöhten Betrag.

---

68 Damit korrespondiert sie mit der von Gilbert referierten kritischen Beobachtung eines „elderly respected Akuapem chief [...] [who in private conversation] asked, ‚What is the difference between going to Communion or not? It means one can be *half christian* and another can be *full christian*.'" (Gilbert: Christian Executioner, 1995: 368, Hervorhebung und Einfügung A.B.).

69 Ebenso wie Kirchenfunktionäre von auswärts.

70 Vorzugsweise einem angesehenen Mitglied wie einem der Presbyter (z. B. Fälle 5, 8, 13).

71 Fall 18.

72 Fälle 13, 26. Vgl. Berry: Chiefs know their boundaries, 2001: 150.

Der Ga Ausdruck *Apenkwabii*, in den man „people of Apenkwa" zurückübersetzen kann, der in den Protokollen allerdings nicht verwendet wird, verweist auf dieses Bedeutungsspektrum: *bi* bezeichnet in einer solchen Komposition Herkunftsort oder Nationalität. *Bi* bedeutet aber auch „child, offspring, any member of a generation (kin or affinal) junior to one's own".[73] Zugehörigkeit zum Ort Apenkwa verbindet in diesem Sinne Ansässigkeit, Herkunft und verwandtschaftliche Verbindung zu diesem Ort. Die Praxis, dass Mitglieder und Presbyter von Apenkwa Antragstellende als ihre Verwandten vorstellen – „She was introduced by [one of the presbyters] as his relative" (S. 78, Fall 13) – ist damit nicht nur im Sinne einer Beschreibung und Empfehlung der Person, sondern auch als Beleg für deren Verbindung, ja Zugehörigkeit zum Ort zu lesen.[74]

Viele der Antragstellerinnen und Antragsteller leben in den urbanen Zentren von Accra, in Adabraka oder Osu. Bei der Gründung der PCG-Gemeinde Adabraka in den 1920er-Jahren waren Familien aus Apenkwa beteiligt, die wohl damals in dieses neu gebaute städtische Wohnquartier übergesiedelt sind. Der Bezug zwischen Apenkwa und Adabraka ist also nicht nur derjenige zwischen Gemeinde und Sitz des *district pastors*, sondern kann auch als über Generationen hinausgehende „urban rural connection" von Stadtbewohnern zu ihrer „community of origin" und ihrem „ancestral land" gelesen werden.[75] Man erwirbt Land und baut in Apenkwa, um dem prestigereichen Ideal nachzukommen, wenn man es vermag, Wohnraum für Mitglieder der *extended family* bereitzustellen und sich selbst ein Andenken zu schaffen.[76] Oder man hat, wie die Mutter in Fall 13, zum Ziel, sich im Alter dort

---

73 Kropp Dakubu: Ga-English dictionary, 2009: 49.

74 Zur historischen Kontingenz von Mitgliedschaft in einer Familie oder als „citizen" eines Ortes siehe Berry: Chiefs know their boundaries, 2001: 150 f. Hier lassen sich Bezüge in verschiedene Richtungen anschließen: Zur Rekonfiguration von Zugehörigkeit, Autochthonie und *kinship* vgl. Carola Lentz: *Land, mobility, and belonging in West Africa*, Bloomington: Indiana University Press, 2013: 166–211; zur historischen Integration mächtiger Fremder (*oblempon*) und der ihnen zugehörigen Personen in die Ga Sozialstruktur: Parker: Making the town, 2000: 49 f. und zum Hintergrund von Zugehörigkeit im Zusammenhang von Sklaven- oder *pawn*-Status und *kinship* in Asante: Austin: Labour, land, and capital, 2005: 117–121, 190–195. Zur Engführung von Land, *kinship* und *chieftaincy* in der britisch-kolonialen Deutung von Landrecht als Stütze des Indirect Rule-Systems: Chanock: Paradigms, 1991: 66–74; Chanock: Law market, 1992: 287.

75 Peter Geschiere, Josef Gugler: „The urban-rural connection. Changing issues of belonging and identification", in: *Africa* 68 (3), 1998, S. 309–319: 312.

76 Godwin Arku, Isaac Luginaah, Paul Mkandawire, Philip Baiden, Alex B. Asiedu: „Housing and health in three contrasting neighbourhoods in Accra, Ghana", in: *Social Science & Medicine* 72, 2011, S. 1864–1872: 1870; Stephan Miescher: „Becoming an panyin. Elders, gender, and masculinities in Ghana since the nineteenth century", in: Catherine M. Cole; Takyiwaa Manuh; Stephan Miescher (Hg.). *Africa after gender?*, Bloomington, IN: Indiana University Press, 2007, S. 253–269: 261.

niederzulassen und im Herkunftsort christlich bestattet zu werden, nachdem man sein Arbeitsleben in der Stadt verbracht hatte.[77]

Was ist nun aber der Hintergrund dafür, dass einige Personen eine höhere Summe bezahlen müssen? In einem der Fälle wird dies explizit damit begründet, dass die Antragstellerin zwar mütterlicherseits mit Personen aus Apenkwa verwandt und ein „full communicant" in der Gemeinde Osu ist, aber „she was asked to pay £ 4.4/-, for she is not working with us here as others" (S. 52, Fall 8).[78] Denn Zugehörigkeit ist auch mit Verpflichtung verbunden – der sozialen Rolle entsprechend, die man in der Lineage oder hier in der Kirche innehat: Verpflichtungen von Jüngeren gegenüber Älteren, von Frauen gegenüber Männern, von *commoners* gegenüber *lineage heads* und *maŋtsɛmɛi* sowie hier von Mitgliedern gegenüber der Gemeinde bzw. der Session. Diese Form von Verpflichtungen umfasst explizit auch Arbeitsleistung, die für die Gemeinschaft, der man angehört, zu erbringen ist – wie im obigen Fall ggf. auch in monetarisierter Form. Dies sind Ressourcen bzw. über soziale Beziehung vermittelter Besitz, über den die sozial höhergestellten *patrons* verfügen und über die das Kollektiv ihrer *clients* idealerweise wiederum abgesichert wird.[79] Hierin scheint die Session Zugehörigkeit im Licht des vorkolonialen, in vielen afrikanischen Kontexten relevanten, sogenannten „wealth in people" zu entwerfen und ihre Landvergabe entsprechend zu gestalten.[80]

Einen solchen Vergleich legt auch die Formulierung nahe, mit der die Kirchenordnung (RPP) von 1953 die Rubrik zum Verhältnis von Gemeinde und Mitgliedern einleitet: „Every member should be loyal to the Church which has been to him the means of the blessing of the gospel, expressing his loyalty and gratitude in willing service and financial support of the Church".[81] Die von den Mitgliedern eingeforderten Arbeits- und Geldleistungen werden darin explizit als Loyalitäts-

---

77 Jean-François Bayart, Peter Geschiere, Francis Nyamnjoh: „Autochtonie, démocratie et citoyenneté en Afrique", in: *Critique internationale* 10 (1), 2001, S. 177–194: 184. Miescher: Becoming a man, 1997: 510.

78 Es gelingt ihr, den Betrag anschließend auf 3 Pfund 3 Shilling herunterzuhandeln.

79 Chanock: Peculiar sharpness, 1991: 66 f., 75, 78, 81. Vgl. auch Kwame Gyekyes Entwurf vom Verhältnis von Pflicht und Recht zwischen Person und Gemeinschaft (Kwame Gyekye: „Person and community in Akan thought", in: Kwasi Wiredu; Kwame Gyekye (Hg.). *Person and community. Ghanaian philosophical studies I*, Washington, D.C.: Council for Research in Values and Philosophy, 1992, S. 101–122). Vgl. dazu auch das Gefühl persönlicher Sicherheit durch Mitgliedschaft in der PCG, das Middleton konstatiert (Middleton: One hundred and fifty years, 1983: 13).

80 Jane I. Guyer: „Wealth in people, wealth in things. Introduction", in: *Journal of African History* 36 (1), 1995, S. 83–90: 84.

81 RPP 1953: § 122; Die RPP von 1953 fasst darin die weitaus wortreicheren Ausführungen der RPP von 1929 zusammen (Regulations Practice and Procedure 1929: § 132).

bekundungen gegenüber der Kirche thematisiert. Im Gegenzug empfangen die loyalen Mitglieder den Segen des Evangeliums.[82]

Outside Christians of the Presbyterian Church

Auch die vermittels Landvergabe angestrebte Eingliederung von *members* aus anderen Gemeinden, die nicht als „people of Apenkwa“ gelten, korrespondiert mit dem Verständnis von „wealth in people“ als Form der Akkumulation. Ebenso gilt dies im Hinblick auf Personen, die noch nicht zur Kirche gehören, die aber ressourcenträchtig scheinen wie das Ehepaar aus Fall 16. Personen, die von der Session nicht als „people of Apkenkwa“ klassifiziert werden, bezahlen zusätzlich zu den 4 Pfund für das Grundstück rund 1 Pfund „field money“: „She was asked to pay £ 4.4/- for the land or plot granted. £ 1.1/- for field money. £ 1.1/- for the building fund“ (S. 185, Fall 22). Die Bezeichnung „field money“ figuriert noch in einem weiteren Fall (S. 146, 152, Fall 17), ein drittes Mal wird hierfür der Begriff „drink“ verwendet (S. 114, Fall 15). Damit reproduziert die Kirche ein rechtliches Instrument, das in der lokalen Landvergabepraxis zum Einsatz kommt. „Drinks“ bezeichnet in diesem Zusammenhang einen Betrag, den als „strangers“ – d. h. als auswärtig klassifizierte Personen – für die Nutzung von Land an die für die Landvergabe verantwortlichen lokalen Autoritäten vor Ort zu zahlen haben. Eine solche Abgabe gab es in Accra auch, wenn Personen Land in einem anderen als ihrem eigenen *akutso* nutzen wollten.[83] Den hier herausgearbeiteten Kategorien und Praktiken nach zu urteilen, lässt sich die Kirche in Apenkwa also durchaus im Sinne lokaler Verwandtschaftssysteme – Akan *abusua* bzw. Ga *we* – und die *Christian town* als „village natal“[84] bzw. in seinem suburbanen Kontext als *akutso* lesen.

Ob und unter welchen Umständen aus der Zugehörigkeit auswärtiger Personen zur lokalen Kirchgemeinde, die sich die Session über die Vergabe von Land erhofft, eine Zugehörigkeit zum Ort wird, lässt sich im hier untersuchten Material nicht feststellen. Dass nirgends nach der Dauer der Mitgliedschaft in Apenkwa vor dem Wegzug oder ähnlichem gefragt wird, könnte zumindest als Indiz dafür gewertet werden, dass sich Zugehörigkeit, im Sinne der Mitgliedschaft in der Gemeinde, in den Status als „people of Apenkwa“ übersetzten lässt. Dieser Status kann auch bei einem Wegzug weiter bestehen, wie z. B. in Fall 13. Sewordor hat aber für

82 Vgl. den von loyalen Untertanen erwarteten Frondienst für lokale Autoritäten, der u. a. für den Ausbau kolonialer Infrastruktur zum Einsatz kam (Austin: Labour, land, and capital, 2005: 217–220).

83 Berry: Chiefs know their boundaries, 2001: 9; Samuel S. Quarcoopome: „The impact of urbanisation on the socio political history of the Ga Mashie people of Accra. 1877–1957“, PhD, University of Ghana, African Studies, Legon, Ghana 1993: 176 f.; Sackeyfio-Lenoch: Politics of chieftaincy, 2014: 41.

84 Bayart, Geschiere, Nyamnjoh: Autochtonie, 2001: 148.

Abokobi – die andere *Christian town* im *Ga-District* – die interne Hierarchie und auch räumliche Segregation entlang ethnischer Gruppen aufgezeigt, insbesondere gegenüber Familien, deren Vorfahren einen unfreien Status hatten.[85] Angesichts dieser Ergebnisse ist anzunehmen, dass dieser Status auch in Apenkwa in bestimmten Konstellationen aufrechterhalten blieb und in der internen, mehr oder weniger unausgesprochenen, aber praktizierten Hierarchie auch über Generationen weiter wirken kann.

Die hier angesprochene Verbindung zwischen Land, Besitz- oder Nutzungskonditionen und Zugehörigkeit hat handfeste ökonomische, soziale und politische Konsequenzen.[86] Spätestens, wenn rückwirkend in *land claim*-Verfahren auf Entscheidungen wie die hier beschriebenen (sei es in schriftlich dokumentierter oder in mündlich tradierter Form) zurückverwiesen wird, geht es nicht nur um die Grenzen von Grundstücken und Formen des Nutzungs- bzw. Besitzrechts. Es geht dabei gleichzeitig um die Zugehörigkeit von Personen und die Grenzen der Gruppen, welche das betreffende Land zu besitzen, zu vergeben oder zu verkaufen beanspruchen: „The boundaries of the property-holding group [...] were rarely settled facts [...]. As a result, social and political identities became points of negotiation in land claims".[87] Und mit Blick auf die hier beschriebenen landbezogenen Rechtspraktiken der Kirche in Apenkwa müsste man ergänzen: Nicht nur soziale und politische, sondern auch religiöse Identitäten wurden Gegenstand solcher Auseinandersetzungen um Land.

Die graduelle Unterscheidung von Personengruppen entlang der beiden Achsen der Zugehörigkeit zur Kirche und der Zugehörigkeit zum Ort zeitigen durch die mit ihnen verbundenen Rechte und Pflichten materielle Effekte. Durch den Vergleich der in den Protokollen festgehaltenen Fälle zum Landerwerb lässt sich zeigen, wie sich Kategorien und Effekte gegenseitig reifizieren. Die Struktur der geforderten Summen korreliert mit einer Taxonomie, die die Bittstellerinnen und Bitsteller in verschiedene Kategorien von Personen unterteilt. Recht definiert als taxonomisches und praktisches Arsenal der Zugehörigkeitsproduktion Kategorien und die Beziehungen zwischen ihnen. Auf diese Weise reguliert Recht Gesellschaft nicht nur, es

85 Sewordor: Model town, 2017: 15 f., 112–143.

86 Ein Beispiel ist die 1915 im Zuge des Cacao Booms eingeführte Abgabe von einem Penny pro tragendem Kakaobaum („1d per tree"), welche „strangers" an den örtlichen *ohene* zu zahlen hatten. Sie provozierte eine massive Ausweitung der Kategorie „stranger" (Austin: Labour and Land in Ghana, 2007: 113; Berry: Chiefs know their boundaries, 2001:15–20; Simensen: Jurisdiction as Politics, 1992: 263–266). Außerdem: Lentz: Land, mobility, and belonging, 2013: 166–211. Rezentere politische Fälle: Geschiere: Perils of belonging, 2009.

87 Sackeyfio-Lenoch: Politics of chieftaincy, 2014: 39; vgl. auch Berry: Chiefs know their boundaries, 2001: 150–155.

konstituiert Gesellschaft,[88] konstatiert Fernanda Pirie und führt aus: „At its most basic, a law code might present a vision of (moral) order and regularity, associated with a sense of community and belonging, and defining what it is to be a (good) member of the village, or who stands inside or outside the more fluid configurations of a tribal society".[89] Auf den hier untersuchten Fall übertragen bedeutet das: Wer steht innerhalb und außerhalb der Gemeinde von Apenkwa – sowohl als Kirchgemeinde als auch als Ort?

5.2.2 Dekontaminationszone Delinquent Members (Fälle 37 und 38)

Auf der Achse der Zugehörigkeit zum Ort hat die Analyse der Landvergaben gezeigt, dass die Kategorien sich an der Frage orientieren, ob die betreffende Person als ‚Ressource' für die örtliche Gemeinde gelten kann oder als externe Person zu den Ressourcen der örtlichen Gemeinde beiträgt. Auf der Achse der Mitgliedschaft in der Kirche hingegen dienen die Unterscheidungen dazu, kenntlich zu machen, wer in welchem Grad als christlich gelten darf und wer auf keinen Fall. Die Kategorie der „delinquent members" markiert hierbei bildlich gesprochen eine Art Dekontaminationszone. Auffallend ist, dass der Protokollant von Apenkwa gerade nicht Begriffe, wie „backslider", „apostate" oder „erring" benutzte – allesamt gängige Motive in den missionstheologischen Diskursen auch der Basler Mission und ihrer Nachfolgeorganisationen – sondern ein stärker rechtlich konnotiertes Wort.

Als Voraussetzung für die Zugehörigkeit zur PCG, d. h. für die Zugehörigkeitsachse der Mitgliedschaft in der Kirche, gelten erstens die Taufe, zweitens eine konforme Lebensführung und drittens das Anerkennen der Kirchenordnung: „One can only be received into the membership of the congregation who is baptised in the name of the Trinity, who lives in accordance with teaching of Christ and accepts the rules of our Church".[90] Wie den europäischen Missionaren vor ihnen, bleibt auch den ghanaischen Kirchenmännern und später -frauen der direkte Blick ins Innenleben verwehrt, auf welches es in einem pietistisch-protestantischen Konversions- und Frömmigkeitsverständnis zentral ankommt.[91] Und so bleiben diese äußerlich sichtbaren Zeichen letztlich der praktische Anhaltspunkt.[92] Obwohl ein pietistischesVerständnis diese „äußerlichen" Zeichen zwar ablehnt, bleibt es gleichzeitig

88 Pirie: Anthropology of law, 2013: 13; Reuter: Religion in der verrechtlichten Gesellschaft, 2014: 67–71.

89 Pirie: Anthropology of law, 2013: 221.

90 RPP 1953: § 111.

91 Ein Instrument, das auf einen solchen Zugriff abzielt, kommt in Kap. 5.4.2 mit dem *speaking* zur Sprache.

92 Norman Etherington: „Outward and visible signs of conversion in nineteenth-century Kwazulu-Natal", in: *Journal of Religion in Africa* 32 (4), 2002, S. 422–439: 423.

zentral auf sie verwiesen.[93] Aus einer lokalen Perspektive hingegen ist gerade die lebensweltliche Wirksamkeit das, was eine bestimmte religiöse Praxis relevant und beachtenswert macht.[94] So haben die sichtbaren Zeichen einer positiv bewerteten Lebensführung in beiden Lesarten einen zentralen Stellenwert, allerdings unter anderen Vorzeichen.

Im Fall der PCG im Apenkwa der 1950er-Jahre ist davon auszugehen, dass diese beiden Perspektiven wirksam waren. Es geht außerdem um eine Situation, in der eine christliche Gruppe, ja eine christliche Dorfgemeinschaft, bereits seit vielen Jahrzehnten besteht. In diesem Kontext war die Taufe als weitgehend selbstverständliches,[95] notwendiges, aber kaum hinreichendes Kriterium der Zugehörigkeit gesetzt. So blieben die Punkte zwei und drei (christliche Lebensführung und Gehorsam gegenüber der Kirchenordnung) die empirischen Maßstäbe, mit denen die Session den *Grad* der Zugehörigkeit zur Kirche misst und Mitglieder entsprechenden Kategorien zuordnet. Hier geht es also nicht mehr in erster Linie darum, die Aufrichtigkeit und den Stand eines Konversionsprozesses zu überprüfen, sondern um die Grenzen, Schalen, Schichten und Zonen innerhalb und an den Rändern der Zugehörigkeit.

Eine Form, die diese Grade und die Grenzbereiche der Mitgliedschaft zu bearbeiten erlaubt, ist der Begriff der „delinquent members" und seine Unterkategorien. Der Ausdruck „delinquent members" ist im untersuchten Diskurs gängig.[96] Dennoch erschien es offensichtlich nötig, diese Kategorie in der Session explizit zu adressieren. Für die Sitzung vom 17. Oktober 1954 ist ein „Report on delinquent members and a resolution on them" (S. 131) vorgesehen. Dieser Tagesordnungspunkt führt auf, was ein „delinquent member" kennzeichnet, welche Kategorien von „delinquent members" unterschieden werden und welche Konsequenzen dieser Status idealerweise zeitigen sollte.

Sowohl in der Tagesordnung, als auch im darauffolgenden Sitzungsprotokoll hat der entsprechende Eintrag die Form einer Aufzählung. Unter dem Stichwort „different categories" (S. 131) bzw. unter der Überschrift „Adherents - Mei ni kɛ asafo lɛ efee noko" (S. 136), „those who do not have any regard for the church or

93 Meyer: Translating the devil, 1999: 31, 98; zur gängigen dahingehenden Kritik christlicher Autoritäten z. B. John D. Y. Peel: „Conversion and tradition in two African societies. Ijebu and Buganda", in: *Past and Present* 77 (1), 1977, S. 108–141: 133.

94 Meyer: Translating the devil, 1999: 12 f., 105; Gilbert: Sources of power, 1989: 71. Gyekye: African philosophical thought, 1987: 137, 147, 150 f. Peel: Conversion and tradition, 1977: 133.

95 Wer hier als Kind christlicher Eltern geboren war, wurde in aller Regel als Säugling getauft (RPP 1929: § 127–130; RPP 1953: § 118). Allerdings scheint es davon durchaus Ausnahmen gegeben zu haben, wie ein Presbyters-Sohn, der die Taufe verweigert, in Fall 37 f. zeigt.

96 Vgl. z. B. ACIA 73A: Minutes book Nsawam 1949–54: 4.7.1950.

care less about what the church does"[97] führt die Liste verschiedene Arten von „delinquent members" auf:

> Members have divided the congregation into three or more groups. (1) Those adherents that do not pay church tax or attend church Service or take part in any social Services of the church. [...] 2nd group are those that attend church etc. but do not pay their dues. 3rd group is those that do everything as a Christian. (S. 136)

Von den unbescholtenen Mitgliedern, „that do everything as a Christian", werden zwei Kategorien von „delinquent members" unterschieden: Erstens sind dies Personen, die zwar getauft und ggf. konfirmiert sind, sich aber von der Kirche distanziert haben: „[those who are] confirmed & dissociate [themselves] from the church – No service, no payment of dues etc." (S. 132). Sie nehmen nicht am kirchlichen Leben teil, weder an gemeinsamen Ritualen wie dem Gottesdienst oder den Sakramenten noch an sonstigen kirchlichen Aktivitäten. Sie leisten auch keinen Beitrag, weder monetär durch Kirchensteuern noch durch andere Dienste und Ressourcen. Von dieser Kategorie unterscheidet der Protokollant zweitens jene Personengruppe, die durchaus im Rahmen der PCG praktiziert, dabei aber aus verschiedenen Gründen davon absieht, Kirchensteuern zu entrichten.[98]

Eingeführt wird der Begriff „delinquent members" im Protokoll in furios legalistischer Form: In gleich zweifacher Ausführung versieht die listenartige Aufzählung die Unterscheidungen, welche die Quelle selbst als „category" bezeichnet, mit spezifischen Merkmalen und konkreten sanktionsbewehrten Regeln.[99] Zu einem weiteren Einsatz im Betrieb der Session bzw. in deren sprachlicher Repräsentation in den Protokollen kommt die Kategorie „delinquent" allerdings erst ein knappes halbes Jahr später.[100] Sie taucht wieder auf, nachdem die Session beginnt, aus einer langen Liste von „shortcomings & bad behaviour" (S. 225–227) Konsequenzen zu ziehen. Dort bezeichnet „delinquent" zum einen die „delinquent youth", die zurechtzuweisenden Söhne und Töchter der Presbyter und zum anderen einzelne weitere „delinquent members".[101] Die beschriebenen Sachverhalte zeigen, dass diese Anwendung dem entspricht, was der Protokollant ein halbes Jahr zuvor als

97 Übersetzung der Passage in Ga durch P. Laryea 19.5.2018.

98 Das dürfte demnach bedeuten, dass diese Personen den Gottesdiensten beiwohnen, aufgrund der fehlenden Kirchensteuern aber nicht zu den Abendmahlsberechtigten gehören.

99 Pirie: Anthropology of law, 2013: 222. Zu Merkmalen legalistischer Praktiken siehe Kap. 2.3.2.

100 Ab dem 20.3.1955.

101 Der häufigste und umfassendere Ausdruck ist „delinquent members", er kann auch „delinquent youth" (zweithäufigster Begriff) umfassen. Vereinzelt kommen auch die Formulierungen „delinquent children" (S. 233, 262) und „delinquent youngmen" (S. 241) vor.

„delinquent members“ der ersten Kategorie spezifiziert hatte. Dazu kommen einzelne weitere Themen, bei denen fehlender Kirchgang und dergleichen wohl erst die Konsequenz anderer Sachverhalte sind wie der Konversion zum Islam, der Zuwendung zu lokal religiösen Praktiken, die von der Kirche verworfene Polygynie, eine nicht offizialisierte Ehe oder eine uneheliche Schwangerschaft.[102]

„Delinquent“ wird in den Protokollen stets als Adjektiv verwendet. Das deutet bereits an, dass es hier wiederum um ein Spektrum geht. Die Grade reichen von fehlenden Kirchensteuern über ‚einfache‘ Nachlässigkeit beim Kirchgang bis hin zum kompletten Rückzug aus dem kirchlichen Leben oder der Abwendung vom Christentum. In den Beschreibungen der zurechtgewiesenen Personen wird dieser graduelle Charakter noch deutlicher: Man kann nicht nur als „delinquent“, oder „delinquent & disobedient“ (S. 265) gelten, sondern auch als „very delinquent“ (S. 297) oder „delinquent entirely“ (S. 326).

Entscheidend am Ausdruck „delinquent members“ ist, dass die betreffenden Personen, wenn auch als „delinquent“, so doch eindeutig als Mitglieder („adherents“ bzw. „members“) der Gemeinde („congregation“) und in diesem Sinne als zugehörig eingeordnet und adressiert werden.[103] Das macht auch die einführende Formulierung deutlich: „The catechist put before the session the problem of the *church adherents*: *Members* have divided the congregation into three or more groups“ (S. 136, Hervorhebung A.B.). Gleichzeitig werden „delinquent members“ der ersten Kategorie als „nuisance to the village – Station“ (S. 132), bezeichnet, d. h. als Ärgernis für die in diesem Fall als Missionsstation adressierte Dorfgemeinschaft.

Diese Doppelbewegung der kirchenrechtlichen Kategorie „delinquent member“ ist ein Mittel – und sei es auch nur ein rhetorisches – die betreffenden Personen in die Reichweite der eigenen normativen Ordnung zu bringen. Als „members“ bezeichnet, unterstehen sie der Beobachtung und Beurteilung durch die Kirche. Als „delinquent“ markiert, wird ihr Lebenswandel gleichzeitig als nicht konform, daher verurteilens- und auf keinen Fall nachahmenswert markiert. Eine solche Markierung ist wichtig: Erstens, weil die negative Bewertung von Devianz einzelner Mitglieder auch auf die öffentliche Wahrnehmung der Kirche zurückfallen kann (siehe Kap. 6.2.1), zweitens weil die Session, allen voran der Katechist, die unterlassene Markierung von Fehlverhalten als Ausdruck fehlender religiöser Haltung wertet (dazu mehr in Kap. 6.1).

Der Anlass, diese Kategorie so explizit zunächst in der Session, später durch ein entsprechendes *announcement* auch in der Gemeinde zu thematisieren und die

102 Fall 37d; Fall 51; Fall 43; Fall 37e.

103 Und dies, obwohl die betreffenden Personen in einigen Fällen außer der Taufe nichts zur Mitgliedschaft befähigen könnte.

Schattierungen ihres Inhalts aufzufächern, war ein Bestattungsfall (Fall 38).[104] Eine als Kleinkind getaufte, wohl aufgrund ihrer polygynen Verheiratung nicht konfirmierte (S. 125) und in der Konsequenz auch nicht in der PCG praktizierende Frau war von einem Presbyter von Apenkwa auf dem Friedhof der PCG in Christiansborg (Osu) bestattet worden (S. 136 f.).[105] Es war den Angehörigen in diesem Fall offenbar gelungen, eine Bestattung zu erwirken, die wahrscheinlich nicht nur in den Augen des erzürnten *district pastor* als christlich verstanden wurde, obwohl auf die betreffende Person ganz offenkundig die Kriterien für die erste Kategorie der „delinquent members" zutrafen.

Dass ein Bestattungsfall die explizite inhaltliche Thematisierung der Kategorien von „delinquent members" anstößt, ist analytisch nicht unwesentlich. Es geht hier um den Stellenwert, den Begräbnisse als „rituals of belonging", als ultimatives Indiz und feierlicher Vollzug von Zugehörigkeit haben.[106] Dieser Zusammenhang zwischen Bestattung und Zugehörigkeit bezieht sich im hier untersuchten Fall auf die Zugehörigkeit zur Kirche. Das zeigt die folgende Formulierung aus der Tagesordnung vom 17. Oktober 1954: „Relatives rush to the session for recognition when there comes any need. The pastor blamed the catechist for allowing [the woman] to be buried or [to be] given Christian burial […]" (S. 131). Dass hier das christliche Begräbnis bzw. ein als christlich eingestuftes Begräbnis mit einer „recognition", einer Anerkennung, in Zusammenhang gebracht wird, zeigt, dass die Bestattung in der Praxis als eine Form der Anerkennung von Mitgliedschaft wirkte.

Diese mehrfach in den Protokollen dokumentierte[107] und im hier diskutierten Bericht monierte Praxis der Angehörigen ist der eigentliche Angelpunkt, um den sich die Aufzeichnung dreht: „Such people when [they have] died their relatives sought Christian burial for them" (S. 136). Diese Praxis ist der Gegenstand des ein-

---

104 Ebenfalls kurz davor fand Fall 39/39a statt, in dem es um eine von der Session nicht autorisierte Ehe geht. Dieser Fall, den die Session dem *district pastor* vortrug, führte zu einer Exkommunizierung unmittelbar vor der Einführung der Kategorie „delinquent members". Ebenso wird zur gleichen Zeit mit dem Pastor über Fall 36, zu den „priestesses" in Apenkwa verhandelt (siehe Kap. 6.1.2). Diese Fälle werden in der Quelle im Gegensatz zum genannten Bestattungsfall aber nicht direkt mit der Kategorie der „delinquent members" verbunden.

105 Was der *district pastor* dem Katechisten von Apenkwa vorwirft (S. 132). Zumindest im Lichte der Protokolle scheint der Vorgang der Kontrolle des Katechisten allerdings entgangen und die Session vor vollendete Tatsachen gestellt worden zu sein (S. 124 f.).

106 Anthony Appiah: *In my father's house. Africa in the philosophy of culture*, New York: Oxford University Press, 1992: 181–192. Gilbert: Sudden death, 1988: 297 f.; Parker: Making the town, 2000: 172 f.; Bayart, Geschiere, Nyamnjoh: Autochtonie, 2001: 184 f.; David W. Cohen, E. S. Atieno Odhiambo: *Burying SM. The politics of knowledge and the sociology of power in Africa*, London: Currey, 1992.

107 Fall 38, Fall 42 und Fall 53.

hellig beschlossenen *announcement* im Gottesdienst und der darin angekündigten Sanktion:

> What is the opinion of the session? The Session with one voice ruled that the Catechist should make [an] announcement at church that anyone who doesn't pay his/her church tax or be loyal to the church & dies, no christian burial [is] to be accorded [to] him/her. (S. 137)

Indem der Katechist zwei Kategorien von „delinquent members" explizit benennt, schafft er die Voraussetzung, „members" bzw. „adherents" in drei Gruppen zu unterteilen. Diesen Gruppen können sodann von der Session bestimmte Privilegien zu- oder aberkannt werden: Die anerkennende Wirkung der christlichen Bestattung soll auf diese Weise gezielt beschränkt und bestimmte, nun eindeutiger identifizierbare Personengruppen sollen davon ausgeschlossen werden.[108] Voraussetzung für die tatsächliche Umsetzung dieses Anliegens, das die kirchlichen Regularien längst vorsehen,[109] ist allerdings die Verankerung der identifizierten Demarkation zwischen „delinquent members" aller Schattierungen und „those who do everything as a Christian" im Dafürhalten und Handeln der Gemeindemitglieder – insbesondere wenn es um die Bestattung von verstorbenen Verwandten geht. Und genau darauf dürfte das *announcement* abzielen.

Es geht also um die Frage, welches Verhalten und welche Person als christlich gelten darf. In den im Kapitel 6.1 noch zu beschreibenden Fällen spricht die Session explizit an, welche Bedeutung sie dem Markieren von Verhalten als abweichend beimisst. Dort wie hier zeigt sich aber ebenso, dass erstens das Dafürhalten der Laienmitglieder bzw. der Gemeindeöffentlichkeit, zweitens die Position der Session und drittens die Vorgaben der kodifizierten kirchlichen Rechtstexte nicht zwingend miteinander übereinstimmen. Die wiederholt auftretenden, nicht autorisierten christlichen Bestattungen zeugen davon, dass die Zuschreibung von Mitgliedschaft durch Laienmitglieder ganz ohne die Sanktion, d. h. die Zustimmung der Session oder des Pastors, praktische Wirkung zeitigen kann.

Während die Session im Fall der Auseinandersetzung rund um die in Apenkwa anwesenden „priestesses" eine Markierung nachvollzieht, welche Laienmitglieder unter Berufung auf kirchliche Regularien in der Kirchenöffentlichkeit bereits etabliert hatten (siehe Kap. 6.1.2), liegen die ‚Allianzen' hier anders: Das Dafürhalten der Laienmitglieder deckt sich in diesen Bestattungsfällen gerade *nicht* mit dem,

108 Wobei zumindest die Formulierung des Protokolls „anyone who doesn't pay his/her church tax or be loyal to the church" (S. 137) mit dem „or" im Hinblick auf die „delinquent members" der Kategorie zwei (praktizierend, aber nicht zahlend) noch Auslegungsspielraum offenlässt.

109 RPP 1953: § 156; RPP 1929: § 175.

was das kodifizierte kirchliche Recht als Kriterien für Zugehörigkeit und christliche Haltung vorsieht. Es ist hier vielmehr die Session, welche die kodifizierten kirchlichen Kriterien vertritt und anhand entsprechender Dokumente, Listen und Register verwaltet. Vor diesem Hintergrund sind das *announcement* und die Androhung der verweigerten Bestattung als ein Weg zu verstehen, auf dem versucht wird, die kirchenöffentliche oder individuelle Wahrnehmung der Laienmitglieder den kirchenoffiziellen und kodifizierten Kategorien und Beurteilungen anzugleichen.

Das bedeutet aber auch, dass die Maßnahme und die in Aussicht gestellte Sanktion nicht primär die als „delinquent" markierte Person selbst adressiert. Diese würde das entsprechende *announcement*, und sollte es noch so feurig und überzeugend sein, im Mitteilungsteil des Gottesdienstes selbst zu Lebzeiten nicht zur Kenntnis nehmen, weil sie ja beklagtermaßen zu eben diesen kirchlichen Ritualen und Veranstaltungen nicht erscheint. Hier zeichnet sich der Effekt ab, dass die Gültigkeit normativer Ordnungen mit von der ‚Entscheidung' ihrer Subjekte abhängt, sich dieser Ordnung zu unterstellen.[110] Oder anders gewendet: Die hier vorgesehene Maßnahme und Sanktion greift nicht, sobald bzw. weil die betreffende Person die normative Ordnung der Kirche für nicht relevant erachtet. Eine direkte, abschreckende Wirkung hätte das *announcement* allenfalls auf potenzielle oder reuige „delinquent members".

Die obige Analyse deutet darauf hin, dass es gar nicht die fehlbaren Personen selbst sind, die angesprochen werden sollen, sondern Angehörige dieser Personen, die stärker der Kirche zugewandt sind und der kirchlichen normativen Ordnung höhere Relevanz beimessen – sowohl im Sinne der Verbindlichkeit der kirchlichen Verhaltensvorgaben, als auch im Hinblick auf die Wirksamkeit ihrer rituellen Praktiken – nicht zuletzt der Bestattung. In Anbetracht des Interesses, das die Verwandten offensichtlich an einer christlichen Beerdigung haben, *weil* sie der normativen Ordnung der Kirche Relevanz beimessen, trifft der Entzug des Rechts auf eine solche Bestattung als Strafe die ganze Familie. Entsprechend könnte die Familie in ihrem eigenen Interesse auf die betreffende Person zu Lebzeiten Einfluss nehmen bzw. die betreffende Person könnte sich durch die ihr zugetragene Ankündigung veranlasst sehen, zugunsten ihrer Familie ihre *church dues* zu entrichten und zu kirchlichen Aktivitäten zu erscheinen.[111] Dass allerdings ein zu harscher Umgang mit dem abschreckenden Effekt auch gegenteilige Wirkung haben könnte, geben Mitglieder in einem weiteren Bestattungsfall zu bedenken (S. 248, Fall 42). Hier

110 Chiba: Other phases, 1998: 329. Vgl. auch den grundlegenden Aufsatz von Keebet von Benda-Beckmann: „Forum shopping and shopping forums. Dispute processing in a Minangabau village in West Sumatra", in: *Journal for Legal Pluralism* 19, 1981, S. 117–159.

111 Dass die kirchlichen Sanktionsmechanismen auf dem ‚Umweg' über die Familie wirken, wird in Kap. 5.4.1 und Kap. 6.3.4 mit Blick auf eine andere Maßnahme und eine andere Sanktion, die direkter auf die „delinquent members" zugreifen, diskutiert.

muss die Session also Prinzip und gemeindepraktisch seelsorgerlich motivierte Abweichung abwägen.

Fluchtpunkt des hier untersuchten Diskurses scheint also die umstrittene Zuschreibung, Demarkation und Anerkennung von Zugehörigkeit zu sein. Über die Markierung von Verhalten als „delinquent" und Personengruppen als „delinquent member" oder „delinquent youth" sucht die Session diesen Diskurs in ihrem Sinne zu beeinflussen. Die zwei Kategorien von „delinquent members", die Verfahren, Personen als „delinquent" aufzubieten und zurechtzuweisen, ein *announcement* im Gottesdienst und ggf. die Verweigerung christlicher Bestattung sind rechtliche Praktiken, mit denen die Session die aus ihrer Sicht ‚richtige' Zuschreibung von Zugehörigkeit adressiert.

5.2.3 Innen und Außen – Rules und Anomalies – Christian und Evil

Geht man den begrifflichen Verweisen nach, in denen die Kategorien der „delinquent members" in den Fällen eingebunden sind, so lassen sich diese in eine Reihe dichotomer Unterscheidungen einbetten.

Delinquent Members und Christians

Unter dem Überbegriff der „members" gefasst, d. h. innerhalb der Zugehörigen, gibt der Begriff „delinquent members" als Abgrenzungskategorie jenem positiv besetzen Bereich bzw. jener Gruppe von Personen Kontur „that do everything as a Christian". „Christian" ist dabei ein zentraler Begriff, mit dem die Protokolle in den hier untersuchten Fällen einen Kernbereich des Eigenen markieren. „Christian" kommt in den Protokollen sowohl als Adjektiv, als auch als Nomen vor. Als Nomen bezeichnet es Personen – „our Christians" (S. 226), „why no Christian defended [her]" (S. 139) – und ist dabei häufig mit Formulierungen kombiniert, die auf ein bestimmtes Verhalten hinweisen: „perform all duties as a Christian" (S. 95), „behaviour as a Christian" (S. 257, 258), „without doing anything as a Christian" (S. 22). Als Adjektiv bezeichnet es z. B. den besonderen Charakter des Ortes Apenkwa als „Christian village" (S. 12), der „Christian principles" (S. 220) die dort herrschen oder der Erwartungen an einen „Christian father" (S. 230). In substantivierter Form bezeichnet es „our Christianity" (S. 3), die es hochzuhalten und zu verteidigen gilt (S. 161).[112] „Christian" in diesen Verwendungszusammenhängen markiert also, was die Session als das verstanden wissen will, wofür die Kirche (eigentlich) steht. Während „member" einen eher neutralen Überbegriff darstellt, ist „Christian" klar

112 Dazu mehr in Kap. 6.1.

positiv besetzt und wird mit einem bestimmten Charakter, v. a. aber mit einem spezifischen Verhalten assoziiert.

Aus diesem ‚Zentrum' des als „Christian" Markierten kann man sich auf verschiedene Weise und in unterschiedlichem Grad hinausbewegen. Dies kann (a) durch fehlende Beteiligung an der kirchlichen Praxis, d. h. fehlende Teilnahme an Ritualen und/oder fehlende Leistungen für die Gemeinschaft geschehen. Devianz kommt hier also durch den Kontrast zwischen dem nominellen Zugehörigkeitsstatus als getaufte, ggf. auch konfirmierte Person und der fehlenden Teilnahme an dem, was als „Christian" gilt, zustande. Hier setzt die Kategorie der „delinquent members" an. Ein zweiter Weg hinauszufallen ist (b) die Beteiligung an Praktiken oder die Ehe mit Partnern, die von den kirchlichen Autoritäten als für Mitglieder ungeeignet eingestuft werden.[113] In diesem Fall hilft auch eine sonst regelmäßige Teilnahme an den kirchlichen Aktivitäten (rituelle und gemeinschaftliche, inkl. finanzielle Leistungen) nichts.

Es fällt auf, dass die Protokolle gerade nicht die in der RPP verwendeten Bezeichnungen des „careless living" für (a) und der „specific acts of sin" für (b) benutzen,[114] um diese zwei Formen der Devianz zu unterscheiden. Obwohl der Protokollant in anderen Zusammenhängen durchaus Vokabular benutzt, das auch in der RPP figuriert.[115] Erstens scheint die Unterscheidung dieser beiden Arten der Devianz hier nicht mit eigenen Kategorien besetzt zu sein, sondern sich vielmehr darin zu äußern, ob die Fälle unter dem Sammelbegriff „delinquent members" oder aber in gesonderten Fällen behandelt werden. Zweitens kommt der Begriff „sin" in den untersuchten Protokollen in diesem Zusammenhang nicht vor.[116] Ob dies eher dem Nichtreproduzieren eines Konzepts der Sünde in der Rezeption an der Kirchenbasis zuzuschreiben ist, wie Meyer es beschreibt, oder dem Umstand, dass die Bearbeitung von „sins" die Kompetenzen der Session als Laiengremium übersteigt, ist in der hier gewählten Konzeption der Untersuchung nicht zu klären. In jedem Fall scheint sich die Session aber als unterste Rechtsinstanz um die verschiedenen Grade des „careless living" zu kümmern, die sie mit ihren rechtlichen Kategorien und Maßnahmen bearbeitet.

---

113 RPP 1953: § 163 und § 170. Dazu mehr unten und im Kap. 6.3.

114 RPP 1953: § 219, Hinzufügung A.B. Siehe auch § 213 und § 220, die diese beiden „types of offences" weiter ausführen.

115 Z. B. „anyone who doesn't pay his/her church tax or *be loyal to the church*" (S. 137, Hervorhebung A.B.) im Protokoll und die oben genannte Forderung „every member should *be loyal to the church* which has been to him the means of the blessing of the gospel, […]" (RPP 1953: § 122, Hervorhebung A.B.).

116 Das deckt sich mit der Beobachtung von Birgit Meyer: „‚If you are a devil, you are a witch and, if you are a witch, you are a devil'. Integration of ‚pagan' ideas into the conceptual universe of Ewe christians in southeastern Ghana", in: *Journal of Religion in Africa* 22 (2), 1992, S. 98–132: 108 und Meyer: Translating the devil, 1999: 68, 98.

Anomalies und Rules

Das Gegenstück zu den „delinquent members“ sind im hier untersuchten Vokabular der Session Vorgänge, die in den Protokollen als „anomalies“ (S. 13, 27, 29) benannt werden. Der Begriff fasst jene Unterlassungen und Aktivitäten zusammen, die den als „delinquent members“ identifizierten Personen als „shortcomings & unchristian behaviour“ (S. 25) angelastet werden. Als Subgruppe der „anomalies“ findet sich mit den „illicit dealings“ (S. 102, 109, 233) eine zusätzliche Sammelbezeichnung für die nicht offizialisierten[117] oder aus anderen Gründen von der Kirche nicht anerkannten Ehe- bzw. Konkubinatsformen.[118] Als Abweichung und Unregelmäßigkeit zeigt die „anomaly“ *ex negativo* die Norm an. Die Störung macht das Reguläre – das durch die eigenen Gesetzmäßigkeiten geordnete, im positiven Sinne des Wortes Gewöhnliche – sichtbar.[119]

Die Analyse meint hier Ordnung und Norm auch durchaus im Wortsinn von Gesetz, denn das, was die „anomalies“ herausfordern, bezeichnet der Protokollant explizit und ziemlich konsistent als „our Rules“ (S. 217, 253, 342). Dabei mag die fast durchgehende Großschreibung des Wortes auf den herausgehobenen Stellenwert, die Bedeutung und den Referenzcharakter dieser „Rules“ hindeuten. Es ist anzunehmen, dass die in den Protokollen erwähnten „Rules“ (S. 242, 345), „Rules & Regulations“ (S. 79, 315) und einmal auch „constitution“ (S. 8), auf die *Regulations, Practice and Procedure* (RPP), und die *constitution* der PCG, d. h. auf die schriftlich kodifizierte, gesetzesförmige Norm dieser Kirche Bezug nehmen. Allerdings geschieht dies, ohne an irgendeiner Stelle auf einen spezifischen Passus dieser kirchlichen Rechtstexte zu verweisen.

Das kann dahingehend gedeutet werden, dass ein Wissen um den Inhalt der „Rules“, auf die vom Autor der Quelle und von der Session in ihren Deliberationen verwiesen wird, als Alltagswissen ihrer Adressaten vorausgesetzt werden kann und es daher keiner weiteren Erklärung oder Spezifikation bedarf.[120] Möglicherweise geht es dabei auch gar nicht so sehr um den Inhalt spezifischer Regeln, sondern vielmehr um den Nimbus der Regeln, der durch die Berufung auf die „Rules“ im

---

117 D. h. es fand keine von Mitgliedern der Session bezeugte Übergabe der „dowry“ an die Familie der Braut statt. Was dieses Brautgeld bei christlichen und anderen Ga Eheschließungen umfasste, siehe Quarcoopome: Social impact of urbanisation, 1998: 137, 143.

118 Betrifft die Fälle 39 und 39a, Fall 40, Fall 42, Fall 50 und Fall 51 (siehe Fallregister). Zu den anerkannten Ehe- und Eheschließungsformen siehe RPP 1953: § 164–167, 174, 175.

119 Georges Canguilhem: „Monstrosity and the Monstrous“, in: *Diogenes* 10 (40), 2016, S. 27–42: 28. Zur Deutung von Ungewöhnlichem als machtvoll und als potenziell negativ im Kontext von Südghana: Gilbert: Sources of power, 1989: 62; Gyekye: African philosophical thought, 1987: 77 f., 84, 107,121; Meyer: Translating the devil, 1999: 12.

120 Vergleichbares ist auch in einem früheren Text dieser Art zu beobachten (Beutter: Church discipline, 2015: 126).

Moment ihrer Infragestellung aktiviert wird. Neben ihrer legalistischen Funktion, das ‚Sein' vorfindlicher Sachverhalte am situationsunabhängigen ‚Sollen' zu messen,[121] geht es auch um das, was die „Rules" repräsentieren: Eine ideale Ordnung, die auf ein überlegenes, größeres Ganzes – hier in letzter Instanz die göttliche Ordnung – verweist.[122]

Damit wären in diesem Diskurs die „Rules & Regulations" (S. 79) als Pendant zum „Christian" und wie diese als zentrale Kategorie für das ‚Eigene' zu lesen.

Dass die kirchliche Disziplin und ein idealisiertes regeltreues Verhalten als Identitätsmarker der Kirche gelten, ist mir auch in Gesprächen bei meinem Aufenthalt in Apenkwa 2018 begegnet. Es kam z. B. in einem kurzen Gespräch mit Grace Dede Akroŋ, der Präsidentin der *Women's Fellowship* von Apenkwa, zum Ausdruck. Diese ca. siebzigjährige Frau, die Zeit ihres Lebens in Apenkwa wohnhaft war, thematisierte die „discipline of the Presby[terian Church]" als wichtiges Element des Lebens vor Ort und assoziierte diese mit Sauberkeit, Ruhe und Hilfsbereitschaft bzw. Dienstbarkeit.[123] So meinte sie auf meine Frage nach Veränderungen:

> Things were different. The discipline, [...] a very disciplined town, everything clean and no shouting. When you grew up here, you learned the discipline of the church. But the strangers who have come here they don't know the discipline of the Church, so they don't understand. That is how it changed.[124]

Ebenso wie in meinen Analysen der Protokolle wird in ihrer Aussage deutlich, wie über die „discipline" Kategorien der Konformität – „you learned the discipline" versus „they don't know the discipline" – direkt in Kategorien der Zugehörigkeit – „you grew up here" versus „strangers who have come" – überführbar werden.[125]

Formen des Außen – Outsiders und Evil

Das, was dazugehört, was innen ist – „our Rules", „our constitution", „our Christianity", „our Christians" – ist konform, während „anomalies" und „delinquent members" allfällige Störungen innerhalb dieser Ordnung markieren. Aber wie strukturiert der Diskurs in den Protokollen das Außen?

---

121 Pirie: Anthropology of law, 2013: 131.

122 Vgl. hierzu Piries Analyse zum Golok Code, Ost-Tibet: „The code did not regulate anything, but we could say that it represented an aspiration, an ideal for tribal society, which it presented as being founded upon recognizable religious and moral principles, sanctioned by historic tradition" (ebd.: 161 f.).

123 Feldprot. 5.8.2018: Gottesdienst II, Apenkwa: 1.

124 Feldprot. 1.8.2018: Dokumente u. a., Apenkwa, Achimota: 3.

125 Zur weiteren Analyse der Beziehung zwischen Tun und Zugehörigkeit siehe Kap. 6.2.

Da sind zum einen die „outsiders", wobei dieser Begriff sowohl „outside Christians of the Presbyterian Church" (S. 95, 128) als auch Gemeindemitglieder von Apenkwa in Abgrenzung zu den Sessionmitgliedern bezeichnen kann (S. 13). Er wird ähnlich benutzt wie „public". Beide Begriffe beziehen sich auf eine Gemeindeöffentlichkeit außerhalb der Session oder eine darüber hinausgehende Kirchenöffentlichkeit. Dieses Außen kontrolliert bisweilen die kontrollierende Session und übt Kritik gemäß der ‚eigenen' Richtlinien: „The public who judges us are watching us & many complaints and opprobrium are going on against us" (S. 233) oder „[...] outsiders had come to the session to call our attention to anomalies and transgressions of our regulations" (S. 13). Sowohl „outsiders" als auch „the public" agieren damit also innerhalb der eigenen rechtlichen Logik und letztlich zugunsten der eigenen Heilsziele, was von der Session auch so anerkannt wird.[126]

Dies steht im Kontrast zur Kategorie des „evil", die eine ganz andere Form von Außen markiert. Es verwundert dabei wenig, dass sie zum ersten Mal im Zusammenhang mit einem Fall vorkommt, in dem es um die direkte Konfrontation der Gemeinde mit lokalen religiösen Praktiken geht, in deren Zentrum noch dazu weibliche, religiöse Spezialistinnen stehen.[127] Es geht hier um ein Außen, das nicht nur außerhalb der eignen Logik, der eigenen Heilsaspiration und der eigenen rechtlich geregelten Lebensführung verortet wird, sondern eines, das die Protokolle wortwörtlich als Gegenspieler des ‚Eigenen' entwerfen. Das kommt in der Metapher „offenders must be dealt with *to checkmate the evil*" (S. 153, Hervorhebung A.B.) bildhaft zum Ausdruck.

Diese Beobachtungen schließen an Birgit Meyers Feststellungen zu den missionarischen Diskursen der mit der Basler Mission verwandten Bremer Mission und ihrer Rezeption in der Ewe Region an. Meyer hat die zentrale Bedeutung hervorgehoben, die „das Böse" – zugespitzt in der Figur des Teufels und übersetzt in die Wortkreation *Abonsam* – in diesen Diskursen hatte. Indem sie die lokalen Gottheiten und damit zusammenhängende Objekte und Praktiken als „des Teufels" umdeuteten, verleugneten die Missionare und Prediger nicht deren Existenz und Wirksamkeit, sondern verleibten sie vielmehr unter negativen Vorzeichen dem von ihnen verbreiteten Christentum ein. Als *Abonsam*, ein Begriff, der auch auf Ga verwendet wird, wurden sie zu den Gegenspielern, über deren bedrohlichen und negativen Einfluss auf das Leben der Menschen Jesus übermächtig triumphiert. Über diese Figur, die sich der „fortune-misfortune constellation"[128] bediente, wurde das pietistische Christentum in der Wissensordnung der zu Missionierenden relevant gemacht und gleichzeitig der „Teufel" bzw. *Abonsam* zu einem konstitutiven Außen.

126 Mehr hierzu in Kap. 6.1 und in Kap. 6.3.2.

127 Vgl. Parker: Making the town, 2000: 185.

128 Vansina, De Craemer, Fox: Religious movements, 1976: 474. Hierzu mehr in der Einleitung von Kap. 6.2.

Dabei verbanden sich in der missionarischen Rhetorik und der Rezeption der Ewe Christen Elemente württembergischer pietistischer, volksreligiöser Vorstellungen mit Ewe Konzepten des Guten, des Bösen und des Unglücks.[129]

Ähnlich wie im christlichen Bild des Teufels, der den Gläubigen sowohl von außen als Versucher begegnet, als sie auch von innen in ihrer Standfestigkeit bedroht, indem er sich ihres Herzens zu bemächtigen droht und böse Gelüste provoziert,[130] verortet der hier untersuchte Diskurs „evil" bzw. „the devil" an zwei Orten:

Das Böse in Form von „the devil" und seiner Praktiken findet sich außen, „in the village of custom performance" (S. 116), vermutlich jenseits des Volta-Flusses. Dort fand im September 1954 für die Tochter eines Gemeindemitglieds von Apenkwa, die von der Session unautorisiert eine Ehe eingegangen war, ein Ritual statt (Fall 39). Von der Session vorgeladen, erklärt die Mutter: „[…] that her daughter […] became pregnant and the husband [of the daughter] wished that a custom should be performed" (S. 114 f.). Die Protokolle bezeichnen das betreffende Ritual als „heathenish custom" (S. 112) und vergleichen es mit dem von der PCG kategorisch abgelehnten Pubertätsritual *otofo*.[131] Das Protokoll kulminiert in der theatralisch anmutend formulierten Entscheidung:

> | Decision: | It was decided that the session is to visit the village of custom performance to see whether she can be seized from the devil. This was suggested upon the advice of the catechist. Tomorrow Monday 4–5pm is fixed as the time. The catechist ~~performed~~ {offered} a prayer for the woman […]. (S. 115 f.)

Der protokollierende Katechist ersetzt das Wort „performed", mit dem die Protokolle konsistent die Durchführung sowohl von lokalen als auch von christlichen Ritualen aller Art bezeichnen, an dieser Stelle durch das Wort „offered". Das mag als sinnbildlich für die Konkurrenzstellung, die Vergleichbarkeit der Praktiken und die gleichzeitige kategorische Distanzierung der ‚andern' von den ‚eigenen' Ritualen in diesem Diskurs gelesen werden.

Doch „evil" wird nicht nur ‚dort außen', sondern auch innen, in den eigenen Reihen, verortet, in der Gemeinde und in der Session. So beispielsweise, wenn der

---

129 Meyer: If you Are a Devil, 1992: 107–111; Meyer: Translating the devil, 1999: 83–92.

130 Ebd.: 44–46.

131 Zeitgenössisch zu lokalen Präventivriten bei Schwangerschaft und Geburt: Kwabena J. Nketia: „Geburt, Pubertät und Tod", in: *Theologie und Kirche in Afrika* 1968: 122, Übersetzung seines Vortrags anlässlich der Konferenz „Christianity and African culture" 1955 (Christian council of the Gold Coast: *Christianity and African culture, The proceedings of a conference held at Accra, Gold Coast, May 2nd–6th, 1955*, Accra: Scottish Mission Book Depot Printing Department, 1955: 24–38, hier: 28). *Otofo*: Ga Übergangsritual, das die Pubertät markiert und als Voraussetzung für die Heiratsfähigkeit gelten kann.

Katechist einem Presbyter im Hinblick auf den Lebenswandel von dessen Tochter vorhält: „If the parent is not aware of the illicit dealings it is another thing – but when the parent is aware but connive at the dealings because of worldly gain then it is evil & elders should be careful of that" (S. 232 f.).

Die Introspektion und die peinliche Beobachtung der Zugehörigen auf allfällige Indizien von deviantem Verhalten, zu der eine solche Konzeption des „evil" anregen kann,[132] findet eine Parallele in dem, was Geschiere als die ‚zurückweichende Qualität des Autochthonen' bezeichnet:

> [T]he uncertainty about who or what is „really" autochthonous and hence the tendency to draw ever closer circles around who/what belongs or does not belong [...]: behind the apparent certainty of its „natural" claims, autochthony hides nagging insecurity because of the preoccupation with „false" autochthons, [...] who have to be unmasked.[133]

Auch entspricht das Ideal der *Christian town* durchaus einem Gemeinschaftsverständnis, das Claviez kritisch als das stereotype Konzept von Gemeinschaft thematisiert:

> [...] a concept of community, one that not only seems to be far away, sunken into history, but that, for all that we know, might never actually have existed: a community that is both „distinctive" and „indistinct" [...] in that it (a) distinguishes itself from all other groups around it, but (b) does not evince any noticeable distinction within itself.[134]

Eine auf diese Weise entworfene Gemeinschaft kann sich von einer ‚doppelten Infragestellung' bedroht sehen: (a) durch eine „exposure to an imagined or real *outside* enemy, who might strike at any point" und (b) durch die Infragestellung durch interne Abweichung oder Mehrfachzugehörigkeit.[135]

Das Vokabular, das wir hier gesehen haben, zeigt, dass die rechtliche Praxis der Session eine solche doppelte Infragestellung bearbeitet. Doch vielmehr, als sie mit einer Rhetorik der Gemeinschaft oder Autochthonie zu übertünchen, wie Geschiere es beschreibt, scheinen die hier untersuchten Praktiken diese Infragestellung mit entsprechendem kategorisierendem Vokabular in den beiden Achsen

---

132 Meyer: Translating the devil, 1999: 45.

133 Geschiere: Perils of belonging, 2009: 223.

134 Thomas Claviez: „A metonymic community? Towards a poetics of contingency", in: Thomas Claviez (Hg.). *The common growl. Toward a poetics of precarious community*, New York: Fordham University Press, 2016, S. 39–56: 43.

135 Ebd.: 39. Diese „two contingencies" entwirft Claviez in kritischer Auseinandersetzung mit Zygmunt Bauman: *Community. Seeking safety in an insecure world*, Cambridge: Polity Press, 2001.

der Zugehörigkeit zu benennen: Auf der Zugehörigkeitsachse der Kirche adressieren die Kategorien der „delinquent members" eine innere (b) und der Begriff des „evil" eine äußere Infragestellung (a). Auf der Zugehörigkeitsachse des Ortes findet sich eine innere Infragestellung (b) durch „outsiders" und „public", während die „outside Christians", die in Apenkwa Land erwerben wollen, eine äußere Infragestellung (a) darstellen könnten, ebenso wie umgekehrt, die „people of Apenkwa", die auswärts leben.

Die Kategorien thematisieren also in einer doppelten Reihung ein mit den Regeln christlicher Ordnung assoziiertes zugehöriges ‚Innen' (*Rules, Christian*) und mit der Störung der Regeln verbundenes bedrohliches ‚Außen' (*Anomalies, Evil*). Die Kategorien gliedern dabei Zugehörigkeit in zwei Achsen, auf denen es jeweils graduelle Abstufungen gibt. Anhand der „delinquent members" wurde deutlich, wie die Session über solche Kategorien bzw. über die damit verbundenen Regeln und die entsprechenden Dokumente (siehe Kap. 5.3) und Verfahren (siehe Kap. 5.4) die umstrittene Zuschreibung von Zugehörigkeit in ihrem Sinne zu beeinflussen sucht. Auf diese Weise bearbeiten die rechtlichen Praktiken die hier angesprochenen Fragen der Zugehörigkeit, Konformität und Devianz (dazu mehr in Kap. 6.2) ebenso wie ihr Verhältnis zu anderen normativen Ordnungen (dazu mehr in Kap. 6.3).

5.3 Dokumente

Ein zentrales Thema des im vorangegangenen Kapitel beschriebenen Vokabulars sind die Kriterien, die Zugehörigkeit und Konformität benennen, sowie die Effekte, die dieses Vokabular mit den unterschiedlichen Graden und Formen des Innen und des Außen verbindet. Nun geht es um die Dokumente, um die Medien und Artefakte, bei deren Produktion solche Zugehörigkeitskategorien entstehen und auf welche sich die rechtlichen Kategorien und Verfahren der Session wiederum in der praktischen Anwendung stützen.

5.3.1 Dokumente der Beteiligung

Communion Card

Neben dem Arsenal von Kirchenbüchern – Tauf-, Familien-, Geburten- und Sterberegister – ist die *communion card* ein ausschlaggebendes Dokument um zu überprüfen, wer dazu gehört. Sie war im ganz praktischen Sinne der Schlüssel, der einem Zugang zum Sakrament der Kommunion verschaffte, d. h. volle Teilnahme an den rituellen Vollzügen. Wer sie nicht vorweisen konnte, blieb wortwörtlich ausgeschlossen, wie sich der Pfarrer von Apenkwa 2018 erinnert: „It is true, when I was young, when there was communion all the doors and windows were shut, so nobody could look inside. Like it is a secret".[136] Die *communion card* ist überdies das zentrale Artefakt, anhand dessen der Grad der Zugehörigkeit und/oder der Delinquenz ablesbar ist und über das letztlich auch die Suspendierung und der Ausschluss praktisch vermittelt wird und über die Zeit hinweg aufrechterhalten bleibt.[137]

Mitglieder der PCG hatten eine *communion card*, auch *communion ticket* genannt, die für die Zulassung zum Abendmahl vorzuweisen war und auf der die Teilnahme an demselben vermerkt wurde (S. 328). Die Überprüfung der Karte fand im Rahmen des *speaking* im Vorlauf zu den entsprechenden Gottesdiensten statt.[138] Sie war, und ist noch immer, ein bürokratisches Hilfsmittel zur Verwaltung der Heilsgüter ganz und gar im Weber'schen Sinne der Anstaltsgnade.[139] Die *communion cards* sollten in Apenkwa überdies der Dokumentation, Überprüfung und auch der Förderung der aktiven individuellen Teilnahme am kirchlichen Leben dienen:

> Church attendance testimony on communion cards should be followed and adhered to. The catechist in charge suggests, [he] will write on [the] individual cards how the member attends church service. (S. 10)
> [This] Church attendance report in communion and membership tickets [is supposed] to give testimony of members. The session agreed to it and [one of the presbyters] remarked that [...] this will be an incentive and bring progress. (S. 15)

Nicht nur wie die Mitglieder teilnehmen, wird auf dieser Karte notiert, sondern auch der Grund, weshalb jemand zwischenzeitlich vom Abendmahl suspendiert oder endgültig ausgeschlossen wurde (S. 247). Damit dokumentieren die laufenden oder fehlenden Einträge den Grad der Konformität und damit der Zugehörigkeit.

Auf die Relevanz des Schriftlichen für die Lebenswelt afrikanischer Kirchenmitglieder hat Peterson in einem ostafrikanischen Kontext aufmerksam gemacht: „Using their lists of decisions made and loyalties declared, church officials invited adherents to conform their lives to the book, to orient their behavior to accord

---

136 Feldprot. 5.8.2018: Gottesdienst II, Apenkwa: 3.

137 Vgl. hierzu Fall 42 in Kap. 6.2.3 und Kap. 6.2.4.

138 RPP 1953: § 149. Zum *speaking* siehe Kap. 5.4.2.

139 Max Weber: „Die Wirtschaftsethik der Weltreligionen", in: *Gesammelte Aufsätze zur Religionssoziologie I*, Tübingen: Mohr Siebeck, [1920] 1998[9], S. 237–573: 255. Es wäre der Frage weiter nachzugehen, wie verbreitet solche Dokumentationsmaßnahmen waren und sind. In Ghana scheint es Vergleichbares offenbar in verschiedenen Missions-initiierten Kirchen gegeben zu haben (vgl. RPP 1953: § 151) und auch im Archiv der evangelisch-lutherischen Kirche Tansanias (Moshi) finden sich Protokolle, in denen die Leipziger Missionare fehlende Gottesdienstteilnahme vermerkten.

with the model portrayed in the record."[140] Mitglieder wiederum nutzten die vorgeschriebenen Rollen, um die kirchlichen Dokumente und Nomenklaturen zur Bearbeitung ihrer eigenen Ansinnen zu mobilisieren.[141]

Mit einem Dokument wie der *communion card* tritt Schriftlichkeit noch direkter in die Lebenswelt religiöser Praxis des Einzelnen hinein. Schriftlichkeit ist nicht länger nur „in the book", an dem man sich ggf. orientiert, sondern mit den fortlaufenden Einträgen auf der Karte, wie sie der Katechist im obigen Zitat vorschlägt, entsteht ein kleines, individuelles „book" über das Leben – zumindest das gottesdienstbezogene Leben – jedes einzelnen Gemeindemitglieds. Dieses Schriftstück hatte jede Person, selbst wenn sie nicht lesen konnte, aufzubewahren und bei Bedarf vorzuweisen. Es war dieses greifbare Objekt, das ihr Zugang verschaffte zum Sakrament des Abendmahls und damit zur Wirksamkeit außermenschlicher Macht – vorausgesetzt die Karte wies die richtigen Einträge in ausreichender Zahl auf.

Als Dokument über Zugehörigkeit bzw. Ausschluss ihrer Inhaberin ist die *communion card* dazu angelegt, kirchliche Beobachtung über die Zeit hinweg, und über die örtliche Gemeinde hinaus, auszuweiten. So kann ein Presbyter in Apenkwa, viele Jahre nachdem eine kürzlich verstorbene Person in einer anderen Gemeinde der PCG ausgeschlossen wurde, auf die *communion card* zurückgreifen, um zu klären, ob eine christliche Bestattung zulässig ist oder nicht: „He showed the cause of her excommunication in her communion ticket to the session" (S. 247, Fall 42).

Wie in diesem Fall kommt die *communion card* über den eigentlichen Gebrauch im Zusammenhang mit dem Abendmahl hinaus immer dort zum Einsatz, wo der Zugehörigkeitsstatus des Mitglieds eine Rolle spielt und ausgeschlossen werden muss, dass die betreffende Person (noch) unter Kirchenzucht steht: beim Landerwerb (S. 96, Fall 16; S. 25, Fall 2), bei der Bestattung bzw. beim Kauf einer dafür erforderlichen „burial licence" (S. 22, Fall 52), für das Erstellen eines „transfer certificate" (S. 212; S. 216, Fall 40) beim Wechsel in eine andere Gemeinde[142] oder bei der Wiederaufnahme ausgeschlossener Mitglieder (S. 93). Beobachtung und Kontrolle einerseits und Zugang zu spirituellen wie auch materiellen Ressourcen andererseits geschieht über dieses Objekt. Dabei steht und fällt beides mit der Genauigkeit, mit der das Dokument von den beteiligten Parteien geführt wird.[143]

---

140 Peterson: Morality Plays, 2006: 985.

141 Ebd.: 986.

142 RPP 1953: § 124.

143 Im Fall der Wiederaufnahme hatte die betreffende Person ihre Karte verlegt und wird aufgefordert, sie zu suchen, bevor ihr Fall weiter behandelt werden könne (S. 93). In Fall 2 stellt sich das Problem, dass die *card* nicht aktuell gehalten wurde, woraufhin weitere Erkundigungen eingeholt werden müssen. Es kam auch vor, dass es bei der praktischen Handhabung Ermessensspielräume gab und man es mit den Einträgen auf der *communion card* nicht immer so genau nahm. Vgl. Kap. 5.2.2.

School Building Fund statt Church Attendance

Die *communion card* ist nicht das einzige Mittel zur Überprüfung der Beteiligung an der Kirche und scheint auch nicht in jedem Fall das geeignete zu sein. Das legt der diachrone Vergleich der eingangs thematisierten Landvergaben nahe.

In den ersten der dokumentierten Fälle[144] setzt die Session den Kirchgang als eine entscheidende Bedingung voraus. Es wird jeweils nach der *church attendance* gefragt und diese bzw. weitere Beteiligung am Gemeindeleben wenn nötig für die Zukunft eingefordert. Das ist z. B. bei der Antragstellerin in Fall 4 so: „As she seldom attends Church Service the session led by the catechist in charge rebuked her and encouraged her to attend both Service and women's class " (S. 45). Dieses Vorgehen gilt für ansässige wie auch für auswärtige Kirchenmitglieder. Im Fall 8, der am 23. Mai 1954 behandelt wird, nennt das Protokoll neben der Frage nach der *church attendance* außerdem die Beteiligung am *building fund* für die Schule als Bedingung (S. 52). Von diesem Zeitpunkt an löst die Frage nach der Beteiligung am *building fund* jene nach der *church attendance* in den Protokollen ab. Zwar wird in einzelnen Fällen von auswärtigen oder potenziellen Kirchenmitgliedern Beteiligung an den kirchlichen Aktivitäten weiterhin punktuell eingefordert – „join the congregation in church going" (S. 96, Fall 16), „give a help" (S. 112, Fälle 15 und 17) – oder erfragt, ob auch eine Rückkehr in die Gemeinde vorgesehen ist (Fall 26). Aber ab dem ebenfalls am 23. Mai 1954 behandelten Fall 9 ist in keinem der Fälle mehr explizit die Frage nach dem Kirchgang dokumentiert. Stattdessen kommt ab diesem Zeitpunkt stets der *school building fund* zum Tragen: Wenn ein Grundstück zugesprochen werden soll, bezahlen die Antragstellenden zusätzlich zur oben thematisierten Summe für das Grundstück in den *building fund* für die Schule ein, i. d. R. den Betrag von 1 Pfund und 1 Shilling.[145]

Es handelt sich hier also um zwei verschiedene Ausdeutungs- bzw. Umdeutungsvarianten der Vorgabe „doing their membership duties" (S. 95) in der Praxis der Session. Denn sowohl Zeit im Gottesdienst zu verbringen, als auch Ressourcen für die Infrastruktur der Kirche aufzubringen – sei es in Form von Freiwilligenarbeit, sei es in monetarisierter Form (S. 19) – sind Formen, sich für die Kirche einzusetzen. Und es ist dieser Einsatz, den die RPP, wie in Kapitel 5.2.1 gezeigt, als Loyalitätsbekundung einfordert: „Every member should be loyal to the Church […],

144 Alle Fälle bis und mit Fall 8 mit Ausnahme von Fall 3 (Landvergabe an Pfarrer) und dem ‚reibungslosen' Fall 7, in dem die *church tax* in Ordnung war und die Person – den fehlenden Angaben im Protokoll nach zu schließen – der Session hinreichend bekannt war und einen guten Leumund besaß.

145 Fälle 8, 9, 10, 11, 13, 14, 15, 17, 18, 19, 22; siehe Fallregister.

expressing his loyalty and gratitude in willing service and financial support of the Church".[146]

Als Kriterium dürfte die Frequenz des Kirchgangs oder zumindest der Teilnahme am Abendmahl anhand der *communion card* einigermaßen überprüfbar gewesen sein. Sie ließ der Session aber auch einen deutlichen Ermessensspielraum bei Entscheiden, beispielsweise bei der Frage, was als regelmäßig genug gelten kann, und ob es ausreicht, „member although not a full communicant" (S. 44, Fall 2) zu sein. Im Gegensatz dazu kann eine finanzielle Beteiligung am *building fund* ad hoc überprüft und mit Ja oder Nein beantwortet werden. V. a. aber kann diese Form der Beteiligung im Gegensatz zum Kirchgang an Ort und Stelle der Entscheidung eingefordert und damit zur notwendigen Voraussetzung gemacht und der Vergabe *vorangestellt* werden. Hingegen dürfte es der Session schwergefallen sein, sicherzustellen, dass die Begünstigten eine Bedingung wie die Verbesserung in Sachen Kirchgang tatsächlich einlösen,[147] insbesondere nachdem das Land einmal zugesprochen war und damit als Druckmittel wegfiel. Der *building fund* als Instrument lässt im Sinne einer inventarisierenden Auflistung all jener, die sich beteiligt haben,[148] eine eindeutige Überprüfung der Bedingung zu, v. a. aber ermöglicht er das sofortige Einfordern derselben.

Eine Liste der Einzahlungen in den *building fund* findet sich im Protokollbuch von Apenkwa zwar nicht. Angesichts des Berichts über die sonntägliche Ankündigung all jener, die einbezahlt haben (S. 17 f.) und der von der Session angeforderten Abrechnung (S. 49, 152) ist aber davon auszugehen, dass das *building committee* in seinen eigenen Unterlagen ein solches Dokument angelegt hatte.[149] Wie eine solche Aufstellung ausgesehen haben könnte, zeigt z. B. ein Eintrag in den *session minutes*, der die Aufwendungen für benachteiligte Gemeindemitgliederaufführt. In listentypisch reduzierter Manier besteht er nur aus fortlaufend durchnummerierten Namen und einer als Geldbetrag erkennbaren Zahl.[150] In solcher Weise dürften sich auch die Aufzeichnungen zum *building fund* des Kontexts ebenso entledigt

146 RPP 1953: § 122.

147 Betrifft Fälle 2, 4 und 5.

148 Goody: Domestication, 1977: 80; Vismann: Akten, 2010: 145.

149 Vgl. Protokollbücher ähnlicher Komitees: z. B. ACIA 73A: Minutes of meetings; Old Tafo (PCA/8/11) 1948–1951, PCG administrative records und ACIA 73A: Minutes of meetings bk, Old Tafo (PCA/8/15), 1953–1965, PCG administrative records.

150 Die Liste von Empfängerinnen und Empfängern mit den gesprochenen Beträgen findet sich unter der Etikette „Poor & Cripple" auf S. 193 in den *minutes* vom 16.1.1955. Die gelisteten Personen erhalten jeweils 5 Shilling oder 10 Shilling, bis auf eine Person, die als „Assistant to lesson giving" 1 Pfund erhält. Die Ausgabe von 6 Pfund und 10 Shilling für „poor and cripple and old members" ist am gleichen Tag im *account book* für *quarry-tolls* gelistet, wurde also aus den Steinbruchkonzessionen, die die Gemeinde von Apenkwa erhebt, bezahlt (APC: Quarry tolls accounts Apenkwa: 18).

haben, wie des damit einhergehenden Einzelfalls und Ermessensspielraums.[151] Im Gegensatz dazu steht die *communion card*, die als Dokument eher einer Langzeit-Dokumentation individueller Fälle mit ihren Eigenheiten und Uneindeutigkeiten entspricht.

Den Beitrag zum *school building fund* anstatt die *church attendance* zu überprüfen, transformiert die Frage der Beteiligung an der Kirche von einer Frage des „Mehr oder Weniger" in eine Frage des „Entweder Oder": Entweder man hat in den *building fund* einbezahlt oder nicht – entweder man steht auf der Liste oder nicht. Die Eindeutigkeit und Vergleichbarkeit, die ein solches Vorgehen transportiert, dürfte den *building fund* als Instrument für die konkrete Entscheidungsfindung in der Session attraktiv gemacht haben. Die Session von Apenkwa optimiert damit quasi das Dokument *communion card* für den spezifischen Bedarfsfall der Landvergabe. Sowohl die *communion card* als auch der *building fund* können analytisch als Dokumente verstanden werden, welche die Beteiligung an der Kirche belegen. Wie sich in Kapitel 5.4.1 mit dem *announcement* zeigen wird, lässt sich ein solches Instrument insbesondere durch seine Veröffentlichung auch zur sanktionsbewehrten Kontrolle dieser Beteiligung einsetzen.

5.3.2 Session Minutes als Dokument zwischen Interaktion und Aufzeichnung

Das Protokoll – selbst ein Dokument an der Schnittstelle zwischen mündlicher und schriftlicher Praxis[152] – verweist intertextuell auf eine Reihe weiterer schriftlich verfasster Dokumente in ihrer mündlichen und performativen Einbettung in der kirchlichen Rechtspraxis.

Ein ‚implizites Formular'

Eine Beobachtung, die den Blick auf das Oszillieren zwischen der Form der Interaktionen und der Form der Aufzeichnung lenkt, möchte ich hier als ein ‚implizites Formular' beschreiben. Den Begriff des Formulars wähle ich, weil diese Dokumentengattung durch die typografische Anlage mit ihren vorgedruckten Phrasen und Aussparungen einen gleichförmigen Bearbeitungsablauf des betreffenden Sachverhalts buchstäblich vorschreibt. Formulare fordern standardisierte Abläufe, formalisiertes Vorgehen und sprachliche Vereinheitlichung ein – oder versuchen

---

151 Goody: 81, 88; Pirie: Anthropology of law, 2013: 131; Vismann: Akten, 2010: 20.

152 Ebd.: 23–26. Vgl. Kap. 4.2.3.

dies zumindest.[153] Was aber, wenn eine formalisierte Praxis ihren standardisierten Verlauf einer schriftlichen Form aufprägt, die nicht in solcher Weise vorformatiert ist? Dann kann etwas entstehen, was sich hier im Fall der Landvergaben in den Protokollen abzuzeichnen scheint: eine Art implizites Formular.

Die Protokolleinträge sind weitgehend als Fließtext verfasst und sind lediglich (aber konsequent) durch die Kopfzeilen der jeweiligen Sitzungen mit ihrer Anwesenheitsliste sowie durch die Marginalien strukturiert. Angesichts dieser prinzipiell relativ offenen Form der Darstellung ist gerade die Ebenmäßigkeit einzelner Einträge das Auffällige. In gewissen Teilen der Aufzeichnungen fällt eine stark standardisiert wirkende Terminologie und formelhaft anmutende Formulierung ins Auge.[154] In 14 von 24 Landvergabefällen folgt die Darstellung des Verlaufs einem ausgesprochen gleichförmigen Muster. Das ist umso auffälliger, weil die zehn anderen, variantenreicheren Fälle deutlich zeigen, dass die Gleichförmigkeit nicht allein auf Faktoren wie Sprachkenntnis und Formulierungsgabe des Autors zurückzuführen ist. Ein Beispiel für letzteres ist der eingangs beschriebene Fall 13 (Kap. 5.1.1). Es sieht vielmehr so aus, als schlage sich hier ein standardisiertes Verfahren in gleichförmiger und indexikalisierter Darstellung in den Protokollen nieder.

Eine Etikette mit dem Namen (meist Vor- und Nachname) der Bittstellenden, ggf. der Begünstigten, bezeichnet die Einträge in den Marginalien. Der Eintrag selbst beginnt stets mit einem Personalpronomen, das auf die in der Etikette erwähnte Person verweist und benennt ihr Begehren, Land zu erwerben. Die hierzu benutzten Verben variieren nur leicht; „come“ und „ask“ überwiegen deutlich. Leichte Variationen gibt es in der Ausführlichkeit, wobei Bausteine wie „came to see the session“ oder „plot for building“ gleichförmig bleiben. Bei Fällen, die in weiteren Sitzungen wieder aufgenommen werden, folgt nach der gewöhnlichen Etikette eine Erinnerung an das Begehren – „He/She reminded the session of his/her plot“.[155] Fälle, die abgelehnt werden, sind in diesem Einstiegsteil mit den anderen Fällen identisch. Eine Beschreibung der Personen erfolgt hier implizit in den direkt daran anschließend genannten Ablehnungsbegründungen.[156]

In den anderen Fällen hingegen kommen die Voraussetzungen und Bedingungen (siehe Kap. 5.1.1–2 und Kap. 5.2.1) in kurzen Phrasen zur Sprache, welche die potenziell begünstigte Person nach spezifischen Gesichtspunkten beschreiben. Die

---

153 Ebd.: 160 f.; Garfinkel beschreibt die Widerständigkeit der Praktiken gegenüber solchen Formularen und zeigt, wie durch die Eigenlogiken der Praktiken Formulare eine andere als die von deren Produzenten intendierte Nutzung erfahren (Garfinkel: Good reasons, 1967).

154 Vgl. ebd.: 203 und Goody: Domestication, 1977: 114.

155 Identisch in Fall 7 (S. 175) und 9 (S. 52), leicht variiert in Fall 2 (S. 35).

156 Fälle 12, 21, 24 (bei letzterem sind Gemeinde und Funktion vor dem Begehren dieses auswärtigen Bittstellers genannt).

Voraussetzungen werden dabei nicht explizit als solche benannt, sondern implizit als von Verfasser und intendierten Nutzern der Protokolle geteiltes Wissen unterstellt. In einzelnen Fällen erwähnt das Protokoll explizit Nachfragen zu bestimmten Bedingungen, zu denen die Bittstellenden oder Dritte Stellung nehmen. Auch die „introduction", die zu Anfang vieler Fälle erfolgt, erscheint im Protokoll anstelle oder als Zusatz zu einer Beschreibung der Person und als Indiz im Hinblick auf die zu prüfenden Kriterien.[157]

Dieser zweite Teil der Aufzeichnungen, der die einzelnen Bittstellenden beschreibt, ist in den Formulierungen, Inhalten und der Menge an Information am vielfältigsten.[158] Auch bietet sich hier der Session eine Gelegenheit, einen Beitrag für den *building fund* einzufordern und Personen direkt zurechtzuweisen. Das zeigen Aufzeichnungen zu Fällen, in denen die Session Bittstellende z. B. für ihren mangelnden Kirchgang oder versäumte Zahlungen angeht. Das dabei verwendete Vokabular – „rebuked", „advised & cautioned" oder „attacked" – findet sich nicht nur in den landbezogenen Fällen, sondern auch in Fällen zu anderen Themen. Diese Phase schließt in aller Regel mit einer Zahlungsaufforderung, formuliert nach dem wiederkehrenden Muster: „She was asked to pay £ 2.2/-/ for the plot" (hier S. 52).

Die dritte und letzte Phase wird eingeleitet durch die anschließende Notiz zur Zahlung. Diese nennt gleichzeitig explizit oder implizit den Beschluss der Session, das Land zuzusprechen – explizit: „She was granted 100x100" (S. 45) oder implizit: „She paid £ 2.2/- for 100x100" (S. 58). An diesem Punkt fällt die einheitliche Sprache auf. Es gibt keine Varianz bei den benutzten Verben: Er oder sie „paid" und der „plot" wird „granted". In allen Fällen sind Summe und Grundstück genannt, wobei die Formulierung stark formalisiert ist, einen hohen Grad an Indexikalitätaufweist und auch die Darstellung optisch wie eine Formel wirkt. So kann hier „100 x 100", wie stets ohne die Maßeinheit Foot geschrieben, auch ohne den Begriff „plot" stehen und ist dennoch unmissverständlich.[159] Bei gut einem Drittel der Vergabefälle enden an diesem Punkt die Aufzeichnungen. Bei den anderen schließt die Ausführung zur geplanten Übergabe den Fall ab. Stets per Wochentag und teilweise mit Angabe zur Tageszeit wird der Termin angekündigt, zu dem die Übergabe stattfinden soll. Das Grundstück soll der Bittstellerin bzw. dem Bittsteller gezeigt werden – „to show her/him the land" ist die üblichste Formulierung. In dieser Phase sind die

157 Es gibt auch einen Fall, wo eine solche Beschreibung gänzlich fehlt (Fall 7) und die Person nur per Namen oder Vornamen figuriert. Es ist davon auszugehen, dass diese Person den Mitgliedern der Session und der anvisierten Leserschaft hinlänglich bekannt und daher eine solche Beschreibung unnötig war.

158 Ein Satz (Fall 11) bis sechs Sätze (Fall 5) zur Beschreibung der jeweiligen potenziell begünstigten Person.

159 Das Umgekehrte scheint in Fall 18 zu gelten, wo nur der „plot" genannt wird.

Formulierungen wieder eher stark formalisiert. Sie variieren aber im Gegensatz zu Zahlung und Beschluss etwas mehr in Satzstellung und Begrifflichkeiten.

Die Verquickung von Bezahlung und Beschluss „granting" und „payment" scheinen in ihrer Formelhaftigkeit die zentrale Frage zu sein, auf die ein Protokoll zu einem solchen Landerwerbsfall eine eindeutige Antwort zu liefern hat. Darauf deutet auch der Umstand hin, dass es genau diese Textteile sind, die durch farblich abgesetzte Unterstreichung im heutigen Zustand der Protokolle hervorgehoben sind.[160] „Showing the plot", d. h. die Übergabe eines konkreten Baugrundstücks, scheint hingegen dieser Frage nachgeordnet zu sein. Im Gegensatz zu den anderen Schritten der Verhandlungen ist dieser Teil nicht in allen Fällen erwähnt und in keinem Fall dokumentiert. Dazu kommen die inhaltlichen Aspekte, dass es in den Verhandlungen stets um ‚ein Stück Land', und nicht um ‚dieses oder jenes konkrete Grundstück' geht und dass alle Grundstücke zu einem einheitlichen Preis vergeben werden, der nicht vom Grundstück, sondern von der Person abhängt, die es erwirbt (Kap. 5.2.1). Außerdem fällt auf, dass die Aufzeichnungen nirgends explizit die Frage thematisieren, welche Nutzungs- bzw. Besitzrechte durch die dokumentierte Transaktion hier genau übertragen wurden.[161]

Diese formalen, strukturellen und inhaltlichen Beobachtungen in den Protokollen deuten auf ein praktisches Verfahren hin, dessen Verlauf gleichförmig und in bestimmten Punkten von einer schriftlichen Dokumentation begleitet ist, die ganz bestimmte Elemente in immer gleicher Form festhält. In diesem Sinne kann das hier beschriebene ‚implizite Formular' auch als ein Ausdruck von „informal formalization" verstanden werden.[162]

Die Produktion von Eindeutigkeit im Protokoll

Die umgekehrte Wirkrichtung – von der Dokumentation zum Verfahren – tritt in den Aufzeichnungen zu Fall 1 in den Vordergrund. Hier geht es um die Idee, einen Plan von Apenkwa aufzuhängen, den die Session wohl als eine Art Grundbuch zu benutzen gedenkt. Innerhalb der Session entspinnt sich dabei eine Auseinandersetzung an der Frage, *wo* die betreffende Karte aufzuhängen sei: im Haus des *chief* oder im „mission house". Das bedeutet aber auch, *wer* – *chief* bzw. *senior presbyter* oder Katechist – über dieses Dokument, dieses Werkzeug des Überblicks, diese Repräsentation von Reichweite und deren praktischen und symbolischen Verweiswert verfügen kann. In den Einträgen zu diesem Fall wird nicht nur die

160 Es ist unklar, von wann diese Unterstreichungen sind und wer sie gemacht hat (siehe Kap. 4.2).

161 Lentz: Land, 2007: 51.

162 Ebd., bezugnehmend auf den Ausdruck bei Christian Lund; Tor A. Benjaminsen (Hg.). *Securing land rights in Africa*, London: Frank Cass, 2003: 3.

Kollision von Ansprüchen deutlich,[163] sondern sie zeigen auch, wie eine Partei das Protokoll selbst als Dokument zur Produktion von Eindeutigkeit und Einigkeit einsetzt.

Für die erste Sitzung im untersuchten Protokollbuch am Sonntag 7. März 1954 steht ein Geschäft auf der Tagesordnung, in dem es um die Entscheidung geht, eine Karte von Apenkwa zu Referenzzwecken aufzuhängen (Fall 0). Dieses Geschäft wird an den zwei letzten Sonntagen im März und erneut einen guten Monat später, am 9. Mai, aufgenommen.[164] Zunächst liegt der Zugang zu einem solchen Dokument offenbar beim *senior presbyter* und *chief* Dormon. Das scheint im Zusammenhang mit seiner Funktion als politischer Vorsteher des Ortes Apenkwa und seinen dahingehenden Kompetenzen und Verantwortlichkeiten naheliegend. So wird er in der Sitzung vom 21. März als Verantwortlicher für das Beschaffen des Plans bestimmt, „Mr W. C. Dormon was asked to bring a copy of Apenkwas district mapwith him to the session […]" (S. 15). Er wird auch weiter mit dem Dokument assoziiert, so im Tagesordnungspunkt „Apenkwa plan from Mr W. C. Dormon" (S. 16) und „Apenkwa district map from Mr. W. C. Dormon" (S. 43).

Mit der von seinem Sohn angefertigten Kopie, die Herr Dormon einen guten Monat später, am 9. Mai, in die Session bringt, kann der Zugriff potenziell erweitert und die Hoheit von der Kirche beansprucht oder zumindest mitbeansprucht werden.

An dem Punkt, wo es nun um die praktische Umsetzung der „decision" geht (S. 3, 10, 15), die Kopie der Karte in der „mission house hall" (S. 47) aufzuhängen, wie der Katechist und Protokollant es in den vorangegangenen Einträgen notiert hatte, wird der Widerspruch der Presbyter und damit die Hoheitsfrage im Protokoll explizit: They „objected to it that it [the map] is for the town and not for the mission to be hanged as such" (S. 47). Implizit zeigt das *Wie?* der Aufzeichnungen aber an, dass die „decision" (S. 3), auf die schon der Tagesordnungspunkt vom 7. März hinweist, insgesamt wohl keine einhellige, vielleicht noch nicht einmal eine explizit in der Session gefällte, sondern möglicherweise vielmehr durch das Protokoll ‚festgeschriebene' war.

Der Katechist scheint beim Verfassen der Protokolle darauf bedacht gewesen zu sein, ein bestimmtes Ergebnis der Besprechung eindeutig und unmissverständlich festzuhalten. Die Frequenz, mit der die „Mission house hall"[165] in den wenigen Sätzen, die dieses Geschäft insgesamt behandeln, genannt wird, wie auch das leicht gesperrte Schriftbild des Wortes „Mission" in einer der Tagesordnungen[166] deuten

163 Mehr dazu siehe Kap. 6.3.5.

164 An diesem Datum werden auch die ersten Landvergaben abgeschlossen. Fälle 2, 4 und 5.

165 Insgesamt viermal: S. 3, 10, 15, 47.

166 Tagesordnung vom 21. März (S. 10).

darauf hin. Dieses ‚Festschreiben-Wollen' dürfte vor dem Hintergrund der antizipierten oder in der Sitzung erfahrenen Opposition geschehen sein. So zeigt auch das im Protokoll vom 21. März in Klammern nachgeschobene „(mission house)" (S. 15) einerseits, dass es für den Protokollanten naheliegend war, dass sich die „hall" als Aufhängungsort im „mission house" befindet. Dennoch hielt er es offenbar für angezeigt, den Eintrag durch eine Spezifizierung, die unmissverständlich eine bestimmte Lesart der bedeutungsoffeneren „hall" festschreibt, zu ergänzen. Letzteres spricht dafür, dass die divergierenden Positionen in diesem Moment bereits offenkundig waren.

Aber war der hier in Klammern eingeschobene, und damit im Protokoll festgeschriebene Ausgang der Entscheidung, auf die sich der Katechist einen Monat später der Session gegenüber als gemeinsame Entscheidung beruft – „[...] the catechist reminded the Session of *our* decision [...]" (S. 47, Hervorhebung A.B.) – den Presbytern bewusst? Sollten hier durch das dokumentenförmige Fest*schreiben* Missverständnisse vermieden oder eine spezifische Lesart durchgesetzt werden? Handelt es sich hier um das versuchte Auflösen von Ambiguität und/oder um das Reifizieren, Objektivieren und Legitimieren von subjektiven, nicht im Gremium legitimierten Entscheidungen? Hat sich zuletzt die Autorität von Protokoll und Katechist oder jene der Session und Presbyter durchgesetzt?[167] Auch wenn oder gerade weil die Quellen hierauf keine eindeutige Antwort zulassen, zeigt dieser Fall auf, wie das Protokoll im Rahmen der hier untersuchten Rechtspraktiken funktioniert.

Denn es kommt die doppelte Aufgabe von derartigen Dokumenten zur Geltung: Sie dokumentieren nicht nur, sondern sie produzieren auch Entscheidungen, indem sie diese in eine bestimmte Form geronnen in aktenförmige Gestalt gießen. Das Festschreiben funktioniert dabei v. a. aufgrund der vom Autor antizipierten bzw. erhofften Referenzfunktion des Protokolls, die in Formulierungen wie „according to our decision, as recorded in this book" (S. 253) explizit zum Ausdruck kommt (vgl. Kap. 4.2.1).

Ambivalenz der Eindeutigkeit

Das Protokoll schreibt aber nicht immer Eindeutigkeit fest, im Gegenteil. Die Formulierungen in den Protokollen können Entscheidungen auch – bewusst oder unbewusst, das weiß man als Leserin nicht – offen formulieren und damit verschiedene Lesarten zulassen.[168] Selbst in Fällen, wo der protokollierende Katechist durchaus bemüht scheint, seine Lesart prominent zu präsentieren, kann es wie in

167 Das Ausbleiben einer ‚Erfolgsmeldung' kann sowohl in die eine als auch in die andere Richtung gelesen werden.

168 Siehe Fall 6 in Kap. 6.3.2.

Fall 36 vorkommen, dass sich für mich als Leserin der Aufzeichnungen keine der dokumentierten Positionen eindeutig durchsetzt.[169]

Außerdem kann Eindeutigkeit in gewissen Belangen zwar nützlich sein, sie ist für die Session aber nicht immer funktional. Einerseits scheint die Überprüfbarkeit und Eindeutigkeit von Kategorien mit ihren Regeln und in Form von entsprechenden Dokumenten attraktiv: Den Einsatz für die Kirche am *building fund* anstatt an der *church attendance* zu überprüfen, ermöglicht, die Voraussetzung der „membership duties" sofort und eindeutig einzufordern, sodass keine längerfristige Überprüfung nötig ist und weniger Ermessensspielraum offenbleibt. Doch gerade die Reduktion des Ermessensspielraums kann auch ein Nachteil sein.

Die Eindeutigkeit, die Dokumente wie das eingangs geschilderte Kodifizierungsprojekt einfordert (Kap. 5.1.2), kann zu mehr Konflikten führen als dass sie etwas vereindeutigt, insbesondere wenn eine solche Eindeutigkeit nicht vorhanden ist.[170] Als Vergleich sei hier auf die Effekte von Selbstverständigungsdiskursen im Rahmen von Ga *chieftaincy disputes* verwiesen, welche durch Standardisierungsversuche von kolonialer und lokaler Seite zusätzlich befeuert und in diesen ausgetragen wurden:

> Establishing or codifying Ga customs and traditions regarding chieftaincy disputes proved impossible precisely because individuals and groups continued to make diverse and contradictory claims that were constantly negotiated and renegotiated [...].[171]

Denn in solchen Standardisierungsversuchen werden Unvereinbarkeiten explizit gemacht, hervorgehoben und Ambiguitätstoleranz wird reduziert. Die Risiken und Nebenwirkungen, die eine Urkunde über Landbesitz oder aber Nutzungsrecht (Fall 6) oder alternativ ein Dokument mit Bedingungen und Verhaltensregeln für den Landerwerb (Fall 13) mit sich bringen, wurden in der Session kontrovers diskutiert. Dabei wurden kollidierende Ansprüche und Anliegen zwischen lokaler Gemeinde und den übergeordneten kirchlichen Instanzen offenbar. Das zeigte die Karriere des Kodifizierungsprojekts in Kapitel 5.1.2 und das kommt in Kapitel 6.3.1 erneut zum Tragen.

---

169 Siehe Kap. 6.1.2.

170 Claviez: Metonymic community, 2016: 41.

171 Sackeyfio-Lenoch: Politics of chieftaincy, 2014: 125.

5.3.3 Repräsentationen des Innen

Karte (Fall 0)

Dass soziopolitische Spannung und Fragen der Hierarchie von Machtpolen darüber ausgetragen werden, wer Zugang, Kontrolle und legitime Verfügungsgewalt über Land hat, ist im hier untersuchten Kontext nichts Neues. Diese Spannung gab es in der Ga Gesellschaft zwischen *maŋtsɛmɛi* und *wulɔmɛi* bereits bevor die britisch-koloniale Ordnung die Machtbereiche in dieser Sache zu Ungunsten der *wulɔmɛi* verschob und die Konflikte befeuerte.[172] Die Opposition zwischen den Presbytern als Repräsentanten des Ortes und dem Katechisten als Repräsentant der Kirche erscheint wie eine christliche Reformulierung einer solchen Frontstellung. Anders ist v. a. das Medium, über das die Opposition hier ausgetragen wird. Die Einführung und Herstellung von Landkarten und Plänen in dieser Form ist aufs Engste mit dem kolonialen und missionarischen Zugriff verbunden. Karten waren ein Instrument, Territorium als Gegenstand des eigenen Machtanspruchs zu erschließen und ein Hilfsmittel zur Durchsetzung dieser Ansprüche sowie ihrer Repräsentation.[173]

In der Deutung, die eine Karte von einem Territorium darstellt, findet Appropriation statt; nicht nur in dem was auf der Karte repräsentiert wird, sondern auch im physischen Objekt der Karte selbst. Auch wenn Land hier von der Kirche gekauft worden war und die Kirche der staatlichen Seite als Grundbesitzerin galt,[174] so gibt der Plan als Dokument dem Land eine Form, die der Ort in der Person

---

172 Ebd.: 3, siehe Kap. 3.3 und Kap. 5.1.1.

173 Jean-Michel Vasquez, Claude Prudhomme: *La cartographie missionnaire en Afrique. Science, religion et conquête (1870–1930)*, Paris: Éditions Karthala, 2011; René Smolarski: „Missionskartografie in Gotha. Eine Annäherung aus wissensgeschichtlicher Perspektive", in: Karolin Wetjen; Linda Ratschiller (Hg.). *Verflochtene Mission. Perspektiven auf eine neue Missionsgeschichte*, Köln u. a.: Böhlau, 2018; Isabel Voigt: „Die ‚Schneckenkarte'. Mission, Kartographie und transkulturelle Wissensaushandlung in Ostafrika um 1850", in: *Cartographica Helvetica* 45–46 (45), 2012, S. 27–38; Pellervo Kokkonen: „Religious and colonial realities. Cartography of the Finnish Mission in Ovamboland, Namibia", in: *History in Africa* 20, 1993, S. 155–171; Norman Etherington: „Putting tribes on maps", in: Norman Etherington (Hg.). *Mapping colonial conquest. Australia and Southern Africa*, Crawley, WA: University of Western Australia Press, 2007, S. 79–101; Adam Jones, Isabel Voigt: „‚Just a first scanty makeshift'. German travellers and their cartographic encounters in Africa, 1850–1914", in: *History in Africa* 39, 2012, S. 9–39; Jeffrey C. Stone: „Imperialism, colonialism and cartography", in: *Transactions of the Institute of British Geographers* 13 (1), 1988, S. 57–64. Graham Huggan: „Decolonizing the map. post-colonialism, post-structuralism and the cartographic connection", in: *A Review of International English Literature* 20 (4), 1989, S. 115–131.

174 Davon ist angesichts von RPP 1953: § 97–97b und dem Dokument über den Landerwerb durch die Mission auszugehen (APC: Apenkwa land deed, 1.6.1889; APC: Declaration under the Statutory Declaration Act 1971, 18.11.1980). Siehe auch Kap. 3.2.1.

des *chief* Dormon *besitzt* – und die der kirchlichen Seite zu übergeben er wenig Enthusiasmus zeigte.

Geschichte (Fall 54)

Was die Karte synchron und räumlich darstellt, tut das Projekt der „Apenkwa church history" (S. 298) in zeitlich diachroner Hinsicht. Sowohl Ortsplan als auch lokale Geschichte machen Apenkwa zu einem „place in the world".[175] Beides sind Formen, die lokale Gemeinschaft als sozial, hier religiös und auch territorial umgrenzte Einheit zu imaginieren und zu repräsentieren: als „[...] distinct from its neighbours and with some degree of autonomy".[176] Beide tragen zusammen, was als relevantes Wissen über das Innen samt seinen Grenzen gilt, und geben eine Übersicht darüber. Wie die Nutzung von Karten hat auch die Produktion lokaler Geschichts*schreibung* eine missionsgeschichtliche Tradition in vielen Kontexten in Afrika.[177]

Das Sammeln und Verfassen einer örtlichen „Church history" bzw. einer „Apenkwa history" ist ein weiteres Dokumentierungsprojekt, das gegen Ende des untersuchten Zeitraums in den Protokollen auftaucht (Fall 54). Als Verantwortliche für das Projekt bilden der Katechist, der *senior presbyter* und *chief* sowie drei weitere Presbyter im Mai 1955 ein „church history committee" (S. 294, 298 f.). Das Projekt ist ab da regelmäßig traktandiert. Allerdings ist es eines jener Themen, die ob dringlicherer Angelegenheiten immer wieder vertagt werden (S. 329, 347). Auch in der praktischen Umsetzung zieht sich das Projekt hin: Aus „Church history committee to work soon" in der Tagesordnung vom 29. Mai (S. 311) wird am 3. Juli der Tagesordnungspunkt „Church history to start in the vacation" (S. 358) und nach weiteren sieben Wochen (und damit bereits im nächsten *minutes*-Band) dringlicher „Church history. Collection of matter. The committee is to start work now".[178] In der Zwischenzeit hatte man in der Session beschlossen, für diesen Zweck spezielles Papier zu beschaffen – „to buy official papers for notes & start to take notes" (S. 335).[179] Der Katechist informiert die Session über sein geplantes

175 Axel Harneit-Sievers (Hg.). *A place in the world. New local historiographies from Africa and South Asia*, Leiden: Brill, 2002.

176 Axel Harneit-Sievers: „Introduction, New local historiographies from Africa and South Asia. Approaches and issues", in: Axel Harneit-Sievers (Hg.). *A place in the world. New local historiographies from Africa and South Asia*, Leiden: Brill, 2002, S. 1–27: 13.

177 Paul Jenkins (Hg.). *The recovery of the West African past. African pastors and African history in the nineteenth century; C. C. Reindorf & Samuel Johnson*, Basel: Basler Afrika-Bibliographien, 2000^2; John D. Y. Peel: „Making History. The past in the Ijesha present", in: *Man* 19 (1), 1984, S. 111–132: 123.

178 ACIA [o. Sign.]: Apenkwa Minutes 1955–56: 32, Tagesordnung zur Sitzung vom 21.8.1955.

179 Tagesordnung zum 19.6.1955; erneut traktandiert und dort auch besprochen am 26.6.1955 (S. 348, 357).

Vorgehen, „[t]he catechist informed the session [about] the method he would use to collect matter for the history […]“[180] und scheint zuletzt im Alleingang Nägel mit Köpfen zu machen, indem er die von ihm zusammengestellte Version der Geschichte in der Chronik der Gemeinde niederschreibt:

> | Apenkwa history | The catechist reported that he has written the history of Apenkwa in the station chronicle. It remains other histories to be given by the committee. A man [is] to be asked to make a copy to be sent to our church authorities. [One of the presbyters in the history committee] promised to give the catechist facts for the history.[181]

Bei dieser „Apenkwa history“ handelt es sich also um ein Dokumentierungsprojekt im doppelten Sinn: Es soll, aller Wahrscheinlichkeit nach, mündlich tradiertes Wissen über die Vergangenheit des Ortes gesammelt – „collect matter for the history“, „facts for the history“[182] – und schriftlich festgehalten werden – „take notes“ (S. 335). Es wird überdies durch die Art und Weise, wie und worauf man es festhält, in Dokumentenform gebracht und offizialisiert: Die „notes“ finden nicht auf irgendeinem Papier statt, sondern auf „official papers“ (S. 335). Und das Ergebnis hält der Katechist in der Chronik fest – in jener Dokumentengattung, die im Gegensatz zu den Protokollen das Besondere aus dem Verlauf der Zeit heraushebt und die, „für die Außen- und Nachwelt geführt“ dazu dient, „Geschichte zu schreiben“.[183]

Woraus sich die Zurückhaltung der verantwortlichen Presbyter hier speist, wird in den Protokollen hingegen nicht ersichtlich und muss Gegenstand der Spekulation bleiben. Hierfür bietet die Parallele von Geschichte und Karte eine mögliche Deutung an. Es ist durchaus denkbar, dass sich die Presbyter aus ähnlichen Bedenken heraus bedeckt halten, wie im Fall der Karte: In beiden Fällen suchen sie womöglich der Kirche den Zugriff auf ihr Wissen um den Ort und seine Geschichte zu erschweren, denn „many African societies treat aspects of knowledge – and this refers especially, but not exclusively to history – as restricted or secret. Preventing general access to such ‚deep‘ (Goody 1993: 156–7) knowledge maintains power relationships“.[184]

Der ethnisch und anderweitig diverse Hintergrund der Bewohner des Ortes lässt eine Vielzahl an möglichen Geschichten nebeneinanderstehen, zu denen auch schmerzliche und sensible Aspekte wie das Thema der *slave ancestry* gehören. Solche Bedingungen können der Produktion von Geschichte in dieser Form oder jedenfalls

180 ACIA [o. Sign.]: Apenkwa Minutes 1955–56: 34, Protokoll zur Sitzung vom 21.8.1955.

181 ACIA [o. Sign.]: Apenkwa Minutes 1955–56: 52 f., Protokoll zur Sitzung vom 4.9.1955.

182 ACIA [o. Sign.]: Apenkwa Minutes 1955–56: 34, 53.

183 Vismann: Akten, 2010: 144.

184 Harneit-Sievers: New Local Historiographies, 2002: 11.

ihrer öffentlichen Präsentation – wie hier in Form der Geschichtsschreibung in der Chronik – entgegenwirken.[185] Davon, dass es in Apenkwa durchaus nicht nur eine Fassung der Geschichte zu erzählen gäbe, ist auszugehen. Mit den Worten des protokollierenden Katechisten ausgedrückt: „It remains other histories to be given […]".[186]

Was der Anlass war, Wissen über Vergangenes in diese spezifische, für den kirchlichen Kontext aber durchaus gängige Form zu bringen, geben die Protokolle nicht eindeutig preis.[187] War eine Order von oben der Hintergrund, das Manuskript per Schreibmaschinenabschrift zu vervielfältigen – „to copy and type Apenkwa history" – und eine Abschrift an „our church authorities" zu senden?[188] Der erste Eintrag zur „Church history" ließe sich in diese Richtung lesen.[189] Oder geht es hier im Gegenteil um eine lokale Initiative des Katechisten, „to force Apenkwa into the history of the PCG" – wie der örtliche Pastor 2018 in einer Ansprache vor der Gemeinde sein Motiv beschrieb, eine Neufassung der Geschichte von Apenkwa anlässlich der *Anniversary Celebrations* zu erarbeiten.[190] Waren die „church authorities" die einzigen Adressaten, oder war ein gemeinde- oder gar kirchenöffentlicher Verbreitungsgrad durch Abschriften und Verlesen angedacht?[191]

Da die Chronik mit der Niederschrift verloren ist, bleibt auch ungewiss, welche Geschichte der Katechist hier erzählte. Sollte Apenkwa als eine zwar zusammengewürfelte, aber durch Taufe und Glaube verbundene Gemeinschaft der Gleichen präsentiert werden, wie dies beispielsweise die RPP tut, wenn sie fordert: „As members of the same body of Christ […] they should ignore all difference in race and

185 Terence Ranger: „African local historiographies. A negative case", in: Axel Harneit-Sievers (Hg.). *A place in the world. New local historiographies from Africa and South Asia*, Leiden: Brill, 2002, S. 289–305: 291–294; Austin: Labour, land, and capital, 2005: 445.

186 ACIA [o. Sign.]: Apenkwa Minutes 1955–56: 52.

187 Zum Verhältnis dieser historiografischen Form zu anderen lokalen Formen des Wissens über die Vergangenheit: Harneit-Sievers: New Local Historiographies, 2002: 7–12. Zu Motivationen solcher unpublizierter und publizierter nicht akademischer Geschichtsschreibung und deren Verhältnis zu akademischer Historiografie: Adam Jones: „Epilogue: Academic and other historians. An uneasy relationship", in: Axel Harneit-Sievers (Hg.). *A place in the world. New local historiographies from Africa and South Asia*, Leiden: Brill, 2002, S. 367–374.

188 ACIA [o. Sign.]: Apenkwa Minutes 1955–56: 52 (4.9.1955), 70 (21.9.1955).

189 Wenn man das darin genannte „comm[ittee]" als *Synod Committee* deutet (S. 277).

190 Feldprotokoll zum 29.7.2018: Gottesdienst I, „Mock Session", Apenkwa und Besuch bei Philip Laryea, Mayera Osofoiaman: 1 f. Man hatte mich darum gebeten, Informationen zu dieser und einer weiteren Gemeinde aus dem Archiv in Basel zu beschaffen. Die Initiative kam unabhängig von meiner Untersuchung zu Apenkwa zustande. Ich hatte zum Zeitpunkt der Anfrage noch nicht an meine Kontaktpersonen aus der PCG kommuniziert, mit welcher konkreten Gemeinde ich mich befasse und meine Besuche in Apenkwa fanden erst danach statt.

191 Vgl. Jones: Academic and other historians, 2002: 367.

tribe, living together as brothers and sisters, sharing their joys and sorrows for common growth and development"?[192] Eine solche Geschichte könnte angesichts des Zuzugs und der Urbanisierung die solcherart beschriebene Gemeinde dazu auffordern, am gemeinsamen Wertesystem teilzunehmen, die diese „moral community" verbindet oder verbinden sollte.[193]

Oder ging es um einen Leistungsausweis als eigenständige, wachsende christliche Gemeinschaft angesichts der in rasanter Veränderung begriffenen Machtverhältnisse vor Ort durch die Eingemeindung und auf dem Weg zur Unabhängigkeit des Landes? Oder ging es vielmehr um eine Darstellung der Herausforderungen, denen sich der kleine christliche Ort angesichts all dieser Bedingungen ausgesetzt sah?[194]

Wie auch immer die inhaltliche Ausgestaltung aussah, wir dürfen davon ausgehen, dass auch diese „new local historiography" eine Form war, über den Rückgriff auf Vergangenheit lokale Identitäten im Licht eines weitreichenden, sich wandelnden Kontextes zu rekonfigurieren.[195]

Bei der Niederschrift dieser „Apenkwa history" geht es nun nicht wie bei den Dokumenten der Zugehörigkeit – den Kirchenregistern, den *communion cards* oder beim *building fund* – darum, zu überprüfen, *wer* wie sehr oder warum nicht ‚dazugehört'. Sie gibt vielmehr Rechenschaft über den Bereich des ‚Dazugehörens'. Die Geschichte ebenso wie die Karte und auch der Entwurf der „rules und regualtions" zum Kirchenland füllen das Innen: Was ist ‚Apenkwa', wer sind ‚wir' und was macht „our Christianity" aus? Dokumente dieser Art präsentieren, formulieren und konstituieren so, *was* das ‚Dazugehörende' ausmacht und verorten dieses.[196]

Die Eindeutigkeit oder auch Eindimensionalität, die sie dabei einfordern, zeitigt allerdings eine ambivalente Wirkung. Das wurde besonders deutlich in den Beobachtungen, welche die Protokolle selbst in ihrer Wirkung als Dokument an der Schnittstelle zwischen Mündlichkeit, Interaktion und Schriftlichkeit thematisierten.[197] Und das wird erneut relevant, wenn es gleich um die Interaktionsabläufe in den Verfahren geht.

---

192 RPP 1953: § 123. Ein Topos, der sich auch im Slogan der PCG „that they all may be one" lesen lässt. Gyang-Duah: Church and society, 1988: 176. Aber siehe Sewordor: Model town, 2017: 15.

193 Harneit-Sievers: New Local Historiographies, 2002: 14.

194 Vgl. die Darstellung in der Apenkwa: Anniversary Brochure, 2008.

195 Peel: Making History, 1984: 124; Harneit-Sievers: New Local Historiographies, 2002: 4.

196 Ebd.: 14. Vgl. Feldprot. 24.7.2018: Gespräch S.A.A. und D.A., Apenkwa: 5.

197 Siehe auch Kap. 4.2.3.

5.4 Verfahren

Die Kategorien und Dokumente liefern ein Instrumentarium, um lebensweltliche Vorgänge für die Session greifbar zu machen und im Sinne der Session zu bearbeiten. In diesem Kapitel geht es nun um die *Verfahren*, d. h. um die Interaktions- und Handlungsabläufe, mit denen die Session beobachtet, behandelt und bewertet.

Mit dem Stellenwert und der Funktion, den die Session dieser Bearbeitung von Sachverhalten für die Kirche beimisst, wird sich das nachfolgende Kapitel 6.1 unter dem Argument „offenders must be dealt with to checkmate the evil" (S. 153) befassen. Hier hingegen soll es zunächst darum gehen, welche praktischen Formen die Session dafür einsetzt. Es geht also noch nicht darum zu zeigen, *warum*, sondern *wie* die Session Fehlverhalten aufzeigt und Maßnahmen ergreift, positiv und negativ sanktioniert oder Konflikte bearbeitet.

5.4.1 „Dealing with the delinquent" – Bearbeiten, markieren, disziplinieren

Um Fälle bearbeiten, Tun markieren und Personen disziplinieren zu können, braucht die Session die in den vorangehenden Kapiteln vorgestellten rechtlichen Praktiken. *Kategorien* und *Dokumente* sind also die Voraussetzungen, auf welche die hier zu beschreibenden *Verfahren* aufbauen: Kategorien geben als Beschreibungspraktiken die Unterscheidungen vor, entlang derer die Session beobachtet. Dokumente verstetigen solche Kategorien und vergegenständlichen das Beobachtete. Gleichzeitig entwickeln sich diese Praktiken selbst in den Verfahren weiter.

Summon, rebuke and promise

Die oben beschriebene Kategorie der „delinquent members" (Kap. 5.2.2) ist ein begriffliches Instrument, mit dem die Session eine ganze Reihe von Personen markiert, die ihr zwar als Mitglied gelten, deren Lebenswandel ihr aber als abweichend von dem von ihr entworfenen Ideal gilt (Fall 37, Fall 37b). In einem ersten Schritt zielt sie dabei insbesondere auf jene Söhne und Töchter von Presbytern ab, die der Katechist aus verschiedenen Gründen als „hardly recognis[abl]e as having even been baptised" (S. 225) beschreibt. Über die Kategorie „delinquent" kann die Session die entsprechenden Personen zusammengefasst bearbeiten: Der Sohn eines Presbyters „[...] should be sum[mone]d to the session and all those children who fall in the same category. The session is to rebuke and talk to them. It was agreed" (S. 231, Hervorhebung A.B.). So dient der Begriff in den Aufzeichnungen als Sammelbezeichnung für Personen, die vor die Session zu zitieren („call", „summon") und zurechtzuweisen sind („talk", „rebuke", „advise").[198]

Die Fälle werden jeweils in kleinen Serien von zwei bis drei Personen bearbeitet. Das Ganze zeigt sich als eine Art Dauer- und Begleitaufgabe, die des Öfteren vertagt, aber bis zum Ende des Protokollbuchs immer wieder aufgenommen und mit neuen Personen und Personengruppen durchexerziert wird: „A decision was taken that after the youngmen we shall tackle that of the girls" (S. 233), wie der Protokollant es formuliert. Dies tut die Session allerdings nur, wenn neben den anderen zu bearbeitenden Fällen und Vorgängen Kapazitäten dafür vorhanden sind oder sich die Verfahren gegen einzelne „delinquent members" nicht zu eigenständigen dringlicheren Fällen auswachsen.[199]

Das Verfahren verläuft jeweils routiniert nach gleichem Muster: Vorladung, Befragung, Rüge/Vorwurf, Versprechen. Auch hier scheint sich ein gleichförmiges, praktisches Verfahren in der sprachlichen Darstellung im Protokoll niederzuschlagen: Wie beim ‚impliziten Formular' zur Landvergabe (Kap. 5.3.2), bedient sich die Beschreibung auch hier eines weitgehend gleichförmigen Vokabulars. Das Protokoll benennt auch hier die immer gleiche Reihenfolge von Verfahrensschritten, bleibt dabei aber etwas weniger reduziert als dort.

Die vorgeladenen Personen werden zunächst in der Session befragt. Bei der ersten Serie sind es drei Presbyter-Söhne (Fall 37c). Das Protokoll gibt ihre Antworten in diesem Eintrag in direkter Rede wieder, was wie eine Mischung aus Anhörung und Geständnis erscheint:

> [Kwasi]: He was asked the following questions and answered: (1) This is my father. He has baptized & confirmed me. I do not go to church; do not take Lords Supper; do not pay any dues or anything in connection with the congregation: I know my father as a presbyter. By doing this I am doing evil to my father. [Question:] Why do you do that? He said he has no excuse again. (S. 241)

---

198 „The members recorded in the agenda 5 were discussed as delinquent & disobedient members and [two presbyters] were asked to call them" (S. 265). „They are to be summoned before the Session" (S. 232). „They are to be called and rebuked by the Session" (S. 231). „Others too can be called for a talk and rebuke" (S. 238). „Delinquent youth or members to be called for a talk and advice" (S. 298).

199 Z. B. S. 314: Hier folgt auf den Vermerk, dass der Tagesordnungspunkt zu den „delinquent members" vertagt wird, ein eineinhalbseitiger Eintrag zu einem Fall, der zuvor mit unter den „delinquent members" traktandiert war.

Es folgt eine Rüge (Erklärung/Kritik/Vorwurf) durch die Session, welche die Schwere der Vergehen unterstreicht und begründet – hier mit dem Vorwurf, dass die *youngmen* Ansehen und Einfluss ihrer Väter untergraben:[200]

> The catechist explained to them the heinous [character] of their actions and added that according to the rules if a presbyter cannot manage his house, he cannot manage the God's church & [is] to be dethroned as such. They therefore want to dethrone their parents (S. 242).

Daraufhin wird den Dreien ein Versprechen zur Besserung in ganz konkreten Punkten abgenommen, die das Protokoll im Schriftbild hervorgehoben in einer Liste präsentiert:

> They were asked to promise the f. f.
> | (a) | They will attend church Service
> | (b) | They will attend Lords Supper
> | (c) | They will be confirmed
> | (d) | They will pay their dues
> | (e) | They will join some of the social Services – Guild – Church Choir – Children's Service
> | 1 | [Kwasi] promised to join the Guild.
> | 2 | [Yao] " " children's Service.
> | 3 | [Kofi] " " church choir.
> They promised as above a-e. (S. 242 f.)

Bei dieser ersten Serie sind die Aussagen und Versprechen besonders ausführlich und in dieser übersichtlichen Form dargestellt. Hier handelt es sich um das, was Goody als prospektive Liste bezeichnete: Im Gegensatz zum *school building fund* bezeichnet sie nicht „past income or outgoings", sondern „future ones [...] what people should pay and should receive [or should pay and should do] such prospective lists constitute plans or programmes, rather than simple records".[201] Diese Auflistung im Protokollbuch ist ein Instrument, solche Pläne zu externalisieren und zu kommunizieren.[202]

Es handelt sich in diesem Fall nicht um eine auf einzelne Worte reduzierte Form der Liste und dennoch transportiert diese Passage deren formalistischen Charakter.

---

200 Zum Vorwurf, die Glaubwürdigkeit und Position des Vaters zu untergraben, siehe auch Kap. 6.3.5.
201 Goody: Domestication, 1977: 87, Einschub A.B.
202 Ebd.: 159.

Durch Wiederholung der immer gleichen Formulierung, bis hin zu deren Substitution durch Anführungszeichen, präsentiert sie in sprachlicher Engführung die „promise" als Fluchtpunkt. Das Versprochene erscheint dabei durch die mit der Nummerierung und den Zeilenumbrüchen erreichte Diskontinuität synoptisch aufgereiht. Eine solche visuell abgesetzte Form macht das, was die Liste kommuniziert, sichtbarer und gleichzeitig abstrakter. Und so können auch die gelisteten Versprechen in letzter Konsequenz per „the above a-e" zusammengefasst und dennoch eindeutig referenziert werden.[203]

Nachfolgende Einträge dieser Art sind zwar weniger detailreich und weniger formalisiert gehalten, das beschriebene Verfahren bleibt aber weiterhin vergleichbar:

> She does not attend service nor women's class. She *admitted* the latter but said she goes to church but sits under the bell. She was *spoken to advisedly* & [the session] reminded her [of] the position of her father [that she is expected] to maintain.[204] She *promised* to improve the position. (S. 273 f.)

Das Vorgehen folgt in allen Fällen dem Muster der Befragung, ergänzt durch eine allfällige Beurteilung von Erklärungen und Entschuldigungen für das Verhalten. Beispielsweise: In „four years [he] attended communion about 6 times. Although he said he became ill but that did not hold" (S. 271 f.). Oder: „He said he is taking a course. But that didn't stand as he should also thirst after God" (S. 272).

Auf die Befragung und die Beurteilung folgt eine Rüge und zuletzt hält das Protokoll jeweils die eingeforderten und von den Gerügten in Aussicht gestellten Punkte der Besserung als einstweiliges Ergebnis des Verfahrens fest. Es fällt auf, dass hierfür in den Aufzeichnungen zu allen Verfahren das Wort „promise" benutzt wird. Hier, wie schon im Fall der Landverkäufe,[205] scheint eine Standardisierung der Prozeduren mit der Formalisierung ihrer Aufzeichnung zu korrespondieren.

Vorrangiges Ziel bei dieser Bearbeitung der „delinquent members" ist die Wiederannäherung der Personen an die Kirche. Das korrespondiert mit der Vorgabe der RPP: „Excluded persons should receive special attention in prayer and the Session as well as members should make it their duty to win them back".[206] Sowohl die Theorie als auch die Praxis dieses kirchlichen Rechts sieht also nicht den Ausschluss von Devianz an sich, sondern die ‚Resozialisierung' als Ziel und Zweck der rechtlichen Bearbeitung vor. Markierung von Devianz und Ausschluss werden als Mittel in das Licht dieses Zwecks gestellt. So thematisiert

203 Ebd.: 81 vgl. auch ebd. 110 zur Reorganisation von Inhalten durch Listen.

204 Zur Verantwortung gegenüber Eltern als Druckmittel, siehe auch Kap. 6.3.5.

205 Kap. 5.3.2.

206 RPP 1953: § 231. Ein Unterfangen, das nicht zuletzt angesichts der – auch innerchristlichen – Konkurrenz im religiösen Feld (vgl. Kap. 3.4) relevant war.

die Session in Fall 37e zwar durchaus ausführlich und mit harschen Worten, dass die betreffende Frau aufgrund einer unehelichen Schwangerschaft aus dem Konfirmationsunterricht ausgeschieden ist und seit mehreren Jahren in einer nicht offizialisierten Ehe lebt (S. 326 f.). Dennoch scheint dies mit Blick auf das weitere Verfahren nicht im Zentrum zu stehen.[207] Vielmehr soll sie unter Androhung drastischer Konsequenzen bei Missachtung des Beschlusses wieder am kirchlichen Leben teilnehmen:

> She was querried [sic] for not coming to church which she admitted. She was seriously censured and asked to go to church service. She is to take a membership card & pay church dues [and] also to attend church service & [her attendance is] to be marked [on the communion card]. Her father said if she didn't come back to full membership he will expel her as a daughter. (S. 327 f.)

Das Versprechen – „promise" – kann also ggf. durch weitergehende Sanktionsandrohung nicht nur von Seiten der Kirche, sondern wie hier auch auf Ebene der Familie ergänzt werden.

Zumindest in einem Fall ist in den untersuchten Protokollen dokumentiert, dass das hier beschriebene Verfahren den gewünschten Effekt der Annäherung zu zeitigen scheint, wenn einer der Gerügten einige Monate später anbietet, den Kindergottesdienst zu übernehmen (S. 361, 271 f.). Auch der Katechist evaluiert die Wirksamkeit dieses Verfahrens, dieser „method" mit der die Session die „delinquent children" bearbeitet, positiv: „This method is working well" (S. 364).

Announcement

Ein weiterer Verfahrensschritt kann die Veröffentlichung durch ein *announcement* im Gottesdienst sein. Der Programmpunkt *announcement* findet in der PCG jeweils gegen Ende des Gottesdienstes statt und dient als offizieller Kommunikationsweg der Organisation Kirche mit ihrer Mitgliederbasis in der örtlichen Gemeinde. Die Inhalte der *announcements* werden im *announcement book* für den jeweiligen Gottesdienst zusammengetragen, von der Session oder in Gemeinden, wo es einen Pastor gibt, von diesem autorisiert und je nach Konstellation vor Ort vom Pastor, dem Katechisten oder dem *session clerk* verlesen.[208]

So war das *announcement* das Gefäß für Ankündigungen besonderer Gottesdienste und Kollekten (S. 347, 96), für die Erinnerung, welche Tätigkeiten an

---

207 Eventuell auch, weil der Vater bereits vergeblich sein Möglichstes versucht hat, um die Ehe zu offizialisieren.

208 Feldprot. 29.7.2018: Gottesdienst I, Apenkwa u. a.: 2.

Feiertagen wie Pfingstsonntag angemessen sind,[209] oder für das Bewerben weiterer kirchlicher Aktivitäten, wie der neu als Pendant zur „women's class" eingerichteten „men's class", in der das persönliche Bibelstudium gefördert werden sollte (S. 76). Das *announcement* wurde aber auch genutzt, um Entscheidungen der Session in der Gemeinde zur Diskussion zu stellen (S. 200) und Tagesordnungspunkte für die *district conference* (S. 9) oder Nominationen für die anstehende Presbyterwahl zu sammeln (S. 131, 366).

Mit Blick auf die Rechtspraktiken erscheint das *announcement* außerdem als ein Instrument, durch das eine Kategorie oder ein Beschluss über den spezifischen Einzelfall hinaus generalisiert wird: Wie bei der oben (Kap. 5.2.2) beschriebenen Einführung der Kategorien der „delinquent members" und deren Nichtbestattung wird durch das *announcement* ein Verdikt zum einzelnen Fall (Fall 42) zu einem Beschluss – *decision* – von allgemeiner Tragweite ausgedehnt. Nicht die *decision* allein ist unter Umständen über den Einzelfall hinaus von Bedeutung und wird veröffentlicht, sondern auch *dass* die Session den Verstoß bearbeitet hat und *wie* sie das tat. Das wird im folgenden Protokollpunkt deutlich:

> | Announcement at Church | […] he admitted his guilt at an early stage & it was decided that this should be announced at Church and report how he was dealt with by the session & rebuke those [who] were in the same category & tell the congregation to keep the prestige of the Mission station. (S. 231)

Mit ihrer Bearbeitung von Vorgängen – „dealing with" – trägt die Session selbst zum angemahnten „prestige of the Mission station" bei. Denn – so wird die Analyse in Kapitel 6.1 gleich zeigen – eine christliche Haltung wird mit der proaktiven negativen Markierung von Verhalten assoziiert, das von den Regeln der kirchlichen Ordnung abweicht. Eine derartige Markierung dürfte, wie in diesem Fall, besonders wichtig sein, wenn es um Personen geht, die als Säulen der betreffenden Gesellschaft auftreten bzw. als solche wahrgenommen werden und damit auch unter besonderer Beobachtung stehen.

Zuletzt kann das *announcement* damit auch als positive wie negative Sanktionsform eingesetzt werden. Das zeigt das Beispiel des *school building fund* besonders deutlich: Bei ihren Bestrebungen, Mittel für die Instandsetzung der Schulgebäude zu generieren, hatte das aus einer Reihe von Mitgliedern bestehende *building committee* veröffentlicht, wer bisher gespendet hatte: „The other Sunday they called names of people who have paid […] for the building fund and promised to call

---

209 In diesem Fall soll der Tag für Introspektion genutzt werden: „| Whit Monday. Announcement | The session decided that the day should be used for quiet time – Bible reading and study, singing and prayer. Searching of heart and examination" (S. 61).

those that have not paid later“ (S. 17 f.). Der erste Teil des Vorgehens ist vergleichbar mit anderen persönlichen Spenden, deren Grund, Zweck und Höhe in den *announcements* regulär verlesen wird.[210] Die hier im Sinne einer positiven Sanktion und als Ermutigung für weitere Spenden angelegte Veröffentlichung wird ergänzt durch die Androhung, auch jene Personen zu öffentlich bekannt zu machen, die nicht oder noch nicht bezahlt haben. Dabei ist zu bedenken, dass die Wirkung einer solchen Veröffentlichung durchaus als reale Sanktion zu verstehen ist. Der Ghanaische Philosoph Kwame Gyekye hebt hervor: „The fear or thought of shame, of disgrace, of loss of social esteem and opportunity, and so on, constitutes a real influence on moral conduct, and as such can be regarded as a kind of [real] sanction, if an obscure one“.[211] Je nachdem, welche Namen veröffentlicht werden, kann eine solche Sanktion sowohl auf Wohlhabende zielen, die nicht beitragen wollen, aber auch auf Personen, die sich einen Beitrag nicht leisten können.

Dass ein solches Vorgehen als negative Sanktion gedacht war, schlägt sich sogar in der Aufzeichnung nieder, wenn der Protokollant dieses zunächst als „punish“ formuliert, dann aber durchstreicht und durch „publish“ ersetzt: „| Announcement | [The session] backed the building committee to have those people ~~punished~~*{published}* and to bring them before the session to be dealt with“ (S. 19). Dabei scheint es auch hier nicht so sehr um die Sanktion an sich zu gehen, diese wird vielmehr als Druckmittel in Aussicht gestellt: „Next week Sunday the catechist in charge is to announce [this] and give notice for publication [of the names of those who didn't pay] the following Sunday“ (S. 19).

Die Praxis des *announcement* kann also sowohl als Kommunikation und Teilhabemöglichkeit dienen, als auch als positives wie negatives Sanktionsformat. Sie ist überdies Instrument zur Generalisierung von *decisions* über den Einzelfall hinaus, und mit der von den Gemeindemitgliedern bezeugten Veröffentlichung dürfte die *decision* weiter an Verbindlichkeit gewinnen.[212]

In Form der negativen Markierung in der Gemeindeöffentlichkeit findet das *announcement* sein Pendant auf Seiten der Gemeindemitglieder in der öffentlichen Anklage und/oder Beschimpfung von anderen Mitgliedern, aber in einigen Fällen auch der kirchlichen Autoritäten vor Ort.

Mit dem *announcement* als Sanktionsform sind wir also mitten in der Beschreibung von Verfahren, in denen es um Rechtspraktiken im Sinne von Disziplinie-

---

210 Siehe die *announcement books* unter ACIA Box 77A, PCG Administrative records sowie die in der Übersichtsliste zu den im ACIA 2016 eingesehenen Beständen. Ein gutes Beispiel für die Darstellung von *announcements* findet sich auch im betreffenden Teil von ACIA 75A: Church Diary (57) 1962, PCG administrative records.

211 Gyekye: African philosophical thought, 1987: 141, Ergänzung A.B. gemäß ebd. 139.

212 Vgl. Moore: Social facts and fabrications, 1986: 249.

rungspraktiken geht, mit denen konformes Verhalten vorschreiben, Konformität positiv und Abweichung negativ sanktioniert wird.[213]

Church Discipline

Sanktion im Sinne von Strafe scheint im hier untersuchten Material, wie bereits angesprochen, nicht den Fluchtpunkt der Aufzeichnungen auszumachen. Inhaltlich dient sie, wie oben gezeigt, jeweils als Mittel zum Zweck der intersubjektiven, gemeindeöffentlichen Markierung von bestimmtem Verhalten als christlich, d. h. nachahmungswürdig bzw. als unchristlich, also zu unterlassen, und als Mittel der (Wieder-)Annäherung an eine als Erwartung und Ideal gesetzte Lebensführung.

Diese Beobachtung korrespondiert auch mit der Darstellung der Verfahren der Kirchenzucht, der „Church Discipline", in kodifizierter Form in Teil III der RPP. Nicht die Idee der Strafe ist dabei das prominente, sondern die Idee der Aufrechterhaltung von Ordnung und der Disziplinierung des einzelnen Mitglieds in seiner Lebensführung.[214] Die in dieser Weise disziplinierte und von der RPP als gottgefällig entworfene Lebensführung gilt als wichtiger Ausdruck dessen, wofür die PCG steht: „The Church of Christ is called to be holy; and all members of the Church are called to a life that is pleasing to God [...]" und „The purpose of Church Discipline is, – The glory of God, the purity of the Church and the spiritual benefit of members".[215] Wie die Session den Zusammenhang zwischen Tun, Zugehörigkeit und der normativen Ordnung, für welche die Kirche steht, bearbeitet, untersucht Kapitel 6.2. In diesem Kapitel gilt es nun noch einen Blick auf die Palette von Praktiken zu werfen, die ihr hierfür als Disziplinierungs- bzw. Sanktionsformen zur Verfügung stehen.

Die RPP entwirft die kirchliche Rechtspraxis als eine rein auf das Geistige gerichtete Angelegenheit der „spiritual guidance", sodass die „Church Discipline" das „State punishment" in keiner Weise tangiere. Unter letzterem versteht die Kirchenordnung sowohl die Verdikte von *Native Courts* als auch diejenigen von *Colonial Courts* bzw. von deren staatlichen Nachfolgern. Die Mittel der „Church Discipline" beschreibt die RPP indes wie folgt:

---

213 Siehe Kap. 2.3.2.

214 RPP 1953: § 1, § 196. Von den 43 Paragraphen, die dieser Teil der RPP enthält, befassen sich explizit mit „The censures of the Church" zwei (§ 197, § 198) und mit „Kinds of Punishment and Degrees of Discipline" fünf (§ 218–222). Die restlichen Inhalte befassen sich stärker mit den Verfahrensschritten unter dem Begriff der „Discipline": „Christian Discipline and Order", „Official Discipline" und „Church Discipline".

215 RPP 1953: § 199 und 204.

> The purpose of Church Discipline being spiritual, the censures are solemn admonition and rebuke in regard to sin, suspension from the Sacraments for a definite or indefinite period, the loss of the rights of a member and excommunication from the Church.[216]

Die Praxis der Session von Apenkwa umfasst diese im kodifizierten Recht der Kirche vorgesehenen Sanktionsformen in verschiedenen Schattierungen und folgt in ihren Verfahren der progressiven Steigerung der Strafformen, die nach Schwere und Hartnäckigkeit der Vergehen gestaffelt sind.[217]

So haben die oben gelisteten kirchlichen Sanktionsmittel in der Praxis unterschiedliche Abstufungen, wie z. B. ein „rebuke" in der Session, durch den Pastor oder als *announcement* im Gottesdienst. Sie werden auch in der ‚Vorstufe' ihrer bloßen Androhung eingesetzt wie in der Androhung, einen Fall an den Pastor weiterzuleiten, in der Ankündigung, dass verlesen werden soll, wer noch nicht eingezahlt hat, oder in der Ankündigung, dass der Beschluss umgesetzt werde, jemanden vom Kirchenland zu verweisen, falls keine sofortige Besserung eintrete (S. 325 f., Fall 43).

Die hier untersuchten Fälle zeigen auch, dass diese Sanktionsformen in einem breiteren Spektrum von Praktiken einzubetten sind. So übernimmt die Session durchaus die Funktionen als Arbitrationsinstanz und verwendet dabei auch Formen, die sie aus ihrem rechtlichen Umfeld übernimmt (siehe Kap. 6.3.3 und Kap. 6.3.4).

Außerdem sind die kircheneigenen, harten Sanktionsformen der „suspension from the Sacraments" und „loss of the rights of a member" (d. h. „exclusion", Ausschluss vom Abendmahl für einen bestimmten Zeitraum oder „excommunication", dauerhafter Entzug der Mitgliedschaft)[218] jeweils mit ihrem positiven Pendant zusammen zu denken. Das zeigt sich im Umgang mit der *communion card*. Der Entzug der *communion card* als negative Sanktion,[219] die den Ausschluss vom Sakrament des Abendmahls bedeutet, findet ihr positives Pendant in der Zulassung zum Abendmahl als positive Sanktion und Markierung der Zugehörigen im rituellen Vollzug. Das gleiche gilt für die anderen Varianten des Ausschlusses von rituellen Vollzügen der Kirche wie Verweigerung oder aber Zulassung christlicher Bestattung, kirchlicher Trauung oder Taufe der Kinder, je nachdem ob eine Person

---

216 RPP 1953: § 205. Siehe auch ebd. § 206 und § 2 dazu mehr in Kap. 5.3.3.

217 RPP 1953: § 218, 1–5.

218 Wobei letzteres als Maßnahme nur in „cases of unusual gravity when all other means of reclaiming an offender have failed […]" (RPP 1953: § 218,5) sowie in „very serious cases, […] in the first instance" (RPP 1953: § 222) zur Anwendung kommt. Als solche zählen allerdings: „conscious participation in idolatry, participation in heathen feasts and ceremonies, unsanctioned marriage with a non-Christian or a Roman Catholic, bigamy […]" (ebd.).

219 The „then district Pastor, advised that her communion card is to be seized and until her husband becomes a full communicant" (S. 247).

als „delinquent member" gilt oder nicht. Damit Praktiken wie die Bestattung als positive bzw. deren Entzug als negative Sanktion funktionieren, hilft es, ein Monopol auf diese Praktiken zu haben. Die Session scheint daher darauf bedacht, dass dieses Monopol nicht unterlaufen wird (siehe Kap. 6.2.5).

Darüber hinaus geht es hier sowohl um die Teilhabe am rituellen Vollzug und seiner Wirksamkeit, als auch um die soziale Teilhabe an der Gemeinschaft: sei es durch ein prestigereiches Begräbnis oder eine kirchliche Eheschließung, sei es durch das aktive und passive Wahlrecht bei der Presbyterwahl oder die Wählbarkeit als Trauzeuge.[220] Genau an diesem Punkt setzten viele der hier analysierten Sanktionsformen an.

Somit geht es zuletzt auch um die mit dem Zugehörigkeitsstatus verbundenen rituellen, sozialen und auch ökonomischen Ressourcen, von denen die negative Sanktion von Abweichung ausschließt und zu denen die positiven Sanktionen von konformer Lebensführung Zugang verschafft: Ein deutliches Beispiel sind die Zuwendungen der Gemeinde an bedürftige Mitglieder (S. 193). Mit solchen Zuwendungen übt die Kirche christliche Caritas aus und kümmert sich als *patron* um das Wohlergehen ihrer *dependants*.[221]

Solche Formen der positiven Sanktion – in den Protokollen wiederholt als „encouragement" bezeichnet – sollen die Empfänger für ihr Engagement für die Kirche ebenso belohnen wie motivieren. Das formuliert der Katechist in seinem Vorschlag, dass die Gemeindekasse im Sinne einer freiwilligen Zuwendung von Seiten der Gemeinde (S. 194) die Monatsmiete von 12 Shilling für ein Mitglied (S. 198), das sich durch aktives Engagement in der Gemeinde hervortut, übernehmen soll: He „[...] is to receive a subsidy to pay his rent, owing to his social services, [...] as an encouragement to other teachers and himself" (S. 50).

Gleichzeitig steigert die Session durch positive Sanktionen wie im eben beschriebenen Fall wiederum die Relevanz und Reichweite der eigenen Rechtsansprüche. Beim Land wird dies besonders augenfällig: Mit der Landvergabe als positive Sanktion konformen Verhaltens und Markierung von Zugehörigkeit an der Schnittstelle zwischen den beiden Dimensionen der Zugehörigkeit – zum Ort und zur Kirche (vgl. Kap. 5.2.1) – wird eine konforme Lebensführung verlangt. Das macht auch die Idee des Dokuments mit „rules and regulations" deutlich (Kap. 5.1.2). Empfängerinnen und Empfänger mitsamt ihrer Lebenszusammenhänge, Ressourcen und ihrem Prestige werden dabei dem Zugriff der Session zugänglich und dieser Zugang wird verstetigt – idealerweise auch über Generationen hinweg.

Als negatives Pendant dazu steht die Wegweisung vom Kirchenland – „expel" – als massivste Sanktionsform und Drohung, welche die Session zur Anwen-

220 Vgl. RPP 1953: § 218,4 und Fall 42, siehe Kap. 6.2.3 und Kap. 6.2.4.

221 Vgl. Moore: Social facts and fabrications, 1986: 248.

dung bringen kann.[222] Als Konsequenz kann die Wegweisung auf den Entzug des Mitgliedschaftsstatus durch die „excommunication" folgen – muss aber nicht. „Members who are excommunicated and excluded from the fellowship of the Church lose all rights of membership. [...] They may also be excluded from residence on Church Land, if their behaviour causes offence to the community".[223] Mit dieser Drohung kann die Session auch bei bereits verlorenen Mitgliedern bis zu einem gewissen Grad konformes Verhalten erwirken.

5.4.2 Zugriff und Beobachtung

Ein solches Bearbeitungsverfahren – eine solche „method" „to deal with offenders" – setzt Gelegenheiten und Formen des Zugriffs auf Personen – Beobachtung und Befragung – voraus. In den untersuchten Fällen finden sich eine ganze Reihe solcher Praktiken. Einerseits gibt es Praktiken, bei denen sich der Session Gelegenheiten für solche Erkundigungen eher als Nebeneffekt bieten. Das ist z. B. der Fall, wenn Bittstellerinnen und Bittsteller für ihr Landbegehren in der Session vorstellig werden und dieser damit die Gelegenheit geben, Nachfragen zu ihrem Lebenswandel zu stellen, Missliebiges zu kritisieren und durch die in Aussicht stehende positive Sanktion der Landvergabe auf eine Vermeidung von Nachlässigkeiten hinzuwirken. Andererseits kennt die Session Praktiken, die in erster Linie auf den Zweck des Zugriffs und der Beobachtung ausgelegt sind, z. B. einzelne Personen als Zeugen oder als Angeklagte zur Befragung vor die Session aufzubieten („call", „summon", „notify to appear" „for questioning").[224]

Questioning – The right to question any offender

Die Praxis der Befragung – „questioning" – ist ein zentrales Instrument der Session. Die Rechtshoheit der Kirche ist im Selbstverständnis der Session direkt mit deren Recht zur Befragung verbunden: Es ist die Frage, ob man „the right to question any offender" (S. 141) habe oder nicht, an der sich die Geister der Sessionmitglieder in einer Passage scheiden, in der die Session die Reichweite kirchlicher Rechtshoheit in

---

222 Wegweisung wird thematisiert in Fall 51 (S. 346), dort bleibt sie bis zum Ende des Protokollbuchs eine Drohung, in Fall 43, in dem zunächst nur die von der Kirche nicht anerkannte Ehefrau, zuletzt auch der Mann vom Land verwiesen wird. Auch zurechtgewiesene Personen bringen die Wegweisung zur Sprache wie die Frau, die in Fall 36 dem Katechisten entgegenhält: „you cannot expel me [...]" (S. 149) und Mitglieder wie Session thematisieren sie als mögliche (Fall 40), aber nicht notwendige (Fall 37d) Konsequenz eines Konfessions- oder Religionswechsels.

223 RPP 1953: § 230.

224 Der gängigste Ausdruck ist „call"; „summon" und „notify to appear" kommen deutlich seltener vor.

Apenkwa kontrovers diskutiert. Die Anerkennung kirchlicher Rechtshoheit scheint also mit der Anerkennung von deren Recht „to question“ zusammenzugehen.

In der gängigen Passivformulierung „[Person X] was questioned“ präsentiert das Protokoll die Session als kollektive, unpersönliche Akteurin, von der das „questioning“ ausgeht. Es können aber auch einzelne Presbyter, der *senior presbyter* oder der Katechist als aktive Befrager in diesen Anhörungen und Verhören in Erscheinung treten – „The catechist questioned him“ (S. 304). In erster Instanz ist es die Session, die „questioned“, in zweiter Instanz zusätzlich auch der *district pastor*. Der untersuchte Diskurs zeigt die Autorität der Befragenden als in der kirchlichen Hierarchie bis hin zu ihrer übermenschlichen bzw. göttlichen Spitze[225] verankert: Diese Deutung legt ein Tagesordnungspunkt nahe, in dem der Katechist eigene Fehlleistungen thematisiert und schreibt: „If the catechist as overseer didn't point these [anomalies] out for fear of a man he has failed in his duty & *Christ shall question him*“ (S. 226 f., Ergänzung und Hervorhebung A.B.).

Es kommt auch durchaus vor, dass in Anhörungen und Verhören zusätzlich zur Befragung durch die Session eine Klägerin – „complainant“ – Fragen an die beklagte Partei – „defendant“ – stellt.[226] Auch Sessionmitglieder können sich untereinander gegenseitig befragen. Dabei kommt der ambivalente Zug dieser Praxis deutlich zum Vorschein. *Questioning* kann der Bestätigung von Sachverhalten dienen: „He [the catechist] had questioned [presbyter Gyamfi] about it and [Mr. Gyamfi] confirmed“ (S. 155, Name geändert). Gleichzeitig kann dies auch Personen bloßstellen oder als Kritik wirken: „That day [one prebyter] *argued* [with another presbyter] *by questioning him*“ (S. 154, Hervorhebung, A.B.).

Dem *questioning* als Anhörung und Verhör gilt ein umfangreicher Teil der Aufzeichnung zu den verschiedenen Sanktions- und Schlichtungsverfahren. Die Fragen sind dabei nicht immer dokumentiert und die Antworten manchmal ausführlicher in erster Person Singular, häufiger aber in zusammengefasster, indirekter Rede formuliert. Das Protokoll fokussiert dabei auf die Widersprüche zwischen den verschiedenen Aussagen.

Sich der Beobachtung entziehen

Auch wenn die durch *questioning* erhobenen Aussagen nicht zwingend wahrheitsgetreu oder sachdienlich und häufig widersprüchlich sind, so scheint diese Praxis des Zugriffs und der Beobachtung doch in den meisten Fällen Resultate zu zeitigen.

---

225 Vgl. RPP 1953: § 7.

226 Z. B. Fall 36 (S. 137–142), die Protokolle benutzen in diesem Schlichtungsverfahren explizit dieses Vokabular aus dem Rechtsjargon.

Nur einmal ist in den untersuchten Einträgen die Verweigerung einer Antwort vor der Session dokumentiert – „He refused to answer“ (S. 178).

Eine viel gängigere Form, sich dem Zugriff der Session zu entziehen, ist die manchmal mehr, meistens weniger explizite Weigerung, der Vorladung Folge zu leisten und mit oder ohne entsprechende Entschuldigung der Session fernzubleiben – „although called by the catechist through his son [...] [the defendant] didn't come to see the session“ (S. 298). Auf diese Weise werden Ermittlungen der Session effektiv hinausgezögert oder gar verhindert. Dieser Taktik begegnet die Session bei Bedarf auch mit schweren Sanktionsandrohungen.[227]

Dass lebensweltliche Vorgänge dem Zugriff der Session entzogen bleiben, geschieht auch, wenn sich, wie im Fall der Ermittlungen gegen einen in Apenkwa aktiven *klamo* bzw. *mallam*, niemand findet, der sich zu einer Aussage aufbieten lässt – „As nobody could stand boldly to testify [...]“ (S. 8). Und es kommt ganz allgemein vor, wenn Mitglieder der Erwartung nicht nachkommen, beobachtungswürdige Vorgänge der Session zuzutragen.[228]

Speaking und a sort of police

Zwei weitere Beobachtungsmaßnahmen sind hier noch zu nennen. Die eine ist auf die Beobachtung des Ortes und der Gemeinde als Ganzes ausgelegt, die andere greift auf die individuellen *members* zu.

Ersteres ist „a sort of Police“ (S. 305, Fall 41), welche die Session gegen Ende des untersuchten Zeitraums zur Beobachtung von Streitigkeiten in Apenkwa einrichtet. Drei männliche Mitglieder werden von der Session als „[...] Supervisors of discipline. Against insinuations quarrels etc. in the village“ (S. 312) berufen und später durch zwei Frauen verstärkt, die im Ort stets präsent sind (S. 337 f.). Dieses Beobachtungsgremium soll „offenders“ rügen und bei Bedarf einer Bestrafung durch den *chief* zuführen: „They are to warn the offenders and if persisted [they are] to deal with them. That is to report them to the chief & punish them“ (S. 316 f.). Sollte dies nicht den gewünschten Effekt zeitigen, sind die Fälle an die Session und von dieser ggf. dem kirchlichen Instanzenweg zuzuführen: „If not successful refer [the offenders] to the session [and further] as far as [the district pastor in] Adabraka etc.“ (S. 315 f.). Mit dieser Beobachtungspraxis, die der Protokollant explizit als Disziplinierungsmaßnahme thematisiert, führt die Session offenbar lokal eine informelle Variante der *Native Authority Police* wieder ein – „This is in

227 „| Polygamy | He is to appear before the session next Sunday for questioning. If he refuses he may be expelled“ (S. 298, Fall 43).

228 Konkret im Fall 51 (S. 322). Allgemein: Wie in der Bremer Mission „[t]he whole Christian congregation was to monitor the ‚purity of behaviour and doctrine‘“ (Meyer: Translating the devil, 1999: 10).

restoration of this old rule which kept discipline“ (S. 316). Die *Native Authority Police* hatte in Accra unter der *Ga Native Authority*[229] neben der *Government Police Force* bestanden und war mit dem Inkrafttreten der *Municipal Council Ordinance No. 9* im September 1953 im kompletten Stadtgebiet von Accra offiziell abgeschafft worden.[230]

Eine seit den Anfängen dieser Kirche in der Praxis der Basler Mission institutionalisierte und bis dato in der PCG bestehende Beobachtungspraxis, die zumindest bei den aktiven Mitgliedern flächendeckend Zugriff auf das Individuum ermöglicht, ist das *speaking*: „Before taking Holy Communion, Christians had to see the head of the congregation, who could disallow their participation if their behaviour had been inappropriate for a Christian“.[231] Auch in Gemeinden wie Apenkwa, wo ein Abendmahlsgottesdienst alle zwei bis drei Monate stattfand, hatten die Mitglieder beim Katechisten vorstellig zu werden und sich für die Teilnahme anzumelden – im Wortlaut der Protokolle: „to write their name“.

Das *speaking* ist jener Punkt, an dem die Kirche, hier in der Person des Katechisten, über die Beobachtung des Tuns hinaus einer Gewissensprüfung ihrer einzelnen Mitglieder am nächsten kommt. Es ist ähnlich wie der Tauf- und der Konfirmationsunterricht, Gelegenheit der Kommunikation zwischen Mitgliedern und der Organisation und erhält diese in Intervallen über die gesamte Dauer der Mitgliedschaft – das meint im Idealfall über ein ganzes Leben – aufrecht.

Für die Mitglieder ist das *speaking* überdies Gelegenheit, um Kirchensteuern zu begleichen oder aber dem Katechisten ein Anliegen ggf. mit der Bitte zu unterbreiten, es der Session vorzutragen.[232] Für den Katechisten wiederum ist es eine Möglichkeit, ein Mitglied zur Session vorzuladen (z. B. S. 178). Das *speaking* kann als Kontrollmoment dienen, in dem das Einhalten von *decisions* der Session geprüft und erneut eingefordert wird,[233] es kann aber auch eine Gelegenheit für die positive Beurteilung des Lebenswandels einzelner Personen sein.[234] Relevante Inhalte der *speakings* berichtet der Katechist sodann der Session und so schlägt sich das *speaking* an diesen Stellen auch in den Protokollen der Session nieder.

---

229 Ab März 1955 „Ga Local Council“ (Acquah: Accra Survey, 1958: 98).

230 Ebd.: 99 f. Siehe Kap. 3.3.

231 Vgl. Meyer: Translating the devil, 1999: 9. Die hier für die Bremer Mission beschriebene Praxis galt auch in der Basler Mission (RPP 1953: § 149 und 152).

232 Z. B. um über die Ratenzahlung von Kirchensteuern zu verhandeln (S. 173, Fall 40).

233 „The catechist informed the session that [Juliana] came for speaking but he did not allow her [for Lord's Supper] […] until she settled that [adultery/marriage] matter – The session concurred“ (S. 179, Fall 50). Zu diesem Fall ausführlich siehe Kap. 6.3.3 und Kap. 6.3.4.

234 Z. B. um das „good behaviour as a christian“ festzustellen und im Sessionprotokoll festzuhalten (S. 257 f, Fall 42b). Ausführlich zu diesem Fall, Kap. 6.2.4.

5.4.3 Urteile und Instanzenzüge

Die Ergebnisse dieser Beobachtungs- und Befragungsmaßnahmen, d. h. die Inhalte der so zustande gekommenen „statements" und „answers", sind die Basis, auf deren Grundlage die Session ihre Deutung des betreffenden Sachverhalts entwickelt. Über diese Deutung versucht die Session zu einer möglichst einhelligen *decision* zu gelangen. In einzelnen Fällen ist dokumentiert, dass diese Entscheidung bzw. dieses Urteil unter Ausschluss der Konfliktparteien sessionsintern gefällt wird – „They were asked to go out and [the session] took councel [sic]" (S. 273).

Je nach Sachlage beinhaltet die *decision* eine Feststellung darüber, wer sich im betreffenden Fall weshalb schuldig gemacht hat – „therefore it was decided that (1) [Yaa Amoako, the complainant] was right in her action. | 2.| [The defendants] were guilty not to have defended [Yaa Amoako] when [she was] promoting the course of God. | c. | Everyone should defend God" (S. 141, Name geändert). Ein solcher Schuldspruch kann auch durchaus beide Konfliktparteien treffen. Je nachdem beschließt die Session dabei auch über Maßnahmen der Wiedergutmachung von Schädigern an Geschädigte oder sie verhängt anderweitige Maßnahmen und Sanktionen. Wo Fälle unklar bleiben, werden weitere Zeugen hinzugezogen oder der Sachverhalt dem *district pastor* vorgetragen, wenn die Angelegenheit sich über den Kompetenzbereich der Session hinauszubewegen beginnt.

Decision

Mit Blick auf die Passagen, in denen die Protokolle eine „decision" erwähnen, fällt auf, dass diese nur in einem einzigen Fall eine konkrete Person, nämlich den *district pastor*, als Urheber angeben. In allen anderen Fällen ist die Entscheidung bzw. das Urteil unpersönlich – „Decision:", „it was decided" – oder es ist die Session als Gremium, die entscheidet – „the decision of the session", „the session decided".

Das Verfahren läuft also auf die *decision* der Session zu, die in ihrem Verdikt als einiges Gremium auftritt, das die Organisation vor Ort verkörpert. Ein solches unpersönliches und autoritatives Ergebnis einer Rechtsinstanz ist aber das Produkt interner Gewichtungs- und nicht selten konfliktbehafteter Aushandlungsprozesse, die durch entsprechende Verfahren transformiert und verfeinert werden.[235] Gleichzeitig ist gerade der Formalismus rechtlicher Prozeduren nicht nur dazu geeignet, solche Einhelligkeit herzustellen, sondern im Gegenteil: Durch den Rückzug auf prozedurale Grenzen des kirchlichen Rechts lässt sich ein Sachverhalt gerade auch der etablierten Meinung in der Session entziehen.[236] Ein solches Manöver könnte

235 Vgl. Latour: Rechtsfabrik, 2016: 11, 252.

236 Vgl. Reuter: Religion im Prozess, 2014: 25. Pirie: Anthropology of law, 2013: 205 f.

man in Fall 36 im Argument des Senior Presbyters sehen. Er ruft in Erinnerung, dass nun, nach der Eingemeindung Apenkwas, die Rechtshoheit über Nichtmitglieder – und das gilt eben auch für die angereisten *wɔyei* – genau genommen bei den staatlichen Rechtsforen von Accra lägen.[237] Denkt man das Argument weiter, wird klar, dass für letztere die Anwesenheit von lokalen Priesterinnen auf ihrem Hoheitsgebiet kein Vergehen und damit der Fall nichtig wäre.

Zwischen den Sessionmitgliedern bestand in diesem Fall also nicht nur keine Einigkeit darüber, *wie* mit den betreffenden Personen zu verfahren sei, sondern auch darüber, *ob* man diese überhaupt zur Rechenschaft ziehen solle bzw. könne. Die Uneinigkeit wird in den Protokollen als Gefahr für die eigene Wirkmächtigkeit verstanden:

> Some of us had other views and wished to justify the action of the culprits [priestesses and supporters] [...] [The day the session discussed the topic one of the presbyters] argued by questioning [another presbyter] [...] upon what ground the culprits were found guilty. Secondly, [he stated] that the priestesses could not be restrained from coming to the village – Upon this the catechist spoke seriously about the whole situation in review – and said that – „If we divide ourselves in opinions the people shall go through us & lose our respect by that: If we cannot speak with one voice against evil then evil shall overcome us. etc." (S.155)

Die fehlende Einigkeit, die der Protokollant hier in divergierenden Positionen der Presbyter festmacht, liefern dem Außen Angriffsfläche. Das Unvermögen, ‚mit einer Stimme zu sprechen' liefert in seiner Deutung der Sachverhalte die Session der lokalen Gemeinde als Kirchenöffentlichkeit ebenso aus wie dem ganz anderen Außen, dem *evil* (vgl. Kap. 3.2.3 und Kap. 6.1.2).

Die Bedeutung der Einigkeit im hier präsentierten Argument ist in Bezug zu setzen zum zentralen Stellenwert von „social unity" für das Gesellschaftsverständnis in einem Ga Kontext, den die Linguistin Mary Kropp Dakubu in ihren Analysen von Sprechakten herausarbeitet. Sie zeigt, wie ein Komplex aus Begrüßungsformeln (*ŋamɔ*), *amaniɛ bɔɔ* (übersetzt als „news-exchange") und anschließender Gebetsform symbolisch wie praktisch darauf abzielt, eine geeinte und harmonische Gruppe der Versammelten entstehen zu lassen.[238] Dies geschieht durch die in der Begrüßung und den Gebeten vorgenommene Nennung aller zugehörigen Elemente, der anwesenden Personen und der sozialen Einheiten, für die sie stehen, aber auch der übermenschlichen Elemente der Gesellschaft, die mit ihnen und dem Ort der

---

237 Mehr zu den unterschiedlichen Ansprüchen auf Reichweite der kirchlichen Rechtshoheit, die hier angesprochen werden, in Kap. 6.3.6.

238 Kropp Dakubu: Creating unity, 1987: 513.

Versammlung verbunden sind.[239] „[…] [These elements] are integrated by explicitly recognizing their right to be there and making known the circumstances of the gathering, from the point of view of each participant. In this way integration is achieved and the likelihood of hostile confrontation is reduced".[240] Dies ist gemäß Kropp-Dakubus Analyse darum wichtig, weil Probleme in nicht konfrontativer Weise beigelegt werden sollen, „so that the group can present a united front to external danger and aggression".[241]

Prayer

Eine Form, mit den bestehenden oder drohenden Konfrontationen in der Session umzugehen und letztlich auf eine *decision* der Session hinzuwirken, findet sich in einer weiteren Praxis, die im hier untersuchten Kontext durchaus als rechtliche zu thematisieren ist: dem Gebet – „prayer". So schließt das Protokoll zur Auseinandersetzung im Fall 36 damit:

> The catechist remarked that he has observed that the atmosphere has been tense – understanding has been lacking in some respects – situation unpleasant – Therefore „let us pray": He offered prayer. The whole three topics[242] were postponed to another time when we meet. (S. 155)

Das Gebet markiert hier den bewussten, einstweiligen Abbruch der Diskussion und erscheint als Instrument, um dem offenen Konflikt auszuweichen und Distanz, ggf. Einsicht, herzustellen. Als Instrument, mit dem der Katechist anspruchsvolle oder konfliktreiche Verhandlungen im doppelten Wortsinn zu ‚moderieren' sucht, erscheint *prayer* auch in der Tagesordnung, in der er „[a] heart to heart talk and a rebuke to the members of the session on the shortcomings & unchristian behaviour [of their house]" vorbereitet und hierbei ein „prayer before going on" (S. 225, Fall 37a) vorsieht. *Prayer* setzt der Katechist auch in einer Verhandlung zum Fall 51 ein, in der zwei Sessionmitglieder vor den versammelten Konfliktparteien in Streit

---

239 „In repeatedly asking after each other's towns, households, and families, host and visitor create a social universe […] that contains and unites the two of them in their social selves, which in the process are identified and made known to each other and all present" (ebd.: 510); Und „Just as the major concern of human greeting and news-giving is the integration of each individual into the group in an explicit manner, so the prayer-giver explicitly integrates the super-human aspect of society [ancestral shades, deities linked to the place of gathering, supreme god] into the group" (ebd.: 512, Anm. A.B., bezugnehmend auf ebd.: 513).

240 Ebd.: 513.

241 Ebd.: 520.

242 Eines der drei vertagten Themen ist die Auseinandersetzung zum Fall 36.

geraten: Der *senior presbyter* „was raged and as they started to exchange hot words the catechist asked the Session & the audience to pray. He led them in prayer to cool matters“ (S. 344, Fall 51).

Prayer wirkt hier in einem unmittelbar praktischen Sinne: Das gemeinsame Gebet scheint die Situation so weit zu beruhigen, dass man im Anschluss immerhin zu einer Zusammenfassung der Sachlage mit zumindest in Teilen klaren Urteilen gelangt. Seine Wirkung ist aber auch in einem umfassenderen Sinn angelegt, worauf die Dyade von „hot words“ und „cool matters“ hindeutet: Im Akan Kontext konnotiert heiß/Hitze (*ahohuru*) Chaos und Wildnis, kühl/Kühle (*dwo*) konnotiert Ordnung und den menschlich bewohnten Raum. *Ahohuru* ist mit außermenschlichen Quellen der Macht assoziiert und kann dem Menschen gefährlich sein. *Dwo* ist mit gesellschaftlichen Quellen der Macht (inklusive deren unsichtbaren Komponenten der Ahnenschatten), mit sozialem Frieden und Harmonie verbunden.[243] Parallel dazu verweist das Ga Verb *jɔ* auf ein Bedeutungsspektrum, das ‚kühl‘ ‚friedlich‘, ‚ruhig‘ aber auch ‚Segen‘ umfasst. „To the idea of physical coolness […] we may link the idea of social coolness, of peace and harmony (*omanye*), and wise speech that results in the defusing of any incipient confrontations that might disturb the united front the company would present to the outside world“.[244]

Die „hot words“ im Protokoll dürfen vor diesem Hintergrund als das Gegenteil von „good, that is unifying, speech“[245] verstanden werden, während das Gebet ein Weg ist, auf dem zur Einigkeit oder zumindest zu Kooperation und damit zur Funktionsfähigkeit des Gremiums zurückgefunden werden soll. Es ist nicht zuletzt eine Form, in der das Vorhandensein von Konflikten im Gremium adressiert werden kann: „After [the last agenda item was discussed] a prayer [was] offered by the catechist on behalf of the strife and disagreement[246] among the presbyters and to co-operate with love to compound this difficult and delicate case“ (S. 306).

Explizit auf die fehlende Einigkeit hin gewendet, setzt der Katechist hier das Gebet als Praxis ein, die RPP allgemein als ein Mittel zur guten Vorbereitung der Verhandlungen in der Session vorsieht: „All members of the Session should take up cases of discipline in the right mood that seeks the spiritual welfare of members and of the Church of Christ, preparing themselves in prayer for wisdom

---

243 Gérard Pescheux: „Centre, limite, frontière dans le royaume Asante précolonial“, in: *Journal des africanistes* 74 (1–2), 2004: § 23 f.; Malcolm McLeod: *The Asante*, London: British Museum Publ. Ltd, 1981: 39; Thomas C. McCaskie: *State and society in pre-colonial Asante*, Melbourne: Cambridge University Press, 1995: 281–286; Müller: Religion and chieftaincy, 2013: 42;

244 Kropp Dakubu: Creating unity, 1987: 514. „[…] e he ejɔ ‚it is cool,‘ […] maŋ jɔ ‚the town is peaceful‘ (a greeting response), e hiɛ jɔɔ ‚he is peacable, calm.‘ From jɔ is derived the verb jòô, used in such expressions as […] ejɔó lɛ ‚he blessed him‘,[…]“ (ebd.: 516).

245 Ebd.: 514.

246 Hier hat der Protokollant „quarrels“ durch „disagreement“ ersetzt.

and guidance […]".[247] Im Gegensatz zu den Protokollen von Nsawam, wo neben Sitzungsdatum und Anwesenheitsliste auch eine Notiz zum Gebet jeweils das Protokoll einleitet, ist ein solches in den Protokollen von Apenkwa nicht dokumentiert. Ob kein Gebet stattfand oder dieses einfach nicht protokolliert wurde, ist unklar. Im Fall einer großen Verhandlung ist ein Gebet auch hier festgehalten (S. 307), allerdings durch einen anderen Protokollanten.[248]

Prayer ist dabei eine Praxis, die eine der verantwortungsvollen Aufgabe angemessene Haltung erwirken soll und zwar, indem sie die nötige Einsicht und Führung durch eine – im Sinne der Kirche *die eine* – übermenschliche Entität erbittet. Sowohl in der normativen Ordnung der Kirche, als auch in lokalen normativen Ordnungen adressiert und aktiviert der Sprechakt des Gebets eine Entität, die den versammelten lebenden Menschen übergeordnet ist, und erwirkt bzw. erbittet deren mehr oder weniger direkten, wohlwollenden Einfluss auf die Situation.[249]

Sowohl in den lokalen wie auch in den christlichen normativen Ordnungen findet sich das Konzept von nicht menschlichen Quellen der Gerechtigkeit.[250] Vor diesem Hintergrund lässt sich auch der Schlusssatz zu den ergebnislosen Ermittlungen gegen den *klamo* lesen, bei denen sich niemand zu einer Aussage bewegen ließ: „the catechist said ‚We should commit unto God & He will do' …" (S. 8). Zum einen scheint der Session mangels Zugriff an diesem Punkt nicht viel anderes übrig zu bleiben, als die Sache auf sich beruhen zu lassen, zum anderen delegieren sie damit die weitere Bearbeitung an Gott als nicht menschliche Quelle von Gerechtigkeit. In einem Kontext, in dem durchaus vom praktischen Eingreifen übermenschlicher Entitäten in die ihnen anheimgestellten Belange ausgegangen wird, ist ein solcher Instanzenzug als einer unter verschiedenen probaten Wegen der konkreten Bearbeitung von Problemstellungen zu verstehen.

Eine Bearbeitung auf menschlichem Wege findet sich derweil in der Berichts- und Entscheidungsstruktur von Session, *Presbytery* und *Synod Committee*, die als Rechtsforen in aufsteigender Reihenfolge für die kirchliche Rechtsprechung verantwortlich sind.

---

247 RPP 1953: § 215.

248 Siehe Kap. 4.2.1.

249 Dies geschieht sowohl in der „supplication for a good outcome of the situation" in Ga Gebeten, die Ahnenschatten, *wɔji* und *Nyɔŋmɔ* adressieren (Kropp Dakubu: Creating unity, 1987: 511–513), als auch, wenn die RPP fordert, „[e]xcluded persons should receive special attention in prayer […]" (RPP 1953: § 231) oder der Katechist von Apenkwa für die Mutter in Fall 39 ein Gebet spricht (S. 116) und so der positive Einfluss Gottes auf diese „Irrenden" erwirkt werden soll.

250 Sei es die Vorstellung eines personalen Gottes, sei es die Vorstellung einer unpersönlichen Vergeltung (H. M. Majeed: „The notion of justice in Akan culture. How consequential is it?", in: *Contemporary Journal of African Studies* 2 (2), 2014, S. 99–112: 105). Zu menschlichen und anderen Quellen von Sanktion im Akan Kontext: Gyekye: African philosophical thought, 1987: 139, 141.

Case for the pastor (Fall 40)

Ein Spezifikum von Orten wie Apenkwa, wo es zwar eine Session, aber keinen vor Ort ansässigen Pfarrer gibt, der allen Sitzungen der Session vorsteht, ist das, was der Protokollant als „case for the pastor" (S. 214) bezeichnet.[251] Zu einem solchen *case for the pastor* wird Fall 40, in dem Herr Larbi,[252] ein Mitglied der Gemeinde von Apenkwa, vor der Session auftritt und damit droht, in die Anglikanische Kirche überzutreten.

Die Session hatte sich in den vorangegangenen Monaten im Zusammenhang mit diversen Vorfällen und Anliegen bezüglich seiner Ehe, seiner ausstehenden Kirchensteuern bzw. der Reduktion derselben und bezüglich der Taufe seiner Kinder befasst. Da die Session im Dezember 1954 die Taufe seiner Kinder solange verweigert, bis er den ausstehenden Betrag für die Kirchensteuern bezahlt, beschließt Herr Larbi, dass er diese in der Anglikanischen Kirche taufen lassen will.[253] Dafür verlangt er von der Session im Februar 1955 ein „transfer Certificate to join [the] other church" (S. 216).

> Mr Dormon reported [to the session] that [Mr. Larbi] informed him that he was going to baptise his children – who were refused [baptism] owing to his [Mr. Larbi's] inability to pay [the Church] dues – [...] at Anglican Church. It was decided that [...] the district pastor is to be informed to take action. (S. 213 f.)

Auf diesen Bericht hin wird der Fall als „case for the pastor" deklariert (S. 214). Am darauffolgenden Sonntag werden in einer ersten Sitzung, bei der nur die Presbyter und der Katechist anwesend sind, die Konsequenzen der möglichen Optionen besprochen:

> The catechist put before the Session to consider his [Mr. Larbi's] case. (a) Whether we should give him the transfer and brave the consequences or allow him to pay the 20 [shilling] on account and baptise his children. The session observed that if the rule

251 Da es sich beim für Apenkwa verantwortlichen Pastor um den *district pastor* handelt, gibt es eine Überschneidung mit § 208 der RPP, der vorsieht, ungewöhnlich schwierige Fälle dem *Presbyterial Committee* zuzuführen, zu dem auch der *district pastor* gehört. Die Entscheidung wird aber nicht, wie dort vorgesehen, der *Presbytery* oder dem *Synod Committee* weitergereicht, sondern i. d. R. von der Session von Apenkwa unter Vorsitz des Pastors geregelt.

252 Name geändert.

253 S. 163, 177, 209, 213 f., 215. Zur Attraktivität und damit Konkurrenz der Anglikanischen Kirche aufgrund der von den (potenziellen) Gläubigen als weniger rigide beurteilten Haltung siehe Parker: Making the town, 2000: 186. *Transfer certificates* sind in der RPP für den Transfer zwischen Gemeinden der PCG vorgesehen (RPP 1953: § 124).

> [regarding payment of dues] was relaxed it shall be a stumbling block for the congregation and if he is given a transfer but still lives at Apenkwa he shall cause the disruption of the congregation and therefore he must then remove to where he chose to join. (S. 218)

Sollten die Kinder trotz der ausstehenden Kirchensteuern getauft werden, befürchtet die Session, damit einen Präzedenzfall zu schaffen, der sich negativ auf die Zahlungsmoral der anderen Kirchenmitglieder auswirken könnte. Eine kategorische Haltung in dieser Sache, die zu einem Übertritt führt, würde aber das Monopol auf christliche Zugehörigkeit, die die PCG in Apenkwa beansprucht, aufbrechen. Diesem Effekt müsste wiederum mit dem Verweis vom Land begegnet werden, der heftigsten Sanktion, die der Session zur Verfügung steht.

Angesichts dieser möglichen Konsequenzen pokert Herr Larbi hoch, um die Taufe seiner Kinder zu erwirken. Doch die Drohung, in eine andere Kirche überzutreten, scheint in diesem Fall Wirkung zu zeigen. Denn am gleichen Tag bespricht die Session den Fall in einer weiteren Sitzung, diesmal unter Anwesenheit des mittlerweile vor Ort eingetroffenen Pastors. Dieser verweigert den Transfer, stimmt dafür aber einer weiteren Ratenzahlung zu.

> | [Mr. Larbi's] case: | After the station report by the catechist [Mr. Larbi] was called. His case as stated on our records was placed before the pastor. [Mr. Larbi] was asked to state his case. He related his case on the same lines but he d[iffe]red with the session – In that he said he asked the favour of the session to reduce [the dues] – but the whole members [of the session] told the pastor that he showed stubbornness to the […] Session. The Pastor demanded from him why he didn't inform him [the pastor] of the situation when he felt dissatisfied with the session's decision. But he [Mr. Larbi] replied that the session has told him that he has no right to approach the pastor with anything unless he pass[es it] through the session. […] The pastor decided that he should pay the 20 [shilling] and take out the mind that he was going to join another church […] or having the mind of baptism his child there etc. He [Mr. Larbi] accepted the offer & promised. (S. 219 f.)

Die Option, einen Fall dem Pastor zur Entscheidung anheimzustellen, nimmt die Session in gewissen Fällen dankend an.[254] In anderen setzt sie die Möglichkeit, den Fall an den Pastor weiterzuleiten, als Druckmittel und Drohung ein (304 f., Fall 43). In der obigen Antwort von Herrn Larbi an den Pastor wird aber deutlich, dass die Session für sich beansprucht, die Akteurin zu sein, die den Transfer des Falls an die nächsthöhere Instanz veranlasst. Indem sie an diesem Instanzenweg festhält, sucht die Session zu vermeiden, dass sie als das relevante lokale Rechtsforum umgangen

254 „If we were to probe it [the inconsistent statements, it] will bring [a] lot of [?] questions & waste of time. The case will be referred to the district pastor for disciplinary action" (345 f., Fall 51).

wird.[255] Die Rolle und der Anspruch der Session im Geflecht der religiösen, familiären und staatlichen Rechtsforen kommt im nächsten Kapitel an verschiedenen Punkten noch vertieft zur Sprache.

In den Aktivitäten der Session in Apenkwa ließ sich hier ein Set typisierter Verfahren beschreiben, das ihr zur Beobachtung und Urteilsfindung (*summon, questioning, speaking, sort of police, decision*) diente und das sie zur Bearbeitung durch Markierung und Disziplinierung (*rebuke and promise, Anncouncement*) einsetzte. Als Ziel der Verfahren scheint dabei weniger die Strafe von Übertretungen im Vordergrund zu stehen, als der Versuch, die betreffenden Personen der eignen, als ideal gesetzten Lebensführung und Gemeinschaft wieder anzunähern. Bei den herausgearbeiteten Formen des Zugriffs und der Beobachtung ebenso wie bei Urteilsfindung und Instanzenzügen machte die Analyse außerdem deutlich, wie hier Elemente, die klassischerweise als rechtliche Praktiken (Befragung/*questioning, police*, Urteil/*decision*) und solche, die klassischerweise als religiöse Praktiken gelten (*prayer, speaking*), ineinandergreifen und sich gegenseitig stützen. Damit wird mit Blick auf die konzeptionellen Überlegungen in Kapitel 2 umso deutlicher, wie wenig zielführend es zum Verständnis der hier untersuchten Praktiken wäre, die Elemente a priori entlang dieser Unterscheidung zu trennen.

---

255 Vgl. Fall 36, wo ihr impliziter Beschluss, auf ein Begehren nicht einzutreten dadurch torpediert wurde, dass die Klägerin den Fall dem Pastor und der Kirchenzeitschrift zugetragen hat, dazu mehr in Kap. 6.1.2. Zur verbürgten Eigenständigkeit der örtlichen Session siehe auch RPP 1953: § 207–210.

6. Funktion kirchlicher Rechtspraktiken im Verhältnis zum pluralen Kontext

Ausgehend von den in Kapitel 5 dargestellten Formen von Rechtspraktiken der hier untersuchten religiösen Organisation stehen in diesem Kapitel die zweite und die dritte Untersuchungsfrage im Zentrum: Welche Funktion erfüllen diese rechtlichen Praktiken für die Kirche? Und wie setzt sich die *Presbyterian Church of the Gold Coast* (PCG) in Apenkwa über die hier untersuchten Praktiken zu ihrem pluralen Kontext ins Verhältnis?

Den Einstieg in das Kapitel bildet wieder eine Serie von Fällen (Kap. 6.1). Was diese Fälle verbindet, ist ein Set von Argumenten, das über ein Jahr verteilt (zwischen Mitte März 1954 und Mitte März 1955) dreimal in verschiedenen Varianten in den Protokollen auftaucht. Dieses Ensemble von Argumenten kann dabei als eine objektsprachliche Thematisierung der Frage gelesen werden, was die von mir untersuchten Praktiken für die Kirche in Apenkwa leisten. Die dabei angesprochenen Zusammenhänge greife ich in den Kapiteln 6.2 und 6.3 wieder auf und entfalte sie weiter entlang der für meine Untersuchung gewählten analytischen Perspektive.

Kapitel 6.2 zeigt, wie die Session mit den in Kapitel 5 vorgestellten Rechtspraktiken die Vorkommnisse, die ihr zur Kenntnis gebracht wurden, deutet und damit einen ganz bestimmten – aus Sicht der Session den richtigen – Bezug zwischen Tun und normativer Ordnung herzustellen und zu sichern sucht. Wie die Session über diesen Prozess das Verhältnis ihrer normativen Ordnung zu anderen normativen Ordnungen entwirft, ist sodann Gegenstand von Kapitel 6.3.

6.1 „Checkmate the evil" – Die Relevanz kirchlicher Rechtsprechung

Zusammengefasst beinhaltet das besagte Set von Argumenten folgende Elemente: Gegen *anomalies* vorzugehen sei erstens ein Zeichen religiöser Haltung und die Session sei dafür verantwortlich, dies proaktiv anzugehen – diesen Punkt habe ich in Kapitel 5.2.2 und 5.4.1 bereits kurz angesprochen. Zweitens habe die Session dabei Einigkeit zu zeigen, damit Verheerungen abgewehrt würden – dieses Motiv kam in Kapitel 5.4.3 bereits zur Sprache. Drittens habe das Versäumnis Einzelner, diesen Anforderungen nachzukommen, negative Konsequenzen für die gesamte Gemeinschaft.

Mit dem heuristischen Vokabular dieser Untersuchung paraphrasiert, seien also Rechtspraktiken zur Bearbeitung von als falsch geltendem Tun nötig, um der eigenen normativen Ordnung gegenüber anderen zur Durchsetzung zu verhelfen – oder im Wortlaut des Protokolls: „to uphold Christianity“ und „to checkmate the evil“.

Der Zusammenhang, in dem diese Argumente auftreten, ist in den drei Varianten jeweils vergleichbar: Dreimal weisen zuvor *outsiders*, d. h. Personen außerhalb der Session (vgl. Kap. 5.2.3), auf Vorgänge hin, die den kirchlichen Regularien zuwiderlaufen. Beim ersten Mal ist es ein einzelnes Gemeindemitglied, beim zweiten Mal eine Kirchenzeitschrift und beim dritten Mal „the public“ bzw. „people“.

6.1.1 „Responsible for another one's house affair"? – ein Klamo (Fall 30) und ein Streit (Fall 34)

Zum ersten Mal findet sich das Ensemble von Argumenten im untersuchten Protokollbuch im Anschluss an einen Fall, in dem es um einen von angeblich drei in Apenkwa praktizierenden *klamo* bzw. *mallam* geht (Fall 30). Wie andere Muslime hatte sich dieser muslimische Divinator, Heiler und Lehrer in Apenkwa niedergelassen und seine Praktiken und Unterweisungen erfreuen sich offenbar des Interesses unter Ansässigen.[1] Letzteres veranlasste ein Gemeindemitglied dazu, dies am 7. März 1954 in der Session vorzutragen und als Schande für das als christlicher Ort verstandene Apenkwa – als „a disgrace to our Christianity“ – zu beklagen (S. 3, 5, 8).[2]

Es stellt sich der Session nun die Frage, welcher Art und welchen Umfangs die Aktivitäten dieses muslimischen Spezialisten sind und welche Reaktion daher als angemessen ins Auge gefasst werden soll. Da entsprechende Aussagen von Augenzeugen ausbleiben,[3] ist für die Session unklar, ob der *mallam* dabei nur als religiöser Gelehrter oder auch als Heiler auftritt.[4] Ebenfalls umstritten bleibt, inwieweit seine Aktivitäten tatsächlich über private Unterweisung im Einzelfall hinausgehen und ob sich sein Wirkungskreis auf örtliche Muslime und Musliminnen beschränkt oder ob sich auch Gemeindemitglieder unter den Interessierten finden (S. 7 f.). Die Divination, die der Mann als *klamo* praktiziert, wird hingegen von einer Mehrheit in der Session eindeutig als problematisch eingestuft und unter dem Begriff „juju“

1 Siehe Ausführungen zur Religionslandschaft in Kap. 3.4.2.

2 Auf die zentrale Quelle (ACIA 73A: Apenkwa Minutes 1954–55) wird, wie in Kap. V, wieder durch Angabe der Seitenzahl im Fließtext verwiesen.

3 Vgl. Kap. 5.4.2.

4 Die Bezeichnung *mallam* oder *malam* wurde zeitgenössisch für beides verwendet. Gemäß Acquah z. B. sind alle *mallam* religiös gelehrte „islamic teachers“, aber nicht alle sind auch muslimische Heiler (Acquah: Accra Survey, 1958: 128).

dem lokal religiösen Spektrum zugeordnet.[5] Das zeigt ihre Reaktion auf den Bericht eines Gemeindemitglieds vom 14. März 1954, zu dessen familiärem Umfeld dieser islamische Spezialist gehört (S. 5):

> [The member] saw the mallam and he said apart from being a Klamɔ and live as such he didn't make juju. He [the mallam] educated his people [as a Muslim teacher.] But he [the member] pointed out to him [the mallam/klamo] that our principles do not agree with his Klamɔ. [...] [One presbyter] wants personal evidence against him [the mallam/klamo] but the session observed, [...] that [in] so far [as] he is [a] Klamo it is against our constitution. (S. 7 f., Einschübe A.B.)

Das Gemeindemitglied war eine Woche zuvor, am 7. März, beauftragt worden, den Wegzug des *klamo* bzw. *mallam* zu veranlassen: „He was asked to remove the man now and if there is any difficulty he should report to the session" (S. 5). Am 21. März erstattet dieser Mann Bericht: Er meldet erstens, er habe sich gegen den Widerstand seiner Schwestern – eine davon die Ehefrau, die andere die Gastgeberin des *klamo* – durchgesetzt: Der *klamo* sei aus dem Dorf verzogen (S. 11).

Als zweiten Punkt gibt er gleich darauf eine ganze Reihe von Verfehlungen zu Protokoll, die er selbst im Dorf beobachtet habe und die ebenfalls eine Schande für das christliche Dorf seien:

> He reported to the session that the Klamɔ man (Mallam) has removed from the village. His sisters wanted to [interfere] [...] but he refused. Secondly he deplored the attitude of the people of Apenkwa quarrelling and making noise on Sundays. [...] As [a] Christian village it had been defiled. [In Addition] There are young people who are very indifferent to church going and roam about when we are at Service. (S. 11 f.)

Mit diesem Bericht über Streit unter Gemeinde- und Sessionmitgliedern, über Lärm am Sonntag und junge Leute, die ostentativ nicht zur Kirche gehen, macht das Gemeindemitglied die Session auf bestimmte *anomalies* (Kap. 5.2.2) aufmerksam. Indem derjenige, der soeben noch in einer Bringschuld stand, nämlich für die Entfernung seines Schwagers, des *klamo* bzw. *mallam,* aus dem Haus seiner Schwester verantwortlich war, die noch ungeahndete Schuld anderer zu Protokoll bringt, z. B. jene der am Sonntag streitenden Christen, dreht er den Spieß um. Denn implizit wendet er damit die Verantwortung gegen die Aufsichts- und Sanktionsinstanz, die ihrer Aufsichtspflicht nicht nachkommt. Betroffen ist davon nicht

---

5 Die Bezeichnung „juju" kommt in den Quellen hier vor (S. 7 f.) sowie mehrfach im unten diskutierten Fall 36, wenn es um die Praktiken der dort problematisierten, lokal-religiösen Spezialistinnen geht (S. 113, 133 f., 138).

allein der Presbyter, der in den genannten Streit direkt verwickelt ist. Vielmehr werden auch alle anderen Mitglieder der Session zu Mitschuldigen, weil sie ihrer Verantwortung, den Lebenswandel im Ort zu beobachten und ihrer Pflicht, bei Bedarf schlichtend und mahnend einzugreifen, nicht nachkommen.[6]

Diese implizite Infragestellung greift die Session denn auch auf. Sie mündet in eine sessionsinterne Auseinandersetzung über die Rolle, Kompetenz und Verantwortung der Gemeinschaft im Hinblick auf individuelles Verhalten und ‚private' Konflikte: Wie weit geht der Zugriff der Session und der Presbyter als ihr Vertreter im Hinblick auf die „house affairs" (S. 12), d. h. die Angelegenheiten innerhalb der *we*, der Haushalte und *extended family* der Kirchenmitglieder?[7] Hier kommt nun das eingangs angekündigte Set von Argumenten zur kirchlichen Rechtsprechung ins Spiel.

Als Grund, warum sie trotz der Kenntnis über Missstände nicht eingegriffen haben, wenden Presbyter die Befürchtung ein, selbst in die Auseinandersetzung verwickelt zu werden (S. 13) oder postulieren grundsätzlich, dass man nicht verantwortlich sei für die Angelegenheiten von anderen:

> Mr observed that he is not responsible for another one's house affair.[8] Eli suffered for his careless child training, but the catechist told him that not only Eli but the whole Israelites suffered in war for that sin: The catechist pointed out that [...] there was no presbyter who came there to keep the peace. He referred to the conque[st by] Hitler of the Balkan States because they were indifferent to each other. He also referred to Cromwell who came to English Parliament and censured them for corruption and sin: „You have no religion than my ass" For this is twice or thrice that outsiders had come to the session to call our attention to anomalies and transgressions of our regulations. (S. 12)

---

6 RPP 1953: § 11. Siehe auch Kap. 1, Kap. 5.4.2 und Kap. 6.2.2.

7 Es dürfte sich hier um eine direkte Übertragung des Ga Ausdrucks „aye emo shia sane" bzw. „moko shia sane" ins Englische handeln, wie David Awuku in unserem Gespräch zu einzelnen Protokolleinträgen feststellte: „they would write directly like in Ga: Aye emo shia sane. The Akan have a very apt phrase too. In Twi: di wo fie asem. Both in Ga and Twi it is an admonishment not to get involved into other peoples matters" Er übersetzte den Ausdruck für mich wie folgt: „Shia means Home or house; sane means matter or affair. It means someone's domestic affair relating to family, the household or an individual. Or on the other hand: somebody's private matter. Or something that should not concern anybody else than the persons close to the matter" (Feldprot. 7.8.2018: Gespräch D.A., Legon: 3). Siehe Erläuterungen zu *shia* und *we* in Kap. 3.3. Auf die Frage, ab wann bzw. unter welchen Umständen ein Fall von einer „House affair" zu einem Fall für die Session wird, geht Kap. 6.3.3 weiter ein.

8 Die Quelle nennt nach dem einleitenden „Mr." keinen Namen. Außerdem lässt die Formulierung keinen eindeutigen Schluss zu, ob es sich um die Verteidigung des Presbyters handelt, der kritisiert wird, dass er nicht eingegriffen hat oder ob sie vielmehr gegen das kritisierende Gemeindemitglied gerichtet ist.

Unter Rückgriff auf die biblische Figur des Eli und seiner Söhne argumentiert der Presbyter zunächst, dass die Versäumnisse des Einzelnen individuelle Konsequenzen zeitigen (1. Samuel 2,12-17) und daher nicht die Angelegenheit der Gemeinschaft seien. Worauf der Katechist – ebenfalls in der biblischen Referenz von Eli und dem Volk Israel im Krieg verbleibend – kontert, dass die Konsequenzen sehr wohl die gesamte Gemeinschaft treffen (1. Samuel 4, 12-22) und daher Einmischung, Mahnung und Schlichtung durchaus eine kollektive Verantwortung zum Wohle aller seien. Gegenseitige Indifferenz hingegen führe zur Überwältigung der gesamten Gemeinschaft durch ein übermächtiges feindliches Außen. Mit dem Beispiel der Balkanstaaten zieht er zusätzlich jüngere weltpolitische Ereignisse als Metapher hinzu und legt dabei den Fokus auf den gemeinschaftsinternen Zusammenhalt. Im letzten Punkt hingegen adressiert er – vermittelt über die Figur des Puritaners Cromwell und des englischen Parlaments – die Ratsmitglieder und attestiert ihnen mangelnde religiöse Haltung, die sich in einem laxen Umgang mit Übertretungen der kirchlichen Verhaltensnormen äußere.

Dies habe zur Folge, dass wiederholt eine außenstehende Person – in diesem Fall ein Gemeindemitglied – die Session auf die Verfehlungen im Ort aufmerksam macht. Damit stellt dieser *outsider* (siehe Kap. 5.2.3) implizit die Eignung der Session als Leitungs- und Sanktionsgremium in Frage.

Dem von einem Presbyter eingebrachten Argument, das auf die Eigenverantwortung der Presbyter als *shia/we onukpa* (Familienvorsteher) und damit auch auf die Autonomie oder Teilautonomie der *we* abzielt, steht das Gemeindeverständnis des Katechisten entgegen, der die negativen Folgen gegenseitiger Indifferenz für die gesamte Gemeinschaft unterstreicht. Er will die Session und die unter ihrer Aufsicht stehenden Kirchenmitglieder als Gemeinschaft, die im Guten wie im Schlechten zusammengehört, verstanden sehen. Die Session und ihre Mitglieder seien verpflichtet, die Gemeinde zu beaufsichtigen, beobachtete Missstände anzumahnen und in Konfliktfällen schlichtend einzugreifen, um die Einigkeit in der christlichen Gemeinschaft aufrechtzuerhalten oder wiederherzustellen. Indifferenz, d. h. mangelnder Zusammengehörigkeitssinn, der sich in mangelnder gegenseitiger Einflussnahme äußert, wertet er nicht nur als Ausdruck von fehlender religiöser Haltung. Er entwirft überdies drastische Konsequenzen, wiederum für die gesamte Gemeinschaft.

6.1.2 To „speak with one voice against evil" – „Priestesses" in Apenkwa (Fall 36)

Elemente dieses Argumentariums tauchen ein gutes halbes Jahr später, Mitte November 1954, erneut auf, dieses Mal in Zusammenhang mit einem Fall, in dem es um die umstrittene Präsenz von lokalen religiösen Spezialistinnen im Ort geht.

Dieses Mal wurde nicht nur die Session, sondern auch eine größere Kirchenöffentlichkeit auf die Vorgänge aufmerksam gemacht.

Diesem Fall ging voraus, dass sich „priestesses" – möglicherweise handelt es sich um *wɔyei* (Ga Medien) – auf dem Weg nach Accra mit ihrer Entourage in Apenkwa, oder an der Grenze zu Apenkwa, niedergelassen haben.[9] Dies veranlasst das Gemeindemitglied Frau Amoako[10] dazu, bei der Session vorstellig zu werden und zu beklagen, dass die „priestesses" öffentlich und deutlich hörbar mit ihren rituellen Praktiken im Ort präsent gewesen seien: „[they brought] their juju into this village" (S. 137), „[were] beating their drums" (S. 139) and „beat[ing] gong-gong" (S. 140).[11] Dabei seien sie von Mitgliedern der Gemeinde durch die Gabe von „money or drink" (S. 161) „to pour libation" (S. 133) in ihrer Sache unterstützt worden.[12] Die Klägerin sei außerdem beim Versuch, die fehlbaren Christen zurechtzuweisen und die „priestesses" wegzuschicken, von diesen beschimpft worden und es sei zu Handgreiflichkeiten gekommen.[13] Da auf ihre Klage nach mehrmaligem Anlauf in der Session nicht eingegangen worden sei, habe sie den Fall dem Pastor in Accra zugetragen. Für letzteres wird sie streng getadelt, doch die Session lädt umgehend alle beteiligten Gemeindemitglieder vor (S. 133).

In der Verhandlung, die zwei Tage später, am 19. Oktober 1954, stattfindet (S. 137–142), zeichnen sich nicht nur unter den Konfliktparteien – Klägerin vs. Unterstützerinnen und Unterstützer der mutmaßlichen *wɔyei* – sondern auch unter den Sessionmitgliedern recht unterschiedliche Positionen zum betreffenden Fall ab.[14] Wenige Wochen später in der Novemberausgabe der Kirchenzeitschrift „Kristofoi Abɔfo" erscheint zudem ein als Schmähschrift gegen Apenkwa und insbesondere gegen die Personen, welche die Priesterinnen unterstützt hatten, aufgefasster Artikel.[15] Daraufhin kommt es zu wüsten öffentlichen Beschimpfungen,

9 Siehe Kap. 3.4.1.

10 Name geändert.

11 Trommeln und *gong-gong* gehören zu den Instrumenten, die *kpelelala* bzw. *kpelezoo* begleiten und allgemein an lokal-religiösen Feierlichkeiten zum Einsatz kommen (Kilson: Kpele lala, 1971: 26–30). Die Formulierung „beating gong-gong" bezeichnet außerdem öffentliche Ankündigungen (z. B. Parker: Making the town, 2000: 145, 218). Zur hier implizierten „morality of sound" allerdings mit umgekehrten Vorzeichen siehe Witte: Accra's Sounds, 2008.

12 Zu diesem Gießritual siehe Kilson: Libation, 1969.

13 Vgl. die Episode bei Murray Last: „The search for security in muslim Northern Nigeria", in: *Africa* 78 (1), 2008, S. 41–63: 51.

14 Zu divergierenden Positionen in der Session siehe Kap. 5.3.1.

15 Dora Ana, die Verfasserin, scheint PCG-Mitglied in einer anderen Gemeinde zu sein und schreibt über den Konflikt, von dem sie auf ihrer Durchreise Zeugin wurde (Dora Ana: Naakpɛɛ kɛ dɔlɛ sane ko-yɛ Apɛnkwa [Amazing and painful things that happened in Apenkwa] in: Kristofoi Abɔfo; No. 46; November 1954: 7, enthalten in ACIA 115B: Christian Messenger (Ga & Twi) 1954–1983, Übersetzung des Artikels durch Ernest Sewordor: Anhang 2a).

die sich nicht länger nur gegen die ursprüngliche Klägerin und deren Unterstützerinnen und Unterstützer richtet, sondern auch gegen den Katechisten. Hierüber beschwert sich letzterer an zwei Stellen: zunächst beim *chief* und *senior presbyter* W. C. Dormon und später in der Sitzung vom 14.11.1954 bei der Session. Dort trägt er diesen Fall zusammen mit zwei weiteren Fällen, in denen er in jüngerer Vergangenheit Opfer öffentlicher Beschimpfungen geworden sei, vor (S. 147–156).

Der Eintrag zur anschließenden Diskussion in der Session wurde bereits in Kapitel 5.4.3 angeschnitten. Er stellt detailliert und vergleichsweise performativ die Rede und Widerrede in der Session dar. Die Presbyter bringen in ihren Stellungnahmen dabei Elemente ein, die ein halbes Jahr zuvor vom Katechisten vertreten worden waren. Dieses Mal liegt der Fokus klar auf der zentralen Bedeutung der Einigkeit innerhalb der Session und der verheerenden – auch heilsrelevanten – Auswirkung von Meinungsverschiedenheiten im sanktionierenden Umgang mit den als Fehlverhalten markierten Vorgängen im Ort.

> [The senior presbyter & chief] deplored seriously the behaviour of Apenkwa in this respect. Abusive words[16] against elders and disrespect. [Presbyter Osei] declared that the offenders must be dealt with to checkmate the evil. [Presbyter Boakye] shook his hand[17] and said all these happenings are due to (and caused [by]) [...][us] the members of the session. If we unite to check evil such things would not happen.
> The catechist shook his hand and said – Yes! If we all agreed on the point during the course of the proceedings of the case such things wouldn't [have] happened. [But s]ome of us had other views and wished to justify the action of the culprits thereof. [...]
> Upon this the catechist spoke seriously about the whole situation in review – and said that – „If we divide ourselves in opinions the people shall go through us & lose our respect by that: If we cannot speak with one voice against evil then evil shall overcome us." etc. (S. 153–155, Namen geändert)

Zum Repertoire an Argumenten, das bereits aus der ersten Version (Kap. 6.1.1) bekannt ist, tritt in der hier zitierten Passage zunächst ein neues Argument hinzu, das sich allerdings nicht durchsetzt: Als das zentrale Problem identifiziert *chief* und *senior presbyter* Dormon den fehlenden Respekt der Gemeindeangehörigen gegenüber den *elders*.[18] Dieses Argument ist im Licht der politisch-sozialen Umwälzung zu sehen, in denen die lokalen Autoritäten zugunsten der neuen Regierungspartei,

16 Beschimpfungen.

17 Zum Händeschütteln als Ausdruck von Bestätigung und Verständnis sowie als Zeichen, dass ein Konflikt beigelegt wird, David Awukus Überlegungen zu dieser Wendung in den *minutes* (Feldprot. 7.8.2018: Gespräch D.A., Legon: 2).

18 Dass er diese Aussage macht ist bezeichnend, wird er doch später selbst damit zu kämpfen haben (vgl. Kap. 7.2.).

die sich auf die neuen Bildungseliten und die urbanen Massen stützt, deutlich an Spielraum verlieren. Diesen Respektverlust zu beklagen wiederum reiht sich, wie in Kapitel 3 gezeigt, in einen allgemeinen kirchlichen Diskurs ein.[19]

Ein zweiter Presbyter bringt sodann die bereits bekannte Forderung nach proaktiver Sanktion von Fehlverhalten ein. Sie erscheint hier eher allgemein gehalten, dafür aber umso eingängiger und mit religiöser Verve formuliert. Die Session müsse sich die Fehlbaren vorknöpfen und die kirchlichen Rechtspraktiken zur Anwendung bringen, mit dem Ziel, das Böse schachmatt zu setzen: „offenders must be dealt with to checkmate the evil" (S. 153).

Der dritte Redner identifiziert im Gegensatz zum Einstiegsvotum das zentrale Problem nicht bei den Gemeindeangehörigen, sondern primär im Verhalten der *elders* selbst. Sie seien die Verantwortlichen für die ganze Misere und alles wäre nicht passiert, hätte man Einigkeit gezeigt im Vorgehen gegen das Böse. Dieses vom Katechisten übernommene Element der Zusammengehörigkeit variiert er dahingehend, dass er hier nicht die Indifferenz der einzelnen, sondern die Uneinigkeit zwischen den Sessionmitgliedern als zentrales Problem identifiziert. Der Katechist unterstreicht das von Presbyter Boakye eingebrachte Motiv, während sich das festgehaltene Händeschütteln als Ausdruck der Allianz der beiden liest.[20] Zunächst verbindet der Katechist das Motiv mit dem Argument des fehlenden Respekts: Meinungsverschiedenheiten zwischen den Mitgliedern würden dazu führen, dass die Leute die Session entzweien und den Respekt vor ihr verlieren. Danach paraphrasiert er es erneut, dieses Mal mit bedrohlicherem Impetus. Aus „Wenn wir Einigkeit zeigen gegen das Böse, wäre das alles nicht passiert" wird „Wenn wir uns nicht mit einer Stimme gegen das Böse aussprechen, wird uns das Böse überwinden".

Damit erinnert die in Teilen bereits in den Ausführungen zum *prayer* als Verfahren thematisierte Passage in mehr als nur einer Hinsicht an Aspekte der von Mary Kropp-Dakubu beschriebenen Sequenz von Begrüßung (*ŋamɔ*), „news-exchange" (*amaniɛ bɔɔ*) und Gebet, durch die Einheit und Einigkeit hergestellt wird (siehe Kap. 5.4.3). Das Händeschütteln ist dort formalisierter Teil der Begrüßungssequenz. *Amaniɛ bɔɔ* und Gebet referieren – wie hier die Wortmeldungen der verschiedenen Sessionmitglieder – die Umstände aus Sicht der verschiedenen beteiligten Akteure und alles wirkt auf die „Einigkeit" einer integrierten Gruppe hin: „defusing [...] any incipient confrontations that might disturb the united front the company would

19 Siehe Kap. 3.1 und Kap. 4.4. Respektverlust bzw. politische Unzufriedenheit über fehlende Repräsentation äußerte sich in Accra in den 1950er-Jahren u. a. in *destoolment* Klagen, d. h. über Amtsenthebungsverfahren gegen lokale Autoritäten, welchen Unverantwortlichkeit, z. B. in Sachen Landverkauf, vorgeworfen wurde (Sackeyfio-Lenoch: Politics of chieftaincy, 2014: 122–123).

20 Bereits in der Sitzung vom 19.10.1954 war es dieser Presbyter gewesen, der die Position des Katechisten unterstützt hatte – „backed him [the catechist] up" (S. 141).

present to the outside world: *Jeee wɔ gbee kome?* Are we not of one voice?"[21] Hier wie dort steht also die Gruppe, die idealerweise „mit einer Stimme spricht", dem gegenüber, was nicht dazu gehört. Dieses ‚Andere' bleibt ausgeschlossen, unbekannt und damit potenziell schlecht und gefährlich: „[...] what cannot become an integral part is thereby excluded and remains unknown, and so bad, and threatening".[22]

Bezugnehmend auf einen anderen Fall (Fall 43) ergänzt der Katechist zum Schluss des Protokollpunkts zu dieser Diskussion sein noch fehlendes Element aus der ersten Version: Er hält den Presbytern vor, dass sie der Übertretung der Reglemente und der Missachtung von Sessionbeschlüssen[23] tatenlos zusehen: „The presbyters are looking on this without any action taken" (S. 155). Dieser Vorwurf dürfte nicht zum Abbau der Uneinigkeit beigetragen haben. Jedenfalls wird die weitere Diskussion vertagt und der Katechist sieht sich veranlasst, das Protokoll mit der Anmerkung zu beenden „[the catechist] has observed that the atmosphere has been tense – understanding has been lacking in some respects – situation unpleasant – Therefore ‚let us pray': He offered prayer" (S. 155).[24]

Der Respektverlust, mit dem sich die Session konfrontiert sieht, wird damit als Folge fehlender Einigkeit gedeutet. Die Session sei sich uneins beim Identifizieren von Fehlverhalten ebenso wie beim Festlegen von Maßnahmen bzw. bei der Frage, welche Rechtsmittel zur Verfügung stehen.[25] Sowohl ein Teil der Presbyter wie auch der Katechist sehen damit die Verantwortung für *anomalies* weiterhin beim Verhalten der Session und ihrer Mitglieder selbst. Sie bieten durch fehlende Geschlossenheit im Auftreten und in der Vermittlung ihrer Entscheidungen Angriffsfläche bzw. Gründe für ihre Missachtung. Gleichzeitig nehmen Presbyter und Katechist mit der Figur der durch das „Böse" bzw. „evil" bedrohten Gemeinschaft eine Weltbild- bzw. heilsbezogene Motivik auf, die sowohl im lokalen wie auch im christlichen Hintergrund stark verankert ist.[26] Mit dem „evil", das die Protokolle wortwörtlich als Gegenspieler thematisieren, betten sie den Sachverhalt in einen christlich-theologischen ebenso wie in einen lokalen Deutungshorizont ein. Gleichzeitig geht es der Session damit beim Bearbeiten des Sachverhalts nicht

---

21 Kropp Dakubu: Creating unity, 1987: 514.

22 Ebd.: 513.

23 Es geht hier um ein ausgeschlossenes Mitglied, das mit zwei Ehefrauen auf Missionsland lebt. Die Session verbietet der zweiten Frau, sich in Apenkwa aufzuhalten, woran sich diese nicht hält. (Fall 43).

24 Zur Funktion des Gebets im Verfahren siehe Kap. 5.4.3.

25 Zur Einigkeit siehe ebenfalls Kap. 5.4.3. Zu unterschiedlichen Positionen in der Session siehe Kap. 6.3.1.

26 Zum Konzept des „Bösen", in dem sich christliche und lokale süd-ghanaische Konzepte verschränken, siehe Kap. 5.2.3; Meyer: Translating the devil, 1999; Meyer: If you Are a Devil, 1992.

allein um die Sicherung der eigenen rechtlichen, politischen und religiösen Autorität, sondern um eine unmittelbar heilsrelevante Herausforderung, welche die Gemeinschaft in einem umfassenden Sinne bedroht. Bei der Bewältigung dieser Herausforderung spielen die kirchlichen Rechtspraktiken eine zentrale Rolle, denn mit diesen Kategorien, Dokumenten und Verfahren kann die Session „gegen das Böse sprechen". Dass gerade hierfür die religiöse Haltung der einzelnen Presbyter, die sich in ihrem Eingreifen im Alltag der Gemeinde zeigt, relevant sei, bringt der Katechist zuletzt ein, indem er deren völliges Fehlen moniert.

Vierzehn Tage später, am 28. November 1954, wird der Fall rund um die „priestesses" (Fall 36) erneut aufgerollt. Dieses Mal geschieht dies im Beisein des Pastors Laryea, der eine Stellungnahme einfordert.[27] Ein Presbyter referiert bei dieser Gelegenheit die beiden Positionen, die sich an der Beurteilung des Verhaltens von Frau Amoako spalten, welche den Fall zunächst der Session und letztlich der kirchlichen Presse zugetragen hatte:[28] Ist sie primär als Schuldige für die Verunglimpfung der Unterstützerinnen und Unterstützer der *wɔyei* und Apenkwas insgesamt in der kirchlichen medialen Öffentlichkeit zu bewerten, weil sie die Dienstwege missachtet und die Angelegenheit nach außen getragen hat? Oder ist sie ganz im Gegenteil trotz ihrer hochmütigen und streitlustigen Art vielmehr als Heldin, die ohne die Unterstützung von Seiten der Presbyter das Christentum im Ort verteidigt hat, zu bewerten, während die Schuld bei der Beherbergung und Unterstützung der *wɔyei* zu suchen ist? Der Katechist jedenfalls spricht sich für die zweite Lesart aus:

> he [the catechist] condemned those priestesses who settled at Apenkwa [...]. He observed that if [Yaa Amoako] was a haughty and quarrelsome woman that was not sufficient reason to oppose her when she tried to defend Christianity and uphold Christianity of Apenkwa. (S. 161)

Mit dieser Stellungnahme arbeitet der Katechist erneut sein Argument vom Zusammenhang zwischen dem Vorgehen gegen *anomalies* und einer christlichen Haltung ein. Das Einschreiten des *district pastors* und die publizistische Attacke gegen Apenkwa erscheinen aus dieser Perspektive, wenn auch als ärgerlich, so doch als potenziell effektive Maßnahme, um dem „speaking against evil" gegen Widerstände in der Session Gehör zu verschaffen und zu kirchenrechtlichen Konsequenzen zu verhelfen. Konkrete Maßnahmen „to checkmate the evil" trifft die

27 In dieser Sitzung wurden die vorangehenden Protokolle konsultiert (S. 161). Hierbei dürften auch die, wie der Eintrag vom 28.11.1954 in blauer Tinte geschriebenen, Ergänzungen im Protokoll vom 14.11.1954 vorgenommen worden sein.

28 Zur Ambivalenz der Beobachtung von außen siehe Kap. 6.2.2.

Session derweil an anderer Stelle mit der Ausarbeitung der Kategorie *delinquent members* (siehe Kap. 5.2.2). In Fall 36 hingegen bleiben Maßnahmen weitgehend offen.

6.1.3 „If we cannot control our house how can we control the station?" – „Shortcomings" vor der Session (Fälle 37a, 40 und 40c)

Zum dritten Mal findet sich das Set von Argumenten weitere vier Monate später, Mitte März 1955. Im Zentrum steht in dieser Version die Glaubwürdigkeit der Session. Wie zuvor taucht die Argumentation auch hier auf, nachdem ein vor die Session zitiertes Gemeindemitglied den Mechanismus eingesetzt hatte, der den ‚Angeklagten' zum ‚Kläger' macht und die Session als Beobachtungs- und Sanktionsgremium in Rechtfertigungsnot bringt.[29]

Da die Session Herrn Larbi[30] aufgrund ausstehender Kirchensteuern die Taufe seiner Kinder verweigert hatte S. 163, 177, 209), hatte er beschlossen, diese in der Anglikanischen Kirche taufen zu lassen. Dafür verlangt er im Februar 1955 von der Session ein „transfer Certificate" (S. 216), woraufhin sein Fall dem Pastor zur Entscheidung vorgetragen wird (Fall 40, S. 209, 213–216, Kap. 5.4.3). Nachdem der Beklagte dem Beschluss des Pastors über den ihn betreffenden Fall zugestimmt hat, trägt er selbst eine Beschwerde vor:

> He accepted the offer [of an erstwhile reduction of the payable fee] & promised [to pay]. He later laid a complaint that an Otofo custom [had been performed. The otofo] [...] children went round the village & played for people & danced. He deplored the lack of supervision of the village by the elders. etc. (S. 220, Einschübe A.B.)

Am Vortag habe ein „Otofo custom" im Ort stattgefunden, eine Ga Pubertätszeremonie für Mädchen, die von der Kirche vehement abgelehnt wird.[31] Indem er die

29 Siehe ebenfalls Kap. 6.2.2.

30 Name geändert.

31 S. 220, 225. Das Ritual *otofo* markiert die Pubertät und kann als Voraussetzung für die Heiratsfähigkeit gelten. Inhaltlich befasst es sich mit Themen der Reinheit und der moralischen Haltung, die für den Status als Erwachsene vorgesehen ist. Es beinhaltet verschiedene Rituale der Reinigung und schließt damit, dass die Mädchen bzw. jungen Frauen geschmückt öffentlich und in den Häusern der Familie tanzen und durch (Geld-)Geschenke beglückwünscht werden. Von christlicher Seite war und ist insbesondere das Element der Nacktheit bei diesem und vergleichbaren Ritualen ein Stein des Anstoßes. Zu *otofo* bzw. *otufo*: Kilson: Urban Kinsmen, 1974: 52 f.; Field: Religion and medicine, 1937: 185–191; E. A. Ammah: „Puberty rites", in: Marion Kilson (Hg.). *Kings, priests, and kinsmen. Essays on Ga culture and society*, Legon-Accra: Sub-Saharan, 2016, S. 224–248; Kwabena J. Nketia: „Geburt, Pubertät und Tod", in: Horst Bürkle (Hg.). *Theologie und Kirche in Afrika*, Stuttgart: Evangelisches Verlagswerk, 1968, S. 117–134: 123–127; zu den Diskursen rund um das vergleichbare

fehlende Aufsicht der *elders* über die Vorgänge im Dorf beanstandet, stellt er die Eignung der Sessionmitglieder für die Leitung, Aufsicht und Kontrolle der christlichen Gemeinschaft vor Ort in Frage. Im Gegensatz zum parallelen Vorgang beim Fall zum „klamo" (Fall 30) benennt das Protokoll die Kritik an den *elders* dieses Mal explizit. Auch geschieht die Kritik nicht wie in der ersten Variante ortsintern vor den Presbytern und dem Katechisten allein. Dieses Mal ist, wie bei Fall 36, mit dem Pastor auch die nächsthöhere kirchliche Autorität anwesend, die von außerhalb hinzugekommen ist, um den Vorsitz in der betreffenden Sitzung zu übernehmen.[32]

Als direkte Konsequenz kann gelesen werden, dass die Tagesordnung für die darauffolgende Sitzung der Session am 13. März 1955 unter der Etikette „Short comings & bad behaviour observed" (S. 225) eine Aussprache und eine Rüge der Ratsmitglieder wegen „unchristlichem" bzw. „schlechtem" Verhalten vorsieht: „A heart to heart talk and a rebuke to the members of the session on the shortcomings & unchristian behaviour" (S. 225). Unter den Punkten a) bis f) folgt sodann über zwei Seiten eine Liste mit Vorkommnissen, an denen Presbyter direkt oder indirekt beteiligt gewesen seien, darunter auch der unlängst von dem Gemeindemitglied beanstandete „Otofo custom" (S. 225–227).

Mit der Auflistung in der Tagesordnung und den Stellungnahmen im anschließenden Sitzungsprotokoll werden ganz konkrete Handlungszusammenhänge im Alltags- und Familienleben der Presbyter als schlecht, weil unchristlich markiert. Einige Punkte dürften den zeitgenössischen Diskursen über einen konstatierten Sittenverfall zuzurechnen sein,[33] andere sind eher der kontroversen Bewertung lokaler Rituale und Praktiken zuzuordnen. Ist dieses oder jenes Ritual ‚religiös' und damit mit ‚christlicher' Lebensführung unvereinbar oder aber ‚kulturell' und damit im Sinne einer lokalen Verankerung der Kirche zulässig?[34] Noch andere zeugen von der Konkurrenz, in der die Kirche als Zugehörigkeitseinheit zu anderen Einheiten der Affiliation steht.[35]

Einen besonderen Stellenwert in der weiteren Bearbeitung durch die Session hat der nicht kirchenkonforme Lebenswandel von Kindern von Presbytern.[36]

> Hearing disheartening news about our house & children. [Some are w]orking on Sabbath Days – Refuse to come to church & [one can] hardly recognise [them] as having even

---

dipo inklusive der Polemiken von Seiten der Kirche und der Gegenpolemiken: Steegstra: Dipo, 2005. Siehe Kap. 6.3.5.

32 Zur Reaktion des Pastors siehe Kap. 6.2.2.

33 Vgl. Kap. 3.4 und z. B. Williamson, Bardsley: What of the church?, 1953: 14.

34 Ausführlicher in Kap. 2.3.3 und Kap. 7.

35 Siehe Kap. 6.2.3, Kap. 6.2.4 und Kap. 6.3.3.

36 Dazu auch Kap. 5.2.2 und Kap. 5.4.1.

been baptised. Daughters [are] going about prostitution. We are responsible we should know that. If we cannot control even our house how can we control the congregation? (S. 225 f.)

Namentlich geht es also um Söhne, die am Sonntag arbeiten, nicht am kirchlichen Leben oder an Gottesdiensten teilnehmen, die Taufe verweigern oder aber trotz Taufe nicht gemäß christlicher, sondern gemäß lokal-religiöser Vorgaben leben, ganz zu schweigen von den Arrangements von Töchtern, welche das Protokoll als „moral lapse" oder „prostitution" bezeichnet (S. 229–233).[37] Das zentrale Problem bei all dem ist, dass diese Vorfälle als direktes Indiz für die mangelnde Autorität der Presbyter gewertet werden: Wer seine Familie nicht im Griff habe, könne schwerlich die Gemeinde leiten.[38]

Hier tauchen also die bereits bekannten Elemente des Argumentariums erneut auf. Das erste ist bereits im Vorgehen des Katechisten angelegt: Indem er die Rüge explizit auf die einzelnen Presbyter bezieht, verortet er die Verantwortung für den Status quo bei den Sessionmitgliedern. Sie sind verantwortlich – sei es, weil sie die terminliche Kollision von Familiensitzungen und Gottesdienst bei der Planung in Kauf nehmen, sei es, weil sie ein Ritual in ihrem Haus dulden und durch „donations" anerkennen, oder sei es, weil die fehlbaren Töchter und Söhne ihrer Aufsicht unterstehen. Mit der Aussage: „We are responsible we should know that. If we cannot control even our house how can we control the congregation?" (S. 225 f.) formuliert der Katechist diese Stoßrichtung explizit.

Der Katechist nimmt hier das Element wieder auf, das er im Fall zu den „priestesses" (Fall 36) von Presbyter Boakye übernommen hatte. Allerdings liegt

37 „Prostitution" kann im zeitgenössischen Diskurs eine Bandbreite von Verhältnissen bezeichnen, von offener Prostitution bis zu nicht offizialisierten Ehen, Konkubinaten und anderen von der Kirche nicht gutgeheißenen Beziehungsformen (vgl. Caroline H. Bledsoe: *Women and marriage in Kpelle society*, Stanford, California: Stanford University Press, 1980: 184 f.). Fall 37e legt nahe, dass sich die hier adressierten Fälle eher im zuletzt genannten Bereich bewegen. Zur Bandbreite an Akan Beziehungskonstellationen: Dorothe D. Vellenga: „Who is a wife? Legal expressions of heterosexual conflicts in Ghana", in: Christine Oppong (Hg.). *Female and male in West Africa*, London: Allen & Unwin, 1983, S. 144–155: 144 f. Zu Accra siehe außerdem: Carmel Dinan: „Sugar daddies and gold diggers. The white-collar single women in Accra", in: Christine Oppong (Hg.). *Female and male in West Africa*, London: Allen & Unwin, 1983, S. 344–366; Claire Robertson: *Sharing the same bowl. A socio-economic history of women and class in Accra, Ghana*, Bloomington: Indiana University Press, 1984: 181, Acquah: Accra Survey, 1958: 72–74).

38 Hierin kommen lokale und protestantische Konzepte der Autorität zusammen: Das Versagen der Presbyter als „Hausvater" bzw. als *shia/we onukpa* (Familienvorsteher), fällt zurück auf ihre Kapazität und Rolle als „Kirchenvater" bzw. Presbyter – und im Fall Dormons auch auf die des „Landesvaters" bzw. *chief* (John Witte: *Law and protestantism. The legal teachings of the lutheran reformation*, Cambridge: Cambridge University Press, 2002: 106–113).

dieses Mal der Fokus nicht auf der Indifferenz oder der Uneinigkeit, sondern auf dem Versagen in ihrer Kontrollfunktion. Dass die beobachtete Lebensführung vom in der Kirchenordnung (RPP) entworfenen Ideal sogar innerhalb der Familien der Presbyter so deutlich abweicht, zeige, dass dem kirchlichen Recht in ihren Händen die Durchsetzungskraft fehlt – sogar dort, wo sie den direktesten Zugriff auf die betreffenden Personen hätten, nämlich innerhalb der eigenen Haushalte.

Also, das Verhalten in ihrem Umfeld fällt direkt auf die Glaubwürdigkeit der Presbyter zurück. Das betrifft in der Konsequenz auch die Legitimität des kirchlichen Sanktionsgremiums, dessen Aufgabe es wäre, derartiges Fehlverhalten zu markieren oder zu sanktionieren, um auf eine konforme Lebensführung für die gesamte Gemeinde hinzuwirken und der normativen Ordnung, für die die Session steht, zu Geltung zu verhelfen. Es geht um die Frage, ob die Amtsinhaber als geeignete Vertreter der christlichen Gemeinschaft verstanden werden. Wird ihre Rechtsprechung daher als angemessen und verbindlich beurteilt? Und wie wirkt sich letzteres insbesondere im Hinblick auf konkurrierende normative Ordnungen, an denen sich die Mitglieder außerdem orientieren oder potenziell orientieren könnten, aus?

Damit ist auch ein zweites Argument, das der Katechist bereits in den ersten beiden Varianten eingebracht hatte, angesprochen: Die Kritik am laxen Umgang mit den kirchlichen Normen, die er den Presbytern attestiert. Auch dieses Argument formuliert er zum Abschluss des Tagesordnungspunkts explizit, ebenso wie die Konsequenzen, die sich daraus ergeben, nämlich, dass sich Stimmen in der Kirchenöffentlichkeit zu Beschwerden veranlasst sähen: „Among us (the session) we give chance for public complaints against us – Low moral standard" (S. 226).[39] Auch hier geht es also wieder darum, dass diese Art von Kritik eigentlich von den Sessionmitgliedern auszugehen habe. Sie hätte damit ihre Aufsichtsfunktion in der christlichen Gemeinschaft auszuüben und ihre christliche Haltung zu demonstrieren. Alles andere sei der Autorität der Session abträglich. Dies gelte insbesondere dann, wenn ein Presbyter selbst von einem Sachverhalt betroffen ist: „We should help ourselves as Christians to correct these anomalies – Not saying I am interested therefore shall keep mute" (S. 226).

Die Unfähigkeit oder aber Unwilligkeit dieser Aufgabe nachzukommen, weil man selbst betroffen oder begünstigt ist, zeichnet sich in dieser dritten Variante als zentrales Problem ab. Der Katechist spitzt es zu und unterfüttert seinen Kritikpunkt damit, dass die Gemeinde ggf. berechtigterweise den Respekt vor den Presbytern

39 „Public complaints" könnten hier entweder implizite oder explizite Kritik an der Besetzung der Session meinen oder darauf verweisen, dass erneut Gemeindemitglieder der Session in der Beanstandung von Unregelmäßigkeiten zuvorgekommen waren.

verliere. Dieser Zusammenhang kommt im Protokoll in der Stellungnahme zu dem „moral lapse of the daughters" (S. 232) zur Geltung:

> The catechist spoke that: if the parent is not aware of the illicit dealings [it] is another thing – but when the parent is aware but connive at the dealings because of worldly gain then it is evil & elders should be careful of that. [Because t]he public who judges us [...][is] watching us & many complaints and [much] opprobrium are going on against us. (S. 232 f.)

Hier geschieht die Infragestellung der christlichen Rechtsordnung durch das Verhalten der Ältesten selbst. Damit erwächst die Bedrohung durch „das Böse" nicht wie in Fall 36 durch die Anwesenheit von Vertreterinnen einer konkurrierenden normativen bzw. religiösen Ordnung, sondern aus dem Verhalten im Kern der christlichen Gemeinde heraus.[40] Fatale Folgen habe dies, weil Presbyter und die Session unter besonderer Beobachtung stünden und zwar durch die eigene Gemeinde – „the public who judges" (S. 233).

Hier wird explizit im Protokoll benannt, was die Analyse der vorangegangenen Varianten bereits aufgezeigt hat: An der Beobachtungs-, Markierungs- und Sanktionsstruktur der kirchlichen Rechtspraxis sind nicht nur die übergeordneten kirchlichen Instanzen beteiligt, sondern ebenso die kirchliche Öffentlichkeit und die örtlichen Gemeindemitglieder. Die Auflistung von „shortcomings" im Umfeld der Presbyter und der „rebuke to the members of the session" kann als Versuch des Katechisten gelesen werden, sich der Wirkung des Beobachtens und Markierens (Kap. 5.4) wieder zu bemächtigen.[41] Um diesen Effekt in die Hand der Session zu bringen, appelliert der Katechist wie in der ersten Variante (Fall 30) an die gegenseitige Aufsichtspflicht und Unterstützung der Presbyter:

> | Shortcomings & bad behaviour | The catechist solemnly introduced the subjects – and having enumerated the whole anomalies as above recorded A to F [...] he appealed to the elders to help rebuke and solve each others problems. (S. 229 f.)

Er nimmt das Argument wieder auf, das besagt, dass das Versäumnis Einzelner, ihre Aufsichtspflicht auszuüben, auf die Gemeinschaft zurückfalle und daher die Einmischung in die Angelegenheiten der Anderen geboten sei. Indem er nach der Auflistung der *anomalies* an die Presbyter appelliert, sie mögen doch bei der gegenseitigen Zurechtweisung und Lösung der Probleme helfen, stellt er das Ergreifen von Maßnahmen als gemeinsames und gegenseitiges Unterfangen dar, das in der

---

40 Vgl. zur Verortung von „evil" Kap. 5.2.3.

41 Siehe auch Kap. 6.2.2.

gemeinsamen Verantwortung und dem gemeinsamen Interesse der Gemeinschaft liege.

Als konkrete Maßnahme hieraus folgten die in Kapitel 5.2.2 vorgestellte Kategorie der *delinquent members* sowie deren Aufgebot vor die Session. Das Vorgehen des Katechisten, Fehlbare bzw. Verantwortliche vor die Session zu zitieren („summon"), sie zu rügen („rebuke"), Besserung geloben zu lassen („promise") und die Verfehlung sowie ihre Bearbeitung ggf. durch ein *announcement* im Gottesdienst zur kirchenöffentlichen Kenntnis zu bringen, zeichnet das in Kapitel 5.4.1 beschriebene Verfahren vor. Dieses Vorgehen zunächst auf die Presbyter anzuwenden, dürfte für den Katechisten allerdings ein delikates Unterfangen gewesen sein. Denn selbst wenn ein Katechist der PCG als Vertreter der Kirche in der örtlichen Session die Autorität und den Rückhalt der kirchlichen Struktur im Rücken weiß, so ist er für seine Arbeit vor Ort doch auf die Kooperation der Kirchenältesten und anderer lokaler Autoritäten unbedingt angewiesen.[42]

6.1.4 Relevanz kirchlicher Rechtsprechung – Zusammenfassung

Die Argumente zur Relevanz kirchlicher Rechtsprechung verschränken individuelles Tun, den Status der Zugehörigkeit und die Geltung der normativen Ordnung, für die die Kirche steht. In der Zusammenschau der Argumente zeichnen sich dabei zwei axiomatische Annahmen ab, die dieses Set von Argumenten unterfüttern: Erstens, dass bestimmtes Tun als Zeichen für die Wirksamkeit einer bestimmten normativen Ordnung steht. Zweitens, dass positiv wie negativ bewertetes Tun einer Einzelperson auf die Gemeinschaft, der er zugerechnet wird, zurückfällt. Ausgehend von diesen Annahmen scheint es konsequent, dass nicht nur das konforme Tun selbst, sondern auch das „Sprechen" gegen abweichendes Tun Zugehörigkeit markiert.

Die beschriebenen Fälle haben gezeigt, dass beobachtete oder unterstellte Aktivitäten, die den Gemeinderegularien widersprechen, weniger deswegen als Problem thematisiert werden, weil sie die Abläufe im Leben des Ortes stören, sondern primär, weil sie die Glaubwürdigkeit unterminieren. Das betrifft erstens die Glaubwürdigkeit der Session als Führungsgremium der Gemeinde und zweitens die Glaubwürdigkeit des Ortes als *Christian town*. Darüber hinaus ist aber drittens auch die Glaubwürdigkeit der christlichen Gemeinschaft, der Gemeinde und Kirche als Ganzes, samt ihrer Botschaft, vom Verlust an Glaubwürdigkeit betroffen. Damit stellen die fraglichen Übertretungen in letzter Konsequenz eine heilsrelevante Bedrohung dar.

42 Beutter: Auf dem anderen Blatt, 2016: 226–234.

Spätestens an diesem Punkt wird nun deutlich, warum rechtliche Praktiken für diese Organisation als religiöse Organisation bedeutsam sind: Es steht in dieser Lesart mehr auf dem Spiel, als ‚nur' die gesellschaftliche Sicherung von Recht und Ordnung und das Mittel der Wahl gegen diese Bedrohung vorzugehen, ist kirchliche Rechtsprechung. Über sie können Abweichungen bearbeitet und bewertet werden.

Bereits die Ausführungen in Kapitel 5.4 haben gezeigt, dass es der Session dabei nicht nur oder vielleicht nicht einmal primär darum geht, das monierte Verhalten selbst zu beheben. Dieses liegt je nach Sachlage außerhalb der Reichweite ihres Jurisdiktionsbereichs.[43] Vielmehr sind die kirchlichen Rechtspraktiken als Mittel zur *Markierung* zentral. Sie sind das Mittel, um bestimmtes Verhalten *als* „unchristian behaviour" (S. 225) und bestimmte Personen *als* „delinquent members" zu *benennen* – d. h. als nicht konform mit „our Rules" (S. 217), „our regulations" (S. 13), „our principles" (S. 7), „our constitution" (S. 8) und „our Christianity" (S. 3).

In den drei Fällen wurde ebenfalls klar, dass die Session nicht die einzige Instanz ist, die Bezüge herstellt zwischen Tun, Zugehörigkeit und normativer Ordnung und so dieses Tun deutet. Es zeichnet sich außerdem ab, dass diese Deutungen weder außerhalb noch innerhalb der Session eindeutig sind und dass die Session selbst unter Beobachtung steht. Dem geht die Analyse nun als nächstes nach.

6.2 Recht, Zugehörigkeit und die Deutung von Tun

Um die wechselseitigen Bezüge zwischen Tun, Zugehörigkeit und normativen Ordnungen weiter zu analysieren, ist es nun zunächst aufschlussreich, die im objektsprachlichen Argumentarium thematisierte Heilsrelevanz kirchlicher Rechtspraktiken als Mittel „to checkmate the evil" in einen breiteren Zusammenhang zu stellen.

Zwei Elemente lokaler Wirklichkeitskonzeptionen sind hierzu besonders bedeutsam: Das Erste ist die Annahme, dass die Welt – die sichtbare wie die unsichtbare – für den Menschen grundlegend unberechenbar und gefährlich und er daher schutzbedürftig ist.[44] Zweitens wird dabei von der Kontinuität zwischen materiellen

43 Siehe Kap. 6.2.5.

44 Für den Akan Kontext: Gilbert: Christian Executioner, 1995: 348; Paul Jenkins, Michelle Gilbert: „The king, his soul and the pastor. Three views of a conflict in Akropong 1906–7", in: *Journal of Religion in Africa* 38 (4), 2008, S. 359–415: 397; Emmanuel Akyeampong, Pashington Obeng: „Spirituality, gender, and power in Asante history", in: *The International Journal of African Historical Studies* 28 (3), 1995, S. 481–508. Vansina, De Craemer und Fox identifizieren diese „fortune-misfortune constellation" als wiederkehrendes Motiv religiöser Bewegungen in verschiedenen zentralafrikanischen Kontexten (Vansina, De Craemer, Fox: Religious movements, 1976: 474). In der jüngeren religionswissenschaftlichen Theoriebildung hat Riesebrodt das vergleichbare Motiv der Abwehr von

und immateriellen Elementen der Wirklichkeit ausgegangen. Das bedeutet, dass alles, was dem materiellen Körper (Akan: *honam*) geschieht, auch den immateriellen Teilen der menschlichen Person (Ga: *susuma*; Akan: *kla* und *sunsum* – i. d. R. übersetzt als Seele und Geist) widerfährt und umgekehrt.[45] Das gilt für Positives ebenso wie für Negatives.

Diese beiden Prämissen machen Schutz vor Unglück und dadurch erlangtes Wohlergehen in dieser gefährlichen Welt zu zentralen „Heilsgütern".[46] Sowohl Wohlergehen als auch Unglück wirken sich dabei in den sichtbaren, materiellen und in den unsichtbaren, immateriellen Teilen der Wirklichkeit und des menschlichen Lebens gleichermaßen aus.

Individuelles und kollektives Wohlergehen äußern sich daher in Frieden, Ordnung, Reinheit und Wachstum aller Art – von menschlicher und landwirtschaftlicher Fruchtbarkeit bis zu wirtschaftlicher Prosperität. Es zeigt sich in der ‚Stärke' der Gemeinschaft (Staat, Familie, aber auch Kirche), zu der man gehört und die zu einem gehört sowie in der Anerkennung all dieser Attribute durch Dritte als sozialer Status und Prestige.[47] Unter diesen epistemischen Vorzeichen beschränken sich Heilsgüter nicht auf symbolische Kapitalformen des Segens der Kirche durch die Teilhabe am Abendmahl, des Rates und Schutzes durch Ahnen oder *wɔji* sowie durch machtvolle Objekte und *medicine*. Vielmehr muss die Analyse hier die ganze Bandbreite ökonomischen, sozialen und symbolischen Kapitals ebenfalls als Teil der Heilsgüter und damit als Formen religiösen Kapitals verstehen können.[48]

Eine typische Form, welche Wohlergehen anzeigt, kam in der Analyse bereits mit dem Thema Landerwerb und Hausbau zur Sprache. Das Haus materialisiert ökonomische Potenz und soziale Identität, es ist gebauter Raum für die eigenen Angehörigen und lokalisiert als Referenzpunkt die Familie über Generationen hinweg.[49] Andere Attribute des Wohlergehens sind die polygyne Ehe – diese wird in Kapitel 6.3.3 zur Sprache kommen – und das Bekleiden von höheren Ämtern.

Unheil und Stiftung von Heil als allgemeine Eigenschaft von Religionen herausgehoben (Martin Riesebrodt: *Cultus und Heilsversprechen. Eine Theorie der Religionen*, München: Beck, 2007: 132).

45 Kilson: Urban Kinsmen, 1974: 50; Gyekye: African philosophical thought, 1987: 101 und zur Akan Konzeption der Person: ebd.: 85–103.

46 Um hier Webers Vokabular zu verwenden (Weber: Wirtschaftsethik der Weltreligionen, [1920] 1998: 249); Vansina, De Craemer, Fox: Religious movements, 1976.

47 Kropp Dakubu: Creating unity, 1987: 518. Gilbert: Sudden death, 1988: 291 f.

48 Für ein vergleichbares Argument im indischen Kontext vgl. Menski: Hindu law, 2003: 110; auf den Punkt weist auch Weber schon explizit hin (Weber: Wirtschaftsethik der Weltreligionen, [1920] 1998: 249). Zu den Kapitalsorten und ihrem Einsatz im religiösen Feld vgl. Bourdieu: Ökonomisches Kapital, 1992 und Pierre Bourdieu: „Genese und Struktur des religiösen Feldes", in: Franz Schultheis; Stephan Egger (Hg.). *Religion. Schriften zur Kultursoziologie 5*, Konstanz: UVK-Verlagsgesellschaft, 2009, S. 30–91: 62–78.

49 Miescher: Becoming an panyin, 2007: 261.

Auch aufwendige Feierlichkeiten in der Familie und großzügige Spenden, gerne auch an die Kirche, gehören dazu – z. B. in Form von Beiträgen zum Bau von Kirchen oder wie in Apenkwa zum *school building fund*. Und zuletzt sind eine kirchliche Hochzeit oder christliche Bestattung ebenso wie die Mitgliedschaft in der *Presbyterian Church of the Gold Coast* bzw. der *Presbyterian Church of Ghana* (PCG) selbst Attribute von hohem Status und Wohlstand.[50]

Für die weitere Analyse ist nun wichtig, dass diese Attribute und die kumulierten Kapitalformen nicht nur das Ansehen und Wohlergehen der betreffenden Einzelperson repräsentieren. Sie zeigen vielmehr auch das Ansehen und Wohlergehen der Gemeinschaft, als deren Mitglied er oder sie gilt. Eine zentrale und wirkmächtige Form, diese Zugehörigkeit zu markieren, ist die Bestattung. Zugehörigkeit von Personen kann unter Umständen höchst uneindeutig sein, sodass verschiedene interessierte Gruppen wie unterschiedliche Familien oder Teile von Familien, aber auch übergeordnete lokale und staatliche Autoritäten oder die Kirche Anspruch auf die erfolgreiche Person als *ihr* Mitglied erheben. In solchen Fällen sind Bestattungen eine Gelegenheit, vieldeutige Zugehörigkeiten posthum zu entscheiden.[51] Eine andere Form Zugehörigkeit zu markieren, ist die Vergabe von Land. Beides kam in Kapitel 5.2 bereits zur Sprache und wird im Laufe dieses Kapitels erneut zum Thema.

Die kumulierten Kapitalformen einer Person sind angesichts der eingangs genannten Prämissen außerdem ein Zeichen für den Schutz, den die Person durch Entitäten der sichtbaren wie der der unsichtbaren Welt genießt. Spiritueller und materieller Schutz hängen dabei zusammen. Damit zeigen das Wohlergehen und die Prosperität einer Person die Wirksamkeit der religiösen Praktiken, Vorstellungen und Akteure, auf welche sich die betreffende Person bezieht.[52] Oder konkret im untersuchten Fall: Die Wirksamkeit der Kirche und ihrer religiösen Versorgungsleistungen zeigt sich am Wohlergehen der Mitglieder.

Das bedeutet, viele angesehene und erfolgreiche Mitglieder zu haben, spricht nicht nur für den sozialen Status und Stellenwert der Kirche in der Gesellschaft, sondern auch für die Wirksamkeit ihrer Botschaft und ihrer rituellen Praktiken.

---

50 Pellow: Landlords and lodgers, 2008: 5; Gilbert: Sudden death, 1988: 291, 307; Jenkins, Gilbert: King, His Soul and the Pastor, 2008: 368, Gilbert: Christian Executioner, 1995: 368, 372; Middleton: One hundred and fifty years, 1983: 13 f.; Thomas C. McCaskie: „Accumulation, wealth and belief in Asante history“, in: *Africa* 53 (1), 1983, S. 23–43.

51 Gilbert: Sudden death, 1988; Cohen, Atieno Odhiambo: Burying SM, 1992, Appiah: My father's house, 1992: 181–192.

52 Middleton: One hundred and fifty years, 1983: 12; Gilbert: Sudden death, 1988: 307.

6.2.1 Die ambivalente Wirkung von Zusammengehörigkeit

Tun und sichtbare Zeichen des Wohlergehens des einzelnen Mitglieds fallen auf die Gemeinschaft zurück. Und umgekehrt fällt Wirksamkeit, Geltung und Ansehen der Gemeinschaft auf das einzelne Mitglied zurück. Diesen Zirkel will ich im Weiteren zur Vereinfachung „Zusammengehörigkeit" nennen. Hierin trifft sich das Ganze wieder mit dem in Kapitel 6.1 beschriebenen Set von Argumenten, in welchem die Session Tun und Zugehörigkeit, normative Ordnung und Organisation, Einzelperson und Gemeinschaft als wechselseitig verschränkt ineinander überführt.

In den hier untersuchten Quellen wird der Nexus von Tun, Zugehörigkeit und der Geltung der kirchlichen normativen Ordnung in der Landvergabe und dem Entzug des Rechts, in Apenkwa zu leben, besonders zugespitzt greifbar.[53] Und so kommt die *Gegenseitigkeit* der Wirkung dieses Zirkelschlusses auch in der Frage zum Ausdruck, welchen Einzelpersonen das Privileg zuteilwird, Land zu erwerben. Für die Session bzw. die Kirche ist es einerseits interessant, prestige- und ressourcenträchtige Personen als ihre Mitglieder zu präsentieren und an ihre normative Ordnung zu binden. Denn der Bau auf Kirchenland macht die Zugehörigkeit dieser ‚angesehenen Mitglieder' manifest und unterstellt sie gleichzeitig sichtbar der kirchlichen Weisungsbefugnis. Das kann wiederum für Dritte die Relevanz und Geltung der normativen Ordnung der Kirche bezeugen.[54]

Diesen Zusammenhang scheint der Antragsteller in Fall 16 anzusprechen, wenn er sich und seine Frau am 1. August 1954 in der Session als „full members" im prestigeträchtigen Achimota College[55] vorstellt. Er merkt an, dass er durchaus bereit sei, den zuvor von der Session genannten christlichen Pflichten nachzukommen, dies allerdings erst auf Einladung der Session: „His wish is to be invited and then he would perform all duties as a Christian" (S. 95).

Andererseits stellt sich für die Session bzw. die Kirche stets die Frage, wen genau sie über das Privileg der Landvergabe in besonderer Weise als zugehörig markieren will, und über wen es sich lohnt, nachhaltig Autorität ausüben zu wollen. In Apenkwa stehen der Kirche bzw. der Session zum betreffenden Zeitpunkt umfangreiche Landressourcen zur Verfügung, und sie kann angesichts des zunehmenden Interesses an Landerwerb im Umland von Accra die Begünstigten unter den Mitgliedern

53 Hier wird quasi in umgekehrter Richtung die Wirkung von „social boundary institutions and categories of identity [that] are mobilized or imposed in attempts to regulate and structure land acquisition, tenure and transactions" deutlich (Lund, Boone: Land politics, 2013: 9). Siehe auch Kap. 5.1.1.

54 Freist: Praxeologie als Mikro-Historie, 2015: 70 f.

55 Das nord-nordöstlich im Nachbarort Achimota gelegene, 1927 eröffnete *Prince of Wales College* war eine der Insignien der kolonialen Entwicklungspläne und der neuen ghanaischen Bildungselite (Parker: Making the town, 2000: 196).

und potenziellen Mitgliedern gezielt wählen.[56] Als Ausdruck dieser Position kann auch die Entgegnung der Session gelesen werden:

> He was advised that he should have volunteered to do these social services – Sunday School which he said he is a specialist [in]. Children's service – Church choir etc. They should join the congregation in church going. Payment of church tax – [and] other taxes – They are to bring their [communion] cards etc. (S. 95 f.)

Die Session präsentiert sich hier in einer machtvollen Position: Sie beansprucht als ‚Verkäuferin' die Bedingungen der Transaktion zu bestimmen,[57] die hier auch Vorgaben zu einer bestimmten konformen Lebensführung jetzt und in Zukunft beinhalten. Die genannten Bedingungen zeigen dabei an, was die Transaktion für die Session, neben der oben beschriebenen ‚Aufwertung' bzw. Bestätigung der von ihr vertretenen normativen Ordnung, attraktiv macht: Sie verspricht, ihre Weisungsbefugnis auf einen weiteren Haushalt auszuweiten[58] und Ressourcen zu erschließen. Beides geschieht, indem die Session konkretes Tun (Kirchgang, Leistungen in Form der genannten „social services" und Steuern) einfordert, die den christlichen Lebenswandel und damit Zugehörigkeit gleichzeitig bedingen und markieren. Hierin erinnert die Herangehensweise der Session an das vorkoloniale Prinzip des „wealth in people": Ressourcen erwachsen der Session hier aus der Summe der ihr zugehörigen Personen qua der Verpflichtungen, die diese Personen als Mitglieder der Kirche gegenüber haben.[59]

Die Zugehörigkeit angesehener Mitglieder stellt also in Aussicht, die Wirksamkeit, Geltung und den hohen Stellenwert der eigenen normativen Ordnung nach außen zu präsentieren. Dies spricht den für die Session positiven Effekt der hier beschriebenen Zusammenhänge an. Doch der Zirkel wirkt nicht nur in positiver, sondern auch in negativer Richtung. Auch negativ bewertete Attribute und Fehlleistungen fallen auf die Gemeinschaft zurück.[60] Nicht nur, wenn Mitglieder das ‚Falsche' tun, sondern auch wenn Mitglieder und Außenstehende dieses ‚falsche' Tun als Ausdruck der Zugehörigkeit zur Kirche deuten oder die ‚falschen' Personen als Mitglieder einordnen, befürchtet die Session Schaden für die gesamte Gemeinschaft und den Stellenwert ihrer normativen Ordnung.

Dies zu vermeiden, ist die Stoßrichtung dessen, was die Protokolle als „speaking against evil" bezeichnen. Die Session sucht in den unterstellten Bezug zwischen

56 Siehe Kap. 3.1 und Kap. 5.1.1.

57 Chanock: Peculiar sharpness, 1991: 75.

58 Symbolisiert in der Kontrolle über die *communion card*, die eingefordert wird, siehe Kap. 5.3.1.

59 Mehr hierzu siehe Kap. 5.2.1.

60 Vgl. Feldprot. 24.7.2018: Gespräch S.A.A. und D.A., Apenkwa: 4.

Tun und normativer Ordnung einzugreifen, indem sie Zugehörigkeit entzieht und Tun als abweichend von der eigenen normativen Ordnung markiert. Dies geschieht über die Rechtspraktiken, die Kategorien, Dokumente und Verfahren, mit denen Tun und Personen entsprechend markiert und Zugehörigkeit graduell zu- und abgesprochen werden kann.[61]

So bearbeitet die Session die Ambivalenz der Zusammengehörigkeit durch die kirchlichen Rechtspraktiken. Ziel scheint dabei einerseits zu sein, von Seiten der Session zu kontrollieren, was die als zugehörig geltenden Personen – ebenso wie diejenigen, die sich im kirchlich beanspruchten Geltungsbereich aufhalten – tun. Andererseits sucht die Session zu bestimmen, wie beobachtetes Tun von den Beteiligten gedeutet wird und dabei ihre eigene Interpretation über die Session hinaus möglichst weitreichend durchzusetzen.

6.2.2 Beobachten und beobachtet werden

Die Wirkmächtigkeit der beschriebenen Zusammenhänge setzt ein Publikum voraus, das diese Deutungen nachvollzieht. Das bedeutet aber auch, dass die Session nicht die alleinige Deutungshoheit über diese Interpretationen hat. Sie ist weder die einzige Instanz, welche „christliches" Verhalten identifiziert, d. h. die Bezüge zwischen beobachtetem Tun und „our Christianity" herstellt, noch ist sie die einzige Instanz, die Inkongruenzen zwischen Sein und Sollen von „christlichem" Verhalten beobachtet.[62]

Als Herausforderung thematisiert die Session Situationen, in denen klar wird, dass die falschen Personen, nämlich *outsiders* anstatt sie selbst,[63] diese Funktion des Beobachtens und Markierens übernehmen. In solchen Fällen werden der Katechist, einzelne Presbyter oder die Session als Ganzes selbst zum Gegenstand der Beobachtung durch die eigene Gemeinde, durch die Kirchenöffentlichkeit[64] und ggf. auch durch das weitere Umfeld. Dies bedeutet, dass Rechtspraktiken von Seiten der übergeordneten kirchlichen Instanzen – und unter entsprechenden Umständen auch von Seiten der Laien – auch gegen die Session selbst gerichtet werden können.[65]

---

61 Siehe Kap. 5.2.

62 Siehe Kap. 6.2.4 und Kap. 6.1.

63 Zur Kategorie der *outsiders* siehe Kap. 5.2.3.

64 Z. B. in Form der Leserschaft des *Kristofoi Abɔfo* (Ga Version des *Christian Messenger*, Kirchenzeitschrift der PCG: ACIA 115B: Christian Messenger (Ga & Twi) 1954–1983).

65 Zu Formen, wie Recht gegen die jeweiligen Mächtigen gewendet wird: Pirie: Anthropology of law, 2013: 118–216. In den Protokollen lässt sich beobachten, wie Sessionmitglieder den Formalismus der rechtlichen Praktiken sowohl für als auch gegen die Mehrheitsverhältnisse in der Session mobilisieren. Zur Beobachtung durch die Gemeinde, welche sich gegen die Familie, insbesondere die Ehefrauen von Pfarrern der PCG richtet: Mary G. Asare-Ado: „The challenges of the woman of the

Dieser Effekt kommt an verschiedenen Stellen in den untersuchten Fällen zum Tragen. Besonders explizit ist dies bei einem der Protagonisten in den einführenden Fällen, der den Mechanismus gezielt einzusetzen scheint: Zweimal macht er sich durch das Markieren von Fehlleistungen anderer vor der Session vom Angeklagten zum Kläger. Er stellt damit zunächst nur implizit (Kap. 6.1.1), danach auch explizit und vor dem Pastor die Session als Markierungsinstanz in Frage (Kap. 6.1.3). Die Reaktion des Pastors auf diese Taktik ist ambivalent: „The pastor asked the catechist to see to the check of Mr [Larbi's] attitude [...] – although he [the pastor] confirmed the boldness of [Mr. Larbi] to maintain Christian principles at Apenkwa" (S. 220). Einerseits empfiehlt der Pastor, den Mann für seine eigensinnige und unbelehrbare Haltung der Session gegenüber zu rügen.[66] Andererseits begrüßt er die Verwegenheit, mit der Herr Larbi die christlichen Prinzipien im Ort verfechte.

Dass es hier explizit auch um eine Machtfrage geht, wird durch die Tatsache deutlich, dass der Protokollant Herrn Larbi anderenorts als „youngman" (S. 4) bezeichnet. Der Ausdruck bezeichnet gewöhnliche Einwohner, *commoners* ohne Amt und Autorität, mit wenig politischem oder ökonomischem Einfluss in der ‚traditionellen' Ordnung, aber mit potenzieller Sprengkraft, nicht erst in der politischen Großwetterlage der frühen 1950er-Jahre.[67] Ganz in diesem Sinne bringt Herr Larbi durch seine Anklagen eine ganze Reihe von Nachforschungen und Sanktionen, insbesondere auch gegen Presbyter und ihre Familienmitglieder, ins Rollen und er erhält zuletzt auch einen Posten in der Rechtsstruktur. Das zeigt, dass es sich hier um eine Ermächtigungsstrategie handelt, bei der sich ein Subjekt die Funktionsweise der kirchlichen Rechtspraktiken gerade in ihrer ambivalenten Wirkung zunutze gemacht hat.

Eine Form, die aus Sicht der Session negative Wirkrichtung dieser Zweischneidigkeit zu entschärfen, ist damit bereits angesprochen: Zumindest lässt sich die Vergabe des Postens der neu eingerichteten ‚police' in Apenkwa an Herrn Larbi in diese Richtung lesen. Die kritische Position und die ansonsten für die Session problematischen Beobachtungs- und Markierungsaktivitäten des betreffenden Mitglieds werden so in die eigene Beobachtungsstruktur eingebunden.[68]

---

manse: A case study of Presbyterian Church of Ghana", M.Phil. Thesis Study of Religions, University of Ghana, Legon, Ghana 2008.

66 „Having evinced stubbornness to the session" (S. 219).

67 Die Begriffe *youngman* und „youth" übersetzten den Ga Begriff *oblahii* bzw. die Twi Begriffe *nkwankwaa* und *mmerante*. Die Literatur gibt diese Begriffe als „commoners" oder „non-royals" wieder. Parteipolitisch verortete sich diese Bevölkerungsgruppe tendenziell auf Seiten der *Conventions People's Party* und war bereits in der ersten Hälfte des 20. Jh. im Zusammenhang mit der Agitation gegen etablierte lokale Autoritäten zentral, so auch in Accra (Parker: Making the town, 2000: 210 f.; Rathbone: Nkrumah & the chiefs, 2000: 23 f.).

68 Siehe Kap. 5.4.2.

6.2.3 Zugehörigkeiten und die Überschneidung von Handlungserwartungen (Fälle 42 und 42b)

Bei all dem ist zu bedenken, dass eine Person jeweils auf mehrere Referenzrahmen bzw. normative Ordnungen bezogen ist. Personen im untersuchten Kontext sind nicht nur Kirchenmitglieder, sondern auch Angehörige einer *we* oder *abusua*, *subjects* eines noch Kolonial- und bald Nationalstaates, Geschäftsfrauen, Beamte usw.[69] Daraus ergeben sich für sie verschiedene, potenziell konkurrierende Handlungserwartungen. Oder, positiv gewendet, es stehen ihnen unterschiedliche Handlungsoptionen offen.

Ein ausführlich dokumentiertes Beispiel, an dem sich diese Pluralität normativer Referenzordnungen besonders deutlich zeigen lässt, entwickelt sich aus einem Bestattungsfall im April 1955 (Fall 42 und Fall 42b). Am 3. April kommt ein Mitglied in die Session und berichtet den plötzlichen Tod seiner erwachsenen Tochter am Vortag. Die anschließende Prüfung ihres Kirchenstatus anhand der *communion card* ergibt,[70] dass es sich bei der Frau um ein ausgeschlossenes Kirchenmitglied handelt. Grund für den Ausschluss war ihre nicht den Vorgaben der Kirche entsprechende Ehe, die nicht offizialisiert und mit einem nicht christlich praktizierenden Mann geschlossen wurde. Sie selbst hatte in Apenkwa ebenfalls nicht an Gottesdiensten teilgenommen und auch keine Kirchensteuern bezahlt. Und so lautet das Verdikt der Session, dass die Verstorbene nicht christlich zu bestatten sei.

> [Akosua Obeng] expired yesterday abruptly when cooking – beating fufu.[71] The father [...] was present at session. The session enquired of her standing [with regard to church membership]. The catechist gave a report to the effect that (1) She was a communicant up to February 1951. During her marriage the payment of dowry was not reported to the session [and the marriage therefore not recognised by the church]. The father was rebuked and understood [...] [Further inquiry of the session found the man she was married to] [...] to be a man who was only baptised during his infancy. He has not been confirmed [...] or a communicant. As they [Akosua and this man] were in hurry to enter marriage before the man prepare his ways [...] the then district Pastor, advised that her [Akosuas] communion card is to be seized until her husband becomes a full communicant. They went to stay at Kumase after the marriage. They came back about two and half years ago. [Upon her return] she refused to go to church or pay any dues as a member. The catechist said he used to talk to her father [...] about it. About 3 $\frac{1}{2}$ weeks

69 Vgl. Kap. 3; Brubaker: *Ethnizität ohne Gruppen*, Hamburg: Hamburger Edition, 2007: 67 f., 76 (bezugnehmend u. a. auf Jean-François Bayart: *L'illusion identitaire*, Paris: Fayard, 1997); Richard Jenkins: *Social identity*, London: Routledge, 2004^2: 5.

70 Zur *communion card* siehe Kap. 5.3.1.

71 D. h. sie ist beim Mörsern der Fufu-Zutaten zusammengebrochen.

> ago he called [Akosua] and advised her to pay her church dues and attend church service. She should ask her husband for the money. About 2 $\frac{1}{2}$ weeks ago he [the catechist] reminded her [and] warned her to be quick. He has not seen her since [then] till her death. [One of the presbyters present] showed the excommunication[72] in her communion Ticket to the session [...]. The father [of Akosua] [...] confirmed the catechist's statement [and] referred to her non attendance of church – [he said she] excused herself [for her non attendance] with the seized ticket. The session decided that we can not go beyond the Rule/Regulation[73] and therefore she is to be left as a non Christian. No singing, no [Christian] burial. (S. 246–248, Name geändert, Einschübe und Auslassungen A.B.)

Da nun aus Sicht der Session bzw. des Katechisten im weiteren Verlauf genau das geschah, obendrein unter aktivem Zutun eines der in der Sitzung vom 3. April 1955 anwesenden Presbyter, entspinnt sich hieraus ein weiterer Fall (Fall 42b, siehe auch Kap. 6.2.4). Darin geht es um die Frage, ab wann, wodurch und für wen eine Bestattung als christliches Begräbnis gilt. Die Vorgänge werden für die genaue Beschreibung von konkurrierenden Interpretationen, welche die beobachteten Vorgänge mit religiöser Zugehörigkeit verbinden, und der Grenzen, Gewichtung und Reichweite konkurrierender und komplementärer normativer Ordnungen instruktiv sein.

Doch zunächst sei hier der weitere Fortgang des Bestattungsfalls geschildert: Noch bevor der Todesfall der Session zur Kenntnis und der Kirchenstatus der Verstorbenen zur Sprache gebracht worden waren, hatten zwei der Presbyter den Auftrag gegeben, dass auf dem Friedhof der Kirche ein Grab für Akosua ausgehoben werden soll. Für diesen Alleingang weist der Katechist sie zurecht (S. 248). Das ist aber erst der Anfang.

Vier Tage später, am 7. April 1955, wird einer der beiden Presbyter vor die Session geladen und eine Untersuchung gegen ihn eröffnet: Mit seiner Teilnahme an Gesang, Geleit zum Friedhof und Bestattung habe er sich wissentlich über die Entscheidung der Session hinweggesetzt. Er bestätigt die ihm vorgeworfenen Handlungen und bleibt, anstatt Reue zu zeigen, bei seiner Position:

> [He] said he has done all what has been alleged and therefore the Session is to tell him what they choose to – The elders tried to persuade him to express his regret, but he persisted. Despite remonstrations from individual members he maintained his opinion. After giving

72 Die Sachlage könnte Grund für eine Exkommunizierung gewesen sein (vgl. RPP 1953: § 221). Das beschriebene Bemühen, die Person zurückzugewinnen, richtet sich allerdings eher an Personen, gegen die eine mildere Variante des Ausschlusses „exclusion" verhängt wurde (vgl. RPP 1953: § 231).

73 Vermutlich als direkte Referenz auf die *Regulations Practice and Procedure* (RPP 1953) zu lesen.

us an excuse the Session decided that the case will be reported to the district pastor. (S. 253 f.)

Schon am darauffolgenden Tag wird der Fall vor dem *district pastor* zur Entscheidung gebracht. In seinem Bericht an den Pastor unterstreicht der Katechist von Apenkwa erneut folgende Punkte: Obwohl der betreffende Presbyter (1) um den Kirchenstatus der Verstorbenen und (2) um den Entzug der christlichen Bestattung für ausgeschlossene Mitglieder wusste, habe er ohne Absprache mit dem Katechisten ein Grab auf dem Friedhof der Kirche ausheben lassen. Überdies habe er bei der Beerdigung (3) die Trauergemeinde zum Singen angehalten und Gebete für die Verstorbene gesprochen – „both, to start singing and to start [the] journey to the cemetery. | 4. | He led the procession with hymns to the cemetery. |5. | He buried the dead" (S. 259 f.).[74]

Das Verhalten wird als grobe Missachtung des Katechisten und der ganzen Session, also der kirchlichen Hierarchie und Autorität eingestuft. Der Presbyter sei daher für sechs Monate sowohl von der Teilnahme an der Session als auch von der Teilnahme am Abendmahl zu suspendieren.[75] Analytisch besonders interessant ist nun die Reaktion des Presbyters auf dieses Verdikt und die Art und Weise, wie er sein Tun erklärt:

> He was then called. When the pastor Revd Laryea put before him [the charges] he admitted and took the full responsibility. When questioned he said he did that as a relative to the deceased. Upon further question by Revd Laryea as to what kind of burial he accorded her he said because he didn't read the liturgy[76] he thought it was not a mistake. When the question was repeated he replied „A Christian burial". Did you consult the catechist? Answer by [the presbyter] – „No". The pastor took [...] strong objection to this act and then awarded the punishment as recorded above. [That is] suspension from attending Lord's Supper and Session for six months. (S. 260 f.)

Aus der Aussage, er habe in dieser Sache als Verwandter gehandelt, lässt sich schließen, dass sich der Presbyter in einer Doppelrolle sah, die sich aus seiner Zugehö-

---

74 Zum Ablauf von Ga Bestattungsritualen: E. A. Ammah: „Funeral custom (Yara Femɔ)", in: Marion Kilson (Hg.). *Kings, priests, and kinsmen. Essays on Ga culture and society*, Legon-Accra: Sub-Saharan, 2016, S. 249–258. Zur Rolle von Gesang in nicht christlichen und in christlichen Bestattungen: Nketia: Geburt, Pubertät, Tod, 1968: 128 und 133.

75 Das Vorgehen entspricht dem von der RPP vorgesehenen Verfahren (RPP 1953: § 218, § 221, § 227, § 229).

76 Möglicherweise bezieht er sich hier auf die „Liturgy for Burial of Non-Communicants", d. h. für Mitglieder, die aber nicht zum Abendmahl zugelassen sind. Die *synod minutes* von 1953 erwähnen diese *liturgy* als vergriffen und zur Überarbeitung vorgesehen (PCG Synod Minutes 1953: 13).

rigkeit einerseits als Teil eines Familienverbunds, andererseits aus seiner Funktion als Presbyter und damit Vertreter der Kirche ergibt.

Er steht an diesem Punkt in einem potenziellen Loyalitätskonflikt im Hinblick auf die unterschiedlichen normativen Ordnungen, auf die sich die Familie einerseits und die Kirche andererseits beziehen. In seiner Rolle als Presbyter hat er die Vorgabe der Session zu vertreten, dass Ausgeschlossene nicht christlich bestattet werden. In seiner Rolle als Verwandter hat er ein angemessenes Begräbnis zu bewerkstelligen. Und in seiner Eigenschaft als christlicher Verwandter heißt „angemessen" für ihn – oder auch für die Familie – im Idealfall eine christliche Bestattung auf dem Friedhof der Kirche.[77] Das bedeutet, die Handlungserwartungen, die sich aus der jeweiligen Zugehörigkeit für ihn ergeben, widersprechen sich in diesem Fall diametral: Die normative Ordnung der Familie verlangt von ihm, beim Tod einer Angehörigen einen seiner Rolle entsprechenden Beitrag zur angemessenen Bestattung zu leisten. Dies ist im besprochenen Fall aus Sicht der Familie bzw. des Presbyters offenbar eine „christliche Bestattung" oder eine dieser Bestattungsform nahekommende. Dies kollidiert mit der normativen Ordnung der Kirche bzw. der Session, die vorsieht genau diese Art von Bestattung einer ausgeschlossenen (oder exkommunizierten) Person vorzuenthalten.[78]

6.2.4 Tun und die Gewichtung von normativen Ordnungen (Fälle 42a und 42b)

Aus Sicht der Session ist nicht eine Doppelrolle an sich problematisch, vielmehr ist die jeweilige Gewichtung der normativen Ordnungen im Fall einer Kollision entscheidend.[79] Das heißt konkret: entscheidend ist (a) welcher der Handlungsoptionen die Person in einem solchen Konfliktfall den Vorzug gibt und (b) als Ausdruck welcher Ordnung die Session das Tun, das stattgefunden hat, identifiziert. Wurden aus Sicht der Session die Ordnungen richtig gewichtet, d. h. liest sie das Tun als Ausdruck der von ihr vertretenen, christlichen normativen Ordnung, so gilt ihr dies als lobenswert, anderenfalls als problematisch.

---

77 Zur Bestattung als Ausdruck von Zugehörigkeit siehe auch Kap. 5.2.2; zur christlichen Bestattung in der PCG als Zeichen von Prestige und Zugehörigkeit: Gilbert: Sudden death, 1988: 297 f., 308; Middleton: One hundred and fifty years, 1983: 7, 13; vgl. auch Meyer: Translating the devil, 1999: 17, 20 f.

78 Zur Kollision von Erwartungen der Kirche und Familien vgl. Nketia: Geburt, Pubertät, Tod, 1968: 134 und Simensen: Christian Church, 2002: 150. Zu Bestattungspraxis gemäß RPP 1953 § 153–56 und eine ungefähr zeitgenössische Einschätzung der Praxis: Smith: Presbyterian Church of Ghana, 1966: 152 f.

79 Zu komplementären und konkurrierenden Verhältnissetzungen mehr in Kap. 6.3.5.

In den Protokollen rund um den hier diskutierten Todesfall kommt dieser Zusammenhang beinahe überdeutlich zum Ausdruck: Am Tag, als der Presbyter von der Session vorgeladen wurde, erschien der Vater der Verstorbenen beim Katechisten zum *speaking*.[80] Am darauffolgenden Tag vermerkt der Katechist im Protokollbuch dessen „good behaviour as a Christian" (S. 257, Fall 42a):

> The catechist reported [to the session] the good behaviour as a Christian by [...] [Akosua's father:] | 1. | He attended Church service when his daughter was laying dead whilst others not concerned remained. 2: He commanded his wife and children to [...] attend communion which they did including himself. | 3. | He paid 12/- [shillings] balance to complete his 1955 church tax on 7/4/55 speaking. (S. 257 f.)

Der Vater der Verstorbenen sei also während der Aufbahrung und Trauerphase vor der Beerdigung[81] samt Frau und Kindern zum Abendmahlsgottesdienst erschienen und habe zusätzlich die Kirchensteuern für das Jahr beglichen.

Positive Vermerke zu Mitgliedern kommen auch an anderen Stellen vereinzelt im untersuchten Material vor. Vor dem Hintergrund der obigen analytischen Überlegung erscheint dieser Eintrag am Ende des Protokolls zur Session-Sitzung am 8. April aber nicht von ungefähr. Unmittelbar nach diesem Eintrag folgt das Protokoll der Verhandlung vor dem *district pastor*, bei der es zur Suspendierung des Presbyters kommt.

Sowohl durch die zeitliche Nähe der Ereignisse und die direkte Abfolge der entsprechenden Einträge als auch durch ihre Charakterisierung stehen die beiden Männer im Protokollbuch buchstäblich nebeneinander. Bereits der erste Eintrag charakterisiert die beiden Männer unterschiedlich: Der Vater reagiert auf Zurechtweisung verständig und er bestätigt die Aussagen des Katechisten.[82] Der Presbyter hingegen schafft, obwohl er um den Kirchenstatus der Verstorbenen weiß und ohne Autorisierung, mit dem Grab auf dem Kirchenfriedhof Tatsachen, die der Ansicht des Katechisten zuwiderlaufen.

Mit dem Eintrag zum „good behaviour as a Christian" zeigt das Protokollbuch den Vater quasi als Gegenmodell des Presbyters in der Frage, wie mit einem potenziellen Rollenkonflikt richtig zu verfahren sei.[83]

---

80 Vorbereitungsgespräch, das für die Zulassung zum Abendmahl erforderlich ist, siehe Kap. 5.4.2.

81 Nketia: Geburt, Pubertät, Tod, 1968: 127–134.

82 „The father was rebuked and understood" (S. 246) und „She refused to go to church or pay any dues as a member. The catechist said he used to talk to her father [...] about it. [...] The father [...] confirmed the catechists statement & referred to her non attendance of church" (S. 247).

83 Weitere Details, die später (am 1.5.1955) zur Ehe der Verstorbenen rapportiert werden (S. 275), werfen ein etwas weniger vorteilhaftes Licht auf den Vater. Das unterstreicht umso mehr den

Dass der Vater trotz der Aufbahrung der verstorbenen Tocher am Gottesdienst teilnimmt, dass er seine Frau und seine Kinder (d. h. die Kernfamilie) dazu bringt, es ihm gleich zu tun und dass er die Kirchensteuern begleicht, bedient kirchliche Erwartungen. Damit gilt sein Tun hier als Indiz, das zeigt, dass er die normative Ordnung der Kirche in den Vordergrund stellt. Weil die Kirche ihn als Vater ebenfalls im Rollenkonflikt zwischen Verwandtschaft und Kirchenmitgliedschaft sieht, zeigt sich hier die aus ihrer Sicht richtige *Gewichtung* der normativen Ordnungen, die das „good behaviour as a Christian" ausmacht. Dem Vater wird gerade aufgrund des antizipierten Rollenkonflikts besondere Standhaftigkeit attestiert. Er steht somit in umso größerem Kontrast zu den anderen, die nicht direkt betroffen seien – „others not concerned" – und die dennoch den Bestattungspraktiken den Vorrang gegeben haben.[84] Ob dem Katechisten auch der Presbyter, der die Frau bestattet hatte, als „not concerned" gilt, wird in den Formulierungen nicht deutlich. Das wäre wohl auch davon abhängig, ob die betreffende Familie zu einer patrilinearen Gruppe (wie i. d. R. die Ga *we*) oder zu einer matrilinearen Gruppe (wie die Akan *abusua*) in Apenkwa gehört. Das Primat, das der Katechist im Speziellen und die Kirche im Allgemeinen der patrilinearen, patriarchalen Kernfamilie beimisst (S. 247, 258), dürfte hier bei der Unterscheidung zwischen „Betroffenen" und „Nichtbetroffenen" zentral gewesen sein.[85]

Dass nun aus Sicht des Presbyters er selbst durchaus als Betroffener zu verstehen sein dürfte, wurde bereits deutlich. Seine Teilnahme an Praktiken, von denen er annehmen konnte, dass sie die Beschlüsse der Session konterkarierten, habe er rundheraus zugegeben (S. 253) und mit seiner Rolle als Verwandter der Verstorbenen begründet (S. 260). Das zeigt, dass für ihn hier die normative Ordnung der Session ebenso wie die normative Ordnung der Familie (*abusua/we*) relevant sind. Dass er seine familiäre Rolle über die Beschlüsse der Session und Hierarchien der Kirche stellt bzw. den Konflikt in Kauf nimmt, zeigt, dass er in diesem Fall die normative Ordnung der Verwandtschaft stärker gewichtet. Dass er in den darauffolgenden Befragungen die volle Verantwortung für sein Handeln übernimmt, keine Reue zeigt und auch unter Zurechtweisung und Androhung von Sanktionen bei seiner Position bleibt, macht deutlich, wie wichtig ihm die normative Ordnung der

Eindruck, dass es in den Aufzeichnungen vom 8. April 1955 um eine Inszenierung von Personen als Verkörperung des richtigen und falschen Handelns geht.

84 Zur Wichtigkeit der Teilnahme an Trauerritualen im Ga Kontext: Kropp Dakubu: Creating unity, 1987: 516.

85 Gilbert: Sudden death, 1988; Cohen, Atieno Odhiambo: Burying SM, 1992. Im Erbrecht kam in Ghana die Divergenz von patrilinearen Verwandtschaftskonzepten im christlichen Eherecht im Gegensatz zur matrilinearen Akan *abusua* besonders prononciert zum Tragen und wirkte sich insbesondere zu Ungunsten von Witwen aus. Die Divergenz konnte Quelle von Konflikt aber auch Ressource für rechtlichen Spielraum sein (Gocking: Competing systems, 1990: 604–610).

Familie ist, welche zumindest aus Sicht der Session an diesem Punkt als ‚andere' Ordnung gilt.

Während die fehlende Reue in den Augen der kirchlichen Autoritäten die Schwere des Falls unterstreicht,[86] bietet die Aussage „because he didn't read the liturgy he thought it was not a mistake" (S. 260) eine andere Lesart an: Diese besagt, dass der Presbyter in seinem Tun durchaus die normative Ordnung der Kirche – nämlich ein der Liturgie entsprechendes Begräbnis der Ausgeschlossenen vorzuenthalten – zur Geltung kommen ließ. Damit bietet er in der Befragung durch den Pastor eine alternative Kategorisierung seines Tuns an, mit der sich sein Loyalitätskonflikt auflösen lassen würde. Die Sanktion aber zeigt, dass die Kirche nicht gewillt ist, das Tun des Presbyters in diesem Sinne zu deuten. Vielmehr setzt sich in der Darstellung die Deutung der Vorgänge als „Christian burial" durch.

Wenn ein Presbyter sich an einem als „Christian Burial" verstandenen Vorgang beteiligt, oder diesen anleitet, gilt das nicht an sich als falsch – anders als wenn der entsprechende Vorgang als lokal religiös gelten würde.[87] Im hier diskutierten Fall gilt die Beteiligung des Presbyters aber als falsch, weil die christliche Bestattung einer Person zukommt, die nicht bzw. nicht mehr dazu gehört – einer Person also, der diese Art der Bestattung nicht zukommen darf, weil diese als positive Sanktion und damit als Ausdruck von Zugehörigkeit gelesen wird. Die Teilnahme des Presbyters gilt außerdem als falsch, weil er sich dabei wissentlich über die Kirchenhierarchie hinweggesetzt hat und weil die Session in seinem Tun die falsche Gewichtung seiner Rollen sieht. Sie hätte lieber die Variante, die der Vater der Verstorbenen gewählt hat: Er ist zwar auch verwandt, gewichtet aber das Relevanzsystem der Kirche höher. Letzteres macht die Session an seinen Gottesdienstbesuchen und den frühzeitig bezahlten Kirchensteuern fest.

In der Figur des Presbyters, der als Verwandter handelt, und jener des Vaters, der zur Kirche geht (Fall 42a), ließ sich hier nachzeichnen, auf welche Weise Tun, Zugehörigkeiten und normative Ordnungen wechselseitig verknüpft werden. In der Kritik der Protokolle am Vorgehen des Presbyters und ihrem Lob an den Vater wurde deutlich, wie bestimmtes Tun – Trauernde zum Singen und Beten auffordern, seine Kirchensteuern zahlen etc. – für die Gewichtungen von normativen Ordnungen zu stehen kommen. Der Fall des suspendierten Presbyters (Fall 42b) hat gezeigt, dass die Bewertung der beobachteten Sachverhalte jeweils davon abhängt, wessen Ausdeutung der Gewichtung sich als relevant, d. h. im betreffenden Fall als gültig durchsetzt.

---

86 Zur Reue bzw. fehlenden Reue als Kriterium zur Bewertung der Schwere von Vergehen siehe RPP 1953: §221. Auf Reue als Voraussetzung für ein Ende der Suspendierung spielt einer der beiden anwesenden Pfarrer auch am Ende des Protokolls nochmal an (S. 261).

87 Siehe Kap. 6.3.5.

6.2.5 Geltung als Wirksamkeit und Reichweite

Mit der Sanktion des Presbyters setzten die Session und der *district pastor* nicht nur ihre Lesart davon durch, was als christliche Handlung gilt und was nicht, womit die Deutungshoheit in dieser letztlich theologischen Frage wieder bei den kirchlich sanktionierten Instanzen und ihrem ordinierten Personal anstatt bei einem Laienmitglied liegt. Sie erhalten durch die Sanktion gegen den Presbyter auch – kontrafaktisch und im Nachhinein – ihr Monopol auf die symbolische Handlung „christliche Bestattung" sowie deren Exklusivität für Mitglieder aufrecht. Überdies wird dabei die kirchliche Hierarchie wiederhergestellt, deren aktive Missachtung durch den Presbyter in den Protokollen als der zentrale Grund für das Strafmaß erscheint. Sowohl die positive Sanktion des Vaters durch das Dokumentieren seines „good behaviour as a Christian" (S. 257 f.) als auch die negative Sanktion des Presbyters durch seinen Ausschluss aus Amt und religiöser Praxis machen die Grenze der Zugehörigkeit explizit. Im ersten Fall wird diese zu-, im zweiten – zumindest vorübergehend – abgesprochen. Die Markierung von Zugehörigkeit und ihrem Gegenteil ist die praktische Stellschraube, über welche die Kirche hier ihre normative Ordnung geltend macht.

In der hier nachgezeichneten Logik[88] zeigt das Tun an, dass bzw. ob das Relevanzsystem der Kirche von einer Person als das maßgebliche gesetzt wird – jeweils abhängig davon, wie die Session und andere Akteure den Sachverhalt deuten. Präziser noch: Wie jemand die für ihn potenziell relevanten normativen Ordnungen gewichtet, zeigt die Wirksamkeit der entsprechenden normativen Ordnung an. Individuelles Tun kann so als Indiz dafür gelten, ob die normative Ordnung, für welche die Kirche steht, im spezifischen Fall wirksam ist oder nicht. Während im Tun des Vaters die normative Ordnung der Kirche aus Sicht der Session zur Geltung kommt, wird dieser Ordnung aus Sicht von Session samt Pfarrer erst durch die Suspendierung des Presbyters wieder Geltung verschafft. Indem sie ihre Rechtspraktiken einsetzen, suchen Session und Pfarrer den Zusammenhang von Tun und normativer Ordnung in ihrem Sinn zu bearbeiten. Dies tun sie einerseits, um der von ihnen vertretenen normativen Ordnung Geltung für die Art und Weise zu verschaffen, wie vergangenes Tun gedeutet wird, andererseits um deren Einfluss auf zukünftiges Tun zu erwirken.

Wirksamkeit

Geltung im Sinne der sichtbaren Wirksamkeit in konkreten lebensweltlichen Zusammenhängen ist in einem Kontext besonders brisant, in welchem identifizierbare

88 Der Begriff „Logik" meint hier allgemein den Eigensinn der jeweiligen Diskurse.

Wirksamkeit als der maßgebliche Faktor dafür gilt, ob ein spezifischer Gott weiterhin als verehrungswürdig oder ein spezifisches Ritual weiter als durchführenswert erachtet wird oder nicht.[89] Dies wird nur noch verstärkt in einem religiös pluralen Umfeld und durch die Bedeutung, die im beschriebenen Deutungsmechanismus den kircheninternen und kirchenexternen „outsiders“ als Mitbeobachter zukommt (Kap. 6.2.2).

In dieser Blickrichtung auf die Geltung normativer Ordnungen stehen die Vorgänge der Interpretation und Beurteilung von Tun im Zentrum der Analyse. Es geht hier um *Geltung als Wirksamkeit*, d. h. um die Frage, ob die normative Ordnung der Session im beobachteten Tun zur Geltung kommt und wirksam ist. Von wem, wo und wann wurde den Erfordernissen der Session entsprechend gehandelt, d. h. die normative Ordnung der Session aktualisiert und nicht eine andere? Geschah dies in der von der Session vorgesehenen Weise und durch die von ihr als richtig und relevant befundenen Personen? Der Blick auf Geltung als Wirksamkeit untersucht, ob die Session oder andere Akteure – in ihrer retrospektiven Deutung der beobachteten Vorgänge – die Ordnung der Kirche als handlungsleitend bzw. das Tun als Ausdruck der kirchlichen Ordnung verstehen.

Reichweite

Eine zweite Blickrichtung auf Geltung bezieht sich darauf, welches Verhältnis die Beteiligten zwischen ‚ihrer‘ und ‚anderen‘ normativen Ordnungen entwerfen. Mit dem Blick auf *Geltung als Reichweite* geht es um die Frage, für wen, wo und in welchen Fällen die normative Ordnung der Session Geltung für das Tun beansprucht. Im Zentrum der Analyse steht hier also der ex ante formulierte Anspruch des betreffenden Gremiums, die geltende und damit handlungsleitende Norm zu setzen und das im betreffenden Fall maßgebliche (Rechts-)Forum zu sein.

Während die in der ersten Blickrichtung thematisierte „Geltung als Wirksamkeit im Tun“ für die in diesem Kapitel (Kap. 6.2) beschriebenen Zusammenhänge maßgeblich war, wird die zweite Blickrichtung auf „Geltung als Reichweite“ besonders für das nächste Kapitel (Kap. 6.3) relevant.

Die *Reichweite* der normativen Ordnung der Session bzw. ihres Geltungsanspruchs kann analytisch entlang von drei in der Praxis sich überlappenden

89 Das kam in der Einleitung von Kap. 6.2 sowie in Kap. 6.2.1 bereits im Zusammenhang mit der Auswirkung der Prosperität Einzelner für das Kollektiv zur Sprache. Siehe auch Gyekye: African philosophical thought, 1987: 137; Meyer: Translating the devil, 1999: 12 f., 105; Parker: Witchcraft, anti-witchcraft, 2004; Gilbert: Sources of power, 1989.

Dimensionen differenziert werden als ein territorialer, ein funktionaler und ein personenbezogener Jurisdiktions-Anspruch.[90]

Die *territoriale* Reichweite bezieht sich auf die Ausdehnung des Ortes, über den die Session für ihre normative Ordnung vorrangige Geltung beansprucht. Es geht um die Deutungshoheit darüber, welche Art von Tun an diesem Ort zulässig ist bzw. toleriert wird. Zur Geltung kommt das in einem Fall, bei dem die Session einer Gruppe von Personen in Apenkwa das Glücksspiel verbietet (S. 3, 4 f.). Im Hinblick auf ihre territoriale Reichweite sucht die Session jeweils zu klären, ob der fragliche Vorfall an einem Ort geschah, über den sie Deutungshoheit beansprucht. Das geschieht beispielsweise in der Frage, ob die *wɔyei* (Fall 36) sich überhaupt auf dem Land der Kirche aufgehalten haben oder nicht.

Die *funktionale* Reichweite betrifft die Frage, für welche Rechtsbereiche, d. h. für welche inhaltlichen und thematischen Fragen die Session Geltung beansprucht. Mit der Meldung des Todesfalls und der Bestattungsfrage geht es im oben besprochenen Fall 42 z. B. durchaus um eine Sache, in der die Session Geltung beansprucht. Die Reichweite des territorialen wie auch des funktionalen Geltungsanspruchs der Session ist in Apenkwa als *Christian town* und mit dem aus ihren Reihen gestellten *chief* verglichen mit Gemeinden an anderen Orten ungleich umfassender.[91]

Die *personenbezogene* Reichweite hängt hingegen von der identifizierten Zugehörigkeit ab, also davon, ob die fragliche Person aus Sicht der Session zu einer Kategorie von Personen gehört, welche der Deutungshoheit der Kirche untersteht. In dieser Geltungsdimension korreliert die Grenze der Gruppe der Zugehörigen mit der Grenze des kirchlichen Einflusses, d. h. der Grenze der Geltung des kirchlichen Rechts. Dass Zugehörigkeit und ihre Gegenteile graduelle Abstufungen besitzen und dass die Grenze des Deutungsanspruchs – insbesondere in Kombination mit dem territorialen Geltungsanspruch – ein Stück weit über die Grenze der Gemeinschaft hinausgeht, wurde im Kapitel 5.2 mit den dort beschriebenen Kategorien deutlich.[92]

Wenn nun aber die Grenze der Gruppe der Zugehörigen gleichzeitig einer der Grenzen der Reichweite entspricht, wirkt sich die Zugehörigkeitsbegrenzung, z. B. durch den Ausschluss oder die Kategorie „delinquent", ambivalent auf die Geltung

90 Die Unterscheidung orientiert sich an den von Lund und Boone im Hinblick auf Landrecht unterschiedenen Arten von Jurisdiktionsansprüchen und -foren (Lund, Boone: Land politics, 2013: 4).

91 Gilbert: Christian Executioner, 1995; emblematisch ist die Auseinandersetzung zwischen der PCG und Nana Ofori Atta, König des Staates Akim. Letzterer verbittet sich in seinem 1941 in der *Synod* verlesenen Memorandum Übergriffe der Kirche insbesondere mit Blick auf die funktionale Dimension der rechtlichen Reichweite (Simensen: Christian Church, 2002: 148–153).

92 Dies gilt insbesondere bzgl. Duldung von Ausgetretenen, Ausgeschlossenen und Exkommunizierten auf dem Land und für die Kategorie der *delinquent members*.

der Session und ihrer normativen Ordnung aus. Mit dem Entzug von Zugehörigkeit bzw. der Markierung der Person und ihres Verhaltens als nicht oder nur teilweise zugehörig sichert die Session zwar ihre Autorität, ihr Prestige und ihre Glaubwürdigkeit. Sie tut dies, indem sie die interpretative Verschränkung von Tun, Zugehörigkeit und normativer Ordnung über ihre rechtlichen Praktiken zu moderieren sucht. Diese Verschränkung führt in der Konsequenz aber dazu, dass die so markierte Zugehörigkeitsbegrenzung – z. B. der Entzug der *communion card* (Fall 42) oder die Suspendierung des Presbyters (Fall 42b) – nicht nur ex post die normative Ordnung der Session wirksam werden lässt, sondern gleichzeitig einen Verlust an Reichweite bedeutet. Denn erstens sind die Autorität und andere Ressourcen der suspendierten Person nicht mehr im Dienst der Kirche wirksam. Zweitens kann die normative Ordnung der Kirche für diese Personen auch nicht mehr in gleichem Maß wie zuvor Gültigkeit beanspruchen. So paradox dies klingt: Mit dem Absprechen von Zugehörigkeit *sichert* die Session die Geltung der von ihr vertretenen normativen Ordnung und *reduziert* sie zugleich.

6.2.6 Kirchliches Recht und die Verbindung zwischen Tun und normativer Ordnung

Für die hier entwickelte analytische Perspektive ist der Bezug zwischen beobachtetem Tun einerseits und Zugehörigkeit andererseits also erst das Ergebnis einer retrospektiven Interpretationsleistung. Die Interpretationsarbeit macht dabei das fragliche Tun zunächst zum Gegenstand der Beobachtung und schreibt ihm sodann eine spezifische Bedeutung zu. Dies geschieht, indem die Akteure das beobachtete Tun mit einer der potenziell möglichen normativen Ordnungen in Beziehung setzen, als deren Ausdruck das fragliche Tun nun verstanden wird. Dabei ist eine Vielzahl von Interpretationen ein und desselben Tuns möglich.

Vieldeutigkeit entsteht so nicht nur prospektiv durch die teils widersprüchlichen Maßgaben und Handlungserwartungen der verschiedenen Referenzrahmen, denen eine Person angehört. Auch retrospektiv kann das Tun einer Person als Ausdruck unterschiedlicher, potenziell für sie relevanter Zugehörigkeiten gedeutet werden. Genauer gesagt, die Session, aber auch andere Akteure lesen das Tun einer Person als das Ergebnis der Gewichtung, die diese Person zwischen den verschiedenen für sie potenziell relevanten Referenzrahmen vorgenommen hat. Der Zusammenhang von Tun und Zugehörigkeit ist also in der Praxis ein situativer und Tun ist aus dieser analytischen Perspektive nicht länger direkt der Marker für Zugehörigkeit. Vielmehr gilt es als Indikator für die Gewichtung der potenziell relevanten Ordnungen, als deren Ausdruck das Tun gedeutet wird.

Die Interpretation der Session kann dabei mit den Deutungen kollidieren, welche die handelnde Person oder andere Akteure innerhalb wie auch außerhalb der Session und der Kirche von diesem Sachverhalt vornehmen. So steht – zumindest potenziell und abhängig von den jeweiligen Machtbeziehungen im beobachteten Fall – zur Disposition, ob sich die Lesart der Session durchsetzt und welche der möglichen Interpretationen innerhalb der Session die Oberhand gewinnt.[93]

Der Zusammenhang ist also nicht nur grundlegend situativ und prozessual zu denken, sondern auch als potenziell umstritten. Es ist dieser prozesshafte, situationsabhängige und vieldeutige Charakter von ‚Bedeutung', den eine praxeologische Perspektive zugänglich macht, indem sie die lebensweltliche Produktion von Bedeutung, d. h. von jeweils zeitgenössischen Sinnhorizonten als Ergebnis von Tun bzw. von Praktiken thematisiert. In den Praktiken wirken routinierte Wiederholung und konstante Verschiebungen zusammen. Sie sind somit gleichzeitig für die Beharrungskraft wie für die Veränderlichkeit von sozialer Ordnung und sozialem Sinn verantwortlich.[94]

Dieser in konstanter Veränderung und Reproduktion begriffene Charakter – ich bin geneigt, ihn als „prekär" zu bezeichnen, aber das würde fälschlich die Diagnose eines Defizits unterstellen – macht die konstante Bearbeitung des Zusammenhangs zwischen Tun, normativer Ordnung und Zugehörigkeit durch die Session nötig. Diese Bearbeitung geschieht durch die in Kapitel 5 ausgebreiteten rechtlichen Praktiken, allen voran die Verfahren der Markierung und die mit ihnen verbundenen Kategorien und Dokumente.

Diese Praktiken sind die praktischen Mittel, mit denen die Session den Kampf um das aus ihrer Sicht ‚richtige' (d. h. ihrer normativen Ordnung zuträgliche) Funktionieren dieses Zusammenhangs führt. So lässt sich die Markierung von Personen als *delinquent members* in dieser analytischen Perspektive als ein Versuch lesen, den Zusammenhang von Tun, Zugehörigkeit und normativer Ordnung von Seiten der religiösen Organisation zu steuern, um ihn nicht den verschiedenen „outsiders" zu überlassen.

Dies ist wichtig, weil der untersuchte Diskurs davon ausgeht, dass erstens das Tun Einzelner auf die Gemeinschaft zurückfällt und umgekehrt und dass zweitens dieser Effekt für die Kirche sowohl positive als auch negative Wirkung zeitigen

93 Mit dem retrospektiven prozessualen Charakter, dem Überschuss möglicher Deutungen und der Kopplung mit dem Außen (Umwelt) weist der hier beschriebene Deutungsprozess Eigenschaften auf, die in der Organisationssoziologie unter dem Begriff *sensemaking* thematisiert werden. Eine klassische Position hierzu ist Karl E. Weick: *Sensemaking in organizations*, Thousand Oaks, Calif.: SAGE, 2010: 17–63.

94 Hilmar Schäfer: „Praxis als Wiederholung. Das Denken der Iterabilität und seine Konsequenzen für die Methodologie praxeologischer Forschung", in: Hilmar Schäfer (Hg.). *Praxistheorie. Ein soziologisches Forschungsprogramm*, Bielefeld: transcript, 2016, S. 137–159: 138. Lucas Haasis, Constantin Rieske: „Historische Praxeologie. Zur Einführung", in: Lucas Haasis; Constantin Rieske (Hg.). *Historische Praxeologie. Dimensionen vergangenen Handelns*, Paderborn: Ferdinand Schöningh, 2015, S. 7–54: 39–41.

kann (Kap. 6.2.1 und Kap. 6.2.2). Denn der in der Deutung der Akteure hergestellte Zusammenhang zwischen Tun, normativer Ordnung und Zugehörigkeit bestimmt im Positiven wie im Negativen mit über Relevanz und Ansehen, Macht und Wirksamkeit der Kirche und beeinflusst damit die Reichweite der Geltung ihrer normativen Ordnung.

6.3 Reichweite, Einbettung, Grenzarbeit – Die normative Ordnung der Session in ihrem Verhältnis zum pluralen Umfeld

Das vorangehende Kapitel 6.2 zeigte das Verhältnis normativer Ordnungen als das fortlaufend produzierte *Ergebnis* der von mir analysierten Prozesse. Das Verhältnis äußert sich in der Art und Weise, wie die Session nachträglich das Tun von Personen als Ausdruck der Wirksamkeit einer bestimmten normativen Ordnung deutet.

In diesem Kapitel wende ich den Blick nun von der Geltung als nachträglich beurteilte Wirksamkeit zur Geltung als Anspruch auf Reichweite (vgl. Kap. 6.2.5). Der Anspruch auf Reichweite geht dem Beobachten, Markieren und somit dem Deuten von Tun voraus. In dieser Perspektive zeigt sich das jeweilige Verhältnis normativer Ordnungen nicht als Ergebnis, sondern als *Voraussetzung* von Tun und dessen Bearbeitung.

Beide Seiten dieser Wechselwirkung sind in der praxeologischen Lesart, in der ich hier die rechtlichen Praktiken dieser religiösen Organisation untersuche, relevant.[95] Denn die Session braucht die Rechtspraktiken, um ein Verhältnis ihrer normativen Ordnung gegenüber anderen Ordnungen zu entwerfen. Gleichzeitig sind diese Praktiken in ihrer konkreten Form das Ergebnis des Verhältnisses, das die Session zuvor entworfen hat. Umgekehrt ist aber auch der Inhalt der normativen Ordnung der Session das jeweils vorläufige Produkt des Verhältnisses, das sie zu den Inhalten anderer normativer Ordnungen postuliert. Dies tut sie mit ihren Rechtspraktiken, wie in diesem Kapitel anhand konkreter Fälle deutlich werden wird.

Der Fokus in diesem Kapitel liegt auf folgenden Fragen: Wie praktiziert die Kirche ihr Verhältnis zum rechtlich wie auch religiös pluralen Außen? Wie gliedert die Session aus ihrer Perspektive dieses Außen? Und welche Arten von Verhältnissetzungen lassen sich im hier untersuchten Material unterscheiden? So entsteht ein präzises Bild davon, wie die Session als Rechtsforum wie auch mit ihren Rechtsmitteln im Kontext eingebettet ist (Kap. 6.3.3 und Kap. 6.3.4) und in welchen verschiedenen Varianten sie über ihre Rechtspraktiken mit diesem Kontext interagiert, kollidiert und koaliert (Kap. 6.3.5 und Kap. 6.3.6). Damit widmet sich das Kapitel der dritten der drei Untersuchungsfragen: Wie setzt diese religiöse Organisation

95 Schäfer: Praxis als Wiederholung, 2016: 138.

sich über die rechtlichen Praktiken zum pluralen Kontext ins Verhältnis? Also, wie verhalten sich die kirchlichen Rechtspraktiken zu den in ihrem Umfeld vorhandenen normativen Ordnungen und welches Verhältnis entwerfen die Praktiken dabei zwischen den Ordnungen?

Dafür sind zunächst zwei grundlegende Voraussetzungen deutlich zu machen: Erstens, dass die Kirche – konkret die Session – nicht für einen monolithischen normativen Referenzrahmen steht (Kap. 6.3.1) und zweitens, dass und wie sich das von der Session antizipierte Außen in den kirchlichen Rechtspraktiken auswirkt (Kap. 6.3.2).

6.3.1 Presbyter vs. Catechist, Town vs. Mission, Congregation vs. Church – Für welche normative Ordnung steht die Session?

Bisher war hier von der „normativen Ordnung, für welche die Session steht" die Rede; nun gilt es, auch diese Formel noch präziser zu beleuchten. Denn wie in der Objektsprache die unterstellte Kongruenz von Tun und Zugehörigkeit, so ist auch in der hier verwendeten Analysesprache die Übereinstimmung von Session, Kirche und christlicher normativer Ordnung eine Behelfskonstruktion. Diese gilt es konsequenterweise ebenfalls analytisch zu entflechten.

In der Konzeption der vorliegenden Analyse steht die „Session" – konkret die Session von Apenkwa bzw. die Aufzeichnungen dieses Gremiums – für die zu untersuchende religiöse Organisation. Die in den Protokollen präsentierten Presbyter, der Katechist, der Pfarrer, die Antragsteller, Klägerinnen und vorgeladenen Personen sind in ihrer Interaktion, ihren wiedergegebenen Aussagen und ihren entworfenen oder benutzten Dokumenten – bildlich gesprochen – die fleischgewordene Kirche vor Ort.

Ganz abgesehen davon, dass jedes einzelne der Sessionmitglieder selbst als Privatperson unterschiedliche (Mehrfach-)Zugehörigkeiten und Relevanzsysteme hat (vgl. Kap. 6.2.3), vereint die Session auch strukturell zwei Logiken: In der Organisationsstruktur der PCG beinhaltet die Session durch ihre Zusammensetzung die Vertretung des Ortes (Presbyter, hier inklusive *chief*) und die Vertretung der Kirche als überregionale Struktur (die sogenannten *agents*, d. h. Katechist und ggf. Pfarrer).[96]

Dass diese beiden Komponenten der Session unterschiedlichen Logiken, Referenzrahmen und Argumentationen folgen, kam bereits in den Einstiegsfällen zu diesem Kapitel zur Sprache. Die Fronten verlaufen in diesem Fallbündel v. a. zwischen dem Katechisten und den Presbytern. Der Katechist bringt „shortcomings

96 RPP 1953: § 9; Feldprot. 29.7.2018: Gottesdienst I, Apenkwa u. a.: 3; Feldprot. 1.8.2018: Dokumente u. a., Apenkwa, Achimota: 2 f.; Feldprot. 5.8.2018: Gottesdienst II, Apenkwa: 2.

& bad behaviour" der Presbyter aufs Tapet (Kap. 6.1.3, Fall 37a) und unterstreicht den Stellenwert der Zusammengehörigkeit (Kap. 6.1.1). Die Presbyter hingegen plädieren für die Teilautonomie der Haushalte und der *extended family*. Diese Konstellation verhindert nicht, dass es auch, wie beim Fall der „priestesses", Allianzen zwischen einzelnen Presbytern und dem Katechisten gibt (Kap. 6.1.2, Fall 36), was im Protokoll explizit Erwähnung findet (S. 141, 153).

Mit dem Fokus und den Anliegen des Ortes und der Gemeinde Apenkwa einerseits und denjenigen der überregional agierenden Kirche andererseits vereint die Komposition der Session strukturell zwei Referenzrahmen, die häufig nicht kongruent sind. Dass dies Anlass zu Kompetenz- und Hierarchiekonflikten bietet, hat die Analyse in Sachen Landvergabe am Beispiel des von der Session angeregten und vom *Synod Committee* kassierten Kodifizierungsprojekts gezeigt (Kap. 5.1.2).

Ein anderes Beispiel ist der in Kapitel 5.3.3 als Dokument diskutierte Ortsplan, den die Session zu Referenzzwecken aufzuhängen gedachte (Fall 0). Dort zeichnete sich an der praktischen Frage, wo genau der Plan aufzuhängen sei, die Inkongruenz der Referenzrahmen und die Spannung zwischen den beiden Polen in der Session – zwischen „town" und „mission" – ab. Auf Akteursebene ist die Spannung auch dort in der Opposition zwischen dem Katechisten und den Presbytern, insbesondere dem *senior presbyter* und *chief* verkörpert.

Auf den ersten Blick geht es in diesem Fall um eine Hierarchie und Kompetenzfrage: Wer kann auf dieser untersten kirchenhierarchischen Ebene, der sessionsinternen Ebene, die Übersicht und die Hoheit über die Verwaltung oder Vergabe des Landes von Apenkwa beanspruchen, das auf der Karte repräsentiert ist? Das macht der protokollierende Katechisten als Äußerung des *senior presbyters* und *chiefs* explizit: Der Plan sei für den Ort und nicht für die Kirche aufzuhängen:

> When the catechist reminded the Session of our decision to hang it for reference at the mission house hall; Mr. Dormon objected [...] [that the plan] is for the town and not for the mission to be hanged as such. The other presbyters seconded him. (S. 47)

Doch was hier kollidiert, ist möglicherweise grundsätzlicherer Natur: Was dieser Plan repräsentiert, *worüber* das Dokument also Überblick gibt, scheint divergierenden Logiken zu folgen. Daraus entspringt die Frage, wer über den symbolischen Akt, den Plan aufzuhängen, legitimerweise seinen Zugriff auf das Dargestellte repräsentieren soll. Meine Interpretation setzt hier bei den unterschiedlichen Bezeichnungen für den Plan an, die sich in den Protokolleinträgen finden: Zunächst bezeichnen die Protokolle und Tagesordnungen das Dokument als „Map of Apenkwa" (S. 10, 15), „Apenkwa district map" (S. 15, 43) oder „Apenkwa plan" (S. 16). Als der Plan der Session dann vorliegt, nennt ihn das Protokoll vom 9. Mai 1954 hingegen „Achimota & district land plan" (S. 46). Letzteres entspricht möglicherweise der staatlichen bzw. kolonial-administrativen Bezeichnung der dargestellten Gegend, wie er sich auf dem Dokument fand.

In der PCG ist „Apenkwa" als Außenstation eine eigene, wenn auch untergeordnete, organisatorische Einheit.[97] Die administrative Struktur der „new suburban wards", von denen Achimota eine ist, und die 1953, d. h. im Vorjahr, in das Stadtgebiet eingemeindet wurde,[98] gliedern den betreffenden Raum hingegen in ganz andere Einheiten, in denen „Apenkwa" nicht vorkommt. Das gilt auch für die lokale, nach *akutso* und *we* strukturierte Zuordnung von Land in und um Accra.[99]

Was nun in diesem Zusammenhang die Reichweite der „Mission" umfasst, dürfte sich je nach Lager unterscheiden: Dass der protokollierende Katechist in der Etikette des Eintrags das angefangene Wort „Miss[ion]" durchgestrichen und durch „Achimota & district plan" ersetzt hat (S. 46), könnte dahingehend gelesen werden, dass der administrative Raum und der kirchliche Raum aus Sicht des Katechisten nahe beieinander liegen. Auf Seiten der Presbyter scheint es hingegen eine deutliche Unterscheidung zu geben. Sie assoziieren das Missionshaus mit der Kirche als übergeordnete und überlokale, vor Ort vom Katechisten verkörperte Organisation. Das administrative Dokument wollen sie dieser nicht direkt zugänglich machen, sondern in der administrativen Hoheit des Ortes, der sie als Presbyter und *chief* vorstehen, behalten. Der in Kapitel 5.3.3 analysierte Verlauf der Einträge zum Plan hat gezeigt, wie das Protokoll – eingesetzt als Dokument, das Eindeutigkeit und Entscheidungen produziert – mit den divergierenden Deutungen innerhalb der Session im konkreten Fall verfährt.

Die normative Ordnung für welche die Session steht, ist also, wie alles andere, auf das ich hier mit dem Begriff der „normativen Ordnung" verweise, nicht als homogen, widerspruchsfrei oder statisch zu verstehen. Vielmehr meine ich damit nicht beliebige, aber stets in Veränderung befindliche Cluster von Wissen und Erwartungen, die vorgeben, wie die Wirklichkeit richtigerweise zu sehen und zu leben ist. Die Session tritt für „our Christianity" vor Ort ein und entwirft Dinge als im Einklang oder im Gegensatz zu „our Christianity" stehend. Doch was der praktische Inhalt dieser ihrer „Christianity" sei, ist wiederum das Ergebnis der sessionsinternen Auseinandersetzungen. Damit ist es auch das Ergebnis der Rechtspraktiken, die eine der möglichen vertretenen Deutungen im konkreten Fall mehr oder weniger dauerhaft stabilisieren. Das hat das Beispiel mit dem Begräbnis in den Kapiteln 6.2.3 und 6.2.4 gezeigt.

---

97 Dass dem so ist, war zunächst ebenfalls nicht eindeutig: Die Doppelbezeichnung „Ablemkpe-Apenkwa" und die Verwirrung um die Bezeichnung in den frühen Dokumenten zu dieser Station bzw. ihrer Vorgängerposten sind ein Zeugnis hierfür (Siehe Deckblatt v. APC: Baptism register 1954–1960; Feldprot. 24.7.2018: Gespräch S.A.A. und D.A., Apenkwa: 3; siehe Kap. 3.2.1.

98 Siehe Kap. 3.

99 Siehe Kap. 5.1.1.

Normative Ordnungen sind also in der weiteren Analyse stets als das zwischenzeitliche, heterogene Ergebnis ihres eigenen Operierens zu denken. Eine weitere Bedingung für das Operieren der Session und ihrer normativen Ordnung, die es im Auge zu behalten gilt, ist ihre Relationalität.

6.3.2 Relationalität der kirchlichen Rechtsstrukturen

Die relationale Verschränkung mit dem Außen[100] ist eine weitere grundsätzliche Ausgangslage der von der Session entworfenen und praktizierten Verhältnissetzungen. Relationalität wird hier verstanden als das Ausrichten von eigenem Tun auf Interpretationen und Reaktionen eines konkreten oder imaginierten antizipierten Außen.[101] Die Bezugnahmen können in affirmativer wie in abwehrender Weise sowohl explizit und absichtlich als auch implizit und als unbeabsichtigtes Nebenprodukt stattfinden.[102]

In den analysierten Fällen geschieht die Verschränkung durch konkrete Personen und Ereignisse, welche die Session anregen wie im Fall der *outsiders* und des Artikels aus den Einstiegsfällen in Kapitel 6.1. Aber sie geschieht ebenso durch das Antizipieren möglicher Reaktionen eines von Seiten der Session mitgedachten Außen, wie es sich anhand von Fall 1 bzw. Fall 6 ausführlicher zeigen lässt.

Im Mai 1954 taucht in den *minutes* von Apenkwa das Geschäft auf, bei dem ein Mitglied um ein Dokument über seinen Landerwerb bittet (Kap. 5.1.2). Wie andere Gemeindemitglieder auch hatte Herr Owusu[103] von der Kirche ein Grundstück erhalten, auf dem er ein Haus zu bauen gedenkt. Zu diesem Zweck versucht er nun beim staatlichen *Housing Loans Board*[104] ein Darlehen zu erhalten (S. 94, 95, 54). Allerdings verlangt dieses *Housing Loans Board* ein Dokument über das Grundstück des Antragstellers, das er als Pfand einzusetzen gedenkt:[105]

---

100 Siehe Kap. 5.2.3.

101 Relationalität als das synchrone und diachrone Verwiesensein der Akteure (und Artefakte) über die Praktik kann als eine der zentralen Prämissen praxeologischer Perspektiven gelten. Das gilt für soziologische (Schäfer: Praxis als Wiederholung, 2016: 138) ebenso wie für historische Spielarten derselben (Freist: Praxeologie als Mikro-Historie, 2015: 70).

102 Denn Unterscheidung impliziert zwangsläufig immer auch Bezugnahme auf das Unterschiedene. Vgl. dazu das Konzept der *intra-action* bei Barad (Karen Barad: „Diffracting diffraction. Cutting together-apart", in: *Parallax* 20 (3), 2014, S. 168–187: 175) und in einer politischen Fassung: Bayart, Geschiere, Nyamnjoh: Autochtonie, 2001: 193 f.

103 Name geändert.

104 PRAAD RG 6/1/48: Housing Loans Board annual reports and accounts: Nr. 3, Nr. 29, Nr. 31.

105 Grundstücke, insbesondere Kakao-Haine, als Sicherheiten für Kredite einzusetzen, war in der ersten Hälfte des 20. Jh. gängige Praxis geworden (Austin: Labour, land, and capital, 2005: 278 f.). Zu entsprechenden Geschäften im urbanen Raum: Sackeyfio-Lenoch: Politics of chieftaincy, 2014: 67, Chanock: Law market, 1992: 291.

> [One of the presbyters] reported to the session [Mr. Owusu's] request to give him [a] document on his (land) plot [that was] given [to] him. As [such a document was] requested by the Loan authorities – [for] raising loan for building. (S. 54)

Doch ein Dokument dieser Art gibt es abgesehen von den unterstrichenen Passagen in den Protokollen nicht.[106] Dass dem aus guten und für diese Untersuchung aufschlussreichen Gründen so ist, wird sich im Folgenden herausstellen.

Das Protokoll vom 23. Mai 1954 hält weiter fest, dass es nicht in der Kompetenz der Session liege, ein solches Dokument auszustellen und verweist dabei auf eine entsprechende Entscheidung des Pastors (S. 54). Damit ist der Fall für die Session aber mitnichten vom Tisch. Knappe drei Monate später tritt der Bittsteller wieder an sie heran. Er habe eine Zusage für das Darlehen erhalten, aber: „they want some document from the grantors" (S. 94). Mit den „grantors" ist dabei die lokale Session in Übereinkunft mit dem *Synod Committee* gemeint (S. 112). Die Session wägt daraufhin die Vor- und Nachteile ab – „This was strictly discussed on its merits & demerits" (S. 95). In der Zwischenzeit war in der Session im Zusammenhang mit einem anderen Fall die in Kapitel 5.1.2 diskutierte Idee aufgekommen, eine Deklaration zu entwickeln, welche die „rules and regulations" zum Erwerb von Kirchenland zusammenfasst. Diese wäre von den beteiligten Parteien – d. h. den erfolgreichen Antragstellenden einerseits, der Session sowie dem *Synod Committee* andererseits – zu unterzeichnen (S. 112). Diese Deklaration könnte dann, so die Hoffnung, als Dokument für das *Housing Loans Board* dienen.

Am 15. August 1954 unter Beisein des Pastors beschlossen (S. 107), tut sich in dieser Sache vorerst nichts weiter und Mitte Dezember des gleichen Jahres wird das Projekt sistiert (S. 180). Weitere drei Monate später, Mitte März 1955, wird das Vorhaben mit einem Brief des Pastors an das *Synod Committee* dennoch erneut aufgenommen (S. 224), welches das Projekt schließlich komplett kassiert.[107] Es sind diese Ambivalenz und ihr Begründungshorizont, welche diesen Fall für die Untersuchung der Relationalität der kirchlichen Rechtspraktiken, der Einbettung des kirchlichen Rechts in seinen Kontext und deren gegenseitige Einflussnahme aufeinander so interessant macht.

Besonders instruktiv ist hierzu das Protokoll vom 19. Dezember 1954, in welchem die Session unter Vorsitz des *district pastor* und im Beisein eines Presbyters von Adabraka, der dem Pastor assistiert, die vorläufige Sistierung des Projekts beschließt, was das Protokoll in zwei pointierten Sätzen begründet:

---

106 Siehe Kap. 5.3.2.

107 ACIA [o. Sign.]: Apenkwa Minutes 1955–56: 71 f.

> [The] plot, document, question was discussed. Revd Laryea cannot confirm the question of giving this document or testimony. [The presbyter from Adabraka] said that the Loan Board wanted the document to sell the land & the house in failure of payment. Change of Religion [conversion] also was discussed. Therefore it was decided that as there was no precedence a document cannot be given in any form. (S. 180)

Die Kirche würde durch ein solches Dokument zwar den Bau eines Hauses auf Kirchenland unterstützen und damit den symbolischen und ökonomischen Wert ihres Grundstücks steigern, was ein Dokument zu erstellen für die Session attraktiv macht.[108] Im hier zitierten Votum wird aber deutlich, dass sie dabei gleichzeitig das Risiko einginge, durch ebendieses Dokument die Hoheit über das betreffende Land zu verlieren. Erstens bestehe die Gefahr, dass das Grundstück durch den Zugriff der Kreditgeber an die staatlichen *loan authorities* falle, wenn das Mitglied mit Zahlungen säumig bleibt und die Gemeinde nicht für ihn einspringt. Zweitens befürchtet die Session, durch den Kirchenaustritt des Mannes bzw. seinen Übertritt zu einer der anderen christlichen Denominationen, einer der lokalen Religionen oder zum Islam, das Land an diese Konkurrenz zu verlieren.[109]

Bei ihrem Ziel, den befürchteten Zugriff des Kontexts auszuschalten, ist die Session in ihren Operationen dennoch auf diesen Kontext verwiesen. Denn indem sie das Außen in der Entscheidung über das weitere Vorgehen antizipiert, bestimmt dieses die Ausgestaltung des kircheneigenen rechtlichen Instrumentariums – hier konkret eines Dokuments – indirekt mit.

Inhaltlich geht es hier um die Frage, welche Form der Transaktion das besagte Dokument bezeugen würde und welche Auswirkungen dies haben könnte. Damit berührt dieser Fall einen der zentralen diskursiven Stränge, der sich durch die Geschichte der Landrechtspraxis in den britischen Kolonien in Afrika hindurchzog: das Narrativ der evolutionistisch gedachten Entwicklung von ‚afrikanischem' kollektivem Landbesitz über individuelle Nutzungsrechte hin zu ‚modernen' individuellen Besitz- und Veräußerungsrechten.[110] Martin Chanock hat gezeigt, dass das Narrativ vom kollektiven Landbesitz als einzige vorkoloniale, und damit genuin afrikanische Form des Besitzrechts, das Ergebnis einer Mischung von kolonialer Agenda, lokalen Initiativen bestimmter Interessensgruppen und ethnologisch-historischen Entwürfen war.[111] Für die Region um Accra sind historisch sowohl kollektiver Landbesitz mit Allokationsrechten beim jeweiligen *maŋtsɛ* und/oder

108 Vgl. Kap. 6.2.1.

109 In den Protokollen werden von all diesen Seiten Rekrutierungsaktivitäten in Apenkwa ersichtlich. Vgl. Kap. 3.4.

110 Chanock: Peculiar sharpness, 1991: 70; Chanock: Paradigms, 1991: 66; Chanock: Law market, 1992: 287.

111 Chanock: Paradigms, 1991; Chanock: Law market, 1992: 286, 289.

der jeweiligen *we* belegt als auch individueller Landkauf samt Übertragung der Besitzrechte.[112]

In der Praxis bediente sich die koloniale Seite beider Modelle, um Landtransaktionen zu rechtfertigen – stets abhängig von der aktuellen kolonialen Agenda. Auch auf lokaler Seite griffen die unterschiedlichen Interessensgruppen beide Argumente auf, um ihre jeweiligen Anliegen zu untermauern. Zusammen mit der in Kapitel 5.1.1 vorgestellten vielschichtigen Form lokaler Besitz-, Nutzungs- und Veräußerungsrechte bestand so ein Reservoir an Modellen und Lesarten, mit denen man je konkrete Transaktionen deuten und legitimieren konnte. Auf dieses Reservoir griffen die beteiligten Parteien – lokale und koloniale, Einzelpersonen und Familien, aber auch Session und Kirche – zurück, um sie in der Praxis je nach der individuellen Position und dem gebotenen Ziel gegeneinander ins Feld zu führen.[113]

Die Ausführungen zum impliziten Formular (Kap. 5.3.2) haben gezeigt, dass die Transaktion von Geld und Grundstück als das formalisierte Kernstück der Aufzeichnungen zu den Landvergabefällen jeweils in immer gleicher Form in den Protokollen vermerkt ist: „[The person] paid £ 2.2/- for 100x100 [feet]. Tuesday coming is a day fixed for showing and plotting her land" (S. 58).[114] Was eine solche Phrase inhaltlich und mit Blick auf die *Nutzungs-* oder aber *Besitz*rechte der beteiligten Parteien an dem betreffenden Stück Land zu bedeuten hat, lassen die Protokolle damit hingegen offen, nicht zuletzt durch die formalisierte Reduktion der Sprache.

Dies eröffnet einen gewissen Spielraum, die Lesart jeweils den Umständen entsprechend anzupassen. Die Deutung offen zu lassen, kann für die Session strategisch sein im Umgang mit den organisationsintern kollidierenden Ansprüchen von Ort und Kirche, wenn es um die Fragen geht, wer die Befugnis hat, Land zu veräußern, in welcher Form dies zu geschehen hat und wem dies nach welchem Maßstab zugutekommen soll. In den Kapiteln 5.1 und 5.2 wurde deutlich, dass diese innerkirchliche Kollision Parallelen hat zu den Auseinandersetzungen zwischen

112 Siehe Kap. 5.1.1.

113 So bildete kollektives Besitzrecht, verbunden mit Allokationsrechten, die ausschließlich in die Hände der von kolonialer Seite anerkannten lokalen Autoritäten gelegt wurden, eine zentrale Stütze des britischen Indirect Rule-Systems und der so reformulierten lokalen Herrschaftsstrukturen (Chanock: Paradigms, 1991: 64; Chanock: Law market, 1992: 285 f.;). Gegen Ende des Kolonialregimes und während der Dekolonisierung hingegen war Vereinbarkeit mit der „Entwicklung" der Region das Gebot der Stunde. Individuelle Besitzrechte für Entrepreneure galten hierfür je nach lokalen Umständen als ebenso geeignet wie die staatliche Kontrolle über Landressourcen (ebd.: 290 f.). Die verschiedenen Strategien lokaler Interessensgruppen in Accra thematisiert Sackeyfio-Lenoch: Politics of land, 2012: 310, 326 und ausführlich Sackeyfio-Lenoch: Politics of chieftaincy, 2014.

114 Einschübe A.B., Unterstreichung im Original.

über- und untergeordneten lokalen Autoritäten sowie zwischen unterschiedlich wohlhabenden Teilen von Familien.[115]

Fall 6 zeigt, dass die Session auf die Bitte um ein „document on his plot for loan purpose" (S. 177) und damit auf Erfordernisse des sich ändernden rechtlichen Kontextes, dem die Gemeindemitglieder begegneten, reagiert. Dieser Kontext regte im Zuge der Urbanisierung und der Kommodifizierung von Land zunehmend dazu an, Vereinbarungen in vertraglicher, schriftlicher Form zu treffen oder in eine solche Form zu bringen.[116]

Die Karriere des Kodifizierungsprojekts mit den „rules and regulations" für das Land (Fall 1, Kap. 5.1.2) zeigt gleichzeitig, dass die Session ebenfalls von gewissen legalistisch-bürokratischen Möglichkeiten angetan war, die ein solcher Kontext anregte. Sie gedachte, diese in ihr eigenes rechtliches Repertoire zu integrieren. Die kirchlichen Rechtspraktiken befassten sich also auch aktiv mit inhaltlichen Fragen und formalen Formen, die im Kontext ubiquitär behandelt und benutzt wurden. Auch darüber waren sie mit diesem Kontext relational verbunden.

Was nun die Deutung der Transaktion von Geld und Grundstück angeht, so hat Kapitel 5.1.2 gezeigt, dass die Protokolle nach der Auseinandersetzung zwischen Presbyter und Pastor um die Kompetenzen bei der Landvergabe in Apenkwa zunehmend auf das *Besitzrecht* der Kirche hin formuliert sind. Die Kirche schränkt dabei zunehmend die praktische Entscheidungsgewalt der Session ein. Die dokumentierte Praxis der Session weist hingegen darauf hin, dass diese auf die Vergabe von *individuellen Nutzungsrechten* abzustellen scheint, die an Bedingungen geknüpft sind und bei Missachtung wieder entzogen werden können. Das zeigen die Ausführungen zur Landvergabe in Apenkwa in Kapitel 5.1.1 ebenso wie die Idee der Deklaration mit den Pflichten, welche die Begünstigten per Unterschrift anerkennen sollen. Am eindeutigsten zeigt sich die Deutung als Nutzungsrecht in der Drohung – und seltener in der Praxis – Personen, die *regulations* massiv missachten, von dem von ihnen bewohnten Land und aus der Siedlung zu vertreiben. Die Nutzungsrechte bzw. ihr Entzug dienen der Session als positives und negatives Sanktionsmittel und sind damit selbst Teil ihres Arsenals rechtlicher Praktiken.

Solange nun kein Dokument besteht, das von anderen als den kircheninternen Instanzen als gültig anerkannt wird, bleibt die Deutung der Transaktion ausschließlich im Ermessen der jeweiligen kirchlichen Gremien. Das Fehlen eines außerhalb der Kirche ‚gültigen' Dokuments erschwert es Personen, die wegen Verstoßes gegen kirchliche Regularien vom Land vertrieben werden sollen, die Deutung und den Beschluss der kirchlichen Instanzen in einem anderen Forum anzufechten. Indem

115 Ein konkretes Beispiel aus Accra in den 1940er-Jahren: Sackeyfio-Lenoch: Politics of land, 2012: 315–319.

116 Siehe Kap. 5.1.1. Sackeyfio-Lenoch: Politics of chieftaincy, 2014: 46, 69.

sie kein ‚gültiges' Dokument ausstellt, begrenzt die Kirche also den Zugriff anderer Rechtsforen auf den Sachverhalt und wirkt damit potenziellem *forum shopping* in dieser Sache entgegen. Damit sichert die Kirche nicht zuletzt ihre Deutungshoheit über Prestige und Ressourcen, die mit dem Bau auf Kirchenland einhergehen.

Das von den *loan authorities* eingeforderte Dokument hingegen dürfte der Eindeutigkeit einer Definition Vorschub leisten, die auch vor anderen Rechtsforen, insbesondere den staatlichen, bestehen könnte. Die Kirchenvertreter befürchten, dass die staatlichen Behörden im Zweifelsfall das besagte Dokument als Quittung im Sinne des Verkaufs von *Besitzrechten* lesen würde.

Gerade gegen Ende des Kolonialregimes, und wenn es um Schulden gegenüber „strangers", d. h. um nicht familien- bzw. gemeinschaftsinterne Transaktionen ging, war das britisch-koloniale Rechtsystem geneigt, die Sachlage nach der Logik individueller Besitzrechte zu beurteilen.[117] Das dürfte umso mehr der Fall sein, wenn es sich bei den Gläubigern um eine staatliche Stelle wie die *loan authorities* handelt. Die Zurückhaltung des *Synod Committee*, das von staatlicher Seite als Treuhänderin über das Land der PCG anerkannt war, das gewünschte Dokument auszustellen, kann also als Widerhall dieses Diktums aus dem rechtlichen Kontext in der Rechtspraxis der Session gelesen werden.

Die erste in der Session diskutierte Befürchtung zeigt, dass es hier um die Definition bzw. das Vermeiden einer Definition davon geht, ob und wie genau Kirche, Session und Gemeindemitglieder das Land nutzen, besitzen, verwalten, verkaufen, verpachten oder verpfänden können. Dies geschieht unter den Bedingungen, die von diversen Schichten lokalen und kolonialen Landrechts geprägt sind. Dieser Rahmen bestimmt die Wissensbestände und Erfordernisse, in deren Kontext die kirchliche Landrechtspraxis zu sehen ist. Die zweite Befürchtung macht deutlich, wie das Bewusstsein über den religiös pluralen und dynamischen Kontext und die allzeit als möglich eingeschätzte Konversion dorthin die eigenen Prozeduren mitbestimmt.[118]

Anhand der von der Session thematisierten „merits and demerits" (S. 94) dieses Kodifizierungsprojekts lassen sich also die verschiedenen Formen zeigen, in denen sich die Session affirmativ aber auch abwehrend, direkt oder indirekt auf ihren Kontext bezieht. Wie der Kontext damit die Gestaltung und den Vollzug der kirchlichen Rechtspraktiken mitgrundiert, prägt auch das Bild der im Weiteren zur analysierenden Verhältnissetzungen.

117 Chanock: Paradigms, 1991: 68; Chanock: Law market, 1992: 292.
118 Kap. 3.4.

6.3.3 Reichweite und Einbettung der Session als Rechtsforum (Fälle 50 und 51)

Mit diesen Voraussetzungen im Blick geht es in diesem und im nächsten Abschnitt (Kap. 6.3.4) darum, die Session als Rechtsforum und die von ihr eingesetzten Praktiken im rechtlich pluralen Kontext zu verorten.

Zwei Fälle, in denen die Verortung und Einbettung der Session im Geflecht vorhandener Rechtsforen und Rechtsformen besonders prägnant zur Geltung kommt, sind die Auseinandersetzung von Juliana[119] und ihrem Ehemann (Fall 50) sowie eine polygyne Eheschließung, an der Juliana ebenfalls beteiligt ist (Fall 51). Auf dem Weg dieser Fälle von einem Forum zum anderen und von einer Instanz zur nächsten wird deutlich, wie diese Frau – anscheinend einigermaßen erfolgreich – ihre eigenen Anliegen durchsetzt. Für meine Analyse zeigt sich dabei das Zusammenspiel, die Kollisionen, die Reichweite und Optionen der verschiedenen Rechtsforen, ihrer Rechtsmittel und normativen Inhalte.

Die Session befasst sich über knapp ein Jahr, von August 1954–Juni 1955, mit diesen Fällen.[120] Zu Beginn sind Juliana und ihr Mann verheiratet, beide sind *Apenkwa members* und die Ehe wird offenbar von der Session gutgeheißen (S. 173). Daneben hat sie allerdings seit einer Weile ein Verhältnis mit einem zweiten und später mit einem dritten Mann. Dies wird aufgedeckt, als der zweite der drei Männer ihrem Ehemann den Ehebruch gesteht und um Entschuldigung bittet, was der Ehemann akzeptiert. Es kommt zur Zahlung von *ayɛfare*, einer Buße, die an den geschädigten Ehemann zu entrichten ist. Sie beinhaltet in diesem Fall u. a. die Schlachtung eines Schafes.[121] Gleichzeitig eröffnet der zweite Mann dem Ehemann allerdings das aktuelle Verhältnis seiner Frau: „[he] revealed that [Juliana] is having illicit dealings with [Kwaku] at present" (S. 102). Bereits vor ungefähr einem Jahr habe er sie in flagranti erwischt, was Juliana im Streit zugab (S. 101–105).

Die Beteiligten tragen die Sachlage sodann dem Vater des dritten Mannes vor. Dieser übernimmt die Klärung des Falls bzw. die Befragung der Beteiligten, insbesondere seines Sohnes Kwaku, was zum Konflikt zwischen den beiden führt. Alsdann trägt Kwakus Vater den Fall dem Vater von Juliana vor. Letzterer akzeptiert

119 Name geändert.

120 Die Aufzeichnungen zu Fall 50 geschehen retrospektiv in einem ausführlichen Protokolleintrag vom 8. August 1954 (S. 101–105), der den bisherigen Hergang sowie den Beschluss der Session darstellt.

121 Rattray übersetzte den Ausdruck als „[...] money you pay for having taken (stolen) another man's wife" (Rattray: Ashanti Law, 1929: 322), *ayɛfare* fällt in seiner Systematik der Akan Rechtsklassen unter Entschädigungen für Diebstahl. Mehr zu *ayɛfare* und dem Umgang der PCG damit weiter unten in diesem Kapitel.

nach anfänglicher Skepsis die Kompensation, welche Kwakus Familie anbietet, und verlangt von seiner Tochter, sich im Gegenzug bei Kwakus Vater zu entschuldigen:

> They gave him [Julianas father] a bottle [of] *schnapps* as a means of peace making. He [Julianas father] queried why the old man [Kwaku's father] provided the drink. But they insisted upon [it] & therefore he accepted the drink and he handed over the drink to [Juliana] to bring the drink and also slaughter fowl. She should bring [that to Kwaku's father] that day to render apology. (S. 103 f.)

Damit wurde der Fall aus der Verantwortung der unmittelbar Beteiligten in den Zuständigkeitsbereich der beteiligten Familien, repräsentiert durch die beiden Väter als Familienvorsteher (*shia/we onukpai*), transferiert, was der untersten Ebene lokaler Rechtsprechung entspricht.[122]

Erst als Juliana daraufhin zwar das Verhältnis ihrem Vater oder ihrem Ehemann gegenüber bestätigt und sich entschuldigt, sich aber weigert, die Entschuldigung und damit vermutlich die Aufhebung des Verhältnisses gegenüber der Familie des dritten Mannes im Sinne von Vater oder Ehemann abzuwickeln,[123] trägt der Ehemann die Sache dem *chief* von Apenkwa zu. Dieser meldet jedoch Befangenheit an, weil er sowohl mit Kwaku als auch mit Juliana verbunden sei, sodass er den Fall nicht der Session vortragen könne. Daraufhin bringt der Ehemann den Fall gegen seine Frau Juliana selbst vor die Session. Er möchte, dass der Fall erledigt wird: „his opinion was asked about his wife. He wants settlement" (S. 105). Sie hingegen ist nicht bereit, die Verbindung Nummer drei zugunsten der Verbindung Nummer eins aufzugeben (S. 179). Das Verdikt der Session ist, dass der Ehemann zunächst auch vom dritten Mann *ayɛfare* fordern solle, was gleichzeitig eine Beendigung des Verhältnisses zwischen letzterem und Juliana impliziert. Danach könne über ein weiteres Vorgehen entschieden werden (S. 101–105).

Dieser „adultery"-Fall wird der Session also erst nach einer ganzen Weile zur Kenntnis gebracht. Das geschieht erst, nachdem dieser zunächst durch die Beteiligten selbst (Mann Nr. 2, Ehemann und Juliana) und dann durch die *tribunals* von zwei der beteiligten Familien (in Person der beiden Väter) behandelt worden ist. Dass sich die Session darüber in keiner Weise beschwert, zeigt, dass sie in der Praxis

---

122 Siehe Kap. 3.3. In einer traditionellen Ga normativen Ordnung ist Ehe weniger die Angelegenheit von zwei Einzelpersonen, als dass sie eine enge Verbindung zwischen den *wei* der beiden darstellt. Die kirchliche Vorstellung von Ehe und christlicher Kernfamilie kollidierte mit diesem Modell. (Kilson: Urban Kinsmen, 1974: 55 f.; Quarcoopome: Social impact of urbanisation, 1998: 136; Vellenga: Who is a wife?, 1983).

123 Das Protokoll ist hier, wie im ganzen retrospektiv dokumentierten Fall 50 durch die nicht weiter spezifizierte reihenweise Verwendung des Pronomens „he" sehr uneindeutig, was die Akteure betrifft.

durchaus einen Bereich familieninterner Jurisdiktion als komplementär zu ihrer eigenen anerkennt – dies selbst bei Themen wie Ehebruch, die eindeutig in den Themenkanon der RPP fallen.[124] Die begrenzte Reichweite der Session in den Bereich der „house affairs" hinein und eine entsprechende Autonomie der Familie als Rechtsinstanz wird offenbar nicht immer als Problem thematisiert. Dieser Befund nuanciert die Beobachtung aus der Diskussion zu Fall 43, wo die Forderung eines Presbyters nach Eigenverantwortung und Teilautonomie von Haushalten der Forderung des Katechisten nach umfassender gegenseitiger Aufsicht, Verantwortlichkeit und Zugriff der Session entgegensteht.[125]

Auch *ayɛfare* als Rechtsmittel zur Bearbeitung derartiger Fälle in der „traditionellen" Rechtsprechung wird von der Session nicht nur nicht beanstandet, sondern auch selbst zur weiteren Behandlung des Falls eingesetzt. Das entspricht der Praxis der PCG zum untersuchten Zeitpunkt, war in der Kirche aber nicht immer so gewesen: Die europäischen Missionare lehnten *ayɛfare* ab, da sie befürchteten, dass Ehemänner außereheliche Verhältnisse ihrer Frau dulden und befördern könnten, um sich an den Entschädigungen zu bereichern.[126]

Mit dem Einsatz von *ayɛfare* übernimmt die PCG hier nicht nur die Rolle, sondern auch die Mittel eines *Native Courts*. Dies geschieht an jenem Punkt, wo eine Lösung des Falls durch die *shia/we onukpai* an Julianas Weigerung, den Beschlüssen dieses Rechtsforums zu entsprechen, gescheitert war.

Die Session bedient sich dieses lokalen Rechtsmittels, um das monogame eheliche Verhältnis zwischen Juliana und ihrem ersten Mann wiederherzustellen. Dies allerdings erfolglos, denn Juliana weigert sich offenbar weiterhin, zu ihrem ursprünglichen Ehemann zurückzukehren. Dies bewog den Katechisten und die Session dazu, sie einige Monate später, am 19. Dezember 1954, vom Abendmahl zu suspendieren (S. 173, 179). Der entsprechende Protokolleintrag legt zudem

---

124 RPP 1953: § 222.

125 Siehe Kap. 6.1.1.

126 Smith: Presbyterian Church of Ghana, 1966: 97, 236 f.; Emmanuel K. Frimpong: „The Presbyterian Church of Ghana and the New Testament teaching on marriage and divorce", M.Phil. Thesis, University of Ghana, Department for the study of religions, Legon, Ghana 1997: 95 f.; Schlatter: Geschichte der BM, 1916: 172. McCaskies Analyse zum vorkolonialen Akan Kontext zeigt die machtpolitische und ökonomische Bedeutung von *ayɛfare*, das beteiligten Ehebrechern als Instrument der Machtdemonstration und gehörnten Ehemännern als Einkommensquelle dienen konnte (Thomas C. McCaskie: „State and society, marriage and adultery. Some considerations towards a social history of pre-colonial Asante", in: *Journal of African History* 22 (4), 1981, S. 477–494: 489–491). Dies im Kontrast zu Akan Rechtsmaximen, die idealiter eine solche Bereicherung ablehnen (Rattray: Ashanti Law, 1929: 322 f.). Als solche war *ayɛfare* nicht ohne Kontroverse zu Beginn des 20. Jh. in die Praxis der PCG aufgenommen worden. Eine weitere Ausarbeitung der *ayɛfare*-Beträge fand in der *Synod* 1918, d. h. nach der Deportation der europäischen Missionare statt (Smith: Presbyterian Church of Ghana, 1966: 97), siehe Kap. 6.3.4.

nahe, dass sie den Fall mittlerweile an ein staatliches Gericht, möglicherweise den *Accra Municipal Court*,[127] weitergezogen, und dort ein Urteil gegen ihren Ehemann erwirkt hat.

> The catechist informed the session that [Juliana] came for speaking but he did not allow her [to partake in the Lord's Supper] as she said she would not marry her husband […] with whom she had adultery (on her part) case at court & [the case was] decided against him – until she settled that matter – The session concurred. (S. 179)

Welche Argumente ihr in diesem Forum zur Durchsetzung ihrer Position verhalfen, wird nicht erwähnt, auch auf welchen „court" der Protokollant hier verweist, ist nicht klar. Dass der Fall gegen den Mann entschieden und damit implizit vom Ehebruch- zum Scheidungsfall wurde, spricht aber dafür, dass das Protokoll hier nicht auf die oben genannte Behandlung des Falls durch die Session referiert. Sollte es sich also tatsächlich um den *Accra Municipal Court* handeln, durchliefe der Fall nach Familie und Session eine weitere Stufe und ein weiteres Rechtsforum, diesmal ein staatlich formal anerkanntes. Dieser Fall trifft also das Bild der Verantwortlichkeiten in Ehefragen, das Samuel Quarcoopome fast ein halbes Jahrhundert später für das Ga-christliche Eheformat der Oberschicht in Accra zeichnet: Sowohl eine Ehe zu schließen als auch diese ggf. aufzulösen, ist nicht länger nur Angelegenheit des Paares und v. a. der *wei*, sondern es involviert darüber hinaus die Kirche und auch den Staat und deren normative Ordnungen.[128]

Die Session scheint das ihrem eigenen Verdikt widersprechende Urteil nicht wirklich infrage zu stellen, was dafür spricht, dass sie den betreffenden „court" als formal komplementäres, übergeordnetes Rechtsforum einstuft.[129] Im weiteren Verlauf der Protokolle wird die Verbindung zwischen Juliana und dem dritten Mann (Kwaku) dann auch konsequent als Ehe beschrieben: „[Juliana] is marrying [Kwaku]" (S. 328).[130] Wenn auch aus Sicht der Session und einiger Kirchenmitglieder als illegitime Ehe: „[Kwaku] is marrying (illicitly with [Juliana])" (S. 342).

Dabei ist zu beachten, dass in den *session minutes* von Apenkwa und den darin referierten Aussagen von Befragten „Ehe" sowohl inhaltlich als auch sprachlich in der Verlaufsform *present continuous* nicht als fixer Status erscheint, sondern als

---

127 Siehe Kap. 3.3.

128 „This mode of marriage [the Christian marriage] involves, not only the couple and families as in the traditional system, but now, the church and state which have now assumed most of the functions of the traditional system. […] Furthermore, a decision to break off the marriage by divorce is now no more an issue of the we alone, but more importantly, the church and the state" (Quarcoopome: Social impact of urbanisation, 1998: 143).

129 Siehe Kap. 6.3.5 und Kap. 6.3.6.

130 Ebenso im Eintrag vom 5.1.1955 (S. 279–280) und der Tagesordnung vom 22.6.1955 (S. 301).

ein in der Praxis aktualisierter fortdauernder Prozess.[131] Der hier besprochene Fall zeigt, dass die Beteiligten entgegen dem kirchlichen Eheentwurf dabei durchaus austauschbar und ein so gestalteter Prozess „Ehe" durch unterschiedliche normative Ordnungen gestützt sein kann, unter denen die Kirche nur eine ist.

Was der Session angesichts der Sachlage in Fall 50 bleibt, ist die Option, die anderweitig geschaffenen Tatsachen mit dem Ausschluss von den Sakramenten zu quittieren. Sie kann offenbar das Urteil einer übergeordneten, formal komplementären, potenziell mit staatlich legitimierter Sanktionsgewalt ausgestatteten Rechtsinstanz nicht aufheben. Vielmehr wechselt sie den Funktionsbereich: Während sie ihren Geltungsanspruch im Funktionsbereich „Ehe" mit anderen normativen Ordnungen (Familie, Staat, *Native Courts*) teilt,[132] sind die kirchlichen Rituale ein Bereich, der uneingeschränkt und ausschließlich der *funktionalen Reichweite* der Session bzw. der Kirche unterliegt.[133] Das erlaubt ihr, auf ein anderes Sanktionsrepertoire zurückzugreifen. Die Regulierung des Zugangs zum Vollzug ritueller und sozialer Zugehörigkeit zum inneren Kern der Gemeinde ist ihr alleiniges rechtliches Hoheitsgebiet – der Ausschluss davon ihr ureigenes Rechtsmittel und der Preis, den Juliana für die Durchsetzung ihrer eigenen Anliegen zahlt. Das zeigt zum einen den Spielraum und die lebensweltliche Wirksamkeit, welche die Session als formal untergeordnetes, staatlich nicht explizit anerkanntes Rechtsforum hat.[134] Zum anderen zeichnet sich hier jener Bereich von Rechtsmitteln ab, die sich als Proprium der kirchlichen Rechtsprechung von jenen Rechtsmitteln unterscheiden, welche die Kirche – wie im Fall von *ayɛfare* – mit anderen Rechtsforen teilt bzw. von diesen übernimmt.

Juliana und ihr neuer Partner Kwaku stehen noch aus einem anderen, schwerwiegenderen Grund weiter unter Beobachtung der Session: Juliana soll die Verheiratung von Kwaku mit der verwitweten und kürzlich in der PCG getauften Abena[135] als

131 Vellenga: Who is a wife?, 1983: 145; Bledsoe: Women and marriage, 1980: 83. Besonders deutlich wird das in der Personenbeschreibung und Befragung in Land-Fall 13: „[She] had been a member here before with *her husband* [...] upon which Mr W. C. Dormon questioned her. [Answer:] *She is still marrying him* [her husband]" (S. 78 f., Hervorhebung und Einschübe A.B.).

132 Kritik, dass die PCG im Funktionsbereich „Ehe" rechtliche Ansprüche stellt und mit ihren alternativen Rechtspraktiken die Autorität lokaler, kolonialstaatlich anerkannte Rechtsforen untergrabe, übte von lokaler Seite z. B. Nana Ofori Atta in seinem Memorandum 1941 (Simensen: Christian Church, 2002: 149).

133 Siehe Kap. 6.2.5.

134 Zur Wirkung informeller religiöser Rechtsordnungen vgl. z. B. Pascale Fournier: „Halacha, the ‚Jewish State' and the Canadian Agunah. Comparative law at the intersection of religious and secular orders", in: *Journal of Legal Pluralism* 65, 2012, S. 165–204. Zum beschränkten Spielraum von Basler Mission und PCG innerhalb übergeordneter Rechtsordnungen in Asante: Beutter: Church discipline, 2015: 133 f.

135 Name geändert.

zweite Frau angebahnt haben. Dadurch entstand eine polygyne Ehe zwischen drei formalen, wenn auch teils vom Abendmahl ausgeschlossenen Mitgliedern der Kirche. Doch damit nicht genug. Als besonders schwerwiegend behandelt die Session den Fall, weil die Beteiligten gezielt Vorgänge unterschlagen und gelogen haben, um die Taufe Abenas und damit ihre Aufnahme als „full member" zu erwirken. Dies wird im Laufe der sich über ein halbes Jahr, von Januar–Juni 1955, hinziehenden Erkundigungen und Befragungen in dieser Sache nach und nach deutlich.

Erschwerend kommt hinzu, dass Kwaku und Juliana aktiv an einem „sisa too deal" beteiligt waren. Damit bezeichnet das Protokoll den Vorgang *„sisa tōgbē"*, mit dem durch die Schlachtung eines Schafes für den *sisa* (Geist bzw. Schatten des Verstorbenen) die Trennung zwischen dem verstorbenen Ehegatten und dessen hinterbliebenen Frau vollzogen wird.[136] Kwaku hatte zur Formalisierung seiner Heiratsabsicht das Schaf anscheinend der Familie des Verstorbenen zukommen lassen und Juliana hatte sich an der Zubereitung beteiligt (S. 322). Dass und warum die Session dies nicht begrüßt, unterstreicht der Protokollant, indem er diesen Vorgang in der Tagesordnung vom 5. Januar 1955 als „heathenish custom" markiert (S. 276).

Als die Untersuchungen zuletzt noch zu einem heftigen Zerwürfnis zwischen Sessionmitgliedern führt und weiterhin Ungereimtheiten in den Aussagen bestehen, soll die ganze Angelegenheit am 19. Juni 1955 dem *district pastor* überantwortet werden – „If we were to probe [it,] it will bring [a] lot of questions & [a] waste of time. The case will be referred to the district pastor for disciplinary action" (S. 345 f.). Damit wird der Fall wieder eine Instanz weitergereicht, dieses Mal auf kirchlicher Seite.

Die Fälle 50 und 51 zeigen mit Juliana eine Frau, die sich – obschon praktizierendes Kirchenmitglied – durch ihre Ehepraxis deutlich abseits des kirchlich vorgesehenen Rahmens bewegt. Die Protokolle zeichnen sie als eine Person, die ihre Anliegen gegen den Widerstand ihres ersten Mannes, der Familie und auch der Kirche zu verfolgen weiß. Was ihre Motive betrifft, bleiben die Protokolle eher vage.[137] Im Gegensatz zu anderen Fällen gibt es beispielsweise keine expliziten Hinweise auf Streit oder häusliche Gewalt zwischen den Eheleuten.[138] Auch sonst enthalten die Aufzeichnungen kaum Informationen über den ersten Ehemann und Julianas Verhältnis zu ihm.

136 „sisa […] ghost; shade of one who died a natural death, in sickness or old age" (Kropp Dakubu: Ga-English dictionary, 2009: 195. Das Protokoll benutzt neben „sisa too", auch weitere Schreibweisen: „toogbē", „tōgbē", letzteres kommt dem gesprochenen Ga Wortlaut am nächsten (gemäß Ernest Sewordor: Sisa too, E-Mail an Anne Beutter 14.4.2019). Weiteres siehe Kap. 6.3.4.

137 Eine Idee von möglichen Motiven wie zusätzliche Arbeitskraft, Status und Gesellschaft, gibt Bledsoe: Women and marriage, 1980: 85.

138 Im Gegensatz z. B. zu Fall 43.

Was in den Protokollen hingegen deutlich wird, ist, dass es sich bei Kwaku um einen aussichtsreichen Partner handeln dürfte. Sie zeigen ihn als einen Mann, der in den Worten des Protokollanten „knew he was a Christian but defied the rules of the church and took to [sic] two wives" (S. 345). Er ist Kirchenmitglied, hat Land in Apenkwa erworben, beabsichtigt darauf ein Haus zu bauen und gedenkt trotz Risikos auch in Sachen Ehe zu ‚expandieren'. All dies sind Attribute die, wie in Kapitel 6.2 beschrieben, Ausdruck des umfassend gedachten Wohlergehens und der Prosperität sind. Die Aussicht qua Ehe hier zugehörig zu werden, dürfte Kwaku als Partner sowohl für Juliana als auch für Abena, aber auch für deren Familien, interessant gemacht haben.[139] Letzteres zeigt sich darin dass Abenas Vater offenbar bereit gewesen war, der Session gegenüber den Unwissenden zu mimen, denn für Abena stand auf dem Spiel, ob sie Mitglied der PCG werden kann oder nicht. Hätte der „sisa too deal" (S. 342) vor Abenas Taufe stattgefunden, wäre ihr diese verweigert worden. So aber ist lediglich der Ausschluss vom Abendmahl, nicht aber der Ausschluss von der Mitgliedschaft die zu erwartende Konsequenz.

Somit scheinen sich die hier Beteiligten auf den formalen Charakter der kirchlichen Rechtsordnung zu verlassen, um die widersprüchlichen Erfordernisse der für sie relevanten normativen Ordnungen miteinander in Einklang zu bringen. Auf diese Weise können die Rechtspraktiken nicht nur ein Instrument sein, das Eindeutigkeit erzeugt (Kap. 5.3.2), sondern auch ein Mittel „for having it both ways".[140] Die Session ist ob dieser Verfahrensweise zwar sichtlich erbost (S. 346), doch Michelle Gilberts Analysen haben gezeigt, dass solche Arrangements in gewisser Weise auch für die PCG selbst von Interesse gewesen sein dürften: Denn die Kirche steht grob gesprochen in dem Zwiespalt, dass sie einerseits, um relevant zu sein, auf prosperierende Mitglieder angewiesen ist (vgl. Kap. 6.2), andererseits aber Teile der Attribute von Prosperität, wie polygyne Ehen und auch das Bekleiden von Ämtern lokaler Autorität, aus theologischen Gründen nicht gutheißen kann.[141] Diesen Aspekt des Verhältnisses zwischen der normativen Ordnung der Session und der pluralen Umwelt nimmt Kapitel 6.3.6 noch einmal auf.

Mit Blick auf die Session als Rechtsforum hat der Verlauf der beiden Fälle die Session als eines unter verschiedenen Foren gezeigt, das die Beteiligten mehr oder weniger gezielt adressieren oder zu umgehen suchen. Die Session kommt hier als

---

139 Eine differenzierte Analyse zu vergleichbaren Anliegen und Strategien der Eheschließung, insbesondere aus Perspektive der Frauen, gibt zu Liberia Bledsoe: Women and marriage, 1980; siehe ferner zum Akan Kontext: Jean M. Allman, Victoria Tashjian: „Serving a man is wasted labour. Women's conjugal strategies in a world of cash and cocoa", in: Jean M. Allman; Victoria Tashjian (Hg.). *I will not eat stone. A women's history of colonial Asante*, Portsmouth, NH: Heinemann, 2000, S. 133–168.

140 Gilbert: Christian Executioner, 1995: 372–375. Im so betitelten Abschnitt thematisiert Gilbert Arrangements, die christliche und lokale normative Ordnungen zu vereinbaren suchen.

141 Ebd.: 351, 373 f.

‚nächste Instanz' zum Zug, wenn die primären Lösungsversuche der *wei* und des *chiefs* scheitern. Gleichzeitig muss sie damit rechnen, dass ihre Entscheidung von einem staatlichen Gericht gekippt würde. Mit ihrer Rolle in diesem Geflecht von Instanzenwegen, und der Gewichtung ihrer Relevanz als Rechtsforum in der Praxis, ist die Session dabei manchmal mehr – wie im ersten Fall (Fall 50) – und manchmal weniger – wie im zweiten Fall (Fall 51) – einverstanden.

6.3.4 Die Einbettung der kirchlichen Rechtsmittel

Interessant für die Frage nach der Einbettung der Session und ihrer Verhältnissetzungen gegenüber anderen normativen Ordnungen ist der Verlauf der beiden Fälle auch hinsichtlich der Rechtsmittel, die der Session hierbei zur Verfügung stehen. Im direkten Vergleich der beiden Vorgänge *ayɛfare* und *sisa tõgbē*, mit denen die beiden Ehefälle hier bearbeitet werden, kommen deren inhaltliche Ähnlichkeit aus lokaler Perspektive und die radikal unterschiedliche Kategorisierung und Bewertung durch die Session zur Geltung.

Bei *ayɛfare* handelt es sich um eine Praxis aus der Akan Rechtsprechung. Sie wurde im Zuge der Anerkennung von monogamen, „according to native law and custom" geschlossenen Ehen in die kirchliche Rechtsprechung der PCG aufgenommen und für die kirchliche Rechtspraxis ausgearbeitet.[142] Der Umfang dieser Wiedergutmachung variiert dabei je nach der spezifischen Konstellation des Ehebruchs und dem Status der Beteiligten.[143] Im hier geschilderten Fall beinhaltet sie eine Flasche *schnapps* und das Schlachten eines Schafes. Bei *sisa tõgbē* ist die Schlachtung eines Schafes (*too*) zugunsten des verstorbenen Ehemannes (bzw. seines *sisa*) für die Wiederverheiratung seiner Frau bereits im Begriff enthalten. Beteiligt sind dabei die Witwe und die Familie des Verstorbenen, die vom neuen

142 Zunächst waren in der *Basler Mission auf der Goldküste* nur nach „ordinance" (d. h. nach britischem Recht) geschlossene Ehen akzeptiert. Später wurden auch „customary marriages", d. h. ausgewählte Formen stark formalisierter und durch die Familien offizialisierter, lokaler Eheformen von der Kirche anerkannt und sollten laut einem *Synod*-Beschluss 1926 von der Kirche zusätzlich gesegnet werden (Frimpong 1994: 95 f.; Smith: Presbyterian Church of Ghana, 1966: 97). Zu zeitgenössischen lokalen Eheformen unterschiedlichen Formalisierungsgrades in Accra: Robertson: Sharing the same bowl, 1984: 177–182).

143 Sowohl in der Akan Fassung waren die Beträge gestaffelt (McCaskie: Marriage and Adultery, 1981: 489 f.), als auch in der Ausgestaltung der PCG. Bei letzterer war nicht wie im Akan System der politische Rang der beteiligten Männer, dafür aber die Frage, ob die Frau verheiratet, Jungfrau und/oder Kirchenmitglied war, maßgeblich. Siehe Auflistung des Strafmaßes in den *synod minutes* 1918: § 14 (nach Frimpong: Marriage and Divorce, 1997: 96, Smith: Presbyterian Church of Ghana, 1966: 97).

Ehemann – und hier seiner ersten Frau – das Schaf erhält.[144] *Sisa tōgbē* ist ein Vorgang, der in der Literatur im Rahmen von Ga Trauerpraktiken behandelt wird, d. h. auch hier eher dem Bereich lokal religiöser Praktiken zugeordnet wird.[145] Doch bedient man diese Zuordnung vorerst nicht, so zeigt sich ein anderes Bild.

Sowohl *ayɛfare* als auch *sisa tōgbē* können als lokale Praktiken zur rechtlichen Bearbeitung von Ehefragen verstanden werden. Während diese im ersten Fall die formale Beendigung des außerehelichen Verhältnisses bezwecken, findet im zweiten Fall die Formalisierung der Heiratsabsicht durch die Trennung der Witwe von ihrem verstorbenen Ehemann statt, was ihre Wiederverheiratung ermöglicht. Sowohl bei *ayɛfare* als auch bei *sisa tōgbē* geht es also um die Entschädigung eines Ehemannes, dessen Ehefrau von einem anderen Mann ‚weggenommen' wird. Es geht um die offizielle Befriedung der beteiligten Parteien und damit auch darum, den Schädiger vor dem bösem Willen des Geschädigten zu schützen.

Aus der Logik des lokalen Rechtssystems sind die beiden Vorgänge also nicht nur in ihrer Form, sondern auch in ihren Inhalten vergleichbar. Die Idee, einen Mann dafür zu entschädigen, dass man ihm zeitweilig oder endgültig die Ehefrau weggenommen hat, wird dabei von der Session toleriert, ja von ihr selbst eingefordert. Das zeigt ihr Umgang mit *ayɛfare* im ersten Fall. Das Problem ist im zweiten Fall bei *sisa tōgbē* der qualitative Unterschied, der aus Sicht der Kirche zwischen den beiden Adressaten, dem lebenden und dem toten Ehemann, besteht.

Im Sinne eines lokalen Verständnisses, das z. B. im Twi Ausdruck „‚when a man dies he is not (really) dead' (*onipa wu a na anwui*)"[146] angesprochen wird, ist der Adressat hier zwar als verstorben zu verstehen, dennoch gilt er in einer Akan Perspektive weiter als Teil der menschlichen Gemeinschaft der Familie und ist in dieser sozial wirksam. Dementsprechend ist er in vergleichbarer Weise wie vor dem Tod zu behandeln.

Die Kirche hingegen versteht den Adressaten, den *sisa*, als übermenschliche Entität aus einem von ihr als „heidnisch" abgelehnten Spektrum von Vorstellun-

---

144 Zur Symbolik des Schafes bzw. der Schlachtung von Schafen insbesondere im Akan Kontext: Gilbert: Christian Executioner, 1995: 353; 357; Peter Sarpong: *Ghana in retrospect. Some aspects of Ghanaian culture*, Accra-Tema: Ghana Publishing Corporation, 1974: 110; Feldprot. 7.8.2018: Gespräch D.A., Legon: 3; Gilbert: Sources of power, 1989

145 Peter Sarpong: *Odd customs. Stereotypes, and prejudices*, Accra: Sub-Saharan Publishers, 2012: 15; Sewordor: E-Mail an A.B., 14.4.2019; Nketia: Geburt, Pubertät, Tod, 1968: 131 f. Zur Haltung der PCG gegenüber Ritualen für Witwen vgl. Samuel Agyei-Obessey: „The influence of Akan traditions on death, bereavement and grief in the Presbyterian Church of Ghana. The case of widows in the Akuapem Presbytery", M.Phil. Religions Thesis, University of Ghana, Legon, Ghana 2012: 107–109, 124–135.

146 Gyekye: African philosophical thought, 1987: 100. Gilbert: Christian Executioner, 1995: 364, 383; Sarpong: Odd customs, 2012: 15; Kilson: Urban Kinsmen, 1974: 50; Nketia: Geburt, Pubertät, Tod, 1968: 131.

gen.[147] Aus kirchlicher Perspektive wird der Vorgang, ein Schaf zu schlachten, hier also nicht als Rechtsmittel oder Teil einer rechtlichen Maßnahme zur Besiegelung der Wiederverheiratung eingeordnet, sondern als fremdreligiöses Ritual, als „heathenish custom" (S. 276). Selbst wenn es sich um eine monogame – und damit kirchenkonforme – Wiederverheiratung der Witwe gehandelt hätte, wäre das Durchführen und die Teilnahme an *sisa tōgbē* aus kirchlicher Perspektive nicht tolerierbar gewesen.

Während die Session *ayɛfare* als Rechtspraxis versteht, deren Inhalt, Funktion und Form in das eigene Arsenal rechtlicher Formen übernommen werden kann, macht sie im zweiten Fall einen religiösen Akt aus – aber einen der falschen Religion – was eine vergleichbare Übernahme ausschließt.

Diese kategoriale Unterscheidung wird von Seiten der lokalen normativen Ordnung, aus der beide Praktiken stammen, nicht gemacht – nicht zuletzt, weil der Status der verstorbenen Person nicht in gleicher Weise als transzendent gedacht wird. Der Inkongruenz in der betreffenden Kategorisierung in „Recht" und „Religion" liegt also eine Inkongruenz der Konzeption der menschlichen Person und des damit zusammenhängenden Status von Verstorbenen und ihrer Rolle im sozialen Gefüge zugrunde.

Ob es sich um *Rechts*mittel oder aber um *religiöse* Praktiken handelt, liegt damit nicht in den Vorgängen selbst, es ist vielmehr das Ergebnis der Interpretation der Session. Diese legt die Unterscheidung in Recht und Religion an dieser Stelle als Kategorisierungsschema an. Entlang dieser Kategorisierung steckt sie ab, welche der im Umfeld praktizierten Formen als „Rechtspraktiken" ergänzender Teil ihres eigenen Repertoires werden können und welche sie als „fremdreligiös" Konkurrierendes ausschließt und abwertet.

6.3.5 Zwei Formen der Verhältnissetzung – Komplementär oder konkurrierend

Es zeichnen sich also zwei Arten von Verhältnis ab: *Konkurrierendes* einerseits und *Komplementäres* andererseits.[148] Das betrifft die Verhältnissetzung auf der Ebene der Rechtsforen und gilt ebenso für die Deutungshorizonte, die normativen Inhalte

---

147 In der Lehre der PCG ruhen Tote hingegen bis sie am jüngsten Tag gerichtet werden. (Gyang-Duah: Church and society, 1988: 174).

148 Als eine dritte Art des Verhältnisses wäre auch noch das Inkommensurable denkbar, das weder Ergänzung noch Konflikt, sondern ein unverbundenes Nebeneinander bedeutet (Michael Lambek: *Knowledge and practice in Mayotte. Local discourses of Islam, sorcery and spirit possession*, Toronto: University of Toronto Press, [1993] 2010: 396) Ein Beispiel dafür könnte die stillschweigende Duldung der „priestesses" (Fall 36) in Apenkwa gewesen sein, bevor es zur Anzeige in der Session und in der Konsequenz zu ihrer Präsenz in den Protokollen kam.

und Erwartungen, in deren Bezugsrahmen die Praktiken und Foren stehen. Um diese beiden Arten von Verhältnissetzung genauer zu beschreiben, lohnt sich ein erneuter Blick auf die Liste von „shortcomings & unchristian behaviour" (S. 225), die der Katechist über das Tun der Presbyter und ihres Umfelds in der Tagesordnung vom 13. März 1955 zusammengestellt hat (Kap. 6.1.3).

Konkurrierendes

Zum einen führt der Katechist in der Liste Praktiken wie „funeral custom" und „otofo custom" (S. 225) auf, die er nicht allein aufgrund der zeitlichen Kollision, sondern grundsätzlich als mit einem christlichen Lebenswandel unvereinbar darstellt. Dies ist so, weil die Kirche diese Vorgänge direkt mit dem Verehren von Ahnen und Gottheiten in Verbindung sieht oder sie als Ausdruck einer falschen Sexualmoral interpretiert. Wie *sisa tōgbē* gilt dieses Tun daher als Ausdruck einer als *konkurrierend* eingestuften normativen Ordnung und wird daher per se als illegitim ausgeschlossen und abgewertet. Dass solche Praktiken in Apenkwa stattfanden und Anerkennung erhielten, sogar im Hause eines Presbyters, beschädige das Ansehen des Ortes als „Mission Station" (S. 225).

Komplementäres

Darüber hinaus sind auch Praktiken Teil der Liste, die als ‚kulturell', ‚sozial' oder wie im Fall von *ayɛfare* als ‚rechtlich' verstanden werden. Diese gelten der Session in ihrer Selbstverortung nicht per se als Konkurrenz, sondern als das Eigene ergänzende, *komplementäre* Bereiche der Lebenswelt ihrer Mitglieder.

So beruft sich der für die Durchführung von *kpojiemo* kritisierte Presbyter explizit auf den komplementären Charakter dieses Ga Rituals, mit dem ein neugeborenes Kind nach einer Woche am frühen Morgen zum ersten Mal nach draußen gebracht wird (auch *outdooring* genannt). Das Kind erhält bei diesem Ritual seinen Namen und wird als Teil der Familie aufgenommen.[149] Der Presbyter wird in dieser Hinsicht vom Katechisten bestätigt: „He tried to defend himself about the Kpodsiemo as *not a bad custom*. The *catechist agreed* but said that it is *not Christian* like that [if the] out[door]ing which is done in the dawn[150] should *supersede Church*

149 Kilson: Ga naming rite, 1968/1969; Kilson: Urban Kinsmen, 1974: 49, 54, 61 f.; Nketia: Geburt, Pubertät, Tod, 1968: 119; E. A. Ammah: „Bi Kpodziemɔ", in: Marion Kilson (Hg.). *Kings, priests, and kinsmen. Essays on Ga culture and society*, Legon-Accra: Sub-Saharan, 2016, S. 224–243. Zur aktuellen Handhabung von *kpojiemo* und Kindertaufe der PCG in Apenkwa siehe Feldprot. 29.7.2018: Gottesdienst I, Apenkwa u. a.: 2.

150 D. h. das Ga Ritual, im Gegensatz zu der zusätzlich eingeführten kirchlichen Zeremonie, die am Nachmittag stattfindet (Kilson: Urban Kinsmen, 1974: 61).

worship" (S. 236 f., Hervorhebung A.B.). Die *kpojiemo*-Zeremonie wie auch die ebenfalls beanstandete Lehrabschlussfeier und die Familiensitzung werden im Protokoll problematisiert, weil sie – am Sonntag angesetzt – anstelle des Gottesdienstes stattgefunden hatten oder sich zeitlich mit diesem überschnitten. Damit hätten sie Mitglieder vom Kirchenbesuch ferngehalten und dies obendrein an Tagen mit besonderem Anlass und besonderer Kollekte wie „children's Day or special offering" (S. 225).

Diese Aktivitäten und die normative Ordnung der Familie, als deren Ausdruck sie verstanden werden, stellen nicht an sich ein Problem dar. Sie werden für die kirchliche Ordnung der Dinge erst dort problematisch, wo sich abzeichnet, dass sie für die Mitglieder einen höheren Stellenwert genießen als die kirchlichen Ansprüche.[151] Entsprechend führen sie dann zu einem Konflikt, wenn aus Sicht der Session eine Gewichtung stattgefunden hat, die nicht der von ihr erwarteten entspricht (vgl. Kap. 6.2.4).

Das Protokollbuch belegt an verschiedenen Stellen, dass die Session solche komplementären Bereiche als Ergänzung nicht nur duldet, sondern auch aktiv als Ressourcen für die eigene normative Ordnung beizieht. Das wurde in Fall 50 deutlich, wo die Familien von der Session als komplementäres Rechtsforum und *ayɛfare* als komplementäres Rechtsmittel behandelt wurden. Das gleiche ist der Fall, wenn die Session in der Beurteilung einer mutmaßlichen Ehebruchsfrage berücksichtigt, ob eine „customary separation" vorliegt oder nicht.[152] Ein weiteres Beispiel ist, wenn sie umgekehrt eine nach lokalem Recht geschlossene Ehe nur als gültige Ehe anerkennt, wenn die „dowry" (Brautpreis) – bei der Ehe zwischen Kirchenmitgliedern i. d. R. ergänzt durch eine Bibel und einen Ring – durch „bearers and witnesses" (S. 327) übergeben werden und damit von den beteiligten Familien bezeugt und so offizialisiert ist.[153] Die Session erkennt diese im lokalen Recht verankerte Form für ihre eigene Beurteilung der Gültigkeit von Ehen an, wie der Fall einer gescheiterten Offizialisierung in Fall 37e zeigt:

> […] the man has paid a dowry of £ 8 and a ring & bible – but sent it as a parcel not through bearers and witnesses. […] [The father of the bride] pressed the husband to send bearers

151 Vgl. auch die explizite Anweisung in einer der Verhandlungen zu „shortcomings & bad behaviour", sich nicht von der Familie zu entfernen: „They [the family of the presbyter] of course held their family meeting on that day. […], but the catechist and the elders advised him to appoint another day but not on Sunday. As that desecrates the sabbath Day, *although he was not advised to break away from his family*" (S. 230, Hervorhebung A.B.).

152 Siehe Fall 40 a-c: „He said he had a child with a woman at about the same time his wife […] begot a child. Has he made a customary separation?" (S. 178).

153 Vgl. Quarcoopome: Social impact of urbanisation, 1998: 143; Robertson: Sharing the same bowl, 1984: 179–181.

> to no avail. He therefore refused to give him his daughter [as a wife] – [that was] about 3 years ago – [Her husband is therefore not really her husband but only a concubine[154]] The catechist pointed out to her that she has become a prostitute thereby [...]. (S. 327)

Das Problem in diesem Fall war, dass die Übergabe des Brautpreises samt Ring und Bibel per Paket und nicht offiziell durch die Entsendung von Verwandten erfolgte. Der Vater erachtete das Verfahren daher als ungültig. Daher klassifiziert die Session die Verbindung ebenfalls nicht als Ehe und markiert mit dem Terminus „prostitution", dass diese somit auch als Übertretung kirchlichen Eherechts zu werten ist.

Neben konkreten Rechtsforen und Rechtsmitteln nutzt und erkennt die Session auch umfassendere Deutungshorizonte als komplementär an, z. B. indem sie auf das normative Gewicht der Familie rekurriert. Besonders eindrücklich kommt das bei der Zurechtweisung der aufgebotenen Presbyter-Söhne in Fall 37c zur Geltung. Als Verfehlung dieser „delinquent youngmen" (S. 241) gilt nicht allein deren fehlbarer Lebenswandel. Vielmehr präsentiert das Protokoll als Fluchtpunkt der Befragung und Gipfel des Vergehens den Schaden, den diese „ruchlosen" Söhne durch ihr nicht christliches, d. h. nonkonformes Verhalten dem Ansehen ihrer Väter verursachen:

> [Julius Kwasi]: He was asked the following questions and answered: (1) This is my father. He has baptized & confirmed me. I do not go to church; do not take Lords Supper; do not pay any dues or any thing in connection with the congregation: I know my father as a presbyter. By doing this I am doing evil to my father. [Question:] Why do you do that? He said he has no excuse again.
> | [Samson Kofi] | He was asked the same questions & replied. [...] He has disgraced his father.
> | [Mathew Yao]: | [Answered:] I was an Apenkwa citizen. My parents were Christians. My father was a presbyter. His duty is to seek the welfare of the village. He [the son] has disgraced his late father: The catechist explained to them the heinous [character] of their actions and added that according to the rules if a presbyter cannot manage his house he cannot manage the God's church & [is] to be dethroned as such.[155] They therefore want to dethrone their parents. (S. 241 f., Namen geändert, Hervorhebung und Ergänzungen A.B.)

Wirksam scheint die Rüge nicht primär durch die Kritik am „unchristlichen Charakter" des Verhaltens. Eine solche dürfte die betreffenden Personen angesichts

154 Meine Ergänzung bedient sich hier der im Protokoll zu diesem Fall weiter oben (S.327 f.) verwendeten Begriffe.

155 Vmtl. bezugnehmend auf RPP 1953: § 227.

ihres bemängelten Lebenswandels ohnehin nur mäßig bewegt haben. Wirksam ist hier als zentrales Moment vielmehr der Rückgriff auf die in der lokalen normativen Ordnung verankerte Bedeutung familiärer Verpflichtungen und der Verantwortung, die mit dem Erfüllen der eigenen Rolle in der sozialen Ordnung einhergeht.[156]

Diese Beobachtung hat besondere Brisanz angesichts des Befundes, dass um die Jahrhundertwende die Konversion zum Christentum und die Mitgliedschaft in der Kirche ein Weg war, sich von genau diesen Verpflichtungen zu lösen und angesichts sich rapide wandelnder ökonomischer und politischer Bedingungen individuelle Lebensentwürfe zu entwickeln.[157] Hier sehen wir gut ein halbes Jahrhundert später eine Session, welche die Wirksamkeit der in der lokalen normativen Ordnung verankerten familiären Verpflichtungen zu ihren Gunsten und in ihrem eigenen Sinne mobilisiert, während sie diese anderenorts bisweilen mehr oder weniger direkt kritisiert – nämlich dort, wo es nicht wie hier um die Kernfamilie und nicht um die von ihr selbst propagierten Inhalte und Praktiken geht.

Es wäre nun also zumindest für den hier untersuchten Zeitraum Mitte der 1950er-Jahre zu kurz gegriffen, eine „modern conception of moral individualism" auf Seiten der Kirche und „collective forms of identity" in deren Kontext zu verorten.[158] Beide Logiken, jene der kollektiven Identitätsformen und jene, die sich auf Individuum oder Kernfamilie beziehen, bestehen nebeneinander und werden von Protagonisten innerhalb wie außerhalb der Session aktiviert und bisweilen gegeneinander ausgespielt.

Kollisionen mit in diesem Sinne komplementären normativen Ordnungen entstehen dabei auch daraus, dass die Session gleichzeitig verschiedene Rollen zu vereinen sucht, die diese Ordnungen unterscheiden. Indem sie sowohl Deutungshoheit über „house affairs" als auch über Angelegenheiten erhebt, welche die Gemeinschaft als Ganzes betreffen, tritt sie in ihrem funktionalen Anspruch auf Reichweite sowohl als *we* bzw. *abusua*[159] als auch als Rat des *maŋtsɛ* bzw. *ohene* auf. Damit unterläuft ihr Geltungsanspruch das Subsidiaritätsprinzip, das im Akan Rechtssystem angelegt war. Dieses unterscheidet zwischen *efisɛm* und *oman akyiwade*. *Efisɛm* sind „house affairs" – Angelegenheiten, die eine *abusua* betreffen wie Ehebruch und andere Formen von Diebstahl, Schulden, Körperverletzung, Verunglimpfungen u. a. *Oman*

156 Die Begriffe „youngmen" und „dethrone" in der zitierten Passage weisen außerdem auf die weiterreichenden politischen Zusammenhänge hin, in denen sowohl das Verhalten der Söhne als auch deren Bearbeitung durch die Session stehen (siehe Kap. 3.1).

157 Meyer: Translating the devil, 1999: 12, 98, 104, 111.

158 Ebd.: xxi; Opuni-Frimpong: Indigenous knowledge, 2012: 5; Sonia Abun-Nasr: *Afrikaner und Missionar. Die Lebensgeschichte von David Asante*. Basel: P. Schlettwein Publishing, 2003.

159 Meine Gesprächspartner in Apenkwa 2018 verwendeten das Idiom der „family" explizit zur Beschreibung der PCG und ihrer Rolle in Apenkwa (Feldprot. 24.7.2018: Gespräch S.A.A. und D.A., Apenkwa: 4), siehe auch Klaeger: Palastbräuche versus Missionarsrechte, 2007: 96.

akyiwade hingegen sind Angelegenheiten, die als Angriff auf den *ohene* und damit als Angriff auf die Gemeinschaft als Ganzes gewertet werden. Familieninterne Fälle konnten nur durch einen *oath* zu einer Angelegenheit des *ohene* und seines Rates gemacht werden.[160]

Die in Kapitel 6.1.1 geschilderte Auseinandersetzung in der Session um die Reichweite und Verantwortung der Session in Sachen „house affairs" und die hier geschilderten Fälle zeigen, dass die Kirche die in der Akan normativen Ordnung vorgesehene Trennung der funktionalen Reichweite von *abusua* und *ohene* punktuell, aber nicht in allen Fällen nachvollzieht. So stützt sich die Session einerseits auf die lokalen normativen Ordnungen ab und konterkariert diese gleichzeitig, indem sie verschiedene darin vorgesehene Rollen zu übernehmen sucht.

6.3.6 Geltungsansprüche und Arrangements – Verhältnissetzung formal und vollzogen

Um die Formen der Verhältnissetzung, die ich aus den protokollierten Vorgängen herausarbeiten konnte, treffend zu fassen, bedarf es neben *konkurrierend* und *komplementär* einer weiteren Unterscheidung – jener zwischen *formal* und *vollzogen*. Formal meint dabei die offiziellen postulierten, theologisch abgestützten oder in der RPP kodifizierten Verhältnissetzungen. Vollzogen meint jene Verhältnissetzungen, die in lebensweltlichen Vollzügen und praktischen Arrangements stattfinden.[161]

„Church regulations" und „Civil Law"

Die Einleitung der 1953 revidierten Kirchenordnung (RPP 1953) entwirft formal ein komplementäres Verhältnis von kirchlichen Regeln und staatlicher Rechtsordnung[162]:

> As these regulations [the regulations of the Church compiled in the RPP] are intended for the spiritual guidance of the Church, they do not interfere with the laws of the Civil

---

160 Kofi A. Busia: *The position of the chief in the modern political system of Ashanti. A study of the influence of contemporary social changes on Ashanti political institutions*, London: Oxford University Press, 1951: 64 f. Ein *oath* nennt in verschlüsselter Form ein historisches Unglück. Indem dadurch die daran beteiligten Ahnen gekränkt werden und so ihr Unmut provoziert wird, wird der Sachverhalt von *efisɛm* zur Angelegenheit der gesamten Gemeinschaft (ebd.: 75–78). Ausführlich zum Asante Rechtssystem Rattrays Standardwerk aus der ersten Hälfte des 20. Jh.: Rattray: Ashanti Law, 1929.

161 Vgl. die Unterscheidung zwischen „praktischen" und „idealen" Normen bei Olivier de Sardan: Practical norms, 2008. Siehe auch Kap. 2.3.3.

162 RPP 1953: § 2.

Government.[163] If at any time a rule is found to be in conflict with the Civil Law, steps will be taken to modify such a rule in ways that are agreeable to the Word of God.

Die kirchlichen „regulations" befassen sich demnach mit der „spiritual guidance", der geistigen Führung der Kirche und ihrer Mitglieder. Als rein geistige Unternehmung verfügen sie über keinen weltlichen Zwangsapparat.[164] Sie agieren daher unabhängig von den „laws of the Civil Government" und geraten damit auch nicht in Konflikt mit denselben.

Wenn auch der zweite Satz von der Erfahrung zeugt, dass sich durchaus Kollisionen zwischen „Civil Law"[165] und den „rules" der Kirche ergeben können, und in diesem Fall das „Word of God" als maßgeblich für deren Auflösung gilt, so korrespondiert eine solche Verhältnissetzung doch mit der säkularisierenden Trennungslogik, die im britisch-kolonialen Indirect Rule-System zum Tragen kam. Dessen Restrukturierung lokaler Herrschaftsordnungen setzte zunehmend eine Trennung zwischen ‚weltlicher' und ‚sakraler' Herrschaft durch und führte zu einer ‚säkularen' Aufstellung der *maŋtsɛmɛi* als politische Autoritäten. Sie erhielten ein Monopol auf rechtliche und steuerliche Kompetenzen, während man diese den *wulɔmɛi* entzog und letztere so in eine veränderte, ‚rein religiöse' Rolle drängte.[166]

Gleichzeitig ist hierin auch die von der Basler Mission ererbte Logik erkennbar, die geistigen und weltlichen Bereiche als getrennte komplementäre Pole entwirft, wobei die formale Rechtsgewalt bei der weltlichen Herrschaft liegt. Denn der oben genannte einleitende Passus der RPP ist eine wörtliche Übersetzung aus der ursprünglich deutschen Fassung der Gemeindeordnung von 1902.[167] Der Passus wurde unverändert von der RPP 1929 in die überarbeitete Fassung von 1953 übernommen. Somit handelt es sich bei diesem formalen Verhältnisentwurf von

---

163 Das steht im Einklang mit Römer 13.1-7. Es adressiert beide Teile der dualen Rechtsordnung, die zentrale kolonial-staatliche und – wo staatlich anerkannt – die lokalen Autoritäten (vgl. Meyer: Translating the devil, 1999: 10).

164 Siehe auch die Beschreibung im Protokoll vom 28.5.1955 (S. 307).

165 Das dürfte insbesondere im Hinblick auf die *Native Courts* geschehen, in welchen lokale normative Ordnungen, und damit verbundene Verhaltensnormierungen, Ritualpraktiken und Verpflichtungen, in Anschlag gebracht werden.

166 Parker: Making the town, 2000: 163, 169, 176; Sackeyfio-Lenoch: Politics of chieftaincy, 2014: 43. Die einfachen Anführungszeichen sollen darauf hinweisen, dass es hier um die Deutung der Ämter aus Sicht der britischen normativen Ordnung geht.

167 „Da diese Ordnung rein kirchlich ist, so greift sie nicht ein in das Gebiet des weltlichen Regiments. Sollte sich früher oder später erweisen, dass sich eine ihrer Bestimmungen mit dem Landesgesetz nicht im Einklang befindet, so wird Einleitung getroffen werden, den Widerspruch nach Gottes Wort auf geeignetem Wege zu entfernen" (BMA D-9.1c,15: Ordnung für die Evangelischen Gemeinden der Basler Mission auf der Goldküste, revidiert 1902, Basel 1902: § 2).

kirchlichen Regeln und staatlichem Recht wortwörtlich um ein Erbe der pietistisch-reformierten Basler Mission. Dieses komplementäre Arrangement entspricht in Fällen wie bei der Scheidung in Fall 50 (V.3.3) oder den Befürchtungen, die gegen das Dokument in Fall 6 sprachen (Kap. 6.3.2), den in den Protokollen dokumentierten vollzogenen Konstellationen.

Gleichzeitig läuft die kirchliche Idealvorstellung von der *Christian town* dieser Trennungslogik entgegen,[168] auch wenn dort die Teilung in ‚weltliche' und ‚geistige' Belange unter Imitation einer in koloniale Form gegossenen „traditionellen" Herrschaftsstruktur nachvollzogen wird. Denn in der Idee der *Christian town* besitzt die Kirche – konkret die Session – nicht nur die ausschließliche geistige Führung, die „spiritual guidance", sondern bestimmt durch den von ihr legitimierten *chief* auch über die „temporal affairs" mit. Kirche und Bibel statt lokale Einsetzungsrituale sind es, welche die ihm überantwortete Autorität legitimieren, und mit dem Motiv der Erstbesiedlung des Landes begründet die Kirche die von ihr beanspruchte Autorität. Es verwundert nicht, dass ein derart umfassender formaler Anspruch auf Reichweite in allen drei Dimensionen die absolute Ausnahme unter den PCG-Gemeinden bildete.[169]

Nicht nur dieses Ideal, sondern auch Anspruch und Reichweite, die sich in der hier untersuchten Praxis zeigen, unterlaufen die theologisch grundierte Trennungslogik ebenso wie den säkularisierenden Impetus des britischen Kolonialregimes. Aus dieser Perspektive korrespondiert das Selbstverständnis der Session eher mit anderen, im lokalen Kontext vorhandenen Unterscheidungen, die diese konzeptionelle Trennung in ‚religiöse' und ‚politische' Kompetenzbereiche nicht bedienen.[170]

Als Indiz für ein solches Selbstverständnis kann das Register von Referenzen gelesen werden, auf die der Katechist sich zur Darstellung seines Arguments der Zusammengehörigkeit – dem Verhalten des Einzelnen, dessen Auswirkung auf die Gemeinschaft und der daraus abgeleiteten Reichweite der Session – bezieht: Biblische Motive (Eli und seine Söhne), jüngere Ereignisse der Weltpolitik (Balkanstaaten und Hitler) und historische Debatten im britischen Parlament (Cromwell) greifen im Protokoll ineinander (Kap. 6.1.1).

Interessanterweise vertritt insbesondere der Katechist als Vertreter der überlokalen kirchlichen Logik diese Position – ganz im Gegensatz zum *senior presbyter* und

---

168 Zur Widersprüchlichkeit der Haltung protestantischer Missionare angesichts der Zweireichelehre einerseits und der politischen Implikationen ihrer Praxis andererseits vgl. das Kapitel „Secular power and sacred authority" in Jean Comaroff, John L. Comaroff: *Of Revelation and Revolution. Christianity, Colonialism, and Consciousness in South Africa*, Chicago: University of Chicago Press, 1991: 252–308.

169 Siehe Kap. 1.3 und Kap. 3.3.1. Eine Beschreibung der Rolle des *chief* von Apenkwa gibt das Protokoll vom 28.5.1955 (S. 307).

170 Middleton: One hundred and fifty years, 1983: 10; Pobee: Church and state, 1976: 125 f.

chief, was wiederum im Fall 36 zum Ausdruck kommt (Kap. 6.1.2). Dort vertritt letzterer die Position, dass die Session nicht das Recht habe, die *wɔyei* zu befragen: „Mr. W. C. Dormon said that because of the Government street measuring into our village we have not the right to question any offender" (S. 141 f.).

Die Begründung, dass die von der Regierung gebaute Straße nun nach Apenkwa führe,[171] lese ich als die lebensweltliche Beschreibung der 1953 erfolgten Eingemeindung von Apenkwa in das Stadtgebiet von Accra im Rahmen von dessen Ausweitung auf die *new sub-urban wards*. Wie in Kapitel 3 beschrieben, verloren die *Native Courts* dadurch ebenso wie ihre mehr oder – im Falle von Apenkwa – weniger offiziellen ‚religiösen' Äquivalente aus staatlich-rechtlicher Sicht ihre Legitimität.

Mit seiner Aussage anerkennt Dormon die Trennung von kirchlicher und staatlicher Rechtshoheit und beschränkt die Reichweite des kirchlichen Rechtsanspruchs auf die *personenbezogene* Dimension.[172] Der Katechist aber hält dagegen: Wie auch immer die Sachlage sei, das fragliche Land sei an ein Kirchenmitglied als Baugrundstück gegeben worden und gehöre daher der Mission.[173] Daraus erwachse der Session das Recht, über den Kreis der eigenen Mitglieder hinaus „offenders" zu befragen (S. 142). Der Katechist verbindet damit den Hoheitsanspruch über das Land mit der *territorialen* Reichweite kirchlicher Rechtsprechung.

Bei der Frage, ob die Session die „priestesses" und die Personen, die diese unterstützt haben, legitimerweise zur Rechenschaft ziehen kann oder nicht, geht es also darum, ob sich die kirchliche Rechtshoheit auf die *personenbezogene* Dimension der Geltung beschränkt. Betrifft die Rechtspraxis der Session also nur Kirchenmitglieder oder erachten die Akteure den Geltungsanspruch auf *territoriale* Reichweite ebenfalls als legitim? Ersteres würde mit der oben genannten Trennungslogik korrespondieren, letzteres weniger. Denn dieser Anspruch geht über die „spiritual guidance" der Kirchgemeinde hinaus und verlangt auch von Nichtmitgliedern wie den mutmaßlichen *wɔyei* Rechenschaft und Verhaltensregulierung vor Ort. An dieser Stelle bahnt sich also in der *territorialen* Dimension der Reichweite eine *Konkurrenz* zwischen staatlichem, vom *senior presbyter* und *chief* vertretenem, und kirchlichem, vom Katechisten vertretenem Rechtsanspruch an.

Zuletzt ist allerdings keine weitere Befragung der *wɔyei* dokumentiert, was ein Ergebnis der Uneinigkeit ebenso wie ein Indiz dafür sein könnte, dass sich in der Praxis – d. h. *vollzogen* – doch die an der Trennungslogik orientierte Beschränkung des Geltungsbereichs kirchlicher Rechenschaft auf die Personengruppe der Mitglieder durchgesetzt hat.

---

171 Eine alternative Lesart wäre, dass die Regierung Straßenmessungen in Apenkwa veranlasst hat. Beides würde für das Argument auf den gleichen Punkt hinauslaufen.

172 Zu den drei Dimensionen des Anspruchs auf Reichweite (territorial, funktional und personenbezogen) siehe Kap. 6.2.5.

173 Zum hier implizierten Verständnis von Land-Besitz- vs. -Nutzungsrecht siehe Kap. 6.3.2.

„Promoting the course of God“ und „promoting the priestesses' course“

Eine *formale Konkurrenz* stellen sowohl individuelle Praktiken von Kirchenmitgliedern als auch die Anwesenheit von anderen religiösen Spezialistinnen und Spezialisten samt Entourage und Unterstützung aus Apenkwa dar. Praktiken wie *otofo* (Fall 37a, Fall 40), *sisa tōgbē* (Fall 51) oder das Ritual für die schwangere Tochter aus Fall 39 und Akteure wie die *wɔyei*, der *mallam* bzw. *klamo* und der *Tigare*-Schrein am Ortsrand stellen, nicht nur gleich dem staatlichen Recht, den alleinigen territorialen Rechtsanspruch in Frage. Sie fordern vielmehr in verstärktem Maß auch den funktionalen und gruppenbezogenen Rechtsanspruch der kirchlichen normativen Ordnung heraus.

Allerdings entspricht diese *formal konkurrierende* Verhältnissetzung nicht per se einem Problem in der Praxis: So gab es offenbar im Fall der *wɔyei* ein Arrangement, das in den vergangenen ca. sechs Jahren stillschweigend funktioniert hatte. Dass die Klägerin gegen den Widerstand vieler Einwohnerinnen und Einwohner handelte und die Session erst nach dem dritten Anlauf und aufgrund von kirchenöffentlichem Druck zur Bearbeitung dieses Falls bewegen konnte, spricht dafür, dass die Session diesen lokalen Modus Operandi entgegen formaler Konkurrenzrethorik durchaus aufrechtzuerhalten suchte. Auch in Bezug auf Muslime gab es in der *vollzogenen* lebensweltlichen Praxis in Apenkwa einen Modus vivendi. Das zeigt die nüchterne Feststellung eines Presbyters im Protokoll vom 17.4.1955, dass es schlicht nicht möglich sei, Muslime einfach so wegzuweisen, denn viele von ihnen seien Mieter und Mieterinnen in Apenkwa (S. 273). Sie dürften damit eine nicht unwesentliche Einkommensquelle für viele Kirchenmitglieder gewesen sein. Der Zugang zu dieser Ressource scheint für die Presbyter ein pragmatischer Grund zu sein, Muslime und Musliminnen samt *mallam* in ihrer *Christian town* zu dulden, solange letzterer nicht öffentlich auftritt und nicht mit „juju“ assoziiert wird (S. 3, 7 f.).

Es dürfte noch einen weiteren Grund für den Unterschied zwischen formalen und vollzogenen Verhältnissetzungen geben: die in Kapitel 3 angesprochene Offenheit der Ga normativen Ordnung für verschiedene Quellen außergesellschaftlicher Macht und ritueller Expertise im Umgang mit der unsichtbaren Welt. Diese grundsätzliche Offenheit steht im klaren Gegensatz zur Ausschließlichkeitslogik der christlichen normativen Ordnung – zumindest in der von der Basler Mission und später der PCG formal getragenen Form.[174]

Aus einer Ga Perspektive hindern die kollektiven *Kpele*-Praktiken für die *jemawɔji* (Rituale für die „civic ‚gods of the world‘“[175]), für welche die *wulɔmɛii* und

174 Middleton: One hundred and fifty years, 1983: 10 f.

175 Parker: Making the town, 2000: 186.

maŋtsɛmɛi verantwortlich sind, Einzelpersonen nicht daran, individuelle Anliegen bei anderen religiösen Spezialisten und Ritualexperten bearbeiten zu lassen (*wɔyoo*, *klamo* aber auch *shia/we onukpa* etc.).[176]

In Analogie zu diesem Hintergrund ließe sich die christliche normative Ordnung also quasi als die kollektive Praxis, die „civic rituals" von Apenkwa denken, während für die individuellen Anliegen der Mitglieder die Teilnahme an der christlichen Praxis einen zentralen Teil ausmacht, aber auch andere Optionen der Bearbeitung potenziell offen stehen.[177] Davon ausgehend ließe sich annehmen, dass diese Elemente aus Sicht dieser Mitglieder mehr oder weniger *komplementäre* oder auch inkommensurable Teile ihrer normativen Ordnung darstellen.[178] Für den betreffenden Presbyter oder seine Verwandten ist es damit kein Problem, nicht nur christlich zu praktizieren, sondern auch die *wɔyei* zu unterstützen. Dies steht im Kontrast zur *formalen* Verhältnissetzung, die darin Elemente *konfligierender* normativer Ordnungen ausmacht.

Letztlich scheint es hier um die Frage zu gehen, wie eine angemessene Deutung und ein praktikabler Umgang mit lokalen Praktiken, d. h. mit *formal* konkurrierenden normativen Ordnungen im Selbstverständnis der Kirche einerseits, und *vollzogen* in der Lebenswelt der Gemeindemitglieder andererseits, aussieht.

Die Bearbeitung der Praxis der Mitglieder durch die Rechtspraktiken der Session, mit den dabei entworfenen Grenzen und Kategorien, ihren Regelmäßigkeiten und den mobilisierten Begründungszusammenhängen könnte als eine Form gelesen werden, wie indirekt eine praktische Auseinandersetzung mit dem stattgefunden hat, was unter den großen Ablehnungskategorien wie „Fetish", „Heidentum" oder „Teufel" zusammengefasst, in der kirchlichen Terminologie offiziell nicht mehr verhandelbar war.[179] Aus dieser Perspektive kann der Einsatz kirchlicher Rechtspraktiken in der Session als eine lebensweltliche Form der Auseinandersetzung mit dem Verhältnis von „Christianity and African Culture" verstanden werden, die

176 Siehe Kap. 3.4.1.

177 Vgl. Akyeampong: Christianity, modernity: 285.

178 Middleton: One hundred and fifty years, 1983: 12; Meyer: Translating the devil, 1999: 95 f; Lambek: Knowledge and practice, [1993] 2010: 396 f; Eva Spies: „Coping with Religious Diversity. Incommensurability and Other Perspectives", in: Janice Boddy und Michael Lambek (Hg.). *A Companion to the Anthropology of Religion*. Hoboken: Wiley, 2013, S. 118–136.

179 Vgl. ebd.: 103 sowie als konkretes Beispiel Ammahs 1939 versandter Fragenkatalog zur Zulässigkeit der Teilnahme von Christen an verschiedenen Aspekten und Arten von Ga Ritualen und die pauschal abwehrenden und abwertenden – für die lebensweltliche Praxis wohl wenig hilfreichen – Antworten der meisten adressierten Kirchenvertreter (Ammah: Christianity and Ga Traditional Religion, 2016: 385–397).

zeitgleich auf Ebene der Kirchenleitung, der Intellektuellen und Theologen langsam zu einem diskussionswürdigen Gegenstand wurden.[180]

180 Die Tagung „Christianity and African Culture", 1955 vom *Christian Council of the Gold Coast* ausgerichtet, ist hierzu emblematisch. (Christian Council of the Gold Coast: *Christianity and African culture, The proceedings of a conference held at Accra, Gold Coast, May 2nd-6th, 1955, under the auspices of the Christian Council,* Accra: Scottish Mission Book Depot Printing Department, 1955); Meyer: Translating the devil, 1999: 18. Siehe auch Kap. 3.1 und Kap. 3.4.

7. Zusammenführung und Schluss

Das abschließende Kapitel trägt zunächst die Analyseergebnisse in einer Rückschau zusammen. Anschließend reichert es diese durch weiterführende Überlegungen zur Übertragbarkeit und Relevanz der hier angestellten Analysen an und spitzt sie zuletzt auf zwei zentrale Antworten auf meine Forschungsfrage zu, die sich auf die Leistung der herausgearbeiteten Rechtspraktiken für die *Presbyterian Church of the Gold Coast* (PCG) als religiöse Organisation bezog. Dabei bindet der Ausblick die Erkenntnisse meiner Untersuchung einerseits an den Forschungsdiskurs zur Geschichte Missions-initiierter Kirchen zurück und andererseits an die weitere religionswissenschaftliche Forschung zu Religion und Recht.

7.1 Rückblick

Um die Forschungsfrage „was leisten die Rechtspraktiken für die untersuchte religiöse Organisation?" zu beantworten, habe ich die Untersuchung in drei Schritte gegliedert und nacheinander geklärt:[1] (a) welche rechtlichen Praktiken sich auf der Ebene der religiösen Organisation finden ließen (Kap. V), (b) welche Funktionen diese Praktiken für die religiöse Organisation erfüllen (Kap. 6.1–VI.2) und (c), wie ihre rechtlichen Praktiken das Verhältnis dieser religiösen Organisation zu ihrem pluralen Kontext mitgestalten (Kap. 6.3).

Hierfür habe ich zunächst „*Recht* innerhalb von Religion" wie folgt operationalisiert: *Recht* ist im weitesten Sinne als normative Ordnung, und im engen Sinne (1) als legalistische Praktiken, (2) als Formen der Verhaltensvorgabe und -sanktion sowie (3) über ein diskursives Cluster definiert.[2] Mit jeder der drei heuristischen Definitionen habe ich einen Fall gewählt, dessen diachronen und inhaltlichen Verweisstrukturen ich im Material gefolgt bin. Auf diese Weise konnte ich ein Cluster von Fällen, Praktiken und Deutungen erschließen, das einerseits klar auf die von mir als analytischen Rahmen gesetzte Heuristik bezogen war und andererseits offen war für die Eigenlogik der untersuchten *session minutes*.[3]

Die Session – das unterste Gremium in der Kirchenhierarchie, das für den alltäglichen Betrieb der Gemeinden verantwortlich ist – operationalisierte dabei die

---

1 Vgl. die Untersuchungsfragen in Kap. 1.

2 Zu meinem Umgang mit dem Rechtsbegriff und den heuristischen Definitionen siehe Kap. 2.3.2.

3 Zur Auswahl der Fälle und dem methodischen Vorgehen zu deren (Re-)Konstruktion aus dem Material siehe Kap. 4.3.

religiöse Organisation.[4] In meinem analytischen Vokabular ist damit eine Organisation gemeint, deren Versorgungsleistung sich in Berufung auf eine absolute Autorität begründet.[5] Als Untersuchungsgegenstand dienten mir die Sitzungsprotokolle, in denen eine solche Session ihre Aktivitäten in der Lebenswelt einer lokalen Gemeinde, Apenkwa, dokumentierte.

Auf diese Weise habe ich einerseits ein Set an Rechtspraktiken herausgearbeitet, die dieses kirchliche Gremium in seiner Praxis einsetzte. Andererseits konnte ich aus dem Material analytisches Vokabular entwickeln, das beschreibt, wie und zu welchem Zweck diese Praktiken zum Einsatz kamen.

7.1.1 Ein Set kirchlicher Rechtspraktiken …

Drei Dimensionen habe ich in den als Rechtspraktiken identifizierten Vorgängen unterschieden: Kategorien, Dokumente und Verfahren. Auf der Ebene des individuellen Tuns adressieren diese Rechtspraktiken „*wer* dazugehört" – d. h., *wer* als Christ (*Christian*) gilt. Auf der kollektiven Ebene bearbeiten sie die Frage, „*wozu*" die Betreffenden dabei gehören – d. h. was als *Christian* und *Christianity* gilt. Daher sind Rechtspraktiken unerlässlich, um zu wissen, wer sich in der jeweiligen Situation als „guter Christ" auszeichnet und „wofür die Kirche steht".

Kategorien

Zunächst kamen die beiden Achsen der Zugehörigkeit zur Sprache, entlang derer die identifizierten Kategorien die Zugehörigkeit strukturieren: Die eine Achse benennt die Zugehörigkeit im Sinne der Mitgliedschaft in der Heilsgemeinschaft und die andere die Zugehörigkeit zum Ort im Sinne von Autochthonie. Dabei gibt es auf beiden Achsen jeweils graduelle Abstufungen (Kap. 5.2.1). So beschrieben thematisieren diese Kategorien das, was Claviez als die doppelte Infragestellung von Gemeinschaft bezeichnet: die Infragestellung einer Idee der Gemeinschaft der Gleichen durch Abweichung im Inneren und durch das als konstitutiv anders gesetzte Außen.[6]

Aufschlussreich ist dabei die Kategorie der *delinquent members*. Sie bildet eine Art Pufferzone, in der die Session Personen einerseits als Mitglied markiert – und damit Autorität über sie beansprucht – andererseits aber deutlich anzeigt, dass ihr Verhalten nicht *in globo* als Ausdruck der Mitgliedschaft zu deuten ist (Kap. 5.2.2).

---

4 Zu den *session minutes* als Quelle und inwiefern sie ‚für die Organisation stehen' siehe Kap. 4.2.

5 Seiwert: Religiöse Bedeutung, 1981: 84. Schlamelcher: Religiöse Organisation, 2018: 500. Zu meinem Umgang mit dem Religionsbegriff siehe Kap. 2.3.3. Auf die objektsprachliche Verwendung des Religionsbegriffs gehe ich weiter unten (Kap. 7.2.1) noch einmal gesondert ein.

6 Claviez: Metonymic community, 2016: 39 f. Siehe auch Kap. 5.2.3.

Indem sie dieses als falsch anzeigt, reduziert sie die Vielfalt möglicher Deutungen des Zusammenhangs zwischen Tun und normativer Ordnung.

Ziel der Rechtspraktiken der Session scheint nicht primär zu sein, die Gemeinschaft durch Ausschluss von Abweichenden zu bereinigen, sondern die betreffenden Personen dazu zu bringen, sich der Kirche wieder anzunähern (Kap. 5.4.1). Das gilt für die *outside Christians of the PCG*, über welche die örtliche Gemeinde für sich Ressourcen erschließt (Achse der Zugehörigkeit zum Ort), als auch für die Kategorie der *delinquent members* (Achse der Zugehörigkeit zur Kirche).

Das Pendant zu den *delinquent members*, welche die Protokolle von den *Christians* unterscheiden, sind die *anomalies*, die von *our Rules* abweichen. In diesen Kategorien ließ sich nämlich eine doppelte Reihung vornehmen: auf der einen Seite *our Christianity*, mit der Einigkeit der Gemeinschaft und der regelhaften Ordnung des Innen, auf der anderen Seite *evil*, die Abweichung, Unordnung und das gefährliche Außen. Die Motivik dieser Dyaden knüpft sowohl in der christlich-missionarischen, als auch in der lokalen Rhetorik an. Damit konnte die Analyse die aus den *session minutes* herausgearbeiteten Kategorien als in der protestantisch-christlichen, aber auch in der Ga und Akan normativen Ordnung verankert, thematisieren (Kap. 5.2.3).

Vor dem Hintergrund dieser beiden Referenzrahmen sprechen die *session minutes* der Anwendung von kirchlichen Rechtspraktiken als „speaking against evil" eine heilsrelevante Funktion zu. Denn sie entwerfen die Beobachtungs- und Markierungspraktiken als probaten Weg, die Ordnung der Kirche gegen ein als Bedrohung firmierendes Außen durchzusetzen (Kap. 6.1).

Das Identifizieren von *anomalies* steigert auch die Präsenz der *rules* – ein Paradox, das Saba Mahmood in einem anderen Zusammenhang als *generative contradiction* bezeichnet hat. Das Ideal der *rules* schließt *anomalies* aus, doch gerade das Anklagen der Übertretung ruft die Regel in Erinnerung und fordert sie ein. Durch Kategorien wie jene der *delinquent members* kommen die *rules* sozusagen im schiefen Licht der *anomalies* erst richtig zur Geltung. Dieser Prozess kann, wie Mahmood zeigt, selbstverstärkend wirken.[7]

7 Saba Mahmood: *Religious difference in a secular age. A minority report*, Princeton, N.J.: Princeton University Press, 2016: 3 f. Sie benutzt den Begriff der *generative contradiction*, um zu bezeichnen, wie das Axiom des Säkularismus die Trennung von Staat und Religion und den Schutz der Religionsfreiheit durch immer noch genauere Regulierung durchzusetzen beansprucht, und damit die eingeforderte Trennung und Freiheit gleichzeitig übertritt und befeuert.

Verfahren

Die im Kapitel 5.4 beschriebenen Formen der Anwendung rechtlicher Praktiken kreisen um die drei Verfahrensschritte Beobachtung, Bearbeitung und bewertende Entscheidung oder Urteil.

Grundlegend geht mit der beanspruchten Reichweite der eigenen normativen Ordnung der Anspruch, ja das Recht und die Kompetenz der Beobachtung einher. Der Begriff ‚Beobachtung' umfasst dabei sowohl Formen der Erkundigung wie die Befragung von Zeugen, Klägerinnen und Beklagten als auch Formen der Beaufsichtigung und Überwachung der Aktivitäten im Ort und der Lebensführung von Mitgliedern. So beansprucht die Session das Recht „to question any offender". Dieses Recht scheint in den dokumentierten Fällen weitgehend gewährleistet. Zumindest kommt es selten vor, dass Aussagen verweigert werden, vielmehr gibt es andere Formen, sich der Beobachtung zu entziehen. Die Session macht von diesem Recht in ihren Sitzungen in Form von *questioning* Gebrauch, also der Befragung vorgeladener Personen durch die Mitglieder der Session und untereinander. Aber Beobachtungsmechanismen sind auch im Ritualzyklus der Kirche eingebettet in Form des *speaking* und der *communion card*. Die Session setzt dafür zuletzt auch Stellvertreter und Stellvertreterinnen im Ort ein, indem sie eine „sort of police" einrichtet (Kap. 5.4.2).

Auf Grundlage der so generierten Informationen über die zu behandelnden Sachverhalte fällt die Session ihr Urteil (*decision*). Die *decision* kann als das Moment verstanden werden, in dem sich die Session – hier in aller Regel als kollektive Akteurin, und im Idealfall „with one voice" – auf eine der möglichen Lesarten des Sachverhalts festlegt. Abgeleitet davon beschließt sie über allfällige Schuldsprüche und Sanktionen.

Das ebenfalls im Ga Kontext verankerte Motiv der Einigkeit ist angesichts des situativen, vieldeutigen und umstrittenen Charakters der Deutung von Tun sowie der verschiedenen Referenzlogiken (lokale Gemeinde bzw. Ort versus überregionale Kirche), welche die Session vereint, eine Herausforderung.

Die Protokolle dokumentieren auch, wie die Session als Rechtsforum im rechtlich pluralen Kontext einerseits (Kap. 6.3.3) und über die verschiedenen Instanzenzüge in die Rechtsstruktur der Kirche andererseits (Kap. 5.4.3) eingebettet ist. Letzteres gilt für den *case for the pastor*, mit dem die Session einen Sachverhalt auf die nächste kirchenhierarchische Ebene verschiebt, ebenso wie für das *prayer*, welches den Sachverhalt in einen nicht menschlichen Entscheidungsbereich überführt.

Zwar werden Formen der Sanktion wie der Ausschluss vom Abendmahl, der Ausschluss aus der Kirche oder ultimativ der Verweis vom Kirchenland durchaus angedroht und in einzelnen Fällen durchgesetzt. Doch wichtiger für die Art und Weise, wie die Session die von ihr beobachteten und bewerteten Fälle bearbeitet, sind die Rüge (*rebuke*) der betreffenden Personen durch die Session und das Besserungsgelöbnis (*promise*), das den Gerügten abgenommen wird. Dies kann im geschlossenen Rahmen der Session geschehen oder auch als gemeindeöffentliches *announcement*.

Durch Scham und Ansehensverlust wirken diese Bearbeitungsformen im engen Geflecht der Gemeinschaft als reale Sanktionen – eine Form gesellschaftlicher Wirksamkeit auf die Kwame Gyekye für den lokalen Akan Kontext hinweist.[8] Diese Form der Bearbeitung verbinden den hier untersuchten Fall aber auch mit anderen religiösen Gemeinschaften und ihren internen Rechtspraktiken, wie sie beispielsweise Pascale Fournier für jüdische Communities in Kanada anspricht.[9]

Dokumente

Zentral bei der Bearbeitung durch die Session ist die *Markierung*. Die Session muss die Lesart, zu der sie über ihre Untersuchungen gelangt, kenntlich machen, muss *delinquent members*, *anomalies* und *evil* als solche *benennen*. Dazu nutzt sie die entsprechenden Kategorien und die verschiedenen Formen von Dokumenten, mit welchen sie ihre Markierungen in eine autoritative, legalistische Form bringt und die entsprechenden Sachverhalte der unmittelbaren Situation enthebt (vgl. Kap. 2.3.2).

Das Protokollbuch als das zentrale Dokument dieser Untersuchung befindet sich in seiner Funktion direkt an der Schnittstelle zwischen mündlichen und schriftlichen Komponenten, zwischen Performativität und Schriftlichkeit im rechtlichen Vollzug.[10] Es präsentiert eine in schriftliche Form gebrachte Fassung der Verhandlungen, Diskussionen, Streitigkeiten und Einigungen in der Session, hält die Interaktionen und ihre Ergebnisse autoritativ fest und gibt diese Vorgänge ggf. späteren Nutzern und Leserinnen preis. Gleichzeitig verweisen die Protokolle intertextuell auf eine Reihe anderer Dokumente, die im Vollzug der rechtlichen Praktiken eine Rolle spielen, und zeigt damit wiederum, wie das Protokollbuch in ein Geflecht von Interaktionen und Praktiken eingebunden ist.

Bei den in Kapitel 5.3 diskutierten Dokumenten liegt der Fokus weniger auf den Kirchenbüchern wie Familien-, Tauf- Sterbe- und weiteren Registern, die in ihrer schriftlichen, listenhaften Form und ihrem offiziellen Charakter typische Beispiele sind für das, was üblicherweise als ‚Dokument', insbesondere von Kirchenzugehörigkeit, gilt. Die Aufmerksamkeit meiner Analyse galt hier vielmehr unterschiedlichen Formen von Artefakten, die in der Praxis der Session zu Doku-

---

8 Gyekye: African philosophical thought, 1987: 139, 141.

9 Fournier: Canadian Agunah, 2012.

10 Siehe Kap. 4.2.3.

menten der Zugehörigkeit werden und das dokumentieren, wozu man gehört oder eben nicht gehört.

Da sind als Dokumente der Verortung, die durch ihre Niederschrift in der Gemeindechronik offizialisierte Fassung der Geschichte von Apenkwa und der Ortsplan, den es aufzuhängen gilt, als grafisches Dokument. Da ist die vorgedruckte und auszufüllende *communion card*. Dieses Artefakt regelt nicht nur den Zugang zum Abendmahl, sondern muss auch wie ein Ausweis stets vor den jeweiligen Kirchenorganen vorzeigbar sein und dokumentiert wie eine Art Stechkarte oder ein Mini-Protokoll für jeden einzelnen die Teilnahme an den kirchlichen Vollzügen. Und da ist die Form des ‚impliziten Formulars', in der sich der deutlich formalisierte Interaktionsablauf bei der Landvergabe in der vergleichsweise offenen Dokumentierungsform des Protokolls niederschlägt. Diese Einträge halten nicht nur die stets gleichen Abläufe und Fragen fest, sondern stellen diese teilweise bis in die Formulierung hinein gleichförmig formelhaft dar.

Die Verfahren und Kategorien regen die Produktion solcher Dokumente an und stützen sich wiederum auf dieselben ab. Mit diesen in Interaktionen und Diskursen, d. h. in Praktiken eingebundenen Artefakten,[11] verstetigt die Session bei ihren Bearbeitungsverfahren die vorgenommenen Markierungen, sucht ihre Beobachtungen eindeutiger, ihre Entscheidungen langfristig greifbar und ihre Praxis konsistent zu machen.

7.1.2 ... und wie die Praktiken zum Einsatz kamen

Das über die hier gewählten Rechtsdefinitionen identifizierte Repertoire an Rechtspraktiken zeigt, dass in dieser Perspektivierung von Recht und Religion nicht nur Praktiken als Rechtspraktiken in den Blick kommen, die konventionell – insbesondere vor dem Hintergrund einer Logik der funktionalen Differenzierung – dem Bereich „Recht" zugeordnet werden. Die Aufmerksamkeit galt also z. B. nicht nur Kategorien wie *delinquent members*, der *constitution* der Kirche oder den in der Kirchenordnung ausgewiesenen Mitteln und Gründen der Kirchenzucht im engen Sinne. Vielmehr umfasst das hier erschlossene Set von Rechtspraktiken auch Praktiken, die konventionell – z. B. aufgrund von Transzendenzbezügen – dem Bereich „Religion" zugerechnet werden, wie *prayer*, die Teilnahme am Abendmahl bzw. deren Regulierung im vorangegangenen *speaking*. Dabei hat die Analyse gezeigt, wie diese Praktiken in ihren Funktionen für die religiöse Organisation ineinandergreifen, und dass es gerade dieses *Ensemble* ist, das die normative Ordnung dieser religiösen Organisation stützt.

---

11 Elias, Franz, Murmann, Weiser: Hinführung, 2014: 4.

Ich konnte in einem ersten Schritt herausarbeiten, wie die Rechtspraktiken zum Einsatz kommen, wenn es darum geht, individuelles Tun von Kirchenmitgliedern aus Sicht der Session, d. h. aus Sicht der Organisation zu deuten (Kap. 6.2). In einem zweiten Schritt konnte ich zeigen, wie die Session über die rechtlichen Praktiken ihre eigene normative Ordnung im Verhältnis zum pluralen Kontext entwirft (Kap. 6.3).

Die Bedeutung von Tun

Im Blick auf individuelles Tun kommen im untersuchten Kontext eine Reihe von Interpretationslinien zusammen.

Für protestantische Missionskirchen war individuelles Tun für das Zuschreiben von Zugehörigkeit zentral. Weil eine Gewissensprüfung letztlich nicht möglich war, mussten sich die Missionare am Tun ihrer neuen Kirchenmitglieder als Gradmesser für deren Konversion orientieren und alle, die sich von lokalen Praktiken lossagten und kirchenkonform lebten, als zugehörig akzeptieren. Allen in Kapitel 5.4.2 beschriebenen Beobachtungsverfahren zum Trotz konnten die Vertreter der Kirche auch in Apenkwa – wie die europäischen Missionare vor ihnen – nicht „in die Köpfe der Menschen schauen" und blieben auf konformes Tun als Indiz verwiesen.[12] In der Praxis galt der Session so das individuelle Tun zugleich als Ergebnis und als Bedingung von Zugehörigkeit.[13]

Der Stellenwert von Tun ließ sich im untersuchten Diskurs auch sprachlich festmachen. Personen werden in den Protokollen als gute Christen gelobt, weil sie ‚als Christen *handeln*'.[14] Darin mag sich das Akan Konzept der Person spiegeln, indem es das Tun (*nneyēe*) ist, aus dem der moralische Charakter (*suban*) entsteht.[15] Dass in vergleichbarer Weise gerade das sichtbare Tun, aus dem sich ein distinkter Lebensstil ergab, in lokalen Diskursen als zentraler Teil des Christseins verstanden wurde, hat John Peel auch für einen anderen westafrikanischen Kontext gezeigt.[16]

Vor dem Hintergrund der „fortune-misfortune constellation"[17] gedeutet, gilt bestimmtes Tun als Zeichen für die Wirksamkeit der religiösen Praktiken und Gottheiten, denen die betreffende Person folgt: Großzügige Spenden (*donations*)

---

12 Meyer: Translating the devil, 1999: 98 (Übersetzung A.B.).

13 „laws create moral standards […] upon which their adherents should *act* […] [while it] is these moral standards that implicitly distinguish insiders from outsiders" (Pirie: Anthropology of law, 2013: 175, Hervorhebung A.B.). Dass dem in Apenkwa in ganz praktischem Sinne so war, hat z. B. die Landvergabepraxis deutlich gemacht (Kap. 5.1); zur Bedeutung von Tun insbesondere für die Zugehörigkeitsachse der Mitgliedschaft siehe Kap. 5.2.1 und Kap. 5.2.2.

14 „without *doing* anything as a Christian", „*do* everything as a Christian", „good *behaviour* as a Christian" (ACIA 73A: Apenkwa Minutes 1954–55: 22, 137, 257, Hervorhebung A.B.). Siehe Kap. 5.2.3.

15 Gyekye: African philosophical thought, 1987: 150.

16 Peel: Conversion and tradition, 1977: 132 f.

17 Vansina, De Craemer, Fox: Religious movements, 1976: 474.

oder der Hausbau auf Kirchenland zeigen das materielle wie spirituelle Wohlergehen der Mitglieder. Sie gelten damit als Ausdruck der Wirksamkeit der kirchlichen normativen Ordnung für das diesseitige wie auch das jenseitige Leben, als Zeichen des wirksamen Schutzes, den die normative Ordnung der Kirche den Zugehörigen in der sichtbaren wie der unsichtbaren Welt bietet. Kapitel 6.2.1 hat gezeigt, dass auf diese Weise das Tun der Einzelnen im Positiven wie im Negativen auf die gesamte Gemeinschaft zurückfällt: Auf der Ebene der attestierten Wirksamkeit ebenso wie auf der Ebene der Ressourcen, welche die Kirche über die Zugehörigen und die von ihnen erwarteten Leistungen erschließt.

Tun, Zugehörigkeit und die Geltung der eigenen normativen Ordnung werden auf diese Weise verquickt und ineinandergeschoben. Die Rechtspraktiken sind dabei Werkzeuge, mit denen die Session nicht nur auf zukünftiges Tun, sondern v. a. auf den in Kapitel 6 entwickelten prozessualen, situativen und umstrittenen Charakter der Deutungsvorgänge einzuwirken sucht, die diesen Nexus unterlegen.

Um nämlich zu wissen, welches Tun für Zugehörigkeit steht und welches als *anomaly* zu markieren ist – also, um das eine als Ausdruck der Wirksamkeit der eigenen normativen Ordnung zu bewerten und das andere als Abweichung davon – muss die Session den Zusammenhang zwischen einem bestimmten Tun und der normativen Ordnung, als deren Ausdruck sie es deutet, zuerst herstellen (Kap. 6.2.6).

Analysesprachlich geht es hierbei um die Frage, wie im konkreten Fall Zusammenhänge zwischen empirisch beobachteten Vorgängen einerseits und Vorstellungen von ‚Seinsordnungen' andererseits zustande kommen. In meinen Deutungen kommt hierbei die praxeologische Perspektive zum Tragen, die sich gegen einen repräsentationalistischen Zusammenhang zwischen Praxis und Wissensordnung, zwischen Tun und Bedeutung, wendet.[18]

In dieser Perspektive sind weder die Assoziationen zwischen bestimmten praktischen Formen des rituellen Vollzugs oder allgemein der Lebensführung und bestimmten Vorstellungen und Wissensordnungen eindeutig gegeben oder statisch, noch der Inhalt dieser Wissensordnungen. Vielmehr müssen sie über Vorgänge, wie ich sie hier untersucht habe, kontinuierlich hergestellt und dabei stets bestätigt oder neu arrangiert werden.[19] In diesem Sinne sei noch einmal unterstrichen, dass ich hierbei *normative Ordnungen* nicht im Sinne von abgegrenzten Sinnsystemen entwerfe. Ich verstehe dieses Konzept vielmehr explizit als offene, lediglich grob und heuristisch unterscheidbare, in konstanter Veränderung befindliche Cluster von

18 Dupret: Legal pluralism, 2007: 305, 307; Haasis, Rieske: Historische Praxeologie, 2015: 39; Reckwitz: Grundelemente, 2003: 288 f. Zur Verortung des hier als methodologische Grundierung verwendeten Verständnisses von Praxeologie siehe Kap. 1.2 und Kap. 4.2.

19 Freist: Praxeologie als Mikro-Historie, 2015: 69; Haasis, Rieske: Historische Praxeologie, 2015: 7, 33–37; Schäfer: Praxis als Wiederholung, 2016: 138.

weltdeutenden und -bewertenden Vorstellungen, Praktiken, sozialen Formationen und Rollen.[20]

Unter diesen Prämissen wird der jeweilige situativ produzierte Zusammenhang zwischen Tun und normativer Ordnung als die ‚Bedeutung' von Tun verstanden. Es geht also darum, wie ein beobachteter Vorgang gedeutet wird, d. h., wie eine bestimmte Bedeutung einem Sachverhalt zu- und eingeschrieben wird.

Dies geschieht jeweils retrospektiv. Das illustriert der Fall des Presbyters, der an der Bestattung mitgewirkt hat. Die im Protokoll als Singen und Beten ausgewiesenen Vorgänge bestreitet keine der Parteien. Die Frage, die zunächst die Session und später der Pastor gegen den Presbyter entscheiden, ist, ob dieses Singen und Beten, ohne sich an die Liturgie zu halten, die Bestattung dennoch zwingend christlich macht. D. h., die Deutungsfrage, ob es sich dabei um eine *christliche* Bestattung gehandelt habe oder nicht, wird *danach* in der Session diskutiert.[21]

Dieses Beispiel hat gezeigt, dass das beobachtete Tun nicht a priori Bedeutung *hat*, sondern dass es *eine* unter anderen möglichen Bedeutungen *erhält*. Sie entsteht in den Bezügen, welche die Akteure – unter ihnen die Session – herstellen und in ihrem Handeln auf diesen jeweils konkreten Bezug hin. Die Bezüge sind dabei nicht eindeutig, sondern es bestehen potenziell oder tatsächlich verschiedene, oft auch kollidierende Lesarten parallel.[22]

Die Vertreter der Session wissen, dass sie nicht die einzige Instanz vor Ort sind, die Tun deutet, und denken die Deutungen, die sie der beobachtenden Umwelt unterstellen, in ihren eigenen Praktiken und Entscheidungen jeweils mit.[23] Das Deuten durch „outsiders" ist einerseits Herausforderung, andererseits aber auch Voraussetzung dafür, dass das als ‚christlich' gedeutete Tun auch außerhalb der Session als Ausdruck von Zugehörigkeit zu ‚our Christianity' und damit als Ausdruck der normativen Ordnung der Session verstanden wird. Nur geschieht dies nicht immer im von der Session intendierten Sinne (Kap. 6.2.1 und Kap. 6.2.2).

Die Vieldeutigkeit wird durch den Umstand gesteigert, dass die Session mit den Presbytern, als Vertreter des Ortes, und den *agents* (Katechist und Pfarrer) der überregionalen Kirche, zwei unterschiedliche Referenzrahmen vereint, die bei der Deutungsarbeit der Session zum Zuge kommen und bisweilen kollidieren (Kap. 6.3.1).

In diesem Sinne steht die Bedeutung von Tun und damit der Inhalt der normativen Ordnung also nicht fest. Was ein spezifisches beobachtetes Tun ‚bedeutet', für

20 Zum Konzept der normativen Ordnung siehe Kap. 2.3.1.

21 Kap. 6.2.3–6.2.5. Vgl. Weick: Sensemaking, 2010: 24–30.

22 Gilbert: Christian Executioner, 1995: 376; Freist: Praxeologie als Mikro-Historie, 2015: 76; Haasis, Rieske: Historische Praxeologie, 2015: 38 f.; Weick: Sensemaking, 2010: 27.

23 Freist: Praxeologie als Mikro-Historie, 2015: 76; Weick: Sensemaking, 2010: 39. Siehe Kap. 6.1; Kap. 5.3.2.

welche normative Ordnung es steht und als Ausdruck welcher Zugehörigkeit oder Nichtzugehörigkeit es damit gilt hängt vielmehr davon ab, welche Deutung sich jeweils durchsetzt. Der Zusammenhang zwischen Tun und Bedeutung ist damit als Prozess zu denken, stets situationsabhängig, uneindeutig und umstritten.

Deswegen sucht die Session, als offizielle Vertreterin der normativen Ordnung der Kirche vor Ort, auf diesen Prozess der Bedeutungzuweisungen Einfluss zu nehmen. Die Rechtspraktiken dienen dazu, die Vielzahl möglicher Deutungen zu reduzieren und helfen der Session so beim Versuch, ihre Deutung zu stabilisieren und als die maßgebliche durchzusetzen. Damit sind diese Praktiken konstitutiv für den Entwurf und die Durchsetzung der normativen Ordnung, für welche die Kirche steht.

Verhältnissetzungen

Bei näherer Betrachtung konkreter Fälle zeigte sich, dass was die Session mit ihren Verfahren bewertet, nicht allein das Tun ist, sondern die *Gewichtung* von normativen Ordnungen, die sie in diesem Tun ausmacht. Haben die Akteure aus Sicht der Session den richtigen Handlungserwartungen den Vorzug gegeben oder nicht? Der Blick auf die Gewichtung unterstreicht in der Analyse die verschiedenen, nicht selten widersprüchlichen Anforderungen von unterschiedlichen normativen Ordnungen, die für eine Person gleichzeitig relevant und wirksam waren (Kap. 6.2.3 und Kap. 6.2.4).

Die Session stellt im beobachteten Tun eine bestimmte Gewichtung normativer Ordnungen und deren Handlungsanforderungen fest. Es hängt somit nicht allein vom Inhalt des Tuns ab, ob im konkreten Fall ein Vorgang als komplementär oder aber als konkurrierend gilt, sondern auch von der Gewichtung, welche die Session darin sieht. So galt z. B. das *kpojiemo*-Ritual für Neugeborene an sich nicht als „bad custom" und durfte ergänzend zu den kirchlichen Ritualen durchgeführt werden. Zur Kollision kam es allerdings, wenn *kpojiemo* der Teilnahme am kirchlichen Ritual im Weg stand oder die Taufe ersetzte.

Die von ihr identifizierte Gewichtung bewertet, markiert und sanktioniert die Session entsprechend. So heben die Protokolle im beschriebenen Bestattungsfall die aus Sicht der Session ‚richtige' Gewichtung des Vaters als „good behaviour as a Christian"[24] heraus und stellen sie der ‚falschen' Gewichtung des Presbyters gegenüber. Damit bringen die Rechtspraktiken in den Händen der Session zur Geltung, wie die eigene Ordnung das richtige Verhältnis zu anderen Ordnungen entwirft.

24 ACIA 73A: Apenkwa Minutes 1954–55: 257.

Dieses Verhältnis zu anderen Ordnungen wiederum hängt vom Geltungsanspruch der Session über den betreffenden Sachverhalt ab. Für die Analyse war es dabei hilfreich, sich den doppelten Charakter des kirchlichen Geltungsanspruchs klar zu machen und so eine Typologie der Geltungsansprüche, die sich in den diskutierten Fällen abzeichnete, zu entwerfen (Kap. 6.2.5).

Geltung meint zum einen dem beobachteten Tun vorgelagerte Ansprüche auf *Reichweite* der kirchlichen Ordnung der Dinge. Die Session entwirft ex ante, bis wo, über wen und über was sie ihr Urteil zu fällen und Verhalten vorzugeben beansprucht (territoriale, personenbezogene, funktionale Reichweite). Diese sucht sie praktisch z. B. mit ihrer „sort of police" in das Leben vor Ort einzuschreiben. Geltung meint aber auch die nachträgliche *Wirksamkeit* ihrer normativen Ordnung, die die Session im konform gestalteten „doing as a Christian" zum Ausdruck gebracht sieht und die sie bisweilen durch Verfahren wie das „summon & rebuke" durchzusetzen sucht. Ihre Rechtspraktiken sollen dabei die normative Ordnung zur Geltung bringen, sie im Tun der Zugehörigen wirksam werden lassen.

Eine Beobachtung, die in der Analyse immer wieder zum Ausdruck kam, war, wie die Session über die Rechtspraktiken im Kontext eingebettet ist und wie sie diesen – implizit oder explizit, affirmativ oder abwehrend – jeweils mitberücksichtigt (Kap. 6.3.2).

Die Session ist in diesem Kontext eingebettet als ein Forum unter anderen, aber auch was die Rechtsmittel betrifft, die ihr zur Verfügung stehen. Denn die Session nutzt jene Komponenten aus dem Kontext, die sie in der jeweiligen Situation als komplementär einstuft, als Teil ihres eigenen Repertoires und zu ihren eigenen Zwecken. Die Inhalte und Foren komplementärer Ordnungen können so zu Ressourcen und zu Elementen der eigenen normativen Ordnung werden. Die Session aktiviert beispielsweise die deontische Wirkung der Rolle und Verpflichtung von Söhnen und Töchtern gegenüber ihren Vätern[25] und nutzt damit die normative Ordnung der Familie, um letztere zur Teilnahme an den kirchlichen Vollzügen zu bringen. Oder sie fordert *ayɛfare* als probates Rechtsmittel aus dem Akan Kontext, um einen Ehebruchsfall zu bereinigen (Kap. 6.3.3 und Kap. 6.3.4).

Solche Fälle sind Beispiele dafür, wie die Session durch die reifizierende Wirkung ihrer Rechtspraktiken unterschiedliche für die untersuchten Akteursgruppen relevante Wissensordnungen arrangiert, indem sie Kategorien oder Unterscheidungen verschiedener Provenienz aufeinander bezieht, über die Praxis wirkungsvoll zu machen sucht und damit mit Inhalt füllt. Die Session ist dabei allerdings nicht die einzige und je nach Fall auch nicht unbedingt die erfolgreichste Akteurin, die solche Arrangements vornimmt.

---

25 Zum Begriff der deontischen Wirkung von Rollen: John R. Searle: „Social ontology", in: *Anthropological Theory* 6 (1), 2016, S. 12–29:18.

Ebenso wie die Bedeutung von Tun entsteht im Sinne der praxeologischen Prämissen auch das Verhältnis normativer Ordnungen – d. h. deren Hierarchien, Kollisionen, Überformungen und Kooperationen – im Prozessieren der hier beschriebenen Praktiken.

Um den Prozesscharakter des Verhältnisses zwischen normativen Ordnungen zu unterstreichen, habe ich den Begriff der „Verhältnissetzung" gewählt. Anstelle einer statischen Situation zeigt er das jeweilige Verhältnis als veränderliches Produkt von vielen einzelnen und doch wirklichkeitsgestaltenden Deutungs-, Bewertungs- und Markierungstätigkeiten.

Ich unterscheide zudem vier Attribute von Verhältnissetzungen: *konkurrierend* versus *komplementär* und *formal* versus *vollzogen*. Das erlaubt, die Vielschichtigkeit von Konstellationen, die ich in den konkreten Fällen identifiziert habe, präziser zu beschreiben. Damit ließen sich in meiner Analyse verschiedene Formen unterscheiden, wie die Akteure die für sie relevanten und aktiven normativen Ordnungen in den protokollierten Vorgängen jeweils situativ als ein Neben-, Gegen- oder Miteinander ins Verhältnis setzten (Kap. 6.3.5 und Kap. 6.3.6).

Denn formal Komplementäres wie Staat oder Familie kann bei falscher Gewichtung (z. B. Familienrat statt Kirchgang am Sonntag) und in einzelnen Aspekten (z. B. Umgang mit Ahnen) konkurrieren. Umgekehrt können zwischen formal Konkurrierendem unter den praktischen Bedingungen der lebensweltlichen Vollzüge durchaus komplementäre Arrangements entstehen – z. B. wenn Muslime und Musliminnen zur Miete in der *Christian town* wohnen.[26]

7.2 Ausblick – Zentrale Ergebnisse und ihr Bezug zur weiteren Forschung

Mit der Konzeption und den Ergebnissen dieser Untersuchung löse ich in gewisser Weise das ein, was Hubert Seiwert unlängst in seinem Artikel „Theory of Religion and Historical Research"[27] forderte: Religionswissenschaft als empirische Disziplin solle „Religion" nicht als das *Objekt* ihrer Forschung verstehen, sondern als *Perspektive*, mit der wir auf empirische Sachverhalte blicken. Diese Überlegung lässt sich auch auf „Recht" übertragen: Die Begriffe „Recht" und „Religion" als thematische Perspektiven, als heuristisch definierte, analytische Kategorien, bestimmten meinen Blick auf die Inhalte der Protokolle und deren Kontext. Aus dieser Perspektive heraus, habe ich mich bei meiner Auseinandersetzung mit den *session minutes* auf die Rechtsthematik beschränkt. Die *minutes* bieten aber Stoff für

---

26 Vgl. Gilbert: Christian Executioner, 1995: 374.

27 Hubert Seiwert: „Theory of Religion and Historical Research. A Critical Realist Perspective on the Study of Religion as an Empirical Discipline". In: *Zeitschrift für Religionswissenschaft* 28 (2), 2020, S. 207–236.

eine Vielzahl von weiteren thematischen Lesarten, disziplinären Perspektiven und Forschungsagenden. Auch könnte eine Person, die Ga liest oder Zugang zu lokalen Familiengeschichten hat, ganz andere Elemente aus den Protokollen herausgreifen und ausarbeiten, als ich es hier getan habe.

Selbst in Bezug auf Recht gäbe es im untersuchten Protokollbuch – und noch viel mehr in den anderen Exemplaren seiner Gattung – weitere Elemente, die unter anderen definitorischen Gesichtspunkten stärker hervortreten würden – so beispielsweise die Arbitrationsfunktion der Session oder die soziopolitische Dimension, welche die hier diskutierten Fälle unterlegt. Im Sinne der Stringenz dieses Projekts, aber auch zur Wahrung der Anonymität, habe ich letztere nur am Rande thematisiert und in den Analysen gezielt nicht weiterverfolgt.

Die möglicherweise auch mit ethnischen Konnotationen verbundenen Machtdynamiken, die sich gegen Ende meiner Analysen zwischen einzelnen Presbytern abzeichneten, wären ein Ansatzpunkt für weitere Untersuchungen. Das Gleiche gilt für die gegen Ende des untersuchten Zeitraums und im Nachfolgeband der Protokolle dokumentierte öffentliche Auflehnung gegen den *chief* von Apenkwa und deren (partei-)politische Implikationen. Mit Daten dieser Art ließe sich die offizielle politische Position der *Presbyterian Church of the Gold Coast* (PCG) in der Dekolonisierungsphase, ausgehend von den Dynamiken in der Lebenswelt von Gemeinden, nuancieren. In diesem Sinne sei hier auf Grenzen meiner Untersuchung und gleichzeitig auf die Fruchtbarkeit dieser Quellen für Fragen der Alltags- uns Sozialgeschichte hingewiesen. Diese in den Regionen, die ehemals als „Missionsfelder" galten, weiter aufzuarbeiten, hat der Historiker Paul Jenkins als dringende Voraussetzung, u. a. für innovative, globalgeschichtliche Untersuchungen unterstrichen.[28] Auch religionswissenschaftliche Forschung kann mit ihren Fragestellungen dazu einen sinnvollen Beitrag leisten.[29]

In den folgenden beiden Unterkapiteln will ich nun die Ergebnisse wieder in die beiden Forschungsfelder einbetten, die dieses Projekt verbindet: in den interdisziplinär geführten religionsgeschichtlichen Diskurs zu Missions-initiierten Kirchen einerseits und in den theoretischen Diskurs zu Recht und Religion andererseits.

7.2.1 Ein praxeologischer Blick auf die ‚Grenzen' von Religion(en)

Ein Beitrag dieser Untersuchung zur Erforschung von Missionskirchen und ihren Nachfolgeorganisationen ist die praxeologisch gewendete Veränderung des Blicks, wenn es um die Grenzen von Religionen bzw. von verschiedenen religiös

28 Jenkins: Transregional analysis, 2019: 557.

29 Zu rezenten religionswissenschaftlichen Ansätzen zur Globalgeschichte siehe z. B. Michael Bergunder: „Global Religious History in Theory and Practice". In: *Method & Theory in the Study of Religion* 33 (3–4), 2021, S. 441–462 sowie die weiteren Beiträge in dem betreffenden Themenheft.

begründeten normativen Ordnungen geht.[30] Grenzen normativer Ordnungen als Differenzmerkmal ebenso wie deren Uneindeutigkeit, werden bei der Untersuchung von Religionskontakten – sei es im Zusammenhang mit Mission, sei es im Zusammenhang mit Migration – zu einem bedeutsamen Gegenstand.[31] Dies gilt sowohl für die Objektsprachen, die sich am ‚richtigen' Entwurf solcher Grenzen und allfälliger Übertritte abarbeiten, als auch für die Analysesprachen, die diese Vorgänge und Diskurse zu beschreiben und zu systematisieren suchen.

Wie sich meine Beobachtungen und die aus dem Material entwickelten analytischen Instrumente in diese Richtung anwenden lassen, will ich ausgehend von einem konkreten Beispiel, im Vergleich mit einer Beobachtung von Birgit Meyer zur Ewe-Mission, verdeutlichen. Denn die hier erschlossenen Zusammenhänge lassen eine weitere Lesart zu, warum es, wie Meyer schreibt, für viele Kirchenmitglieder eine Herausforderung war, die strikte Grenze zwischen Christentum und „Heidentum", die die Missionskirche entwarf, aufrechtzuerhalten.[32]

Wenn dies schwierig war, dann möglicherweise auch deswegen, weil diese Grenze, entgegen einer klaren Rhetorik, in der Praxis so eindeutig nicht sein kann. Grund dafür ist erstens der oben herausgearbeitete retrospektive, umstrittene und situative Charakter der Bedeutung von Tun und zweitens die Pluralität der Relevanzrahmen, die alle Akteure dabei abzuwägen haben (vgl. Kap. 6.1.2). Drittens operierte diese von der kirchlichen Rhetorik eingeforderte Grenzziehung an lokalen Klassifikationen und Zusammenhängen vorbei. Sie verlief bisweilen quer zu diesen und zog ein zusätzliches Set von Unterscheidungen in die vorhandenen Wissensordnungen ein. Ein gängiges individuelles Arrangement von Praktiken aus christlichen und lokalen normativen Ordnungen, dem die Missionare mit fraglichem Erfolg Einhalt zu gebieten suchten, nannte man auf Ewe *Yesu vie, dzo vie*, d. h. „ein bisschen Jesus, ein bisschen Magie":

> [In Ewe the] attitude of Christians relying on magic in addition to church attendance was termed ‚*Yesu vie, dzo vie*' (*vie*: a little bit); i. e. ‚a little bit of Jesus and a little bit of magic'. In the church diaries, the real extent of this attitude is not revealed, since many people

30 Religiös begründet, meint im hier verwendeten, analysesprachlichen Verständnis des Begriffs: über absolute Autoritäten begründet (Siehe Kap. 2.3.3).

31 Bochinger: Mission als Thema, 1997: 180; Martin Baumann: „Religion und ihre Bedeutung für Migranten. Zur Parallelität von „fremd"-religiöser Loyalität und gesellschaftlicher Integration", in: Beauftragte der Bundesregierung für Migration, Flüchtlinge und Integration (Hg.). *Religion – Migration – Integration in Wissenschaft, Politik und Gesellschaft*, Berlin: 2004, S. 19–30: 22 f.; Alexander-Kenneth Nagel: „Interreligiöser Dialog zwischen Begegnung und Beherrschung. Zur Governance religiöser Vielfalt in interreligiösen Aktivitäten", in: Ludger Pries (Hg.). *Zusammenhalt durch Vielfalt? Bindungskräfte der Vergesellschaftung im 21. Jahrhundert*, Wiesbaden: Springer, 2013, S. 233–249: 237 f.

32 Meyer: Translating the devil, 1999: 21, 22, 105.

> succeeded in ‚relapsing' without being detected [...] and if people were accused of owning *dzo*, they could defend themselves by stating that it was not ‚magic', but merely ‚medicine' (*atike*); thereby deceiving the church authorities that these materials had not been blessed by a *dzotɔ* (healer, deviner) but were just ordinary barks and medical plants.[33]

Dass die Beklagten hier zu ihrer Verteidigung vorbringen, die Substanzen seien nicht ‚magic' (*dzo*) sondern nur ‚medicine' (*atike*), mag in diesem Kontext eine Ausflucht sein. Oder aber – so ließe sich Meyers Analyse nun ergänzen – der Person ist nicht einsichtig, warum diese spirituelle ‚medicine' (*dzo*) ein Problem darstellt, während die andere pflanzliche (*atike*) unproblematisch ist. Für sie fällt möglicherweise beides – *dzo* und *atike* – unter *medicine* und ist komplementär. Oder aber sie versteht *Yesu*, *dzo* und *atike* als drei verschiedene, aber allesamt nützliche, sich ggf. gegenseitig ergänzende Formen, der „fortune-misfortune constellation" zu begegnen.[34] Indem sie in diesem Beispiel *dzo* als *atike* ‚tarnen', bedienen die Beschuldigten außerdem durchaus die Unterscheidung der Kirche in zulässige *medicine atike* und unzulässige *dzo*. Ähnlich wie der Presbyter mit seinem Liturgie-Argument im Bestattungsfall,[35] nutzen sie diese kirchlichen Unterscheidungen aber, um ihre eigenen Anliegen gerade gegen den Willen der Kirche durchzusetzen.

Solche neuen Unterscheidungen und die ‚richtige' Bewertung des Unterschiedenen hatten die beteiligten Akteure zu plausibilisieren und auszutarieren. Im hier benutzten analytischen Vokabular stellt sich bei der Betrachtung solcher Grenzziehungen jeweils konkret die Frage, ob die Session einen Vorgang X als *konkurrierend* oder als *komplementär* versteht.

Analog zu *dzo* und *atike* stufte die Session in Apenkwa das Schlachten eines Schafes als Kompensation für den verstorbenen Ehemann bei *sisa tōgbē* als Ausdruck lokaler religiöser Praxis und damit als *konkurrierend* ein. Das Schlachten eines Schafes als Kompensation für den lebenden Ehemann als *ayɛfare* hingegen forderte sie als lokales Rechtsmittel, und damit als *komplementär*, selbst ein. Die Lesart der Session scheint dabei die erste Handlung als Interaktion mit einer transzendenten Entität zu deuten und aus diesem Grund als mit der christlich normativen Ordnung unvereinbaren „heathenish custom". Die zweite Handlung findet als ‚gewöhnliche' soziale Interaktion gedeutet hingegen Eingang in ebendiese Ordnung.[36] Aber in einer Wissensordnung, die davon ausgeht, dass Verstorbene, wenn auch mit ei-

33 Ebd.: 106.

34 Vansina, De Craemer, Fox: Religious movements, 1976: 474; Gilbert: Christian Executioner, 1995: 370; Middleton: One hundred and fifty years, 1983: 8.

35 Kap. 6.2.4.

36 Es sei daran erinnert, dass letzteres unter europäisch-missionarischer Deutung Jahrzehnte lang gerade nicht der Fall war (Kap. 6.3.3).

ner anderen Qualität, dennoch weiter an der Gesellschaft teilhaben und in dieser wirksam sind, ist diese Unterscheidung nicht per se evident.[37]

Mit meiner Unterscheidung von *formalen* und *vollzogenen* Verhältnissetzungen lässt sich auch fragen, wie geheim solche Vorgänge wirklich waren. Der Topos des Geheimen und der Drangsal in den Dokumenten könnte auch eine Chiffre dafür sein, wie lebensweltlich vollzogene Notwendigkeiten mit den formalen Vorgaben zusammengebracht werden. Für die Berichtenden könnte der Topos ein Weg sein, wie man sich unangreifbar macht, obwohl man die formale Verhältnissetzung nicht eingefordert hat. „In the dead of the night", „under the cover of darkness" sind beispielsweise Wendungen, die in Beschreibungen der Teilnahme von Mitgliedern an lokalen Praktiken sowohl in den Quellen als auch in wissenschaftlichen Darstellungen auftauchen.[38]

Ist dieses Bild wörtlich zu verstehen? Oder ist es vielmehr eine Formel für diese Art von praktischen Arrangements, die durch ein unausgesprochenes, aber offensichtlich einhelliges Über- und Wegsehen die *vollzogene* und die *formale* Verhältnissetzung in Einklang bringt? In ähnlicher Weise kann der Topos der Krisensituation als diskursives Mittel der Rechtfertigung dienen: Schwierige Umstände und Problemlagen werden als mildernde Umstände berücksichtigt. Das entlastet die bezichtigte Person ebenso wie das Gremium, dem es nicht gelingt, Übertretungen zu unterbinden. Damit wären solche Formeln Teil der Praktiken, die Ambiguitätstoleranz wiederherstellen und damit gewisse Auswirkungen der Eindeutigkeit auffangen, die Rechtspraktiken insbesondere in einem Kontext pluraler Deutungshorizonte gleichzeitig attraktiv und unpraktikabel machen.[39]

Dass verschiedene, auch widersprüchliche normative Ordnungen für Akteure parallel wirksam sind, dürfte nicht nur im Fall der hier beobachteten Session und des von ihr bearbeiteten Umfelds eher die Regel als die Ausnahme sein. Man denke beispielsweise an die paradoxe Figur einer christlichen säkularen Identifikation, die für die Bewertung gesellschaftlicher Pluralität in den öffentlichen und politischen Debatten in der Schweiz gegenwärtig eine äußerst wirkmächtige Rolle spielt.[40]

---

37 Das gilt sowohl für die Frage, wo eine allfällige Grenze zwischen Transzendentem, Übermenschlichem, Übernatürlichem und Immanentem, Menschlichem und Natürlichem zu verlaufen hat und wie man damit interagieren kann oder soll, als auch für die Frage, ob diese Unterscheidungen überhaupt einleuchten. Zur Interaktion mit christlichen und nicht christlichen Verstorbenen vgl. Gilbert: Christian Executioner, 1995: 364, 383.

38 Z. B. Meyer: Translating the devil, 1999: 105; Apenkwa: Anniversary Brochure, 2008: 17; Feldprot. 24.7.2018: Gespräch S.A.A. und D.A., Apenkwa: 3.

39 Siehe Kap. 5.3.2. Zum Begriff der Ambiguitätstoleranz im Zusammenhang mit religiösen Vorschriften: Thomas Bauer: *Die Kultur der Ambiguität. Eine andere Geschichte des Islams*, Berlin: Verlag der Weltreligionen, 2011: 54–61.

40 Christoph Bochinger: „Religionen, Staat und Gesellschaft. Weiterführende Überlegungen", in: Christoph Bochinger; Martin Baumann; Katharina Frank (Hg.). *Religionen, Staat und Gesellschaft.*

Die Religionswissenschaft tut gut daran, sich mit deskriptiven Mitteln auszustatten, um solche ‚paradoxen' Konstellationen und ihre Wirksamkeit in den praktischen Arrangements der Lebenswelt zu erfassen und zu analysieren. Nur wenn man über die Ebene formal postulierter Verhältnissetzungen hinaus auf die praktischen Vollzüge blickt – und zwar ohne eine negative Wertung der letzteren zu implizieren – wird sichtbar, wie die normativen Ordnungen und ihr Verhältnis untereinander tatsächlich realisiert werden. Auf diese Weise werden möglicherweise gerade die Widersprüche als perpetuierende, ja konstitutive Elemente für die Produktion und Reproduktion der Unterscheidungen sichtbar.[41]

In diesem Sinne könnte das hier herausgearbeitete analytische Vokabular der situativen Gewichtung und der konkurrierenden und komplementären, formalen und vollzogenen Verhältnissetzungen dabei helfen, dem gleichzeitigen Auftreten von Widersprüchlichem und den funktionierenden und funktionalen Arrangements auch in anderen Kontexten analytisch beizukommen.

Die in dieser Untersuchung erarbeitete Perspektive auf solche Sachverhalte bedeutet außerdem, dass es bei der Analyse weniger darum gehen muss zu verstehen, wie im untersuchten Feld Widersprüche vereint werden, als darum, die Vielheit des unabhängigen Nebeneinanders und die Kodependenz als Ausgangspunkt zu denken.[42]

Warum jemand *dzo* nutzt oder warum gewisse Personen in Apenkwa in den hier untersuchten Fällen einen *klamo*, oder die *wɔyei* als unproblematisch dulden und auch konsultieren, kann also verschiedene Gründe haben. Erstens kann es um die fehlende Wirksamkeit gehen, welche die Akteure diagnostizieren, wenn die kirchlichen Konzepte und Praktiken, die in ihrer eigenen Wissensordnung vorausgesetzten Problemlagen nicht adressieren.[43] Meine Analyse zeigt aber auch, dass es eine Frage der Gewichtung sein kann, bei der Akteure beispielsweise die Anforderungen ihrer Rolle als Familienmitglieder höher gewichten als das – gerade in Bezug auf die Familie nur halb eindeutige – Distanzgebot der Session.[44] So beherbergen Mitglieder die Schwester und deren Mann, obwohl letzterer ein *klamo*

Die Schweiz zwischen Säkularisierung und religiöser Vielfalt, Zürich: Verlag Neue Zürcher Zeitung, 2012, S. 209–241: 216.

41 Gilbert: Christian Executioner, 1995: 374; Mahmood: Religious difference, 2016; Olivier de Sardan: Practical norms, 2008; Lambek: Knowledge and practice, [1993] 2010: 396–404; Spies: Coping with Religious Diversity, 2013.

42 Middleton: One hundred and fifty years, 1983: 7. Illustrieren lässt sich das daran, dass der Protokollant zur Beschreibung von Übertretungen in den hier untersuchten Protokollen nirgends den Begriff des „backsliding" verwendet, der z. B. in Meyers Untersuchung zentral die dichotome und teleologische Gegenüberstellung von lokalen und christlichen Praktiken repräsentiert.

43 Meyer: Translating the devil, 1999: 104 f. Zur Wirksamkeit siehe die Einleitung von Kap. 6.2 und Kap. 6.2.5.

44 Kap. 6.2.4 und Kap. 6.3.3; ACIA 73A: Apenkwa Minutes 1954–55: 230.

ist, oder lassen die Töchter von Verwandten bei deren *otofo*-Ritual im eigenen Haus tanzen und beglückwünschen sie mit „donations". Es kann aber auch eine Frage der ‚Unterscheidung von Religion' sein.[45] Weisen die Akteure die betreffenden Praktiken, *klamo* und *wɔyei* überhaupt einer ‚anderen' normativen Ordnung zu? Und selbst wenn ja, werden sie als konkurrierend gedacht oder aber als komplementär verstanden – als eine viable Ressource neben anderen?

Nur an wenigen Stellen taucht in den hier untersuchten Protokollen der Begriff „religion" auf. Das geschieht explizit dort, wo es um die Konsequenzen der Vergabe von Kirchenland an Mitglieder geht. Dort notiert der Protokollant „change of religion" als eines der Probleme: Was passiert, wenn Menschen, die auf Kirchenland wohnen, die Religion wechseln? Die Analyse verwandter Fälle hat gezeigt, dass die Session unter „change of religion" sowohl eine Konversion zum Islam wie auch den Wechsel zu lokalen Praktiken, und je nach Sachlage auch den Wechsel zur Anglikanischen Kirche fasst. „Religion" wird hier also objektsprachlich, wenn auch selten, als generischer Begriff für diese verschiedenen Traditionen und Konfessionen verwendet.

Neben dem an der Kirchenordnung gemessenen, konformen Lebenswandel galt in Missions-initiierten Kirchen wie der PCG die ausdrückliche Distanznahme zu diesen ‚anderen Religionen' und die Abwertung lokalen Wissens als Indiz für gelungene Konversion und somit für Zugehörigkeit.[46] Ich setze in meiner Analyse noch einen Schritt früher an: Die Akteure im hier untersuchten Diskurs hatten nicht nur lokale Religion als „heathendom", als das dunkle Reich Satans, über welches das Christentum triumphiert,[47] zu entwerfen und abzuwerten. Sie waren hierfür jeweils situativ damit beschäftigt zu etablieren, welche der lokalen Praktiken und Vorstellungen ihr als lokale *Religion* gelten – und was als etwas anderes, nämlich als *Kultur*, *Recht* etc.

Wie die Session mit ihren Rechtspraktiken Unterscheidungen einzeichnet, gibt – wie im *sisa tõgbẽ*-Fall – einerseits Aufschluss über das, was der untersuchte Diskurs als Inhalte lokaler Religionen identifiziert, und andererseits darüber, was ihm als christlich als „our Christianity" gilt. Die Bestattung des *delinquent member* durch einen Presbyter hat letzteres beispielhaft gezeigt: Über die *communion card* und den Ausschluss des Presbyters definierte das kirchliche Gremium, dass bereits Gesang und Gebet der betreffenden Art die Bestattung zur christlichen Bestattung machen und dass der Lebenswandel der Bestatteten zu wenig christlich war, um eine solche Bestattung zulässig erscheinen zu lassen.

45 Vgl. Frank Neubert: *Die diskursive Konstitution von Religion*, Wiesbaden: Springer Fachmedien, 2016: 109 f.

46 Meyer: Translating the devil, 1999: 99.

47 Ebd.; Opuni-Frimpong: Indigenous knowledge, 2012: 10.

Dieser Diskurs stellt aber nicht nur einen Bereich der ‚richtigen Religion' („our Christianity") einem Bereich der so gefassten ‚falschen Religion'[48] entgegen, sondern zentraler noch: Die Beteiligten arbeiten an der Abgrenzung eines Bereichs ‚Religion' – sei es ‚richtige' oder ‚falsche' – von dem, was nicht zu diesem Bereich ‚Religion' gehört.[49]

Die Arbeit, diese Unterscheidungen nicht nur durch Predigt, sondern auch durch rechtliche Praktiken in der Lebenswelt einzuzeichnen, ist ein andauernder Prozess. Er erstreckt sich von den europäischen Missionaren des 19. Jahrhunderts über die hier untersuchten ghanaischen Akteure in der Dekolonisierungsphase Mitte des 20. Jahrhunderts bis zur PCG der Gegenwart.[50] Auf die Bedeutung, welche die Unterscheidung zwischen ‚Religion' und ‚nicht Religion' – insbesondere zwischen ‚Religion' und ‚Kultur' – sowohl für die untersuchten missionarischen, kirchlichen und gesellschaftlichen Diskurse als auch für die Analysen in Ethnologie, Geschichte, Afrikastudien und Religionswissenschaft haben, ist vielfach hingewiesen worden. Dieser Punkt bleibt auch in aktuellen Ansätzen relevant.[51]

Durch die praxeologische Wendung fokussiere ich hier darauf, wie die (formal) postulierten Oppositionen und Grenzen von Religionen und Religion, die im Topos des Religionskontakts allgemein und in jenem von Mission, Konversion und auch Synkretismus im Spezifischen impliziert sind, erst durch die Praxis entstehen. Sie erwachsen in den laufenden Interaktionen und v. a. in gegenseitiger Bezugnahme des Unterschiedenen. Erst so werden sie mit lebensweltlich greifbarem Inhalt gesättigt und als praktisch relevante Unterscheidungen verstetigt.

In meiner Untersuchung habe ich gezeigt, dass es rechtliche Praktiken sind, die für das praktische Wissen und Tun, das die Akteure hierbei einsetzen, eine zentrale Rolle spielen. Auf diese Weise fügt meine Untersuchung zu diesem Forschungsdiskurs die theoretische Perspektive auf ‚Recht' als zentralen Aspekt hinzu.

---

48 „heathenish custom", mulimischer „klamo", „catholic" und je nach Sachlage sogar „anglican" (ACIA 73A: Apenkwa Minutes 1954–55).

49 „not a bad custom", aber auch „worldly gain" und „laws of the civil Government" (ACIA 73A: Apenkwa Minutes 1954–55: 237, 233; RPP 1953: § 2).

50 Vgl. Gilbert: Christian Executioner, 1995: 369, 373, 375, 384; Feldprot. 29.7.2018: Gottesdienst I, Apenkwa u. a.: 1 f.

51 Jomo Kenyatta: *Facing Mount Kenya. The traditional life of the Gikuyu*, London: Heinemann, [1938] 1979: 269–273; John D. Y. Peel: „Historicity and pluralism in some recent studies of Yoruba religion", in: *Africa* 64 (1), 1994, S. 150–166: 162 f.; Ratschiller, Wetjen: Verflochtene Mission, 2018: 9; Goshadze: Deities Visit, 2019; Marian Burchardt: „Law and Religious Diversity: How South African Courts Distinguish Religion, Witchcraft and Culture", in: Lene Kühle, Jørn Borup und William Hoverd (Hg.). *The critical analysis of religious diversity*, Leiden: Brill, 2018 (International studies in religion and society), S. 272–294.

7.2.2 Religion und Recht – Perspektiven auf dem Weg einer Neukalibrierung

Weil Bedeutung in einer praxeologisch informierten Lesart dem Tun nicht inhärent ist, sondern in konstanter Arbeit hergestellt werden muss, ist sowohl das Verändern als auch das Fixieren von Bedeutung eine Daueraufgabe. Mit ihren Rechtspraktiken sucht die religiöse Organisation – hier die Session – angesichts des retrospektiven, situativen und umstrittenen Charakters von Bedeutung die konkreten Deutungsvorgänge und Inhalte in ihrem Sinne zu beeinflussen und zu stabilisieren.

Vor diesem epistemischen Hintergrund lässt sich auch die Metapher „if we cannot speak with one voice against evil then evil shall overcome us" weiter deuten:[52] Wenn man nicht das Operieren der eigenen Unterscheidungs- und Bewertungspraktiken am Laufen hält, gehen ihre Relevanz und ihre Wirksamkeit in der Praxis verloren. Stattdessen wird sich in einem solchen Fall die Praxis an anderen Unterscheidungen und Bewertungen orientieren und diese in der Interaktion reifizieren.

Mit Blick auf die leitende Forschungsfrage dieser Untersuchung – d. h. auf die Leistung der Rechtspraktiken für das Selbstverständnis der untersuchten religiösen Organisation und das Erbringen ihrer religiösen Versorgungsleistungen – lässt sich als Fazit aus meiner mikrohistorischen Studie zu Apenkwa Folgendes festhalten:

Rechtspraktiken dienen (1) dazu, der eigenen normativen Ordnung zur Durchsetzung zu verhelfen, sie sichtbar und wirksam werden zu lassen. Sie dienen (2) dazu, das aus Sicht der religiösen Organisation richtige Verhältnis zu anderen normativen Ordnungen zu entwerfen. (3) Sie dienen dazu, den Inhalt des ‚eigenen' im lebensweltlichen Vollzug zu bestimmen, d. h. abzustecken, wer in welchem Grade dazu gehört, und wie das, wozu man gehört, in der Praxis aussieht.

Dass es Rechtspraktiken sind, mit denen missionarisch agierende religiöse Gruppen einen nach den Maßgaben ihrer normativen Ordnung gestalteten, physischen und sozialen Raum zu realisieren suchen, hat auch Murray Last für Nord-Nigeria gezeigt. Es sind die Beobachtungs-, Markierungs- und Sanktionspraktiken von sogenannten „sharia enforcers", mit denen fundamentalistisch muslimische Kräfte die Gesellschaft nach ihrer Vision des richtigen Lebens im *dar al-islam* umzugestalten suchen.[53] Last unterstreicht dabei, dass eine Analyse dieser politisch hochbrisanten Vorgänge alle drei Aspekte zu berücksichtigen hat: jene der Macht und Staatlich-

52 ACIA 73A: Apenkwa Minutes 1954–55: 155; Kap. 6.1.2.

53 Last: Search for security, 2008: 50. Es dürfte in der Natur der Sache liegen, dass diese sich als millenaristisch orientierte Erneuerungsbewegung verstehenden Akteure dabei ganz andere praktische Grenzen zwischen ihrer Religion und dem, was nicht dazu gehört, ziehen als dies die christlichen wie auch viele der muslimischen Einwohner der Region tun (ebd.: 41 f.).

keit, jene der Rechtsordnungen, aber auch jene der religiösen Zusammenhänge.[54] Dieses Beispiel illustriert, dass die Forderung, Religion, Recht und Macht in ihren unterschiedlichen Konstellationen zu betrachten und nach der Bedeutung rechtlicher Praktiken für religiöse Organisationen oder Strukturen zu fragen, kein Glasperlenspiel ist.

Und dennoch: Im Anschluss an die religions-, rechts- und wissenschaftsgeschichtlichen Entwicklungen, die aus dem Erbe des 19. Jahrhunderts hervorgingen, sind rechtliche Praktiken in religiösen Organisationen weitgehend aus dem Blick geraten. Mit dem Prädikat des ‚Überbleibsels' aus einer überwundenen religionsgeschichtlichen Epoche versehen,[55] verschwand die Kirchenzucht aus dem Blick der protestantisch-theologischen Selbstreflexion. Gleichzeitig setzte sich in der sich herausbildenden Soziologie und auch in der Religionswissenschaft die Deutung von Recht als staatliches Recht durch (Kap. 2.1).

Angesichts der hier herausgearbeiteten Funktionen rechtlicher Praktiken für die religiöse Organisation ist aber davon auszugehen, dass nicht nur wie hier in Missionskirchen und ihren Nachfolgeorganisationen solche Praktiken fortwährend von empirischer Bedeutung waren und sind. Sie dürften auch anderweitig anzutreffen sein, wenn es darum geht, den Inhalt des Eigenen lebensweltlich zu bestimmen und gegenüber parallel relevanten normativen Ordnungen zu gewichten. Die hier vorgeschlagene Heuristik ist dabei weitgehend unabhängig davon, ob die objektsprachlichen Diskurse die betreffenden Praktiken als „Recht" ausweisen oder nicht. Solchen rechtlichen Praktiken komparativ weiter nachzugehen, ist ein Desiderat für die weitere Forschung. Dabei wäre insbesondere zu prüfen, wie es sich in anderen religiösen Organisationsformen als der einer christlichen Kirche verhält, wo beispielsweise der Mitgliedschaftsstatus einen anderen religiösen Stellenwert besitzt.

Die Kategorien, Dokumente und Verfahren definieren die praktischen Formen religiöser Lebensgestaltung, gewichten und bewerten sie in den Verhältnissetzungen und realisieren in dieser Weise Weltdeutung. In diesem Sinne sind diese Rechtspraktiken, um mit Hubert Seiwert zu sprechen, praktische Formen der Nomisierung – also der Definition, Relationierung und Bewertung von Wirklichkeit. Damit sind sie weit mehr als ein organisationsbedingtes Nebenprodukt.[56]

Über die Rechtspraktiken macht die Session greifbar, was ihr als Ausdruck der von ihr vertretenen normativen Ordnung – „our Christianity" – gilt. Außerdem zeichnet sie über diese Praktiken einen Bereich ‚Religion' in die vor Ort lebensweltlich relevanten Unterscheidungen und Ordnungsbegriffe überhaupt erst ein.

---

54 Ebd.: 60 f.

55 In den evolutionistischen Entwürfen konnte die katholische Konkurrenz als „Gesetzesreligion" ebenso heruntergestuft werden wie das Judentum.

56 Seiwert: Religiöse Bedeutung, 1981: 66–71.

Damit sind Rechtspraktiken im doppelten Sinne Instrumente, mit denen sich die religiöse Organisation im religiös wie rechtlich pluralen Kontext verortet.

Dass und wie dem staatlichen Recht autoritative Wirkung auf die Definition der Grenzen und des Inhalts der Kategorie Religion und des religiösen Feldes zukommt, wird in der Religionswissenschaft seit Längerem thematisiert. So hat die religionswissenschaftliche Forschung zum einen den unmittelbaren Einfluss staatlich-rechtlicher Maßgaben aufgezeigt, wenn sich Religionsgemeinschaften im Zuge von Anerkennungsbegehren organisatorisch und auch doktrinär um und bisweilen neu formieren, um diesen zu entsprechen.[57] Zum anderen hat sie aufgezeigt, wie staatliches Recht mittelbar über seine Klassifizierungen religionsproduktiv wirkt. So muss staatliches Recht, wenn es Religionsfreiheit garantiert, bestimmte Praktiken als Religion anerkennen und schützen, während es andere von diesem Schutz ausschließt. Die Güterabwägung definiert hierbei mit, was ggf. aus dem unverhandelbaren Kernbestand eines religiösen Deutungsbereichs hinausdefiniert werden kann.[58] Den reifizierenden Effekt rechtlicher Klassifikationen wiederum suchen Akteure im und um das religiöse Feld in den Grenzkämpfen um dieses Feld zu mobilisieren, entweder um etwas in dieses Feld hineinzuholen oder aber um es aus diesem Feld herauszuhalten.[59] Dass es bei solchen Manövern um handfeste politische Fragen geht, macht Marian Burchardt am Beispiel rechtlicher Regulierung religiöser Diversität in Südafrika deutlich.[60]

Das Spektrum dessen, was in das religiöse Feld hineingeholt werden soll, reicht von einzelnen Kleidungspraktiken religiöser Individuen am einen Ende, bis zu ganzen Gemeinschaften am anderen. Die Akteure versprechen sich dabei von der rechtlichen Anerkennung eine positive Auswirkung auf ihre gesellschaftliche Anerkennung, insbesondere weil dem formalen Charakter des Rechts „zugetraut wird,

57 Zwei eindeutige, in gewissem Sinne gegenläufige Varianten solcher Prozesse zeigen sich im Verlauf der Anerkennungsbestrebungen von Buddhisten und von den Zeugen Jehovas in Deutschland (Martin Baumann: „Recht als Grenzziehung und Mittel gesellschaftlicher Etablierung. Buddhisten in Deutschland und Nachbarländern", in: Gritt M. Klinkhammer; Tobias Frick (Hg.). *Religionen und Recht. Eine interdisziplinäre Diskussion um die Integration von Religionen in demokratischen Gesellschaften*, Marburg: Diagonal-Verlag, 2002, S. 139–150: 144–149; Steffen Rink: „‚Die Verfassungsbeschwerde ist begründet'. Das Verfahren um die Körperschaftsrechte der Zeugen Jehovas aus religionswissenschaftlicher Perspektive", in: Astrid Reuter; Hans-G. Kippenberg (Hg.). *Religionskonflikte im Verfassungsstaat*, Göttingen: Vandenhoeck & Ruprecht, 2010, S. 337–359).

58 Grundlegend hierzu Sullivan: Impossibility, 2005.

59 Reuter: Religion in der verrechtlichten Gesellschaft, 2014; Astrid Reuter: „Was ist Religion? Das Recht als Arena von Grenzkämpfen um das religiöse Feld", in: Hans M. Heinig; Christian Walter (Hg.). *Religionsverfassungsrechtliche Spannungsfelder*, Tübingen: Mohr Siebeck, 2015; Goshadze: Deities Visit, 2019.

60 Burchardt: Law and Religious Diversity, 2018.

die Entscheidung konkreter Konfliktlagen den bestehenden Mehrheitsverhältnissen zu entziehen".[61]

Auf der anderen Seite sind Gruppen motiviert, Elemente aus dem Bereich ‚Religion' herauszuhalten: Sei es um sie als ‚politisch' klassifiziert und im Namen der Inkompatibilität mit dem eigenen Entwurf einer Mehrheitskultur verbieten zu können, wie im Fall des Minarettbaus und jüngst der Vollverhüllung in der Schweiz;[62] oder sei es um sie als ‚kulturell' klassifiziert als kompatiblen Teil in einem als säkular verstandenen staatlichen Raum zu belassen, wie im Streit um die Präsenz von christlichen Symbolen in öffentlichen Gebäuden in Deutschland.[63] Mit umgekehrten Vorzeichen geht es um die gleiche Frage, wenn in Ghana in den Diskursen über die Pubertätsrituale *dipo* die Akteure durch die Klassifikation der betreffenden Sachverhalte als ‚Kultur' statt ‚Religion', diese aus dem Bereich abgewerteter, verbotener Praxis in einen schützenswerten Bereich lokaler Identität zu verschieben suchen.[64] Oder wenn es, wiederum in der Schweiz, einer Öffentlichkeit darum ging, das Händeschütteln zur Begrüßung im Schulzimmer einzufordern.[65]

Was das Beispiel von Apenkwa mit den hier angesprochenen regional, historisch, politisch, rechts- und religionsgeschichtlich anders gelagerten Fällen verbindet, ist die Frage nach der Kategorisierung. Das Eindeutigkeitsversprechen legalistischer Kategorien erscheint gerade vor dem Hintergrund der in dieser Untersuchung herausgearbeiteten Deutungsoffenheit und angesichts von Pluralität über Zeiten, Räume und Wissensordnungen hinweg attraktiv,[66] um zu definieren, was dazugehört, wer dazugehört und was nun „Religion" sei.

Ob die Klassifikation „Religion" dabei jeweils positiv oder negativ besetzt wird, und was daher in welche Klasse ein- oder ausgeschlossen werden soll, unterscheidet

---

61 Reuter: Religion im Prozess, 2014: 21. Siehe dazu auch: Matthias Koenig: „Gerichte als Arenen religiöser Anerkennungskämpfe. Eine rechtssoziologische Skizze", in: Astrid Reuter; Hans-G. Kippenberg (Hg.). *Religionskonflikte im Verfassungsstaat*, Göttingen: Vandenhoeck & Ruprecht, 2010, S. 144–164: 175–159; und mit Blick auf die gesellschaftliche Stigmatisierung als „Sekte" die o. g. Studien von Rink: Verfassungsbeschwerde, 2010; Baumann: Recht als Grenzziehung, 2002).

62 Andreas Tunger-Zanetti: „‚Against Islam, but not against Muslims'. Actors and attitudes in the Swiss minaret vote", in: Samuel M. Behloul (Hg.). *Debating Islam. Negotiating Religion, Europe, and the self*, Bielefeld: transcript, 2014, S. 285–312: 297, 300.

63 Als Beispiel einer solche Argumentation: Hermann Lübbe: „Freiheit und Pluralisierung der Religion. Kulturelle und staatskirchenrechtspolitische Konsequenzen", in: Hanns-Gregor Nissing (Hg.). *Naturrecht und Kirche im säkularen Staat*, Wiesbaden: Springer VS, 2016, S. 119–141: 131 f.

64 Steegstra: Dipo, 2005: 285–318; Goshadze: Deities Visit, 2019.

65 Petra Bleisch: „Der ‚Fall Therwil'. (Nicht-)Händeschütteln in der Schule als Frage berufsethischen Handelns", in: *Zeitschrift für Religionskunde* 3, 2016, S. 102–107; sowie die Beiträge von Lea Stahel, Mirjam Aeschbach, Anne Kühler, Martin Bürgin und Philipp Hetmanczyk in: Philipp Hetmanczyk, Rafael Walthert (Hg.). *„Therwiler Handschlagaffäre"*, Themenschwerpunkt in: *Zeitschrift für Religionswissenschaft* 29 (1), 2021.

66 Pirie: Anthropology of law, 2013: 156, 222, 229.

sich in all diesen Fällen. Auch wie stark jeweils die staatlichen rechtlichen Klassifikationen bemüht werden, ist unterschiedlich. Gemeinsam ist diesen Auseinandersetzungen aber, dass sie etwas, was Religion sei, von etwas anderem unterscheiden und so aus dem Geltungsbereich einer normativen Ordnung in jenen einer anderen normativen Ordnung zu überführen suchen. Denn letztlich geht es dabei um die Grenzen der funktionalen Reichweite verschiedener normativer Ordnungen, deren Vertreter Anspruch auf die Deutung der lebensweltlichen Vollzüge im betreffenden Sachverhalt erheben.

Den rechtlichen Klassifikationen und Prozeduren wird für die Bearbeitung und Entscheidung solcher Debatten eine exponierte Stellung zugeschrieben, wobei Recht hier aber in den allermeisten Fällen als staatliches Recht verstanden wird.[67] Meine Untersuchung hat deutlich gemacht, dass gerade diese Wirkung von Recht, nämlich in der Objektsprache zu definieren, was Religion ist, und diese zu unterscheiden von anderem, auch innerhalb der religiösen Organisation stattfindet.

Mit meiner Perspektive auf Recht und Religion konnte ich zeigen, dass die reifizierende Wirkung legalistischer Kategorisierungen, Präskriptionen und Sanktionsmittel sich nicht auf die Bearbeitung religiöser Gemeinschaften und Akteure durch staatliche Rechtsordnungen beschränkt. Es ist vielmehr ein Effekt, der auch von den rechtlichen Praktiken innerhalb religiöser Organisationen und Ordnungen selbst ausgehen kann.

Eine weitere Parallele zeichnet sich ab, wenn man auf jene Elemente blickt, die der Session gerade *nicht* als Religion gelten und ihr dadurch als komplementäre Elemente zur Verfügung stehen. Mit der Frage nach den Verhältnissetzungen und der Einbettung im rechtlich pluralen Kontext interessierte ich mich in meiner Analyse auch für jene lokalen Vorgänge, welche die Session als ‚rechtliche' Praktiken nicht ‚religiösen' Charakters verstand und die sie in dieser Lesart in die Rechtsordnung der Kirche übernehmen konnte.

Welche Teile des Spektrums lokaler Praktiken der Kirche auf diese Weise als Rechtsmittel zur Verfügung stehen, hängt wie gezeigt gerade davon ab, was diese in einen von ihr entworfenen Bereich ‚Religion' einschließt. Das bedeutet in der Praxis: Es hängt davon ab, ob die Kirche das Stattfinden der betreffenden Praktiken positiv oder negativ sanktioniert.[68]

Diese Kategorisierungs- und damit Trennungsaktivitäten der kirchlichen Rechtspraktiken haben in diesem Sinne einen ähnlichen Effekt wie die britische Relektüre von lokalen Praktiken im kolonialen Indien. Letztere trennte Hindu-Praktiken in

67 Z. B. in den von Reuter referierten Positionen (Reuter: Religion im Prozess, 2014: 22–25), wobei unter dem Schlagwort der Verrechtlichung von Gesellschaft davon ausgegangen wird, dass diese Rolle zunehmend wichtiger wird. Pirie hingegen legt die Provenienz der legalistischen Formen, denen sie diese Wirkung zuschreibt, explizit breiter an (Pirie: Anthropology of law, 2013: 229).

68 Das hat der unterschiedliche Umgang mit *sisa tõgbē* einerseits und *ayɛfare* andererseits gezeigt.

„hindu law" einerseits und „ritual prescriptions" andererseits. Die so entworfene Unterscheidung von Praktiken in „law" und „religion" festigten sie durch die Kodifizierung der ersteren und deren Einsatz im Indirect Rule-System.[69]

Auf diese Weise wirkten rechtsförmige Unterscheidungspraktiken, die „Religiöses" von „Rechtlichem" unterschieden, sowohl in den Händen britischer Kolonialbeamter und Juristen als auch in den Händen des kirchlichen Gremiums der Session von Apenkwa in der jeweiligen Objektsprache erstens rechts- und zweitens religionsproduktiv. Der Unterschied ist, dass im Fall der PCG die Trennung von Praktiken in rechtliche einerseits und religiöse andererseits aus Sicht einer kollektiven Akteurin erfolgt, die sich selbst explizit als Teil des religiösen Feldes versteht.

Diese Parallelen zu beleuchten ist auch deswegen von Bedeutung, weil die Unterscheidungen beider Seiten (missionarisch-religiöser und kolonial-rechtlicher) als Teil der Begriffsentwicklung von „Recht" und „Religion" als religionswissenschaftlicher Beschreibungskategorien zu bedenken sind.[70]

Meine Untersuchung lässt solche Parallelen sichtbar werden, indem sie Recht in Form der kirchlichen Rechtspraktiken konzeptionell nicht primär als staatliches Recht denkt, sondern auch innerhalb der religiösen Organisation verortet, und indem sie die verschiedenen Referenzrahmen unter dem Begriff der normativen Ordnung vergleichbar macht.

Meine Untersuchung zeigt damit, wie wichtig es ist, religionswissenschaftlich Religion und Recht systematisch in verschiedenen Konstellationen durchzudenken und unterschiedliche Perspektiven auf Recht einzunehmen. Sie plädiert dafür, sich den Rechtsbegriff als religionswissenschaftliche Analysekategorie anzueignen und in diesem Sinne weiterzuentwickeln.

---

69 Yelle: Hindu Moses, 2009; Menski: Hindu law, 2003: 102; Menski: Hindu law as a ‚religious', 2002.

70 Ebd.: 121; Bochinger: Mission als Thema, 1997: 183; Ratschiller, Wetjen: Verflochtene Mission, 2018: 14. Siehe auch Kap. 2.1 und Kap. 2.2.

Fallregister

Die Nummerierung der Fälle ist nicht chronologisch, sondern folgt der Reihenfolge meiner Bearbeitung des Materials. Für die erleichterte Auffindbarkeit folgt die Schreibweise von Ga und Twi Begriffen hier, im Gegensatz zum Haupttext, einer gängigen vereinfachten Schreibweise.

Fall

0	**Karte:** Eine Karte von Apenkwa soll zu Referenzzwecken aufgehängt werden. Katechist und Presbyter sind sich uneinig über den Aufhängungsort. Der Fall wird vom 7.3.1954–9.5.1954 in zwei Sitzungen besprochen und drei weitere Male in der Tagesordnung erwähnt.
1	**„rules and regulations“:** Die Session gedenkt ein Dokument zu erstellen, das die Bedingungen für den Erwerb von Kirchenland in Apenkwa auflistet und von den Erwerbenden, der Session und dem Synod Committee zu unterzeichnen ist. Dieses Kodifizierungsprojekt wird ab dem 27.6.1954 mehrfach in der Session thematisiert, durchläuft den kirchlichen Instanzenweg und wird zuletzt kassiert (siehe auch Fall 6 und Fall 13).
2	**Landerwerb:** Eine Frau ersucht für ihre Mutter um Land. Der Antrag wird in vier Sitzungen behandelt (4.4.1954–14.5.1954) und positiv beurteilt. Die Aufzeichnungen sind ungewöhnlich ausführlich.
3	**Landerwerb:** Ein Pfarrer hatte die Session in Apenkwa um ein Grundstück ersucht (16.5.1954). Dem Begehren wird entsprochen, der *district pastor* wird informiert. Gut ein halbes Jahr später bezahlt der Antragssteller für das Land (17.10.1954) und das Land wird übergeben.
4	**Landerwerb:** Eine Frau ersucht für eine Angehörige um Land. Die Session fordert vermehrten Kirchgang. Die Frau bezahlt noch in der gleichen Sitzung und dem Antrag wird entsprochen (9.5.1954).
5	**Landerwerb:** Ein Mann ersucht für drei angehörige Frauen um Land. Kirchensteuern und Kirchgang der Begünstigten werden geprüft und eingefordert. Die Begünstigten zahlen noch in der gleichen Sitzung (9.5.1954) und ein Termin für die Landübergabe wird vereinbart.

6 **Dokument für *Housing Loans Board*:** Ein Mann ersucht um einen Beleg über sein von der Kirche erworbenes Grundstück, um dieses als Sicherheit für ein Darlehen beim staatlichen *Housing Loans Board* einzusetzen. Zunächst lehnt die Session ab, ein solches Dokument zu erstellen. Sie bringt den Sachverhalt aber dem *district pastor* zur Kenntnis und verbindet das Anliegen später mit dem Dokument aus Fall 1. Der Fall wird vom 23.5.1954–13.3.1955 in sechs Sitzungen besprochen.

7 **Landerwerb:** Eine Frau ersucht um ein Grundstück für den Hausbau. Ihre Kirchensteuern sind bezahlt. Die Session verlangt die Gebühr für das Grundstück und entspricht dem Gesuch (23.5.1954). Vier Monate später zahlt die Frau die Gebühr (26.9.1954), weitere drei Monate später erinnert sie die Session an ihr Begehren (22.12.1954) und das Land wird übergeben.

8 **Landerwerb:** Eine Frau, die Mitglied einer anderen PCG-Gemeinde ist, ersucht um ein Grundstück. Sie ist mit Personen aus der Gemeinde von Apenkwa verwandt. Die Session verlangt eine erhöhte Gebühr, die Frau zahlt noch in der gleichen Sitzung (23.5.1954) und ein Termin für die Landübergabe wird vereinbart. In diesem Fall ist zum ersten Mal der *middle school fund* erwähnt.

9 **Landerwerb:** Ein Mann erinnert die Session an sein anhängiges Landbegehren (23.5.1954). Die Session verlangt im Gegenzug die Bezahlung ausstehender Gebühren. Der Ausgang des Falls bleibt offen.

10 **Landerwerb:** Eine Frau ersucht um ein Grundstück für den Hausbau (23.5.1954). Die Session fordert ausstehende Kirchensteuern ein, die Ratenzahlung der Frau und ihr Beitrag zum *building fund* sind notiert. Der Ausgang des Falls bleibt offen.

11 **Landerwerb:** Eine Frau ersucht um ein Grundstück für den Hausbau. Kirchensteuern und Beitrag zum *building fund* werden geprüft und als vollständig bezahlt vermerkt. Die Frau zahlt die Gebühr für das Land noch in der gleichen Sitzung (30.5.1954) und ein Termin für die Landübergabe wird vereinbart. Dieser Fall entspricht dem ‚idealen Verlauf' einer Landvergabe.

12 **Landerwerb:** Ein Mann, der kein Kirchenmitglied ist, ersucht um ein Grundstück (13.6.1954). Das Begehren wird abgelehnt mit der Begründung, er müsse zuerst Kirchenmitglied werden.

13 **Landerwerb:** Eine Frau, die mit einem der Presbyter verwandt ist, ersucht für ihre Mutter, die früher Kirchenmitglied in Apenkwa war, um Land für den Hausbau. Ehe, Mitgliedschaftsstatus und die Frage, ob es sich bei der Begünstigten um *people of Apenkwa* handle, wird geprüft und für gegeben befunden. Die Antragsstellerin zahlt die Gebühren sowie einen Dank an die *elders* noch in der gleichen Sitzung (27.6.1954), dem Begehren wird stattgegeben. Dieser Fall regt den Vorschlag an, ein Dokument mit *rules and regulations* zu erstellen (Fall 1).

14 **Landerwerb:** Ein Mann ersucht um ein Grundstück für den Hausbau (27.6.1954). Kirchensteuern werden geprüft, die Session fordert ausstehende Kirchensteuern und den Beitrag zum *building fund* ein. Die Ratenzahlungen des Mannes sind notiert. Der Ausgang des Falls bleibt offen.

15 **Landerwerb:** Ein Mann, Mitglied in einer anderen PCG-Gemeinde, ersucht um ein Grundstück für den Hausbau. Der *district pastor* wird informiert. Dieser ist gegen die Vergabe, es kommt zur Auseinandersetzung zwischen Session und Pastor. Die Session wägt Vor- und Nachteile ab und gibt dem Begehren statt (zusammen mit Fall 17). Sie verlangt erhöhte Gebühren, die der Begünstigte in einer weiteren Sitzung bezahlt und ein Termin für die Landübergabe wird vereinbart. Der Fall wird vom 27.6.1954–12.9.1954 in fünf Sitzungen behandelt und weitere Male in der Tagesordnung erwähnt.

16 **Landerwerb:** Ein Ehepaar, Auswärtige und keine Mitglieder, fragt nach den Bedingungen für den Landerwerb (1.8.1954). Die Session nennt die Bedingungen und fordert ihren Beitritt sowie *social services*, für die sich der Antragsteller als kompetent präsentiert. Drei Monate später (7.11.1954) erinnert die Antragstellerin die Session an das anhängige Landbegehren. Die Session fordert ihre weitere Teilnahme am Taufunterricht, bevor dem Antrag stattgegeben werden könne. Der Ausgang des Falls bleibt offen.

17 **Landerwerb:** Ein Lehrer erinnert die Session per Brief an sein anhängiges Gesuch um Land. Die Session will den Antrag dem Pastor zur Kenntnis bringen und wägt in einer weiteren Sitzung (zusammen mit Fall 15) die Vor- und Nachteile ab. Sie tritt für den Antrag ein mit dem Argument: „being a teacher [he] will give a help“ (S. 122). Der Fall ist vom 15.8.1954–19.12.1954 in vier Sitzungen dokumentiert.

18 **Landerwerb:** Eine Frau, die in Apenkwa geboren wurde und nun seit Längerem außerhalb lebt, ersucht um Land für den Hausbau. Dem Antrag wird stattgegeben, die Session verlangt eine erhöhte Summe für das Land plus Gebühren für den *building fund*, welche die Frau noch in der gleichen Sitzung bezahlt (22.8.1954).

19 **Landerwerb:** Eine Frau ersucht um Land für den Hausbau. Sie zahlt für Land und *school building fund* noch in der gleichen Sitzung (19.8.1954) und ein Termin für die Landübergabe wird vereinbart.

20 **Landerwerb:** Eine Frau ersucht darum, dass das Land, das ihr zugesprochen worden war und für das sie die gängige Summe bezahlt hat, übergeben werde (19.9.1954). Das Protokollbuch enthält keine weiteren Angaben zum Vorlauf oder zur Übergabe des Landes.

21 **Landerwerb:** Eine Frau ersucht um ein Grundstück (26.9.1954). Da ihr Ehemann bereits ein Grundstück in Apenkwa hat, auf dem sie ebenfalls lebt, lehnt die Session ihren Antrag ab.

22 **Landerwerb:** Die Tochter eines Mannes von auswärts, der Land in Apenkwa erhalten hat, ersucht um Land für den Hausbau. Sie sei von ihren Schwestern, mit denen sie den Vater, nicht aber die Mutter teilt, aus dem Haus in Apenkwa vertrieben worden. Die Session berät über den Antrag, zieht den *district pastor* hinzu, beklagt die Umstände und geht zuletzt auf den Antrag ein. Der Fall wird vom 5.12.1954–9.1.1955 in drei Sitzungen behandelt und ein weiteres Mal in der Tagesordnung erwähnt.

23, 23a **Landerwerb:** Der *district pastor* und ein Presbyter aus Adabraka möchten Land für den Hausbau erwerben. Den Anträgen wird entsprochen (5.12.1954).

24 **Landerwerb:** Ein Mann aus einer anderen PCG-Gemeinde möchte Land erwerben. Die Session hat den Eindruck, dass die Leute denken, sie gäben Land an Auswärtige und schicken ihn weg (30.1.1955).

25 **Landerwerb:** Ein Mann von auswärts möchte nach Apenkwa ziehen und Land erwerben. Seine Kinder sind lokal religiös, daher will die Session diese vorladen, den Fall besprechen und ein Dokument erstellen (13.2.1955). Weder dies noch die Entscheidung ist noch Teil der Aufzeichnungen in diesem Band.

26 **Landerwerb:** Eine Frau möchte nach Apenkwa zurückkehren und ersucht dafür um Land für den Hausbau. Die Session prüft, ob sie nur zum Bauen oder auch in die Gemeinde von Apenkwa zurückkehren will (26.6.1955). Die Entscheidung wird vertagt, der Ausgang des Falls bleibt offen.

30 **„klamo“:** Erkundigungen zum Wirken eines muslimischen religiösen Spezialisten (*klamo/mallam*), der in Apenkwa wohnt, werden eingeholt. Der Mann wird schließlich aus Apenkwa weggewiesen. Der Fall wird vom 7.3.1954–21.3.1954 in drei Sitzungen besprochen.

34 **„house affairs“:** Ein Mitglied, das mit der Wegweisung des *klamo* (Fall 30) betraut war, berichtet über verschiedene Missstände in Apenkwa vor der Session: Ein Streitfall zwischen zwei *wei*, an dem ein Presbyter beteiligt ist, sowie den fehlenden Kirchgang von jungen Apenkwa *members*. Daraus ergibt sich in der gleichen Sitzung (21.3.1954) eine Auseinandersetzung zwischen Sessionmitgliedern über die Reichweite und Verantwortung der Session im Hinblick auf die *house affairs* der Familien.

36 **„priestesses“:** Lokale religiöse Spezialistinnen (vmtl. *woyei*) haben sich auf dem Weg nach Accra in Apenkwa niedergelassen. Ein Mitglied zeigt dies in der Session an. Später erscheint in der Kirchenzeitschrift ein kritischer Artikel darüber und es kommt zu heftigen Auseinandersetzungen, an denen die Klägerin, die Unterstützerinnen und Unterstützer der *woyei* und auch der Katechist beteiligt sind. Der Fall wird vom *district pastor* entschieden. Vom 5.9.1954–5.12.1954 befasst sich die Session in sechs Sitzungen mit dem Fall, ihm sind mehrere ausführliche Protokoll- und Tagesordnungseinträge gewidmet.

37 **„delinquent members“:** Die Session elaboriert die Kategorie „delinquent members“ (17.10.1954) als Reaktion auf eine unerlaubte Bestattung (Fall 38). Sie unterscheidet verschiedene Typen von „delinquent members“ und listet Konsequenzen auf, welche sie auch in einem *announcement* im Gottesdienst veröffentlichen will.

37a **„shortcomings and bad behaviour“:** Der Katechist rügt die Presbyter für eine Reihe von Vorkommnissen in deren Umfeld, die er als Missachtung christlicher Verhaltensregeln erachtet (u. a. ein „otofo custom“). Der Katechist bereitet eine ausführliche Auflistung in der Tagesordnung vom 13.3.1954 vor und im Protokoll der Sitzung an diesem Tag sind die Stellungnahmen der Presbyter und die weiteren Entscheidungen dokumentiert.

37b **„rebuke the delinquent“:** Aus der Rüge in Fall 37a entwickelt sich eine Serie von Fällen, bei denen die jeweiligen fehlbaren Personen (Kinder von Presbytern, aber auch andere Mitglieder der Gemeinde von Apenkwa) als „delinquent“ vor die Session zitiert und zurechtgewiesen werden. Darunter sind die Fälle 37c–f, Fall 43 und weitere Fälle.

37c **„rebuke“:** Drei Söhne von Presbytern werden vor die Session zitiert (20.3.1955), über ihren Lebenswandel befragt und zurechtgewiesen. Es wird ihnen vorgeworfen, das Ansehen ihrer Väter als Presbyter zu schädigen und das Versprechen zur Besserung, d. h. der Beteiligung an der Kirche, in konkreten Punkten abgenommen (21.3.1955). Das Verfahren ist in diesem ersten Fall ausführlicher dargestellt als in den nachfolgenden vergleichbaren Fällen.

37d **„rebuke“:** Eine Frau, die in der PCG in Apenkwa getauft worden war, aber zum Islam übergetreten ist, wird von einem Verwandten vor die Session gebracht, um sie aus Apenkwa wegzuschicken (17.4.1955). Der Katechist ist für eine Wegweisung, die Presbyter dagegen. Sie erklären, dass das nicht umsetzbar sei, da viele Muslime in Apenkwa zur Miete lebten.

37e **„rebuke“:** Eine Tochter eines Presbyters wird vor die Session zitiert (5.6.1955). Sie hatte den Konfirmationsunterricht aufgrund einer unehelichen Schwangerschaft abgebrochen und lebt in einer nicht offizialisierten Ehe. Die Session weist sie harsch zurecht, es wird ihr vorgeworfen, das Ansehen des Vaters zu schädigen. Die Session, inklusive des Vaters der Frau, nehmen ihr unter Androhung weitergehender Sanktionen das Versprechen ab, wieder volles Mitglied zu werden (d. h. regelmäßiger Gottesdienstbesuch, Zahlung der Kirchensteuern etc.).

37f **„rebuke“:** Ein Sohn eines Presbyters wird vor die Session zitiert (5.6.1955). Er hatte mehrfach den Taufunterricht abgebrochen. Es wird ihm vorgeworfen, das Ansehen des Vaters zu schädigen. Er entschuldigt sich, die Session weist ihn zurecht und er verspricht, den Taufunterricht wieder zu besuchen, die Session verlangt zusätzlich den Besuch von Gottesdiensten.

38 **Todesfall:** Eine Frau wurde von einem Presbyter von Apenkwa bestattet. Die Session stellt fest, dass die Frau als Kind getauft worden, aber nicht konfirmiert war. Sie lebte als zweite Frau in einer polygynen Ehe und war weder im *communion* noch im *adherent register* (26.9.1954). Diese nicht autorisierte Bestattung eines „delinquent member“ ist Anlass, diese Kategorie in der Session zu diskutieren (siehe Fall 37).

39 **Schwangerschaftsritual:** Die Tochter eines Mitglieds von Apenkwa wurde ohne die Zustimmung der Session mit einem Mann aus der Ewe Region verheiratet. Während ihrer Schwangerschaft wurde ein lokales Ritual durchgeführt, das die Session als „heathenish custom“ ablehnt. Sie wird zunächst vom Abendmahl ausgeschlossen (8.8.1954). Die Mutter wird vor die Session geladen (22.8.1954). Die Session rügt sie, dass sie keine Meldung an den Katechisten über Eheschluss, Schwangerschaft und das Ritual gemacht hat. Die Session will an den Ort reisen, wo das Ritual stattgefunden hat, um die Tochter zurückzuholen („seize her from the devil“) (5.9.1954). Der Katechist trägt den Fall dem *district pastor* vor (15.10.1954), welcher Maßnahmen gegen die Mutter verhängt (siehe Fall 39a). Der Fall 39 wurde zwischen 8.8.1954 und 15.9.1954 dreimal behandelt und zwei weitere Male in der Tagesordnung erwähnt.

39a **Ausschluss:** Die Mutter der jungen Frau aus Fall 39 wird zur Rechenschaft gezogen und vom *district pastor* von der Mitgliedschaft ausgeschlossen (15.10.1954). Ihr Gesuch auf Wiederaufnahme ein halbes Jahr später wird abgelehnt (8.4.1955), da der Mann die *dowry* noch nicht bezahlt habe und sie daher immer noch in diese „illicit marriage affair“ verwickelt sei.

40 **„transfer certificate“:** Ein Mitglied, dem wegen ausstehender Kirchensteuern die Taufe der Kinder verweigert wird, will zur Anglikanischen Kirche wechseln, um die Kinder dort taufen zu lassen. Die Session berät den Fall mehrfach, wägt die verschiedenen Implikationen des Falls ab und trägt ihn schließlich dem *district pastor* vor. Unter seinem Vorsitz verweigert die Session dem Mann das „transfer certificate“, das er für den Übertritt verlangt hatte, lässt dafür aber eine Ratenzahlung der Kirchensteuern zu. Der Fall wird zwischen dem 19.12.1954 und dem 3.4.1955 sechsmal in der Session besprochen und ist in mehreren recht ausführlichen Einträgen dargestellt. Er verzweigt sich in weitere Fälle, darunter Fall 40c.

40c **„complaints about the state of the village“:** Der Mann aus Fall 40 bringt im Anschluss an die Entscheidung von Fall 40 in der Session vor dem *district pastor* diverse Vorkommnisse zur Anzeige (u. a. der *otofo custom* im Hause eines Presbyters) und beklagt sich über die fehlende Aufsicht durch die Presbyter. Der Pastor kritisiert den Mann für seine Haltung gegenüber der Session, lobt ihn aber für seine Verteidigung christlicher Prinzipien (27.2.1955).

41 **„police“:** Für Anhörungen im Zusammenhang mit der öffentlichen Auflehnung gegen den *chief* von Apenkwa tagt die Session am 28.5.1955 in der Kapelle, um eine möglichst große Teilnahme zu ermöglichen. Aus diesem Anlass schlägt der Katechist vor, eine „sort of Police“ einzurichten (22.5.1955). Zwei Männer werden eingesetzt, die als „supervisors of discipline“ dem *chief* und der Session Meldung machen (29.5.1955). Diese Institution wird beibehalten und später durch zwei Frauen verstärkt (19.6.1955).

42 **Todesfall:** Ein ehemaliges und exkommuniziertes Mitglied, das in Apenkwa lebte, stirbt unerwartet. Die Session prüft die Gründe für den Ausschluss der Frau aus der Kirche (3.4.1955). Später findet trotz ausdrücklichen Verbots seitens der Session ein von dieser für christlich befundenes Begräbnis statt. Aus dem Fall entwickeln sich die Fälle 42a und 42b.

42a **Todesfall:** Der Vater der Verstorbenen aus Fall 42 verhält sich in den Augen angesichts des Todes der Tochter vorbildlich, was der Katechist in den Protokollen vermerkt (8.4.1955). Einen Monat später wird seine Rolle noch einmal kritischer geprüft (1.5.1955).

42b **Todesfall:** Einer der Presbyter veranlasst das Begräbnis für die Verstorbene aus Fall 42. Er gibt zu, gesungen, gebetet und den Zug zum Friedhof der PCG angeführt zu haben, obwohl er um den Entscheid der Session wusste. Trotz Zurechtweisung durch verschiedene Mitglieder der Session bereut er nicht (7.4.1955). Die Session trägt den Fall tags darauf dem *district pastor* vor und schließt ihn unter dessen Vorsitz für ein halbes Jahr vom Abendmahl und vom Amt als Presbyter aus (8.4.1955).

43 **„two wives on station“:** Ein ehemaliges Mitglied wohnt mit zwei Frauen auf Kirchenland, er ist deswegen ausgeschlossen. Der zweiten Frau ist es verboten, auf das Land zu kommen, sie hält sich aber nicht daran. Die Session droht dem Mann mit dem Verweis aus Apenkwa. Es kommt zu teilweise gewaltsamen Auseinandersetzungen zwischen dem Mann, den beiden Frauen, dem Katechisten und Presbytern. Der Fall wird am 14.11.1954 und dann erneut zwischen 15.5.1955 und 5.6.1955 insgesamt sechsmal in der Session besprochen und weitere vier Male in der Tagesordnung erwähnt (siehe Fall 37b).

50 **„ayefare“:** Eine Frau, die Mitglied der Kirche ist, hatte mehrere außereheliche Beziehungen. Die Beziehung Nummer drei wird, nachdem deren Bearbeitung durch die Familien der Beteiligten gescheitert ist, der Session vorgetragen. Diese verlangt eine Auflösung derselben durch die Kompensationszahlung *ayefare* (8.8.1954). Der Katechist suspendiert die Frau vier Monate später vom Abendmahl, weil sie sich weigert, zu ihrem ursprünglichen Ehemann zurückzukehren und mit dem dritten Mann zusammenbleibt. Der Fall war in der Zwischenzeit, vermutlich vor einem staatlichen Gericht, weiter behandelt und gegen den ursprünglichen Ehemann entschieden worden (19.12.1954).

51 **„sisa toogbee“:** Der dritte Mann aus Fall 50 hat zusätzlich eine weitere Frau, eine Witwe, geheiratet. Diese war unlängst in der PCG getauft worden. Es findet *sisa toogbee* für den verstorbenen Ehemann statt, was die Session als „heathenish custom“ ablehnt. Die Bearbeitung des Falls in der Session fördert eine Reihe von Ungereimtheiten zu Tage, der Fall wird deswegen an den *district pastor* weitergereicht. Der Fall wird in der Session vom 26.11.1954 sowie zwischen 5.1.1955 und 19.6.1955 insgesamt elfmal besprochen und weitere zwei Male in der Tagesordnung erwähnt.

52 **Todesfall:** Ein Presbyter unterrichtet die Session über den Tod eines ehemaligen Gemeindemitglieds (11.4.1954). Er berichtet, dass (möglicherweise angehörige) Personen über die Empfehlung des *senior presbyter* von Apenkwa versucht hatten, beim *district pastor* die *burial license* für den Mann zu erhalten. Letzterer habe die *license* verweigert, weil der Verstorbene seit Langem die Kirche verlassen habe.

53 **Todesfall:** Ein umstrittenes Gemeindemitglied, das in Apenkwa getauft worden war, ist in einer anderen Gemeinde bestattet worden. Der Katechist von Apenkwa beklagte sich daraufhin beim *district pastor* und weiteren Verantwortlichen darüber, dass dies ohne Rücksprache mit Apenkwa geschehen war. Der Frau hätte aufgrund ihres seltenen Kirchgangs, der auf der *communion card* ersichtlich ist, möglicherweise nicht christlich bestattet werden sollen. Es war der Familie aber gelungen, mithilfe des *district pastor* eine *burial license* für sie zu erwirken. Bericht des Katechisten in der Session am 3.7.1955.

54 **„history“:** Material für eine Geschichte der Gemeinde soll gesammelt werden. Ein „church history committee“ aus Katechist und mehreren Presbytern wird gewählt, das Informationen zusammentragen soll. Die Aufgabe wird immer wieder vertagt und zuletzt vom Katechisten umgesetzt. Zwischen 1.5.1955 und 3.7.1955 ist der Fall insgesamt neunzehnmal im Protokollbuch erwähnt sowie fünf weitere Male im nächsten Protokollbuch.

Literaturverzeichnis

Abun-Nasr, Sonia: *Afrikaner und Missionar. Die Lebensgeschichte von David Asante*, Basel: P. Schlettwein Publishing, 2003.

Acquah, Ioné: *Accra survey*, London: University of London Press, 1958.

Agbeti, John K.: *West African church history. Christian missions and church foundations 1482–1919*, Leiden: Brill, 1986.

Agyei-Obessey, Samuel: „The influence of Akan traditions on death, bereavement and grief in the Presbyterian Church of Ghana. The case of widows in the Akuapem Presbytery", M.Phil. Religions Thesis, University of Ghana, Legon, Ghana, 2012.

Akyeampong, Emmanuel: „Christianity, modernity and the weight of tradition in the life of Asantehene Agyeman Prempeh I, c. 1888–1931", in: *Africa* 69, 1999, S. 279–311.

Akyeampong, Emmanuel; Obeng, Pashington: „Spirituality, gender, and power in Asante history", in: *The International Journal of African Historical Studies* 28 (3), 1995, S. 481–508.

Allman, Jean M.; Parker, John: *Tongnaab. The history of a West African god*, Bloomington: Indiana University Press, 2005.

Allman, Jean M.; Tashjian, Victoria: „Serving a man is wasted labour. Women's conjugal strategies in a world of cash and cocoa", in: Jean M. Allman; Victoria Tashjian (Hg.). *I will not eat stone. A women's history of colonial Asante*, Portsmouth, NH: Heinemann, 2000, S. 133–168.

Amenumey, D. E. K.: *Ghana. A concise history from pre-colonial times to the 20th century*, Accra: Woeli Publishing Services, 2018.

Ammah, E. A.: „Bi Kpodziemɔ", Based on a manuscript dated 1956, in: Marion Kilson (Hg.). *Kings, priests, and kinsmen. Essays on Ga culture and society*, Legon-Accra: Sub-Saharan, 2016, S. 224–243.

Ammah, E. A.: „Christianity and Ga Traditional Religion", Essay von 1939, in: Marion Kilson (Hg.). *Kings, priests, and kinsmen. Essays on Ga culture and society*, Legon-Accra: Sub-Saharan, 2016, S. 385–423.

Ammah, E. A.: „Funeral custom (Yara Femɔ)", in: Marion Kilson (Hg.). Kings, priests, and kinsmen. Essays on Ga culture and society, Legon-Accra: Sub-Saharan, 2016, S. 249–258.

Ammah, E. A.: „Ga religion, world view, forms of worship", Undatiert, in: Marion Kilson (Hg.). *Kings, priests, and kinsmen. Essays on Ga culture and society*, Legon-Accra: Sub-Saharan, 2016, S. 262–276.

Ammah, E. A.: „Ghanaian philosophy", erstmals erschienen in The Ghanaian Oktober 1961 – Juni 1962, in: Marion Kilson (Hg.). *Kings, priests, and kinsmen. Essays on Ga culture and society*, Legon-Accra: Sub-Saharan, 2016, S. 21–70.

Ammah, E. A.: „Puberty rites“, Chapter based on Marion Kilson's interview with E. A. Ammah on November 27, 1964, in: Marion Kilson (Hg.). *Kings, priests, and kinsmen. Essays on Ga culture and society*, Legon-Accra: Sub-Saharan, 2016, S. 224–248.

Ammah, E. A.: „Review of M. J. Field, Social organization of the Ga people“, zuerst erschienen in Daily Echo 1941, in: Marion Kilson (Hg.). *Kings, priests, and kinsmen. Essays on Ga culture and society*, Legon-Accra: Sub-Saharan, 2016, S. 107–122.

Ammah, E. A.: „Water in Ga ritual“, undatiertes Manuskript, vmtl. 1959, in: Marion Kilson (Hg.). *Kings, priests, and kinsmen. Essays on Ga culture and society*, Legon-Accra: Sub-Saharan, 2016, S. 370–384.

Appiah, Anthony: *In my father's house. Africa in the philosophy of culture*, New York: Oxford University Press, 1992.

Arku, Godwin; Luginaah, Isaac; Mkandawire, Paul u. a.: „Housing and health in three contrasting neighbourhoods in Accra, Ghana“, in: *Social Science & Medicine* 72, 2011, S. 1864–1872.

Arthur, Justice A.: *The politics of religious sound. Conflict and the negotiation of religious diversity in Ghana*, Münster: Lit, 2018 (Beiträge zur Afrikaforschung 86).

Asad, Talal: *Secular translations. Nation-State, modern self, and calculative reason*, New York: Columbia University Press, 2018 (Ruth Benedict Book Series).

Asamoa-Darko, S.: „The development and patterns of manufacturing industries in Ghana 1951–1965“, in: Kwame Arhin (Hg.). *The life and work of Kwame Nkrumah*, Accra: Sedco Publishing, 1991, S. 295–314.

Asare-Ado, Mary G.: „The challenges of the woman of the manse: A case study of Presbyterian Church of Ghana“, M.Phil. Thesis Study of Religions, University of Ghana, Legon, Ghana 2008.

Assimeng, Max: *Religion and social change in West Africa. An introduction to the sociology of religion*, Accra: Woeli Publishing Services, 2010^2.

Austin, Dennis: *Politics in Ghana 1946–1960*, London: Oxford University Press, 1964.

Austin, Gareth: *Labour, land, and capital in Ghana. From slavery to free labour in Asante, 1807–1956*, Suffolk: Boydell & Brewer, 2005.

Austin, Gareth: „Labour and land in Ghana, 1874–1939. A shifting ratio and an institutional revolution“, in: *Australian Economic History Review* 47 (1), 2007, S. 95–120.

Balandier, Georges: „La situation coloniale. Approche théorique“, in: *Cahiers internationaux de sociologie* 11, 1951, S. 44–79.

Barad, Karen: „Diffracting diffraction. Cutting together-apart“, in: *Parallax* 20 (3), 2014, S. 168–187.

Bauer, Thomas: *Die Kultur der Ambiguität. Eine andere Geschichte des Islams*, Berlin: Verlag der Weltreligionen, 2011.

Bauman, Zygmunt: *Community. Seeking safety in an insecure world*, Cambridge: Polity Press, 2001 (Themes for the 21st century).

Baumann, Martin: „Recht als Grenzziehung und Mittel gesellschaftlicher Etablierung. Buddhisten in Deutschland und Nachbarländern“, in: Gritt M. Klinkhammer; Tobias

Frick (Hg.). *Religionen und Recht. Eine interdisziplinäre Diskussion um die Integration von Religionen in demokratischen Gesellschaften*, Marburg: Diagonal-Verlag, 2002 (Religionswissenschaftliche Reihe), S. 139–150.

Baumann, Martin: „Religion und ihre Bedeutung für Migranten. Zur Parallelität von „fremd"-religiöser Loyalität und gesellschaftlicher Integration", in: Beauftragte der Bundesregierung für Migration, Flüchtlinge und Integration (Hg.). *Religion – Migration – Integration in Wissenschaft, Politik und Gesellschaft*, Berlin: 2004, S. 19–30.

Baumann, Martin: „Religionsgemeinschaften im Wandel. Strukturen, Identitäten, interreligiöse Beziehungen", in: Christoph Bochinger; Martin Baumann; Katharina Frank (Hg.). *Religionen, Staat und Gesellschaft. Die Schweiz zwischen Säkularisierung und religiöser Vielfalt*, Zürich: Verlag Neue Zürcher Zeitung, 2012 (NZZ libro), S. 21–75.

Bayart, Jean-François: *L'illusion identitaire*, Paris: Fayard, 1997 (L'Espace du politique).

Bayart, Jean-François; Geschiere, Peter; Nyamnjoh, Francis: „Autochtonie, démocratie et citoyenneté en Afrique", in: *Critique internationale* 10 (1), 2001, S. 177–194.

Benda-Beckmann, Franz von: *Rechtspluralismus in Malawi. Geschichtliche Entwicklung und heutige Problematik*, München: Weltforum Verlag, 1970 (Afrikastudien 56).

Benda-Beckmann, Franz von: „Who's afraid of legal pluralism", in: *Journal of Legal Pluralism* 34 (47), 2002, S. 37–82.

Benda-Beckmann, Franz von; Benda-Beckmann, Keebet von (Hg.): *Gesellschaftliche Wirkung von Recht. Rechtsethnologische Perspektiven*, Berlin: Reimer, 2007 (Reimer Kulturwissenschaften).

Benda-Beckmann, Keebet von: „Forum shopping and shopping forums. Dispute processing in a Minangabau village in West Sumatra", in: *Journal for Legal Pluralism* 19, 1981, S. 117–159.

Berger, Peter L.; Luckmann, Thomas: *Die gesellschaftliche Konstruktion der Wirklichkeit. Eine Theorie der Wissenssoziologie*, Frankfurt am Main: Fischer, [1969] 2018[27] (Fischer Taschenbuch 6623).

Bergunder, Michael: „Global Religious History in Theory and Practice". In: *Method & Theory in the Study of Religion* 33 (3–4), 2021, S. 441–462.

Berkmann, Burkhard J.: *Internes Recht der Religionen. Einführung in eine vergleichende Disziplin*, Stuttgart: Verlag W. Kohlhammer, 2018.

Berman, Harold J.: *Recht und Revolution. Die Bildung der westlichen Rechtstradition*, übers. von Hermann Vetter, Frankfurt am Main: Suhrkamp, [1983] 1991[2].

Berner, Ulrich; Bochinger, Christoph; Hock, Klaus (Hg.): *Das Christentum aus der Sicht der Anderen. Religionswissenschaftliche und missionswissenschaftliche Beiträge*, Frankfurt am Main: Lembeck, 2005 (Beiheft der Zeitschrift für Mission 3).

Berry, Sara S.: *Chiefs know their boundaries. Essays on property, power, and the past in Asante, 1896–1996*, Portsmouth, N.H.: Heinemann, 2001 (Social history of Africa).

Berry, Sara S.: „Property, authority and citizenship. Land claims, politics and the dynamics of social division in West Africa", in: *Development and Change* 40 (1), 2009, S. 23–45.

Beutter, Anne: „Church discipline chronicled. A new source for Basel Mission historiography", in: *History in Africa* 42, 2015, S. 109–138.

Beutter, Anne: „Räumliche Etablierung und Vernetzung der Basler Mission in Nkoransa auf der Basis der Chronik der Außenstation (1911–1920)", Abschlussarbeit im Fach Religionswissenschaft zur Erlangung des akademischen Grades Master of Arts, Universität Leipzig, Religionswissenschaftliches Institut, Leipzig 2015.

Beutter, Anne: „Was auf dem anderen Blatt steht. Die Chronik von Nkoransa (1911–1920) als Dokument lokaler Gemeinde-Praxis der Basler Mission und der Perspektive ihrer afrikanischen Mitarbeiter", in: Geert Castryck; Silke Strickrodt; Katja Werthmann (Hg.). *Sources and methods for African history and culture. Essays in honour of Adam Jones*, Leipzig: Leipziger Universitätsverlag, 2016, S. 221–237.

Beutter, Anne: „On becoming a lucid theoretical dreamer. Reflections on academic work venturing outside its local knowledge system", in: *Bulletin for the Study of Religion* 46 (1), 2017, S. 17–19.

Bledsoe, Caroline H.: *Women and marriage in Kpelle society*, Stanford, California: Stanford University Press, 1980.

Bleisch, Petra: „Der ‚Fall Therwil'. (Nicht-)Händeschütteln in der Schule als Frage berufsethischen Handelns", in: *Zeitschrift für Religionskunde* 3, 2016, S. 102–107.

Bleisch, Petra: *Gelebte und erzählte Scharia in der Schweiz. Empirische Studien zur Aneignung religiöser Normen durch zum Islam konvertierte Frauen*, Zürich: Schulthess, 2016 (Freiburger Veröffentlichungen zum Religionsrecht 33).

Bochinger, Christoph: „Mission als Thema vergleichender religionswissenschaftlicher Forschung", in: Hans-Joachim Klimkeit (Hg.). *Vergleichen und Verstehen in der Religionswissenschaft. Vorträge der Jahrestagung der DVRG vom 4. bis 6. Oktober 1995 in Bonn*, Wiesbaden: Harrassowitz, 1997 (Studies in oriental religions), S. 171–184.

Bochinger, Christoph: „Religionen, Staat und Gesellschaft. Weiterführende Überlegungen", in: Christoph Bochinger; Martin Baumann; Katharina Frank (Hg.). *Religionen, Staat und Gesellschaft. Die Schweiz zwischen Säkularisierung und religiöser Vielfalt*, Zürich: Verlag Neue Zürcher Zeitung, 2012 (NZZ libro), S. 209–241.

Bohannan, Paul: „The ideas in Barotse jurisprudence by Max Gluckman", in: *American Anthropologist, New Series* 69 (6), 1967, S. 758.

Borowsky, Peter; Vogel, Barbara; Wunder, Heide: *Einführung in die Geschichtswissenschaft I. Grundprobleme, Arbeitsorganisation, Hilfsmittel*, Wiesbaden: VS Verlag für Sozialwissenschaften, 1989[5] (Studienbücher Moderne Geschichte).

Bourdieu, Pierre: „Ökonomisches Kapital – Kulturelles Kapital – Soziales Kapital", in: Margareta Steinrücke (Hg.). *Die verborgenen Mechanismen der Macht*, Hamburg: VSA Verlag, 1992 (Pierre Bourdieu Schriften zu Politik & Kultur), S. 49–80.

Bourdieu, Pierre: „Genese und Struktur des religiösen Feldes", Zuerst erschienen als Genèse et structure du champ religieux, Revue française de sociologie 12 (3) 1971, S. 295–334, in: Franz Schultheis; Stephan Egger (Hg.). *Religion. Schriften zur Kultursoziologie 5*, Konstanz: UVK-Verlagsgesellschaft, 2009 (Pierre Bourdieu Schriften), S. 30–91.

Bräunlein, Peter J.: „‚Polyzentrik des Christentums‘ und das Projekt einer Ethnologie des Christentums. Ein Dialogangebot“, in: Ciprian Burlacioiu; Adrian Hermann; Klaus Koschorke (Hg.). *Veränderte Landkarten. Auf dem Weg zu einer polyzentrischen Geschichte des Weltchristentums*, Wiesbaden: Harrassowitz, 2013, S. 243–265.

Brubaker: *Ethnizität ohne Gruppen*, übersetzt aus dem Englischen von Gabriele Gockel und Sonja Schuhmacher, Hamburg: Hamburger Edition, 2007.

Burchardt, Marian: „Law and Religious Diversity: How South African Courts Distinguish Religion, Witchcraft and Culture“, in: Lene Kühle, Jørn Borup und William Hoverd (Hg.). *The critical analysis of religious diversity*, Leiden: Brill, 2018 (International studies in religion and society), S. 272–294.

Busia, Kofi A.: *The position of the chief in the modern political system of Ashanti. A study of the influence of contemporary social changes on Ashanti political institutions*, London: Oxford University Press, 1951.

Canguilhem, Georges: „Monstrosity and the Monstrous“, übersetzt aus dem Französischen von Therese Jaeger, in: *Diogenes* 10 (40), 2016, S. 27–42.

Chanock, Martin: „A peculiar sharpness. An essay on property in the history of customary law in colonial Africa“, in: *Journal of African History* 32, 1991, S. 65–88.

Chanock, Martin: „Paradigms, policies and property. A review of the customary law of land tenure“, in: Kristin Mann; Richard Roberts (Hg.). *Law in colonial Africa*, Portsmouth, NH: Heinemann, 1991 (Social history of Africa), S. 61–82.

Chanock, Martin: „The law market. The legal encounter in British East and Central Africa“, in: Wolfgang J. Mommsen; Jaap A. de Moor (Hg.). *European expansion and law. The encounter of european and indigenous law in 19th and 20th century Africa and Asia*, Oxford: Berg, 1992, S. 279–305.

Chiba, Masaji: „Other phases of legal pluralism in the contemporary world“, in: *Ratio Juris* 11 (3), 1998, S. 228–245.

Clark, Christopher: „Kulturkampf und europäische Moderne“, in: Astrid Reuter; Hans-G. Kippenberg (Hg.). *Religionskonflikte im Verfassungsstaat*, Göttingen: Vandenhoeck & Ruprecht, 2010, S. 23–65.

Claviez, Thomas: „A metonymic community? Towards a poetics of contingency“, in: Thomas Claviez (Hg.). *The common growl. Toward a poetics of precarious community*, New York: Fordham University Press, 2016 (Commonalities), S. 39–56.

Cohen, David W.; Atieno Odhiambo, E. S.: *Burying SM. The politics of knowledge and the sociology of power in Africa*, London: Currey, 1992 (Social history of Africa).

Comaroff, Jean; Comaroff, John L.: *Of Revelation and Revolution. Christianity, Colonialism, and Consciousness in South Africa*, Chicago: University of Chicago Press, 1991.

Comaroff, John L.; Roberts, Simon: *Rules and processes. The cultural logic of dispute in an African context*, Chicago: University of Chicago Press, 1981.

Cooper, Frederick: *Africa since 1940. The past of the present*, Cambridge: Cambridge University Press, 2006 (New approaches to African history).

Cover, Robert M.: „The Supreme Court 1982 Term. Foreword: Nomos and narrative", in: *Harvard Law Review* 97 (1), 1982, S. 4–68.

Davie, Grace; Wyatt, David: „Document analysis", in: Michael Stausberg; Steve Engler (Hg.). *The Routledge handbook of research methods in the study of religion*, London: Routledge, 2012, S. 151–160.

Dickson, K. A.: „Religion and society. A study in church and state relations in the first republic", in: Kwame Arhin (Hg.). *The life and work of Kwame Nkrumah*, Accra: Sedco Publishing, 1991, S. 135–151.

Dinan, Carmel: „Sugar daddies and gold diggers. The white-collar single women in Accra", in: Christine Oppong (Hg.). *Female and male in West Africa*, London: Allen & Unwin, 1983, S. 344–366.

Doe, Norman; Sandberg, Russell (Hg.): *Law and religion. Critical concepts in law*, New York: Routledge, 2017 (Critical concepts in law).

Dorsett, Shaunnagh; McLaren, John: „Laws, engagements and legacies. The legal histories of the British Empire, An introduction", in: Shaunnagh Dorsett; John McLaren (Hg.). *Legal Histories of the British Empire. Laws, engagements and legacies*, New York: Routledge, 2014, S. 1–11.

Dupret, Baudouin: „Legal pluralism, plurality of laws, and legal practices. Theories, critiques, and praxeological re-specification", in: *European Journal of Legal Studies* 1 (1), 2007, S. 296–318.

Ehrlich, Eugen: *Grundlegung der Soziologie des Rechts*, Leipzig: Verlag von Duncker & Humblot, 1913. Online: <https://archive.org/details/grundlegungderso00ehrl>, Stand: 18.1.2020.

Elias, Friederike; Franz, Albrecht; Murmann, Henning u. a.: „Hinführung zum Thema und Zusammenfassung der Beiträge", in: Friederike Elias; Albrecht Franz; Henning Murmann u. a. (Hg.). *Praxeologie. Beiträge zur interdisziplinären Reichweite praxistheoretischer Ansätze in den Geistes- und Sozialwissenschaften*, Berlin: de Gruyter, 2014, S. 3–12.

Etherington, Norman (2002): „Outward and visible signs of conversion in nineteenth-century Kwazulu-Natal", in: *Journal of Religion in Africa* 32 (4), 2002.

Etherington, Norman: „Putting tribes on maps", in: Norman Etherington (Hg.). *Mapping colonial conquest. Australia and Southern Africa*, Crawley, WA: University of Western Australia Press, 2007, S. 79–101.

Etherington, Norman; Griffiths, Gareth; van Gent, Jacqueline u. a.: *Indigenous evangelists and questions of authority in the British Empire 1750–1940*, Leiden: Brill, 2015 (Studies in Christian mission 46).

Ferrari, Silvio (Hg.): *Routledge handbook of law and religion*, Hoboken: Taylor and Francis, 2015.

Field, Margaret J.: *Religion and medicine of the Gã people*, London: Oxford University Press, 1937.

Field, Margaret J.: *Social organization of the Ga people*, London: The Crown Agents for the Colonies, 1940.

Field, Margaret J.: *Search for security. An ethno-psychiatric study of rural Ghana*, London: Faber and Faber, 1960 (African studies 5).

Foblets, Marie-Claire (Hg.): *Popular justice. Conflict resolution within communities*, Special issue in: *Journal of Legal Pluralism* 36, 1996.

Foblets, Marie-Claire; Gaudreault-DesBiens, Jean-François; Renteln, Alison D. (Hg.): *Cultural diversity and the law. State responses from around the world*, Bruxelles: Bruylant, 2010.

Forst, Rainer; Günther, Klaus: „Die Herausbildung normativer Ordnungen. Zur Idee eines interdisziplinären Forschungsprogramms", in: *Normative Orders Working Paper* 1, 2010.

Fournier, Pascale: „Halacha, the ‚Jewish State' and the Canadian Agunah. Comparative law at the intersection of religious and secular orders", in: *Journal of Legal Pluralism* 65, 2012, S. 165–204.

Freist, Dagmar: „Historische Praxeologie als Mikro-Historie", in: Arndt Brendecke (Hg.). *Praktiken der Frühen Neuzeit. Akteure, Handlungen, Artefakte*, Köln: Böhlau, 2015 (Frühneuzeit-Impulse), S. 62–77.

Freund, Bill: *The African city. A history*, Cambridge: Cambridge University Press, 2007 (New approaches to African history 4).

Frimpong, Emmanuel K.: „The Presbyterian Church of Ghana and the New Testament teaching on marriage and divorce", M.Phil. Thesis, University of Ghana, Department for the study of religions, Legon, Ghana 1997.

Garfinkel, Harold: „‚Good' reasons for ‚bad' clinic records", in: *Studies in Ethnomethodology*, New Jersey: Prentice-Hall Inc., 1967, S. 186–207.

Garfinkel, Harold: *Studies in Ethnomethodology*, New Jersey: Prentice-Hall Inc., 1967.

Geertz, Clifford: „Local knowledge. Fact and law in comparative perspective", in: *Local knowledge. Further essays in interpretive anthropology*, New York: Basic Books, 1983, S. 167–234.

Geschiere, Peter: *The perils of belonging. Autochthony, citizenship, and exclusion in Africa and Europe*, Chicago: University of Chicago Press, 2009.

Geschiere, Peter; Gugler, Josef: „The urban-rural connection. Changing issues of belonging and identification", in: *Africa* 68 (3), 1998, S. 309–319.

Gilbert, Michelle: „The sudden death of a millionaire. Conversion and consensus in a Ghanaian kingdom", in: *Africa* 58 (3), 1988, S. 291–314.

Gilbert, Michelle: „Sources of power in Akuropon-Akuapem. Ambiguity in classification", in: William E. Arens; Ivan Karp (Hg.). *Creativity of power. Cosmology and action in African societies*, Washington: Smithsonian Institution Press, 1989, S. 60–89.

Gilbert, Michelle: „The Christian executioner. Christianity and chieftaincy as rivals", in: *Journal of Religion in Africa* 25 (4), 1995, S. 347–386.

Gluckman, Max: *The judicial process among the Barotse of Northern Rhodesia*, Manchester: Manchester University Press, [1955] 1973^2.

Gocking, Roger: „Competing systems of inheritance before the British courts of the Gold Coast Colony", in: *The International Journal of African Historical Studies* 23 (4), 1990, S. 601–618.

Goody, Jack: *The domestication of the savage mind*, Cambridge: Cambridge University Press, 1977 (Themes in social sciences).

Goshadze, Mariam: „When the Deities Visit for Hɔmɔwɔ. Translating Religion in the Language of the Secular", in: *Journal of the American Academy of Religion* 87 (1), 2019, S. 191–224.

Griffiths, John: „What is legal pluralism?", in: *Journal of legal pluralism and unofficial law* 18 (24), 1986, S. 1–55.

Griffiths, John: „The idea of sociology of law and its relation to law and to sociology", in: Michael D. A. Freeman (Hg.). *Law and sociology*, Oxford: Oxford University Press, 2006 (Current legal issues), S. 49–68.

Guyer, Jane I.: „Wealth in people, wealth in things. Introduction", in: *Journal of African History* 36 (1), 1995, S. 83–90.

Gyang-Duah, Charles: „Church and society with particular reference to the Presbyterian Church in the Berekum Pastoral District in brong Ahafo Region of Ghana", M.Phil, University of Ghana, Department for the study of religions, Legon, Ghana 1988.

Gyang-Duah, Charles: „The Scottish Mission factor in the development of the Presbyterian Church of Ghana 1917–1957", Thesis presented to the University of Edinburgh for the degree of Doctor of Philosophy, University of Edinburgh, Edinburgh 1996.

Gyekye, Kwame: *An essay on African philosophical thought. The Akan conceptual scheme*, Cambridge: Cambridge University Press, 1987.

Gyekye, Kwame: „Person and community in Akan thought", in: Kwasi Wiredu; Kwame Gyekye (Hg.). *Person and community. Ghanaian philosophical studies I*, Washington, D.C.: Council for Research in Values and Philosophy, 1992 (Cultural heritage and contemporary change. Series II. Africa), S. 101–122.

Haasis, Lucas; Rieske, Constantin: „Historische Praxeologie. Zur Einführung", in: Lucas Haasis; Constantin Rieske (Hg.). *Historische Praxeologie. Dimensionen vergangenen Handelns*, Paderborn: Ferdinand Schöningh, 2015, S. 7–54.

Harneit-Sievers, Axel (Hg.): *A place in the world. New local historiographies from Africa and South Asia*, Leiden: Brill, 2002 (African social studies series 2).

Harneit-Sievers, Axel: „Introduction, New local historiographies from Africa and South Asia. Approaches and issues", in: Axel Harneit-Sievers (Hg.). *A place in the world. New local historiographies from Africa and South Asia*, Leiden: Brill, 2002 (African social studies series), S. 1–27.

Hart, Herbert L. A.: *The concept of law*, New York: Oxford University Press, 1961.

Hester, Stephen K.; Eglin, Peter: *A sociology of crime*, London: Routledge, 1992.

Hiskett, Mervyn: „Commissioner of Police v. Musa Kommanda and aspects of the working of the Gold Coast Marriage of Mohammedans Ordinance", in: *Journal of African Law* 20 (2), 1976, S. 127–146.

Huggan, Graham: „Decolonizing the map: post-colonialism, post-structuralism and the cartographic connection", in: *A Review of International English Literature* 20 (4), 1989, S. 115–131.

Huxley, Andrew (Hg.): *Religion, law and tradition. Comparative studies in religious law*, London: Routledge Curzon, 2002.

Isichei, Elizabeth A.: *A history of Christianity in Africa. From antiquity to the present*, Grand Rapids, Mich.: Eerdmans, 1995.

Jeavons, Thomas H.: „Identifying characteristics of ‚religious' organizations. An exploratory proposal", in: Nicholas J. Demerath et al. (Hg.). *Sacred companies. Organizational aspects of religion and religious aspects of organizations*, New York: Oxford University Press, 1998 (Religion in America series), S. 79–95.

Jenkins, Paul (Hg.): *The recovery of the West African past. African pastors and African history in the nineteenth century; C. C. Reindorf & Samuel Johnson*, Papers from an international seminar held in Basel, Switzerland, 25th – 28th October 1995 to celebrate the centenary of the publication of C. C. Reindorf's History of the Gold Coast and Asante, Basel: Basler Afrika-Bibliographien, 2000^2.

Jenkins, Paul: *Guide to the Basel Mission's Ghana archive*, Leipzig: Institut für Afrikanistik, 2003 (University of Leipzig papers on Africa Mission archives series 23).

Jenkins, Paul: „Opening up transregional analysis in the Basel Mission archive", in: Matthias Middell (Hg.). *The Routledge handbook of transregional studies*, London: Routledge, 2019 (The Routledge history handbooks), S. 555–565.

Jenkins, Paul; Gilbert, Michelle: „The king, his soul and the pastor. Three views of a conflict in Akropong 1906–7", in: *Journal of Religion in Africa* 38 (4), 2008, S. 359–415.

Jenkins, Richard: *Social identity*, London: Routledge, 2004^2.

Jones, Adam: „Epilogue: Academic and other historians. An uneasy relationship", in: Axel Harneit-Sievers (Hg.). *A place in the world. New local historiographies from Africa and South Asia*, Leiden: Brill, 2002 (African social studies series), S. 367–374.

Jones, Adam; Voigt, Isabel: „‚Just a first scanty makeshift'. German travellers and their cartographic encounters in Africa, 1850–1914", in: *History in Africa* 39, 2012, S. 9–39.

Kelsen, Hans: *Reine Rechtslehre. Einleitung in die rechtswissenschaftliche Problematik*, Leipzig: Franz Deuticke, 1934.

Kenyatta, Jomo: *Facing Mount Kenya. The traditional life of the Gikuyu*, London: Heinemann, [1938] 1979 (African writers series 219).

Kilson, Marion: „The Ga naming rite", in: *Anthropos* 63/64, 1968/1969, S. 904–920.

Kilson, Marion: „Libation in Ga Ritual", in: *Journal of Religion in Africa* 2 (3), 1969, S. 161–178.

Kilson, Marion: „Ambivalence and power. Mediums in Ga Traditional Religion", in: *Journal of Religion in Africa* 4 (3), 1971–1972, S. 171–177.

Kilson, Marion: *Kpele lala. Ga religious songs and symbols*, Cambridge, Massachusetts: Harvard University Press, 1971.

Kilson, Marion: *African urban kinsmen. The Ga of Central Accra*, New York: St. Martin's Press, 1974.

Kilson, Marion: „Homowo. Celebrating community in Ga culture“, zuerst erschienen in Sextant 1999: S. 37–39, in: . *Dancing with the gods. Essays in Ga ritual*, Lanham: University Press of America, 2013, S. 89–93.

Kirsch, Thomas G; Bertram Turner: „Law and religion in permutation of order. An introduction“, in: Dies. (Hg.): *Permutations of order. Religion and law as contested sovereignties.* Farnham, Surrey, England: Ashgate, 2009 (Law, justice and power series), S. 1–24.

Klaeger, Gabriel: „Palastbräuche versus Missionarsrechte. Traditionspluralismus und angefochtene Souveränitäten im Konflikt um das Ohum-Festival in Kyebi (Ghana)“, in: *Zeitschrift für Ethnologie* 132 (1), 2007, S. 91–108.

Koenig, Matthias: „Gerichte als Arenen religiöser Anerkennungskämpfe. Eine rechtssoziologische Skizze“, in: Astrid Reuter; Hans-G. Kippenberg (Hg.): *Religionskonflikte im Verfassungsstaat*, Göttingen: Vandenhoeck & Ruprecht, 2010, S. 144–164.

Koenig, Matthias: „Religion und Recht“, in: Detlef Pollack; Volkhard Krech; Olaf Müller u. a. (Hg.). *Handbuch Religionssoziologie*, Wiesbaden: Springer VS, 2018 (Veröffentlichungen der Sektion Religionsoziologie der DGS), S. 741–760.

Kokkonen, Pellervo: „Religious and colonial realities. Cartography of the Finnish Mission in Ovamboland, Namibia“, in: *History in Africa* 20, 1993, S. 155–171.

Koschorke, Klaus; Hermann, Adrian; Burlacioiu, Ciprian u. a. (Hg.): *Discourses of indigenous Christian elites in colonial societies in Asia and Africa around 1900. A documentary sourcebook from selected journals*, Wiesbaden: Harrassowitz, 2016 (Documents on the history of Christianity in Asia, Africa and Latin America 4).

Kpobi, David N. A.: *Mission and governance. The evolution of practice and procedure in the Presbyterian Church of Ghana*, Accra: Waterville publishing house, 2011.

Kpobi, Lily N. A.; Swartz, Leslie: „Muslim traditional healers in Accra, Ghana. Beliefs about and treatment of mental disorders“, in: *Journal of Religion and Health* (58), 2019, S. 833–846.

Krech, Volkhard; Schlamelcher, Jens; Hero, Markus: „Typen religiöser Sozialformen und ihre Bedeutung für die Analyse religiösen Wandels in Deutschland“, in: *Kölner Zeitschrift für Soziologie und Sozialpsychologie* 65 (1), 2013, S. 51–71.

Kropp Dakubu, Mary E.: „Creating unity. The context of speaking prose and poetry in Ga“, in: *Anthropos* 82, 1987, S. 502–527.

Kropp Dakubu, Mary E.: *Ga-English dictionary. With English-Ga index*, Accra: Black Mask Ltd, 2009[2].

Kühler, Anne: „Recht, Religion und religiöses Recht. Erkenntnispotenziale rechtspluralistischer Perspektiven“, in: Anne Kühler; Felix Hafner; Jürgen Mohn (Hg.). *Interdependenzen von Recht und Religion*, Würzburg: Ergon Verlag, 2014 (Diskurs Religion), S. 113–139.

Kühler, Anne; Hafner, Felix; Mohn, Jürgen (Hg.): *Interdependenzen von Recht und Religion*, Würzburg: Ergon Verlag, 2014 (Diskurs Religion 5).

Kwakye, Nana O.: „The Presbyterian Church of Ghana“, in: J. K. Asamoah-Gyadu (Hg.). *Christianity in Ghana. A postcolonial history*, Legon-Accra: Sub-Saharan Publishers, 2018, S. 30–49.

Kwamena-Poh, Michael A.: *Vision and achievement. 1828–1978 A hundred and fifty years of the Presbyterian Church of Ghana*, Accra: Waterville publishing house, 2011.

Ladeur, Karl-Heinz: *Die Textualität des Rechts. Zur poststrukturalistischen Kritik des Rechts*, Weilerswist: Velbrück Wissenschaft, 2016.

Ladeur, Karl-Heinz: *Der Anfang des westlichen Rechts. Die Christianisierung der römischen Rechtskultur und die Entstehung des universalen Rechts*, Tübingen: Mohr Siebeck, 2018.

Lambek, Michael: *Knowledge and practice in Mayotte. Local discourses of Islam, sorcery and spirit possession*, Toronto: University of Toronto Press, [1993] 2010 (Anthropological horizons).

Laryea, Philip: *Ephraim Amu. Nationalist, poet and theologian (1899–1995)*, Akropong-Akuapem, Ghana: Regnum Africa Publications, 2012.

Last, Murray: „The search for security in muslim Northern Nigeria", in: *Africa* 78 (1), 2008, S. 41–63.

Latour, Bruno: *Die Rechtsfabrik. Eine Ethnographie des Conseil d'État*, Aus dem Französischen übersetzt von Claudia Brede-Konersmann, Konstanz: Konstanz University Press, 2016 (Ethnographien).

Legendre, Pierre: *Das politische Begehren Gottes. Studie über die Montagen des Staates und des Rechts*, Wien: Turia + Kant, 2012 (Schriften Pierre Legendre 6).

Lentz, Carola: „Land and the politics of belonging in Africa", in: Patrick Chabal; Ulf Engel; Leo de Haan (Hg.). *African Alternatives*, Leiden: Brill, 2007, S. 37–58.

Lentz, Carola: *Land, mobility, and belonging in West Africa*, Bloomington: Indiana University Press, 2013.

Lübbe, Hermann: „Freiheit und Pluralisierung der Religion. Kulturelle und staatskirchenrechtspolitische Konsequenzen", in: Hanns-Gregor Nissing (Hg.). *Naturrecht und Kirche im säkularen Staat*, Wiesbaden: Springer VS, 2016, S. 119–141.

Ludwig, Frieder; Adogame, Afe; Berner, Ulrich u. a. (Hg.): *European traditions in the study of religion in Africa*, Wiesbaden: Harrassowitz, 2004.

Lund, Christian; Benjaminsen, Tor A. (Hg.): *Securing land rights in Africa*, London: Frank Cass, 2003.

Lund, Christian; Boone, Catherine: „Introduction. Land politics in Africa – Constituting authority over territory, property and persons", in: *Africa* 83 (1), 2013, S. 1–13.

Mahmood, Saba: *Religious difference in a secular age. A minority report*, Princeton, N.J.: Princeton University Press, 2016.

Majeed, H. M.: „The notion of justice in Akan culture. How consequential is it?", in: *Contemporary Journal of African Studies* 2 (2), 2014, S. 99–112.

Malinowski, Bronislaw: *Crime and custom in savage society*, London: Kegan Paul, Trench, Trubner, 1926.

Mante, J. O. Y.; Aboagye-Danquah, D.: *Synod decisions and the rationale behind the decisions (1975–2000)*, Accra: Adwinsa Publications, 2014.

McCaskie, Thomas C.: „State and society, marriage and adultery. Some considerations towards a social history of pre-colonial Asante", in: *Journal of African History* 22 (4), 1981, S. 477–494.

McCaskie, Thomas C.: „Accumulation, wealth and belief in Asante history", in: *Africa* 53 (1), 1983, S. 23–43.

McCaskie, Thomas C.: *State and society in pre-colonial Asante*, Melbourne: Cambridge University Press, 1995 (African studies series).

McLeod, Malcolm: *The Asante*, London: British Museum Publ. Ltd, 1981.

Menski, Werner: „Hindu law as a ‚religious' system", in: Andrew Huxley (Hg.). *Religion, law and tradition. Comparative studies in religious law*, London: Routledge Curzon, 2002, S. 108–126.

Menski, Werner: *Hindu law. Beyond tradition and modernity*, New Delhi: Oxford University Press, 2003.

Merry, Sally E.: „Legal pluralism", in: *Law & Society Review* 22 (5), 1988, S. 869–896.

Meyer, Birgit: „‚If you are a devil, you are a witch and, if you are a witch, you are a devil'. Integration of ‚pagan' ideas into the conceptual universe of Ewe christians in southeastern Ghana", in: *Journal of Religion in Africa* 22 (2), 1992, S. 98–132.

Meyer, Birgit: „Christian mind and worldly matters. Religion and materiality in nineteenth-century Gold Coast", in: *Journal of material Culture* 2 (3), 1997, S. 311–337.

Meyer, Birgit: *Translating the devil. Religion and modernity among the Ewe in Ghana*, Edinburgh: Edinburgh University Press, 1999 (International African library 21).

Middleton, John: „One hundred and fifty years of Christianity in a Ghanaian town", in: *Africa* 53 (3), 1983, S. 2–19.

Miescher, Stephan: „Becoming a man in Kwawu. Gender, law, personhood, and the construction of masculinities in colonial Ghana, 1875–1957", PhD, Northwestern University, Evanston 1997.

Miescher, Stephan: „Becoming an panyin. Elders, gender, and masculinities in Ghana since the nineteenth century", in: Catherine M. Cole; Takyiwaa Manuh; Stephan Miescher (Hg.). *Africa after gender?*, Bloomington, IN: Indiana University Press, 2007, S. 253–269.

Miller, Jon: *Missionary zeal and institutional control. Organizational contradictions in the Basel Mission on the Gold Coast, 1828–1917*, London: Routledge Curzon, 2003 (Studies in the history of Christian missions).

Molendijk, Arie L.: „Religious development. C.P. Tiele's paradigm of science of religion", in: *Numen* 51 (3), 2004, S. 321–351.

Moore, Sally F.: „Law and social change. The semi-autonomous social field as an appropriate subject of study", in: *Law & Society Review* 7 (4), 1973, S. 719–746.

Moore, Sally F.: *Social facts and fabrications. ‚Customary' law on Kilimanjaro, 1880–1980*, Cambridge: Cambridge University Press, 1986 (The Lewis Henry Morgan Lectures 1981).

Moore, Sally F.: „Certainties undone. Fifty turbulent years of legal anthropology, 1949–1999", in: *Journal of the Royal Anthropological Institute* 7 (1), 2001, S. 95–116.

Müller, Louise: *Religion and chieftaincy in Ghana. An explanation of the persistence of a traditional political institution in West Africa*, Zürich: Lit, 2013 (Anthropology of Religion / Religionsethnologie 2).

Nagel, Alexander-Kenneth: „Interreligiöser Dialog zwischen Begegnung und Beherrschung. Zur Governance religiöser Vielfalt in interreligiösen Aktivitäten", in: Ludger Pries (Hg.). *Zusammenhalt durch Vielfalt? Bindungskräfte der Vergesellschaftung im 21. Jahrhundert*, Wiesbaden: Springer, 2013, S. 233–249.

Neubert, Frank: *Die diskursive Konstitution von Religion*, Wiesbaden: Springer Fachmedien, 2016 (Theorie und Praxis der Diskursforschung).

Ninsin, Kwame A.: „The Nkrumah government and its opposition", in: Kwame Arhin (Hg.). *The life and work of Kwame Nkrumah*, Accra: Sedco Publishing, 1991.

Nketia, Kwabena J.: „Historical evidence in Ga religious music", in: Jan Vansina; R. Mauny; L. V. Thomas (Hg.). *The historian in tropical Africa*, London [u. a.]: Oxford University Press, 1964, S. 265–283.

Nketia, Kwabena J.: „Geburt, Pubertät und Tod", in: Horst Bürkle (Hg.). *Theologie und Kirche in Afrika*, Stuttgart: Evangelisches Verlagswerk, 1968, S. 117–134.

Ntewusu, Samuel A.: „One hundred years of muslim community in Accra. A historical study of Tudu from 1900 to 2000", in: Pade Badru; Brigid M. Sackey (Hg.). *Islam in Africa south of the Sahara. Essays in gender relations and political reform*, Plymouth: Scarecrow Press, 2013, S. 67–95.

Obeng, Ntow E.: „Stewardship of land in the Presbyterian Church of Ghana PCG. A historical and theological reflection and its implications for the PCG", Project Essay, Master of Arts (Theology and Mission), Akrofi-Christaller Institute for Theology Mission and Culture, Akropong-Akuapem, Ghana 2009.

Odotei, Irene: „What is in a name? The social and historical significance of Ga names", in: *Research review new series* 5 (2), 1989, S. 34–51.

Odotei, Irene: „External influences on Ga society and culture", in: *Research Review / Institute of African Studies* 7 (1–2), 1991, S. 61–71.

Olivier de Sardan, Jean-Pierre: „Researching the practical norms of real governance in Africa", in: *APPP Discussion Paper series* 5 (Dec), 2008, S. 1–22.

Opuni-Frimpong, Kwabena: *Indigenous knowledge and Christian missions. Perspectives of Akan leadership formation on Christian leadership development*, Accra, Ghana: SonLife Press, 2012.

Owusu-Ansah, David: „The Asante nkramo imamate. Conflicting traditions", in: John O. Hunwick; Nancy E. Lawler (Hg.). *The cloth of many colored silks. Papers on history and society, Ghanaian and Islamic in honor of Ivor Wilks*, Evanston: Northwestern University Press, 1996, S. 355–365.

p'Bitek, Okot: *African Religions in Western Scholarship*, Nairobi: Kenya Literature Bureau, 1971.

Pahud de Mortanges, René; Bleisch Bouzar, Petra; Bollag, David u. a. (Hg.): *Religionsrecht. Eine Einführung in das jüdische, christliche und islamische Recht*, Zürich u. a.: Schulthess, 2018[2] (Freiburger Veröffentlichungen zum Religionsrecht 23).

Parker, John: *Making the town. Ga state and society in early colonial Accra*, Portsmouth, NH: Heinemann, 2000 (Social history of Africa).

Parker, John: „Witchcraft, anti-witchcraft and trans-regional ritual innovation in early colonial Ghana. Sakrabundi and Aberewa, 1889–1910", in: *The Journal of African History* 45 (3), 2004, S. 393–420.

Peel, John D. Y.: „Conversion and tradition in two African societies. Ijebu and Buganda", in: *Past and Present* 77 (1), 1977, S. 108–141.

Peel, John D. Y.: „Making History. The past in the Ijesha present", in: *Man* 19 (1), 1984, S. 111–132.

Peel, John D. Y.: „Historicity and pluralism in some recent studies of Yoruba religion", in: *Africa* 64 (1), 1994, S. 150–166.

Pellow, Deborah: „Cultural differences and urban spatial forms. Elements of boundedness in an Accra community", in: *American Anthropologist* 103 (1), 2001, S. 59–75.

Pellow, Deborah: *Landlords and lodgers. Socio-spatial organization in an Accra community*, Chicago: University of Chicago Press, 2008.

Pescheux, Gérard: „Centre, limite, frontière dans le royaume Asante précolonial", in: *Journal des africanistes* 74 (1–2), 2004.

Peterson, Derek R.: „Morality plays. Marriage church courts, and colonial agency in central Tanganyika, ca. 1876–1928", in: *American History Review* 111 (4), 2006, S. 983–1010.

Petzke, Martin; Tyrell, Hartmann: „Religiöse Organisationen", in: Maja Apelt; Veronika Tacke (Hg.). *Handbuch Organisationstypen*, Wiesbaden: Springer VS, 2012.

Phoofolo, Pule: „Holy weddings, unholy marriages. Christian spouses and domestic discords in early colonial Lesotho, 1870–1900", in: *Journal of Religious History* 31 (4), 2007, S. 363–386.

Pirie, Fernanda: *The anthropology of law*, Oxford: Oxford University Press, 2013 (Clarendon law series).

Plageman, Nate: „‚Accra is changing, isn't it?'. Urban infrastructure, independence, and nation in the Gold Coast's Daily Graphic, 1954–57", in: *International Journal of African Historical Studies* 43 (1), 2010, S. 137–159.

Plageman, Nate: *Highlife Saturday night. Popular music and social change in urban Ghana*, Bloomington: Indiana University Press, 2013 (Ethnomusicology multimedia).

Pobee, John S.: „Church and state in Ghana 1949–1966", in: John S. Pobee (Hg.). *Religion in a pluralistic society*, Leiden: Brill, 1976 (Studies on religion in Africa), S. 121–144.

Pontzen, Benedikt: „‚Speaking for Islam' and religious authority in Zongos in Asante, Ghana", in: *Journal of Religion in Africa* 47 (1), 2017, S. 42–71.

Pound, Roscoe: „Law in books and law in action", in: *American Law Review* 44 (1), 1910, S. 12–36.

Pratt, Mary L.: „Arts of the contact zone", in: *Profession*, 1991, S. 33–40.

Prempeh, Samuel: „The Basel and Bremen missions and their successors in the Gold Coast and Togoland, 1914–1926. A study in Protestant missions and the First World War", PhD Thesis, University of Aberdeen, Aberdeen 1977.

Psathas, George: „Ethnotheorie, Ethnomethodologie und Phänomenologie", in: Arbeitsgruppe Bielefelder Soziologen (Hg.). *Alltagswissen, Interaktion und Gesellschaftliche Wirklichkeit*, Wiesbaden: Springer Fachmedien, 1980, S. 263–284.

Quarcoopome, Samuel S.: „Urbanisation, land alienation and politics in Accra", in: *Research review new series* 8 (1–2), 1992, S. 40–54.

Quarcoopome, Samuel S.: „A history of the urban development of Accra. 1877–1957", in: *Research review new series* 9 (1–2), 1993, S. 20–32.

Quarcoopome, Samuel S.: „The impact of urbanisation on the socio political history of the Ga Mashie people of Accra. 1877–1957", PhD, University of Ghana, African Studies, Legon, Ghana 1993.

Quarcoopome, Samuel S.: „Social impact of urbanisation. The case of Ga Mashie of Accra", in: *Transactions of the Historical Society of Ghana, new series* 2, 1998, S. 133–146.

Quartey-Papafio, A. B.: „Law of Succession among the Akras or the Gã tribes proper of the Gold Coast", in: *Journal of the Royal African Society* 10 (37), 1910, S. 64–72.

Quartey-Papafio, A. B.: „On native tribunals of the Akras of the Gold Coast", in: *African Affairs* 10 (39), 1911, S. 320–330.

Quartey-Papafio, A. B.: „The Gã Homowo festival", in: *African Affairs* 19 (75), 1920, S. 227–232.

Rammelt, Monika; Witt, Antonia: *Digitized records of the Evangelical Lutheran Church of Tanzania in Moshi*, Leipzig: Institut für Afrikanistik, 2012^5 (University of Leipzig papers on Africa Mission archives series 28).

Ramstedt, Martin: „Anthropological perspectives on law and religion", in: Silvio Ferrari (Hg.). *Routledge handbook of law and religion*, Hoboken: Taylor and Francis, 2015, S. 43–58.

Ranger, Terence: „African local historiographies. A negative case", in: Axel Harneit-Sievers (Hg.). *A place in the world. New local historiographies from Africa and South Asia*, Leiden: Brill, 2002 (African social studies series), S. 289–305.

Rathbone, Richard: *Nkrumah & the chiefs. The politics of chieftaincy in Ghana, 1951–60*, Accra, u. a.: F. Reimmer; u. a., 2000 (West African studies).

Ratschiller, Linda; Wetjen, Karolin: „Verflochtene Mission. Ansätze, Methoden und Fragestellungen einer neuen Missionsgeschichte", in: Karolin Wetjen; Linda Ratschiller (Hg.). *Verflochtene Mission. Perspektiven auf eine neue Missionsgeschichte*, Köln u. a.: Böhlau, 2018, S. 9–24.

Rattray, Robert S.: *Ashanti law and constitution*, Oxford: Clarendon Press, 1929.

Reckwitz, Andreas: „Grundelemente einer Theorie sozialer Praktiken. Eine sozialtheoretische Perspektive", in: *Zeitschrift für Soziologie der Erziehung und Sozialisation* 32 (4), 2003, S. 282–301.

Reichertz, Jo: „Objektive Hermeneutik", in: Ronald Hitzler; Anne Honer (Hg.). *Sozialwissenschaftliche Hermeneutik. Eine Einführung*, Opladen: Leske & Budrich, 1997, S. 31–56.

Reinhard, Wolfgang: *Geschichte der Staatsgewalt. Eine vergleichende Verfassungsgeschichte Europas von den Anfängen bis zur Gegenwart*, München: Beck, 2002[3].

Reuter, Astrid: „Religion im Prozess der Ver(grund)rechtlichung der Gesellschaft", in: Anne Kühler; Felix Hafner; Jürgen Mohn (Hg.). *Interdependenzen von Recht und Religion*, Würzburg: Ergon Verlag, 2014 (Diskurs Religion), S. 9–29.

Reuter, Astrid: *Religion in der verrechtlichten Gesellschaft. Rechtskonflikte und öffentliche Kontroversen um Religion als Grenzkämpfe um das religiöse Feld*, Göttingen: Vandenhoeck & Ruprecht, 2014 (Critical Studies in Religion/Religionswissenschaft (CSRRW) 5).

Reuter, Astrid: „Was ist Religion? Das Recht als Arena von Grenzkämpfen um das religiöse Feld", in: Hans M. Heinig; Christian Walter (Hg.). *Religionsverfassungsrechtliche Spannungsfelder*, Tübingen: Mohr Siebeck, 2015.

Reuter, Astrid; Kippenberg, Hans-G. (Hg.): *Religionskonflikte im Verfassungsstaat*, Göttingen: Vandenhoeck & Ruprecht, 2010.

Riesebrodt, Martin: *Cultus und Heilsversprechen. Eine Theorie der Religionen*, München: Beck, 2007.

Riesebrodt, Martin: „Grundzüge einer verstehenden Religionstheorie: Cultus und Heilsversprechen", in: Martin Baumann; Frank Neubert (Hg.). *Religionspolitik – Öffentlichkeit – Wissenschaft. Studien zur Neuformierung von Religion in der Gegenwart*, Zürich: Pano, 2011 (CULTuREL), S. 321–341.

Rink, Steffen: „‚Die Verfassungsbeschwerde ist begründet'. Das Verfahren um die Körperschaftsrechte der Zeugen Jehovas aus religionswissenschaftlicher Perspektive", in: Astrid Reuter; Hans-G. Kippenberg (Hg.). *Religionskonflikte im Verfassungsstaat*, Göttingen: Vandenhoeck & Ruprecht, 2010, S. 337–359.

Robbers, Gerhard; Durham, W. C. (Hg.): *Encyclopedia of law and religion online (ELRO)*, Leiden: Brill, 2015-dato (Brill Online reference works).

Roberts, Simon: *Ordnung und Konflikt. Eine Einführung in die Rechtsethnologie*, Übersetzung aus dem Englischen Florian Weidenfels, Stuttgart: Klett-Cotta, 1981 (Sozialwissenschaften).

Roberts, Simon: „Against Legal Pluralism. Some Reflections on the Contemporary Enlargement of the Legal Domain", in: *Journal of Legal Pluralism* 30 (42), 1998, S. 95–106.

Robertson, Claire: *Sharing the same bowl. A socio-economic history of women and class in Accra, Ghana*, Bloomington: Indiana University Press, 1984.

Rusch, Günther: „Koloniale Kirche. Die Presbyterianische Kirche Ghanas im Spannungsfeld zwischen kolonialer Abhängigkeit und nationaler Emanzipation 1896–1966", Unveröffentlichte Dissertation zur Erlangung des Grades eines Doktors der Philosophie der Universität Bremen, Universität Bremen, Bremen 1977.

Rüther, Kirsten: „Plädoyer für eine akteurszentrierte Geschichte religiöser Veränderung", in: *Zeitschrift für Missionswissenschaft und Religionswissenschaft* 100, 2016, S. 110–118.

Sackeyfio-Lenoch, Naaborko: „The politics of land and urban space in colonial Accra", in: *History in Africa* 39, 2012, S. 293–329.

Sackeyfio-Lenoch, Naaborko: *The politics of chieftaincy. Authority and property in colonial Ghana 1920–1950*, Rochester: University of Rochester Press, 2014 (Rochester studies in African history and the diaspora 61).

Sandberg, Russell: „The impossible compromise", in: Russell Sandberg (Hg.). *Religion and legal pluralism*, Farnham, Surrey, England: Ashgate, 2015 (Ashgate AHRC / ESRC religion and society series), S. 1–17.

Sarpong, Peter: *Ghana in retrospect. Some aspects of Ghanaian culture*, Accra-Tema: Ghana Publishing Corporation, 1974.

Sarpong, Peter: *Odd customs. Stereotypes, and prejudices*, Accra: Sub-Saharan Publishers, 2012.

Schäfer, Hilmar: „Praxis als Wiederholung. Das Denken der Iterabilität und seine Konsequenzen für die Methodologie praxeologischer Forschung", in: Hilmar Schäfer (Hg.). *Praxistheorie. Ein soziologisches Forschungsprogramm*, Bielefeld: transcript, 2016 (Sozialtheorie), S. 137–159.

Schildkrout, Enid: *People of the zongo. The transformation of ethnic identities in Ghana*, Cambridge: Cambridge University Press, 1978 (Cambridge studies in social and cultural anthropology 20).

Schlamelcher, Jens: „Religiöse Organisation", in: Detlef Pollack; Volkhard Krech; Olaf Müller u. a. (Hg.). *Handbuch Religionssoziologie*, Wiesbaden: Springer VS, 2018 (Veröffentlichungen der Sektion Religionsoziologie der DGS), S. 489–506.

Schlatter, Wilhelm: *Geschichte der Basler Mission 1815–1915. III. Band Geschichte der Basler Mission in Afrika*, Basel: Verlag der Basler Missionsbuchhandlung, 1916.

Schlieter, Jens: „Religion, Religionswissenschaft und Normativität", in: Michael Stausberg (Hg.). *Religionswissenschaft*, Berlin: de Gruyter, 2012, S. 227–240.

Schonthal, Benjamin: „Trajectories of religion and law", in: *The Journal of Religion* 94 (4), 2014, S. 529–531.

Schulz-Schaeffer, Ingo: „Praxis. handlungstheoretisch betrachtet", in: *Zeitschrift für Soziologie* 39 (4), 2010, S. 319–336.

Schütz, Alfred: „The problem of social reality", Bd. 1, in: . *Collected papers*, Den Haag: Nijhoff, 1962 (Phaenomenologica 1).

Scott, John C.: *A matter of record. Documentary sources in social research*, Cambridge: Polity Press, 1990.

Searle, John R.: „Social ontology", in: *Anthropological Theory* 6 (1), 2016, S. 12–29.

Seiwert, Hubert: „‚Religiöse Bedeutung' als wissenschaftliche Kategorie", in: *Annual Review for the Social Sciences of Religion* 5, 1981, S. 57–99.

Seiwert, Hubert: „Theory of Religion and Historical Research. A Critical Realist Perspective on the Study of Religion as an Empirical Discipline". In: *Zeitschrift für Religionswissenschaft* 28 (2), 2020, S. 207–236.

Sewordor, Ernest S. K.: „The Basel Mission and the establishment of a ‚model town' in Ghana. The case of Abokobi, 1854–1926", M.Phil. Dissertation in History, University of Ghana, Legon, Ghana, 2017.

Simensen, Jarle: „Jurisdiction as politics. The Gold Coast during the colonial period", in: Wolfgang J. Mommsen; Jaap A. de Moor (Hg.). *European expansion and law. The encounter of european and indigenous law in 19th and 20th century Africa and Asia*, Oxford: Berg, 1992, S. 257–277.

Simensen, Jarle: „Christian church, ‚native state' & African culture. The Presbyterian Mission in Akim Abuakwa, Ghana", in: Holger B. Hansen; Michael Twaddle (Hg.). *Christian missionaries & the state in the Third World*, Athens, Ohio, Oxford: Ohio University Press; James Currey, 2002, S. 147–156.

Smith, Dorothy E.: „Textually mediated social organization", in: *International Social Science Journal* 36 (99), 1984, S. 59–75.

Smith, Dorothy E.; Turner, Susan M. (Hg.): *Incorporating texts into institutional ethnographies*, Toronto: University of Toronto Press, 2014.

Smith, Noel: *The Presbyterian Church of Ghana, 1835–1960. A younger church in a changing society*, Accra: Ghana University Press, 1966.

Smolarski, René: „Missionskartografie in Gotha. Eine Annäherung aus wissensgeschichtlicher Perspektive", in: Karolin Wetjen; Linda Ratschiller (Hg.). *Verflochtene Mission. Perspektiven auf eine neue Missionsgeschichte*, Köln u. a.: Böhlau, 2018.

Spies, Eva: „Coping with Religious Diversity. Incommensurability and Other Perspectives", in: Janice Boddy und Michael Lambek (Hg.). *A Companion to the Anthropology of Religion.* Hoboken: Wiley, 2013 (Wiley Blackwell Companions to Anthropology), S. 118–136.

Spies, Eva: „Schrift und Charisma. Zur Rolle von Lehrbüchern in der pfingstlich-charismatischen Mission in Subsahara-Afrika", in: *Zeitschrift für Religionswissenschaft* 25 (2), 2017, S. 263–286.

Steegstra, Marijke: *Dipo and the politics of culture in Ghana*, Accra: Woeli Publishing Services, 2005.

Stone, Jeffrey C.: „Imperialism, colonialism and cartography", in: *Transactions of the Institute of British Geographers* 13 (1), 1988, S. 57–64.

Strathern, Marilyn: „Discovering ‚social control'", in: *Journal of Law and Society* 12 (2), 1985, S. 111–134.

Strauss, Anselm; Corbin, Juliet: *Grounded Theory. Grundlagen qualitativer Sozialforschung*, übersetzt aus dem Englischen von Loveigh Niewiarra und Heiner Legewie, Weinheim: Beltz, 1996.

Sullivan, Winnifred F.: „Beyond ‚church and state'. Advances in the study of religion and law", in: Peter Antes; Armin W. Geertz; Randi R. Warne (Hg.). *New approaches to the study of religion. Textual, comparative, sociological, and cognitive approaches*, Berlin: de Gruyter, 2004 (Religion and Reason), S. 321–344.

Sullivan, Winnifred F.: *The impossibility of religious freedom*, Princeton, NJ: Princeton University Press, 2005.

Sullivan, Winnifred F.: „Varieties of legal secularism", in: Elizabeth S. Hurd; Linell E. Cady (Hg.). *Comparative secularisms in a global age*, New York: Palgrave Macmillan, 2010, S. 107–120.

Sullivan, Winnifred F.: „Law“, in: Robert A. Segal; Koku von Stuckrad; Robert A. Segal u. a. (Hg.). *Vocabulary for the study of religion*, Leiden: Brill, 2015, S. 323–330.

Tamanaha, Brian Z.: „Understanding legal pluralism. Past to present, local to global“, in: *The Sydney law review* 30 (3), 2008, S. 375–411.

Tamanaha, Brian Z.: *A realistic theory of law*, Cambridge: Cambridge University Press, 2017.

Tunger-Zanetti, Andreas: „‚Against Islam, but not against Muslims‘. Actors and attitudes in the Swiss minaret vote“, in: Samuel M. Behloul (Hg.). *Debating Islam. Negotiating Religion, Europe, and the self*, Bielefeld: transcript, 2014 (Globaler lokaler Islam), S. 285–312.

Vansina, Jan; De Craemer, Willy; Fox, Renee C.: „Religious movements in central Africa. A theoretical Study“, in: *Comparative Studies in Society and History* 18 (4), 1976, S. 458–475.

Vasquez, Jean-Michel; Prudhomme, Claude: *La cartographie missionnaire en Afrique. Science, religion et conquête (1870–1930)*, Paris: Éditions Karthala, 2011.

Vellenga, Dorothe D.: „Who is a wife? Legal expressions of heterosexual conflicts in Ghana“, in: Christine Oppong (Hg.). *Female and male in West Africa*, London: Allen & Unwin, 1983, S. 144–155.

Vismann, Cornelia: *Akten. Medientechnik und Recht*, Frankfurt am Main: Fischer, 2010[2] (Fischer Taschenbuch 14927).

Vismann, Cornelia: *Das Recht und seine Mittel. Ausgewählte Schriften*, Frankfurt am Main: Fischer, 2012 (Wissenschaft).

Voigt, Isabel: „Die ‚Schneckenkarte‘. Mission, Kartographie und transkulturelle Wissensaushandlung in Ostafrika um 1850“, in: *Cartographica Helvetica* 45–46 (45), 2012, S. 27–38.

Walthert, Rafael; Hetmanczyk, Philipp (Hg.): *„Therwiler Handschlagaffäre“*, Themenschwerpunkt in: *Zeitschrift für Religionswissenschaft* 29 (1), 2021.

Weber, Max: „Die Wirtschaftsethik der Weltreligionen“, in: *Gesammelte Aufsätze zur Religionssoziologie I*, Tübingen: Mohr Siebeck, [1920] 1998[9], S. 237–573.

Weick, Karl E.: *Sensemaking in organizations*, Thousand Oaks, Calif.: SAGE, 2010 (Foundations for organizational science).

Wetjen, Karolin: „Gemeinde im Laboratorium. Aushandlungsprozesse des Christentums und Kirchenzucht in der Mission am Beginn des 20. Jahrhundert“, in: Karolin Wetjen; Linda Ratschiller (Hg.). *Verflochtene Mission. Perspektiven auf eine neue Missionsgeschichte*, Köln u. a.: Böhlau, 2018, 89–116.

Wetjen, Karolin: *Mission als theologisches Labor. Koloniale Aushandlungen des Religiösen in Ostafrika um 1900*, Stuttgart: Franz Steiner Verlag, 2021 (Missionsgeschichtliches Archiv).

Witte, John: *Law and protestantism. The legal teachings of the lutheran reformation*, Cambridge: Cambridge University Press, 2002.

Witte, Marleen de: „Accra's Sounds and Sacred Spaces“, in: *International Journal of Urban and Regional Research* 32 (3), 2008, S. 690–709.

Woodman, Gordon R.: „Ideological combat and social observation. Recent debate about legal pluralism“, in: *Journal of legal pluralism and unofficial law* 30 (42), 1998, S. 21–59.

Yelle, Robert A.: „Benthham's fictions. Canon and Idolatry in the genealogy of law“, in: *Yale Journal of Law & the Humanities* 17, 2005, S. 151–179.

Yelle, Robert A.: „The Hindu Moses. Christian polemics against Jewish ritual and the secularization of Hindu law under colonialism", in: *History of Religions* 49 (2), 2009, S. 141–171.

Yelle, Robert A.; Sullivan, Winnifred F.; Taussig-Rubbo, Mateo (Hg.): *After secular law*, Stanford, California: Stanford Law Books, 2011 (The cultural lives of law).

Zimmermann, Johannes: *A grammatical sketch of the Akra or Gã-language. And a vocabulary of the same*, Stuttgart: J. F. Steinkopf, 1858.

Graue Literatur

Acquah, Ioné: „Moral welfare", in: S. G. Williamson (Hg.). *The church in the town. Addresses given at a conference in Accra, Gold Coast, May 15th-18th, 1951*, Accra: Christian Council of the Gold Coast, 1951, S. 47–62.

Adabraka, Presbyterian Church of Ghana Ascension Congregation: „History of the Presbyterian Church of Ghana Ascension Congregation – Adabraka", in: *Exercise Book No. 1*, undatiert [vor 2012].

Apenkwa, Presbyterian Church of Ghana Eternity Congregation: *140th Anniversary. Anniversary brochure*, 2008.

Christian Council of the Gold Coast: *Christianity and African culture, The proceedings of a conference held at Accra, Gold Coast, May 2nd-6th, 1955, under the auspices of the Christian Council*, Accra: Scottish Mission Book Depot Printing Department, 1955.

Christian Council of the Gold Coast: *Tigare. A report issued by the Christian Council of the Gold Coast*, Accra: Scottish Mission Book Depot, 1947.

Hall, Peter: *Autobiography of Rev. Peter Hall. First Moderator of the Presbyterian Church of Ghana*, Accra: Waterville publishing house, zuerst erschienen 1965 (Pioneer Series).

Williamson, S. G.; Bardsley, J.: *The Gold Coast. What of the church?* London: Edinburgh House Press, 1953.

Abbildungsverzeichnis

Quellenverzeichnis

Internetquellen

Presbyterian Church of Ghana: Our Mission, Vision and Core Values, PCGonline - Official Website of Presbyterian Church of Ghana, 2019, <https://pcgonline.org/our-mission/>, Stand: 28.7.2019.

Presbyterian Church of Ghana: Development & Social Services, PCGonline - Official Website of Presbyterian Church of Ghana 2019, <https://pcgonline.org/development-social-services/>, Stand: 20.1.2019.

PCGonline: Development & Social Services, <https://pcgonline.org/development-social-services/>, Stand: 20.1.2019.

Salem Water Company Ltd: About, Facebook, <https://www.facebook.com/pg/salemwater/about/?ref=page_internal>, Stand: 25.1.2020.

Publizierte Quellen

Veröffentlichte Jahresberichte der Basler Mission (JB)

Eingesehen im BMA.

JB 1888: Dreiundsiebenzigster Jahresbericht der Evangelischen Missions-Gesellschaft zu Basel auf 1. Juli 1888.

JB 1890: Fünfundsiebenzigster Jahresbericht der Evangelischen Missions-Gesellschaft zu Basel auf 1. Juli 1890.

JB 1891: Sechsundsiebenzigster Jahresbericht der Evangelischen Missions-Gesellschaft zu Basel auf 1. Juli 1891.

JB 1917: Hundertundzweiter Jahresbericht der Evangelischen Missions-Gesellschaft zu Basel auf 1. Juli 1917.

JB 1947: Evangelische Missionsgesellschaft in Basel (Basler Mission), 132. Jahresbericht auf 1. Juli 1947.

Minutes of Synod of the Presbyterian Church of the Gold Coast (PCG Synod Minutes)

Kopien der Synod Minutes 1941–1956 liegen als gebundener Band im ACIA vor.

PCG Synod Minutes 1950: Minutes of Synod, Held at Christiansborg, Accra form 9th–13th January 1950.

PCG Synod Minutes 1953: Minutes of Synod, Held at Kumasi, 6th–14th August 1953.

PCG Synod Minutes 1954: Minutes of Synod, Held at Kyebi, 23rd–30th September 1954.

PCG Synod Minutes 1955: Minutes of Synod, Held at Christiansborg 11th–18th August 1955.

PCG Synod Minutes 1956: Minutes of Synod, Held at Akropong 30th August–6th September 1955.

Regulations Practice and Procedure (RPP)

Eingesehen im BMA.

RPP 1953: BMA 6562,39 Sch: The Presbyterian Church of the Gold Coast: Regulations Practice and Procedure. Revised Edition 1953, Scottish Mission Book Depot Printing Department, Accra 1953.

RPP 1929: BMA D-9.1c,13d: The Presbyterian Church of the Gold Coast: Regulations Practice and Procedure. Revised Edition 1929. k. A.

Unveröffentlichte Quellen

Carl Christian Reindorf Archives and Special Collection Unit der Johannes Zimmerman Library, Akrofi-Christaller Institute of Theology, Mission and Culture, Akropong-Akuapem, Ghana (ACIA)

Zur Bestandsgeschichte dieses Archivs siehe Kap. 4.1.1

ACIA 43A: The Presbyterian Church of the Gold Coast, Rules for Catechists & Teachers, Accra: Scottish Mission Book Depot, 1944, PCG administrative records.

ACIA 73A: Presbyterian Church Apenkwa-Protocol (PCA/8/14) 1954, 1954–1955, PCG administrative records.

ACIA 73A: Minutes book, Nsawam (PCA/8/12) 1949, 1949–1954, PCG administrative records.

ACIA 73A: Minutes of meetings bk, Old Tafo (PCA/8/15), 1953–1965, PCG administrative records.

ACIA 73A: Minutes of meetings; Old Tafo (PCA/8/11) 1948–1951, PCG administrative records.

ACIA 75A: Church Diary (57) 1962, PCG administrative records.

ACIA 75A: Nkawkaw Station Diary 1951, PCG administrative records.

ACIA 76A: Odumase 1918–1934, Register of Exclusions and Reacception, PCG administrative records.
ACIA 115B: Christian Messenger (Ga & Twi) 1954–1983, PCG Records on Social Services.
ACIA [o. Sign.]: Session-Minutes book Apenkwa (PCA/8/18), 1955, 1955–1956, (Bestand 2018 in Bearbeitung).

Archiv der Basler Mission, Basel, Schweiz (BMA)

BMA D-1.46,77: „Bitte um Anstellung des T. Tete von Legong als Evangelisten in Kwamlimang, H. Bohner, Christiansborg den 16.4.1887, An den Ausschuss der Gen. Konferenz, Präses Br. Eisenschmid in Aburi, Durch die Stationskonferenz Abokobi".
BMA D-1.46,78: „Beilage zu Br. Bohner's Bitte um Anstellung von Teofil Tete von Legong als Evangelisten, Jaeger, Abokobi 19.4.1887; Steiner, 4.5.1887".
BMA D-1.46,79: „Bitte Br. Bohner's um diverse Nachverwilligungen, Stationsconf. Christiansborg, Christiansborg den 22. Juni 1887, an die verehrte Committee der ev. Missionsgesellschaft zu Basel durch den Gen. Cfz. Ausschuss".
BMA D-1.46,84: „Protokoll der Stationsconferenz Christiansborg vom 26. Oct. 1887, Stationsconferenz Christiansborg, Christiansborg den 7. Nov 1887, An die verehrte Committee der evang. Missionsgesellschaft Basel".
BMA D-1.46,94: „Beobachtungen u. Eindrücke bei der Reisepredigt im Gã-Busch. III. Quartalsbericht pro 1887, J. Schopf, Christiansborg den 3. November 1887, An die v. Com. der Ev. Miss. Gesellsch. in Basel".
BMA D-1.48, 61: „Bericht über die Aussenstation Ablenkpe" Gottlob Dilger, Christiansbg. den 30. Okt. 1888, An die vereh. Kommittee der evang. Missionsgesellschaft in Basel".
BMA D-1.50,93: „Beilage zum Jahresbericht der Station Christiansborg pro 1889. Statistische Übersicht, J. Schopf, Christiansborg den 1. März 1890".
BMA D-1.52a,118: „Quartalbericht, Br. Furrer, Christiansborg den 16. Jan. 1891, An die verehrte Committee! der Ev. Missionsgesellschaft in Basel".
BMA D-1.64,122: „Jahresbericht der Station Xborg-Accra pro 1896, J. Weiss, Christiansborg im Febr. 1897".
BMA D-1.68,177: „Jahres Bericht Christiansborg [pro 1898], G. Zürcher, Christansbg den 10. Feb. 1899, An das v. Komitee der Ev. Missionsgesellschaft in Basel".
BMA D-1.72,81: „Jahres Bericht der Station Christiansborg [pro 1900], G. Zürcher, Chborg den 16. Feb. 1901, An das v. Komite der Ev. Missionsgesellschaft in Basel".
BMA D-1.78,140: „Jahresbericht [der Station Christiansborg pro] 1903. Otto Schultze, Christiansborg, den 30. Jan. 1904. An das verehrl. Kommittee".
BMA D-1.93,1: „Jahresbericht Chborg [pro 1909] G. Zürcher, Chborg den 15. Febr. 1910, an das v. Komite".
BMA D-1.102,1: „Jahresbericht Stat. Chborg. pro 1914, G. Zürcher, Ch:borg 12. April 1915".
BMA D-3.7,XI-1: „Jahresbericht Kumase pro 1916, Fr. Jost, Kumase den 20. Febr. 1917 an das verehrl. Komitee".

BMA D-9.1c,15: „Ordnung für die Evangelischen Gemeinden der Basler Mission auf der Goldküste, revidiert 1902", Verordnungen der Basler Mission, Buchdruckerei M. Werner, Riehen, Basel 1902.
BMA D-10.5,14: „Vorbereitungen von Missionar Christaller zur Herstellung von Tagebüchern zur Kontrolle der eingeborenen Arbeiter 1885–6".
BMA D-11.9 Goldküste Berichte 1940–1954 [A-G]: „Jahresbericht 1947 v. Miss Hans Büchner (z. Zt. Biel, Kt. Bern), 13. Mai 1948".
BMA D-11,10 Goldküste Berichte 1940–1954 [G-L]: „Jahresbericht 1952 von Präses R. Haller, Kumasi (April 1953)".
BMA D-11,10 Goldküste Berichte 1940–1954 [G-L]: „Jahresbericht 1953, R. Haller, Präses, Kumasi, Helgisried, Mai 1954".
BMA D-11,11 Goldküste Berichte 1940–1954 [M-S]: „Jahresbericht 1951 über das Goldküste Missionsfeld von Missionar Ernst Peyer, Kumasi, April 1952".
BMA D-11,11 Goldküste Berichte 1940–1954 [M-S]: „Auf einsamen Pfaden. (Bericht über eine Predigtreise vom 8.11.-20.11.1948 im Akim-Distrikt von Missionskassier Albert Ott.), Abschrift f. Red. & Kom. 23. Juni 1949".
BMA D-11,13 Ghana Rundbriefe 1955–1963 [A-K]: „Rundbrief, R. Haller, Kumasi 12.12.1955".
BMA D.I.b.25: „Kristofoi Abɔfo", No. 21 October 1952.
BMA D.I.d.1b: „A grammatical sketch oft he Akra or Gã-Language and some specimens of it from the mouth oft he natives", J. Zimmermann, J. F. Steinkopf, Stuttgart 1858.
BMA D.Sch-1,28: „Christianity and political development", August 1949, Faith Printing Works, Horse Road, Accra.
BMA Q-9,11.27: „Verordnungen für die Basler Missionsstationen. VII. Korrespondenz-Ordnung".
BMA Y.4002: „The Christian Way", No. 31, Jan-Feb 1947.

Komitee Protokolle der Basler Mission (KP)

BMA KP Nr. 58: § 414, 21. Sitzung des Ausschusses, vom 17. August 1887.
BMA KP Nr. 58: § 438, 22. Sitzung des Ausschusses, Mittwoch den 31. August 1887.

Public Records and Archives Administration Department, Accra, Ghana (PRAAD)

PRAAD CSO.18/12/49: Conflict between Native Customary law and Christian Practices.
PRAAD CSO.18/12/74: Legal opinion on Blessing of marriages contracted under Native customary law.
PRAAD EC.1: Basel Mission Correspondence, and Records, Kibi Mission (Akyem Abuakwa).
PRAAD EC.5: Basel Mission, Nsaba (Agona) Papers.
PRAAD RG 6/1/48: Housing Loans Board annual reports and accounts.

PRAAD SCT 17-4-88: District Court (Accra) records, Civil Record Book Vol. 41, 9th June 1954–2nd May 1956.

Presbyterian Church of Ghana, Eternity Congregation, Apenkwa, Ghana (APC)

Dokumente eingesehen von A.B. am 1.8.2018 in Apwenkwa im Büro des Gemeinde- und District Pastors Samuel Adom Adjah, Apenkwa und bei weiteren Feldbesuchen; zum Teil Fotografien, zum Teil Kopien im Besitz von A.B.

APC: „Announcement book Apenkwa 26.8.1979–22.9.1985".

APC: „Apenkwa-Ablenkpe 1887–1908", (enthält Taufregister 1954–1960).

APC: Apenkwa land deed, 1.6.1889 (Kopie).

APC: „Declaration under the Statutory Declaration Act 1971 the registered trustees of the Presbyterian Church of Ghana", sworn before the Registrar of Lands 18.11.1980, Land Registry No 344/1980, (Kopie).

APC: „Judgment of the High Court of Justice, Accra, Commercial Division, 25.1.2017 Suit No. F/1190/94", (Kopie).

APC: „Quarry Tolls a/c Book, Presbyterian Church, Apenkwa. March 1953", (Einträge von 1951–1955).

APC: „Register of birth marriage and death 1908", PCG Congregation Apenkwa, 1908–1994.

Karten und Pläne

APC: „Accra – Apenkwa, Apenkwa Presbyterian Church Land", I. E.B. Addo, 1.3.1980. (Eingesehen und fotografiert von A.B. am 1.8.2018).

BMA D-31.1#20: „Der Ga Busch", unbekannt, 1874. Online: <http://www.bmarchives.org/items/show/100203809>, Stand: 5.2.2020.

BMA D-31.1#28: „Mohamm. Händler auf der Goldküste", unbekannt, 1907. Online: <http://www.bmarchives.org/items/show/100203822>, Stand: 29.1.2020.

BMA D-31.4,2#01: „Akwapim bei Abokobi[, 1856]", W. Laible, 1856–1875. Online: <http://www.bmarchives.org/items/show/100201005>, Stand: 5.2.2020. [Anmerkung A.B. gemäß Abbildung auf Karte] (siehe Abb. 14, Anhang 1).

BMA 96172: „Road Map of Ghana. Southern Section", unbekannt, 1959. Online: <http://www.bmarchives.org/items/show/100203730>, Stand: 29.1.2020.

BMA 98186: „Accra S. E. Sheet 60", unbekannt, 1957 (Datierung geschätzt). Online: <http://www.bmarchives.org/items/show/100203040>, Stand: 9.6.2020 (siehe Abb. 5, Kap. 3).

Fotos

BMA D-30.04.002: „Kirche in Apenqua bei Christiansborg“, Max Otto Schultze, 1900–1904. Online: <http://www.bmarchives.org/items/show/56127>, Stand: 5.2.2020 (siehe Abb. 6, Kap. 3.2.2).

BMA D-30.04.008: „Christenfamilie bei Apenqua bei Christiansborg.“ Max Otto Schultze, 1900–1904. Online: <http://www.bmarchives.org/items/show/56133>, Stand 14.6.2020 (siehe Abb. 15, Anhang 1).

BMA D-30.04.013: „African village on the Ga plains.“ Rudolf Fisch, 1885–1911. Online: <http://www.bmarchives.org/items/show/56138>, Stand 14.6.2020 (siehe Abb. 16, Anhang 1).

BMA D-30.09.027: „Aburi Temperance Society going to Dodowa.“ Rudolf Fisch, 1885–1911. Online: <http://www.bmarchives.org/items>, Stand: 5.2.2020. [Gleiches Bild wie BMA QQ-30.110.0001: Part of Achimota seen from the air.“ Unbekannt, 1933–1939.].

BMA QD-32.008.0201: „Landscape on the Ga Plains. Legong Hill“, Rudolf Fisch, 1885–191.1 Online: <http://www.bmarchives.org/items/show/72217>, Stand: 5.2.2020.

Beutter, Anne 20180801_085650: „Monument in front of the new Chapel Apenkwa“, 1.8.2018.

Beutter, Anne 20180801_085824: „View form Pastors office towards xian quarters“, 1.8.2018 (siehe Abb. 7, Kap. 3.2.2).

Beutter, Anne 20180801_145342: „Old Chapel Apenkwa, v. l. n. r.: Presbyter ‚Coach‘; Pastor S. A. A.“, 1.8.2018.

Beutter, Anne: „ACIA_162_1918 Register of Exclusion_Odumase (5)“, 2016 (siehe Abb. 8, Kap. 4.1).

Beutter, Anne: „ACIA_159_1951 Diary_Nkawkaw (22)“, 2016 (siehe Abb. 9, Kap. 4.1).

Beutter, Anne: „ACIA_161_1954 Minutes Session_Apenkwa (3)“, 2016 (siehe Abb. 10, Kap. 4.2).

Beutter, Anne: „ACIA_161_1954 Minutes Session_Apenkwa (35)“, 2016 (siehe Abb. 12, Kap. 4.2.1).

Beutter, Anne: „ACI_Box –_1955_Session Minutes_Apenkwa (2)“, 2018 (siehe Abb. 11, Kap. 4.2).

Beutter, Anne: „APC_1979 Announcement Book Apenkwa (3)“, 2018 (siehe Abb. 13, Kap. 4.2.1).

Feldprotokolle Beutter, Aufenthalt 2018

Feldprotokoll zum 23.7.2018: Gespräch mit David Awuku, Kotobabi.

Feldprotokoll zum 24.7.2018: Gespräch mit Samuel Adom Adjah und David Awuku, Apenkwa, Büro des District Pastor.

Feldprotokoll zum 29.7.2018: Gottesdienst I, „Mock Session“, Apenkwa und Besuch bei Philip Laryea, Mayera Osofoiaman.

Feldprotokoll zum 1.8.2018: Dokumente einsehen, Mittagessen, Kapelle, Apenkwa und Achimota.
Feldprotokoll zum 5.8.2018: Gottesdienst II, Apenkwa, Neue Kirche und alter Ortskern.
Feldprotokoll zum 6.8.2018: Gespräch mit Nana Opare Kwakye, Legon, Campus University of Ghana.
Feldprotokoll zum 7.8.2018: Gespräch mit David Awuku, Legon, Campus University of Ghana.

Persönliche Gespräche und Korrespondenz

Jenkins, Paul: Archiv der Presbyterian Church of Ghana, E-Mail an Anne Beutter, 16.9.2016.
Jenkins, Paul: Vorbereitung Aufenthalt 2018, Gespräch geführt von Anne Beutter, Missionsstrasse, Basel, 5.7.2018.
Kwakye, Nana Opare: [ohne Betreff], E-Mail an Anne Beutter, 6.5.2016.
Laryea, Philip: Hintergründe zum ACI-Archiv, Gespräch geführt von Anne Beutter, Akrofi-Christaller Institute, Akropong, 28.7.2016.
Sewordor, Ernest: Sisa too, E-Mail an Anne Beutter, 14.4.2019.

Anhang

1. Weitere Abbildungen

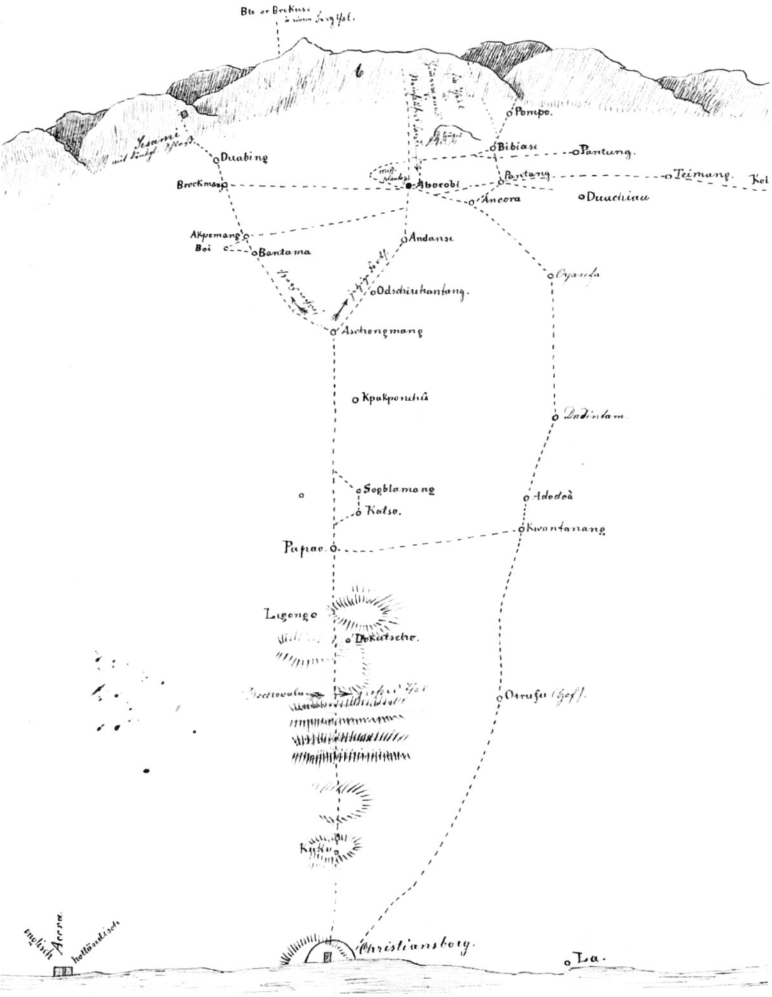

Abb. 14 Reiseroute der Missionare zwischen Christiansborg (Osu) an der Küste, Abokobi in der Ga-Ebene und weiter Richtung Akwapim-Bergkette (Ausschnitt aus BMA D-31.4,2#01: „Akwapim bei Abokobi[, 1856]“, W. Laible, 1856 – 1875).

Abb. 15 BMA D-30.04.008: „Christenfamilie bei Apenqua bei Christiansborg.“ Max Otto Schultze, 1900–1904.

Abb. 16 BMA D-30.04.013: „African village on the Ga plains.“ Rudolf Fisch, 1885–1911.

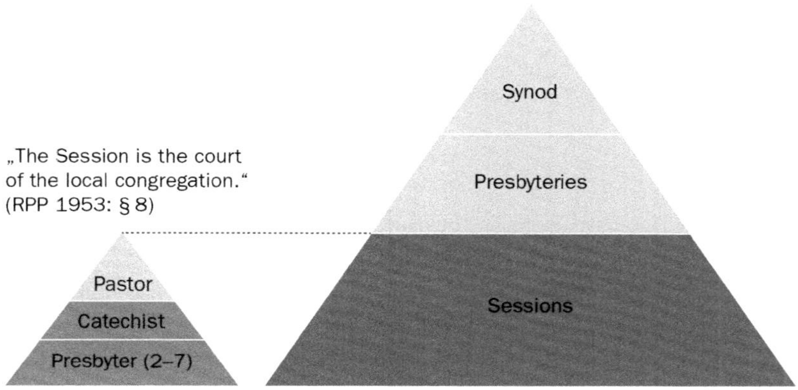

Abb. 17 Organigramm der PCG 1954 mit ihren drei „courts" und Aufbau der Session. (Darstellung A.B.).

2. Übersetzungen

a) ACIA 115B: Kristofoi Abɔfo, Nr. 46, November 1954: 7
Übersetzung aus dem Ga von Ernest Sewordor, 2020.

NAAKPƐƐ KƐ DƆLƐ SANE KO-YƐ APƐNKWA
A CERTAIN SURPRISING AND PAINFUL STORY—AT APENKWA
[Alternative translation of the Title by P.L.: ‚Amazing and painful things that happened in Apenkwa']

I was very saddened when I saw this thing at Apɛnkwa in August, on the 23 day. I was sitting in a 'bus' from Achimota College but when I got to Apɛnkwa, I saw many people standing at the place of water fetching [probably a public standpipe/well?]. And by God's love, the 'bus' had not taken off, so I asked where they came from and what they were doing, and what I got to know was that some Ga people had brought their deities there. Because of that, I got down so that I could warn them to cease. Honestly, a certain brave person among the Apɛnkwa people [was present?], and she told the priests/priestesses that, "This is a Christian town, therefore you should take the deities elsewhere".

It did not take too long, the priests/priestesses said that they had not heard anything of this sort before, and since [you?] knew profane Ga speeches, they started insulting this brave female so badly and it was not good at all. And the only thing that came from her mouth was, "Are certain Ga people still in darkness?".

A surprising and pitiful issue is that Apɛnkwa people were standing there but not even a single person helped this young lady. Instead, what they said about this young lady was that, is this matter her concern to comment about, but every year, is this not this town [or place] that they come to play drums and dance for the amusement of the town?

Ao [!], it is pitiful and shameful that Apɛnkwa Christians made these statements, and again it was not just one person, but those standing there especially.

These people especially were women. What I just witnessed was that since there was no unity among them and also, they had covered their faces with Christ [suggesting hypocrisy?], and that is what ultimately demeaned Apɛnkwa was that one town elder opened a drink [or bottle of alcohol?] in congratulations, and that boosted their energy to begin insulting this woman even more than before. And they made me understand again that it has been six long years now that they started visiting Apɛnkwa.

Are the elders of Apɛnkwa able to do something about this?

God himself should take a way [or step?] to change these Apɛnkwa people, because this is not how Apɛnkwa are.

Apɛnkwa people, do well to unite to worship God the Holy Spirit. And in the end pray to beg God to forgive us our sins.

I, Your Sister
Dora Ana

b) BMA D.I.b.25: Kristofoi Abɔfo Nr. 21, Oktober 1952: 3
Übersetzung aus dem Ga von Ernest Sewordor, 2020.

ANYIBIRI TIGARE NAAGBEE
[THE END OF TIGARE AT ANYIBIRI]

"Every knee shall bow for me." John 45, 23.

This story happened in a certain small village at Anybiri which lies between Nsawam and Asuboi. In the year 1928 a certain elder called Kwaku Agyakwa went to take a medicine [tsofa] which is [known as] Brakunne and brought it to this village. Two daughters of his died about the same period. As a result, his own medicine he did not trust anymore, so he gave himself up to be baptised in the year 1940. He permitted the Asuboi congregation to go and uproot this medicine.

In the year 1947 a young man [named] Botwe Antwi also went to acquire a different medicine which is Tigare and brought it there. Some Christians clandestinely went to associate themselves with this Tigari. But a few Christians and I that remained made it clear that it will not be long that Tigari will end for the sake of Jesus.

In 1949 a certain preacher came visiting us and we went to pray at this Tigari's house. The first person to pray stood on the word of God and said that fetish worship [wɔŋzamɔ] and bad medicine [tsofa] is not pleasing in God's sight. He said to the Tigari owner that if he would allow him he will demolish the Tigari. The next day the child of this man came to me that yesterday's prayer that was said has changed her so she would like to be baptised. She was baptised and named Mary Afua Latebea. It is true that God's word is life.

It did not take long for this man who sings this fetish's [praise] songs all week long without regret also accepted to be baptised. A year later the gong-beater of this fetish [wɔŋ] and about 12 adherents also came to be baptised. Today, it is this Tigari that attracted travellers has fallen without any remedy at all.

We beg God that if He destroy a fetish that we see with our eyes He should destroy our heart desires that we do not see.

Teacher Mante

E. G. OPOKU AFRAM

c) BMA D.I.b.25: Kristofoi Abɔfo Nr. 21, Oktober 1952: 7
Übersetzung aus dem Ga von Ernest Sewordor, 2020.

AO, KƐ KLAMƆFOI NA TSAKEMƆ HEGBƐ
[AO, WHEN MUSLIMS RECEIVE THE OPPORTUNITY FOR REPENTENCE/CONVERSION]
Mohammed's Challenge

At the start of 1948, the Holy Bible-gift [or Scripture Gift Mission] Congregational group wrote a book called "Things that God wants you to know" in Hausa [language]. The book was written like a dialogue. The author wrote the book with Arabian characters but not in that of the Romans in order that it attracts the Mohammed adherents [i. e. Muslims] to read. Moslems (that is how the followers of Mohammed are called) consider the Arabian characters as something sacred, because it was in those that Mohammed wrote the Koran. This small book that is used to change [=convert?] Muslims did a mighty work, and all this while scripts are written about the benefits of our book. Short Bible stories have been written into it. The preacher of the gospel says that, "We usually get the people and they read these small books while they are resting in the evening in their rooms." Someone also wrote that, "It is a joyful occasion when I tell you that the Moslems want that each of them get [a copy of] this small book so they read exactly like the Koran.["] A certain Christian driver came to me that he wanted some of these books; he has Muslim friends at Kumase. Some of his friends have read this book and in a conversation, he was able to tell them Christ's Gospel.

What has been written came from a certain book called "News Bulletin of the Scripture Gift Mission".

Register

Für die leichtere Auffindbarkeit folgt die Schreibweise von Ga und Twi Begriffen hier, im Gegensatz zum Haupttext, einer gängigen vereinfachten Schreibweise.

F

G

H

I